U0674736

21世纪高等教育审计精品教材

审计学原理

Principles of Auditing

（第二版）

叶忠明　主　编

杨录强　田　林　副主编

东北财经大学出版社

Dongbei University of Finance & Economics Press

大连

图书在版编目（CIP）数据

审计学原理 / 叶忠明主编. —2版. —大连 ： 东北财经大学出版社，
2019.1（2020.8重印）

（21世纪高等教育审计精品教材）

ISBN 978-7-5654-3267-5

Ⅰ．审…　Ⅱ．叶…　Ⅲ．审计学–高等学校–教材　Ⅳ．F239.0

中国版本图书馆 CIP 数据核字（2019）第 001502 号

东北财经大学出版社出版

（大连市黑石礁尖山街217号　邮政编码　116025）

网　　　址：http：//www.dufep.cn

读者信箱：dufep@dufe.edu.cn

大连雪莲彩印有限公司印刷　　　东北财经大学出版社发行

幅面尺寸：170mm×240mm　字数：484千字　印张：23　插页：1

2019年1月第2版　　　　　　　2020年8月第7次印刷

责任编辑：王　莹　王　丽　周　慧　　责任校对：贺　力

封面设计：张智波　　　　　　　　　　版式设计：钟福建

定价：46.00元

教学支持　售后服务　联系电话：（0411）84710309

版权所有　侵权必究　举报电话：（0411）84710523

如有印装质量问题，请联系营销部：（0411）84710711

第二版前言

审计事业始终都和社会经济的发展交相辉映，审计对加强国民经济宏观调控、维护国家经济运行秩序的作用日益凸显，政府审计在国家治理、内部审计在公司治理、独立审计（注册会计师审计）在市场治理中发挥了重要作用，审计已经成为国家经济监督体系的一种制度安排和重要工具，审计的贡献和影响已经得到社会的普遍认可。在知识、信息与经济融合的今天，审计体制不断变革，审计职能不断拓展，审计领域不断创新，给审计事业注入新的活力，促进审计事业的进一步成熟化、规范化。当前审计事业的蓬勃发展给审计人才培养提出了更高的要求。

为适应社会经济发展和审计人才培养的需求，依据审计学专业并结合会计学等相关经济、管理学科专业的一般培养目标与方案要求的知识体系，我们编写并修订了《审计学原理》教材，作为高等院校审计专业人才学习掌握审计基本理论、基本方法的基础教材和入门教材。本书也是"审计学"国家级特色专业建设的主要内容之一。本书具有以下特点：

第一，系统性。本书全面系统地阐述了审计基础理论、基本规范、基本技术，力求囊括政府审计、内部审计、独立审计共有的基础理论、基本技术和典型实务的系统性知识，部分内容也兼顾对三者特性问题的阐述和比较。为了便于初学者理解相关知识，我们在介绍理论的同时，配以相应的图表、案例加以说明，以使得学生能够充分认识审计本质、科学构建审计思维、准确把握审计边界、系统理解审计过程。

第二，渐进性。考虑我国大学生尤其是审计专业初学者的实际，我们本着易学易懂的原则，在阐述相关内容时遵循了由简单到复杂、由具体到抽象的逻辑思维渐进过程。从了解审计历史和认识审计本质入手，培养学习者认识、发现、分析和解决审计问题的能力，培养学习者的审计思维能力。全书按照导入审计概念、传授审计语言、认知审计理论、掌握审计技能与实务的审计教学与学习规律，逐渐带领学生渐进地、准确地、深入地理解并掌握审计职能、审计目标和审计假设等问题，帮助学生在专业学习一开始就初步搭建起一个相对完整的审计知识体系。

第三，时代性。本书充分吸收中国政府审计准则、中国内部审计准则、中国注册会计师审计准则的最新成果，并适当介绍有关国际审计准则的做法和要求，把当前理论界密切关注的风险导向审计作为审计实务的基本思想进行了充分阐述。

本书编写大纲由郑州航空工业管理学院叶忠明教授拟订并经校内外多次讨论审

定。全体编写人员分工协作，共同审核、修改、完善和审定。各章撰写分工如下：第一章由叶忠明撰写；第二、三章由赵璐撰写；第四章由沈翠玲撰写；第五、九章由常熟理工学院田林撰写；第六章由阮滢撰写；第七、八章由杨录强撰写；第十章由姚爱科撰写。

由于我们学识疏浅、水平有限，书中关于章节安排、内容表述等方面还会存在错误和遗漏，敬祈读者批评指正。对于您的建议和意见，本书全体编写人员将致以诚挚的感谢。

读者有任何意见和问题可发送邮件至 yzm1000@126.com。

作　者

2019 年 1 月

目　录

第一章　认识审计

本章学习提示

■本章重点：审计的产生动因和发展变化，受托经济责任及其对审计的影响，审计关系和审计独立性，审计本质活动，审计管理体制与职责，审计总体目标，管理层认定与财务报表审计具体目标，审计基本职能，审计基本假设，莫茨和夏拉夫的假设理论。

■本章难点：受托经济责任与审计本质，审计管理体制，财务报表审计目标，审计基本职能。

第一节　　审计历史

审计是历史范畴，是社会经济现象，是社会发展到一定阶段的产物，并随着社会经济的发展而发展。早在公元前1 000多年的西周时期，已经孕育了审计的萌芽，随着社会的发展和经济的繁荣，当前审计业已形成政府审计、内部审计和独立审计并存共生且相互促进的格局，审计已经成为一个经济社会中的独立监督行业，成为当今国家治理、公司治理、市场治理中不可缺少的监督、鉴证和评价工具，对于维护市场经济安全运行、促进市场经济协调发展起到了重要的作用。

一、审计产生的动因

在生产力低下的原始社会时期，无须审计；在经济不发达的小规模经营的奴隶社会早期，生产资料的所有者通常是自己经营，没有形成财产所有权和经营权的分离，或者说，没有形成受托责任关系，也无须审计监督。只有当社会生产力达到一定水平，社会分工日益复杂，社会财富日益增多，生产资料所有者无法直接、逐一管理和经营自己的每一项财产，才可能产生委托审计监督的需要。从历史的角度来看，审计产生的根本原因是社会经济中的受托责任关系（关于受托责任关系在本章第二节进行详细阐述）。"审计因受托责任的发生而发生，又因受托责任的发展而发展"（杨时展，1990）。

从早期的资产财物审计来看，王朝国家拥有大量的财富，统治者不可能亲自逐项经管，便建立起一种分权控制制度，将王朝的财产赋予各级官员管理使用，并颁布法典要求官员遵循各项规则，这事实上就形成了王朝统治者对官员的委托行为，官员则需要对统治者承担正确分配、使用财产的责任，促使了财产所有权和经营管理权的分离，形成了受托经济责任关系，具备了审计产生和存在的前提（此时审计工作并没有开展）。统治者为了维护其统治，保证国家机器的正常运行，保护财产的安全完整，需要监督检查这些官员对财产经管责任的履行情况。因此，统治者便安排另外一类官员或者指派不负有该经管责任的官员去开展检查并提供报告，并且只有通过监督检查以后，各级官员对王朝统治者的责任才可以解除，这些检查监督职责便是事实上的审计，从而使得审计得以产生，因此解除受托经济责任关系成为审计得以真正产生的直接动因。所以说，解除受托经济责任关系是审计产生的根本原因。

审计的产生起因于所有权与经营管理权分离过程中所确立的受托经济责任关系。通常来说，受托者理应对委托者负有一定的受托责任，但由于双方利益的不一致和信息不对称，经营管理者即受托者总是处于信息优势的地位，凭借这种优势，他们可能作出使委托者（所有者）利益受到损害的决策。因此所有者为了维护自身的经济利益，必然要对经营管理者进行各种形式的监督，进而作出更加合理的制度安排，把审计作为一种监督制度的选择就是这种安排的结果。

二、政府审计的发展

审计的产生和发展具有一定的规律性，它是国家发展到一定阶段的产物。在经济稳定或繁荣时期，审计的发展进程较快，职能作用发挥得相对到位。中外政府审计的历史发展证明：在早期的发展过程中有一种共性，都是由于受托经济责任的出现催生了政府审计的思想。审计在其早期发展过程中，是以政府审计为主的，只是当经济发展到一定时期后，经济关系复杂化，并且需求多样化，才逐步出现内部审计和独立审计。

（一）国外政府审计的发展

政府审计主要起源于古埃及、古罗马、古希腊等几个首先进入私有社会制度的文明古国。早期的政府审计基本上属于宫廷的内部审计，如古埃及的奴隶主王宫设有监督官，其最重要的职责是"记录监督"和"谷物仓库监督"，对官吏受托负责经管的财物收支的账目进行审查。古罗马奥古斯都皇帝曾下令派遣检察官分赴各地审理账目，并对公共设施兴建和使用情况进行审计；古罗马的国家元老院拥有决定内外政策、审查批准法案、控制国家预算和支配国家财政的权力，具有对国库的绝对支配权力，这种由立法机关对国库的监管制度，奠定了后世立法型政府审计模式的基础。古希腊雅典城邦由公选的代表对即将卸任的官员进行审查（中国现在所称的离任审计），这种审计对雅典民主政治制度的进步发挥着重要的监督及保障作用，促使其成为各个文明古国中最为耀眼的明星。

近代世界的政府审计，成效显著者首推英国。11世纪、12世纪，英国国王把持国家财政大权，并在财政部门内部设置了审计监督部门①，审计的强制性和权威性得到充分显现。之后，法国对政府审计的发展也作出了不可替代的贡献，1320

①　近代英国的威廉一世和亨利一世时代，在财政部下设上院和下院两大机构，其中上院又称为收支监督局，发挥逐级审计监督的作用，审计监督逐级向上负责，最后集中到英国国王手中；下院又称为收支局，从事财政预算编制、执行、记录工作，即承担财政财务职责。

年，法国设立审计院，到了14世纪、15世纪，法国通过颁布法律建立政府审计制度，并明确了审计院具有司法权，开世界司法型政府审计之先河。纵观近代各国，政府审计机构或制度成为一种向上负责的监督体制，是最高统治者巩固其统治地位的重要工具。

随着资本主义商品经济的发展，分权组织控制更为盛行。为了节约开支，提高政府工作的效率和效果，英、美等国家相继建立了更加完善的政府审计，拓展了传统的财务审计领域，出现了财务审计与绩效审计两大业务领域，并且使绩效审计成为西方发达国家政府审计的主流领域。20世纪90年代以后，西方国家政府审计完成了由传统审计向以效益审计为中心的转变，效益审计走在了政府审计舞台的最前列。在现代审计发展过程中，美国具有代表性和引领性。1921年，美国设立审计总署（General Accounting Office，GAO）；2004年，根据《审计总署人力资源改革法案》，审计总署改名为美国政府责任署（United States Government Accountability Office，GAO），是服务于国会的独立的、无党派的机构。政府责任署由总审计长领导，主要开展财务审计、鉴证、调查相关项目的效果、绩效审计、发表法律意见、审查非审计服务的合规性、开展约定业务预期分析等业务。GAO加强了国会对政府的监督，提高了政府部门的绩效，充分体现了GAO"责任、公正和可靠"的核心价值观。美国政府审计在优化审计体制、拓展审计领域、完善审计准则①、创新审计技术、提高审计质量、防范审计风险、提升审计形象等方面引领世界，成为我国审计事业发展可资借鉴的典范。

1953年，世界各国最高审计机关在哈瓦那举行会议，论证筹建最高审计机关国际组织（International Organization of Supreme Audit Institutions，INTOSAI）。该组织成为世界各国最高政府审计机关联合组成的一个国际性组织，旨在建立和推广国际政府审计标准，指导和推动国际政府审计实务，开展政府审计理论研究与交流，"经验分享，共惠全球"。

法国审计法院

（二）中国政府审计的发展

我国最早的审计职务是西周时期的"宰夫"。《周礼》记载西周周王下设天地春夏秋冬六官，其中天官冢宰辅佐周王总理国务大事，独揽财计大权。天官冢宰下设有"小宰中大夫"一职，"听出入，以要会"②，执掌邦国财计和监察大权。"小宰中大夫"之下又设有"宰夫

美国政府责任署

---

①　The United States Government Auditing Standards——美国政府审计准则（2007）的主要内容包括：前言；第一章政府审计准则的适用；第二章道德准则；第三章一般准则；第四章财务审计现场工作准则；第五章财务审计报告准则；第六章鉴证业务一般准则、现场工作准则及报告准则；第七章绩效审计现场工作准则；第八章绩效审计报告准则；附录：补充指南。美国政府审计准则（2007）借鉴了公众公司会计监督委员会（PCAOB）、国际审计和鉴证准则委员会（IAASB）以及内部审计协会（IIA）等组织制定的准则，增强了政府审计准则的效力。该准则强调独立性、专业判断、胜任能力以及质量控制和保证在整个审计过程中的重要性，从而提高了审计准则的适用性，保障了政府审计的科学性。
②　听出入，以要会。其中"听"即听取，相当于现在的报送审核、审查，具备现代审计的监督职能，听取的过程与英文"audit"的原始意义如出一辙。

下大夫"，"宰夫"①一职，负责政府的审计工作，独立行使审计监察职权，具体执行审计监督职责。

春秋战国时代，"上计"②制度开始出现。秦朝时期，统治者非常重视对政治及经济的监督工作，设立御史大夫掌管监察全国的民政、财政和财物审计事项，中央和地方财政支出及其使用情况均要报给御史大夫审查，"上计"在秦朝进一步规范化和法律化。汉承秦制，采用的"上计簿"、"上计律"和"上计会议"等方式把"上计"制度演绎得更加完善。

（图注）最高审计机关国际组织

三国魏晋时代，由于仅依赖年终会审和御史大夫审核的"上计"制度不能满足统治者对不同地主阶级利益团体的监督需要，因而把中央机构中的尚书省按"曹"分类，设置了吏部曹、左民曹、度支曹、祠部曹、五兵曹、都官曹，还设立了独立于财计部门的专职审计机构——比部。隋朝废除三公六卿，正式设立三省六部，把尚书省下的都官部改为刑部。刑部成为中央的司法机构，下设比部，从组织上不仅明确了比部的审计职能，而且明确了比部的司法职能，比部的体制得以正式健全。唐朝进一步完善了比部审计制度，同时建立健全财计系统的内部牵制制度，审计方式不局限于单一的报送审计，还采用了就地审计、巡回审计、驻在审计等多种方式。

北宋是我国封建经济发展较快的时期，审计事务基本上划归比部掌管。宋初曾取消比部，致使国家财计一度混乱，舞弊层出不穷。宋太宗淳化三年（公元992年），在国库系统中设置了审计司③，相当于国家财政系统内设置的内部审计机构，实现了内部审计（太府寺审计司）与外部审计（比部）的有机结合，我国历史上正式出现了"审计"一词。至宋神宗元丰三年（公元1080年）改制后，审计重归比部，审计机构又独立出来了，改在太府寺下设"审计司"，以后更名为"审计院"。到南宋时期，还在户部下设置了审计院和磨勘司两个内部审计机构，这是我国历史上中央机关内部审计机构设置较为健全的时期。

明清时代，随着封建专制与中央集权更加极端化，取消比部审计制度，把外部审计职权划归都察院和六科给事中，另外将部分审计职权归并到主管中央财政的户部，实行了御史台（后期改为都察院）的财计监察制度，审计重心逐步移向监察系统，审计的地位和权威性得到明显提高。清朝建立健全了都察院掌管外部审计和户部内设内部审计的制度格局，于1906年设立了审计院，制定了《审计院官制草案》，进一步完善了财计制度，建立健全了审计制度与审计立法。

---

① 据《周礼》记载，"宰夫之职，掌治朝之法，以正王及三公、六卿、大夫群吏之位"。也就是掌管了治理国家的法度，监督各类官员按照规定履行自己的职责，这是一种典型的审计监察职权。《周礼》另载宰夫"岁终，则令群吏正岁会；月终，则令正月要；旬终，则令正日成"，这不仅体现宰夫这一审计行为对象是会计工作，而且也告诉后人当时的结账规则。

② 上计制度是古代皇帝考核地方官员财政收支和从政业绩，以及地方政府将所辖区域的人口、土地、财物、税负增减情况汇总报送到上级机关，直至朝廷的一种制度。当时的上计制度是与审计制度结合为一体的。

③ 据《宋史·食货志》记载，宋朝元丰改制时在太府寺下设了左藏东西库、粮科院、审计司等25个职能部门，其中审计司专门负责审查太府寺全部财产物资的收发存情况。这个审计司相当于太府寺这一国库系统中的内部审计机构。

北洋军阀政府于1911年在国务院下设审计处，掌管全国审计监察事务，各地方政府也相继设立了审计分处，公布实施了《审计条例》，这是我国公布的第一部较为完整的审计法典。1928年，"中华民国"国民政府依据《组织法》设立了审计院，隶属于国民政府，同时借鉴国外审计的做法，建立了相关的审计法规体系，明确了政府审计的主要职责是开展财务审计和财经法纪审计。

中华人民共和国国家审计以1982年《中华人民共和国宪法》规定实行审计监督制度为开端，迄今已经历了三个阶段：改革开放初期的社会主义审计工作奠基起步阶段、经济体制转型时期的审计工作稳步推进阶段和市场经济体制时期的审计工作全面发展阶段。1982年12月，修改通过的《中华人民共和国宪法》第九十一条规定建立政府审计制度，"在国务院下设审计机关，对国务院各部门和地方各级政府的财政财务收支，进行审计监督"。1983年，我国成立审计署。作为最高审计机关，审计署也是国务院的组成部门。审计署在国务院总理领导下，主管全国的审计工作，对国务院负责并报告工作。各地方政府随之建立相应的地方审计机关，审计工作得到了组织保证，政府审计工作迅速在全国范围内得到重视和推广。1988年，我国颁布实施了《中华人民共和国审计条例》，这是中华人民共和国审计工作进入法制化轨道的重要依据；之后在1994年颁布《中华人民共和国审计法》（2006年修订，以下简称《审计法》）规定了政府审计的职责和权限，并陆续颁布了一系列政府审计准则（2010年发布《国家审计准则》，废止了以前的28个分项准则和相关办法），以规范审计行为，强化审计质量，降低审计风险。2003年6月23日，时任审计署审计长李金华向全国人民代表大会所作的《关于2002年中央财政预算执行和其他财政收支审计的工作报告》，在社会上引起强烈反响，社会公众看到了审计对经济秩序维护、经济运行监督的作用和贡献，给予了高度评价，由此形成了各级审计机关每年定期向本级人民代表大会报告工作的制度。

目前，我国政府审计机关已拥有一支由审计、会计、管理、经济、工程技术等多学科专业组成的96 000人的审计队伍，正在致力于建立完善具有依法独立行使审计监督权的审计管理体制，建立具有审计职业特点的审计人员管理制度，实行对公共资金、国有资产、国有资源和领导干部履行经济责任情况实行审计全覆盖，促进形成与国家治理体系和治理能力现代化相适应的审计监督机制，充分发挥审计在保障国家重大决策部署贯彻落实、维护国家经济安全、推动深化改革、促进依法治国、推进廉政建设中的重要作用。

《中华人民共和国宪法》第九十一条

三、内部审计的发展

（一）国外内部审计的发展

内部审计最早表现为奴隶社会时期发展起来的庄园审计、宫廷审计、寺院审计、行会审计等。到了20世纪初期，企业规模迅速扩大，出现了跨地域跨国界的竞争和兼并，企业内部只能采取分级、分散的管理体制。为了加强对内部分公司和子公司的事前监控，公司内部设立了专门的机

《中华人民共和国审计法》

构和人员，由公司最高管理层授权，对其所属分支机构的经营业绩进行独立监督，因此产生了近代内部审计，也出现了相当数量的内部审计师。

第二次世界大战以后，市场竞争更加激烈，资本主义经济发展迅速，公司纷纷开展预防性控制，内部控制得到加强，导致现代内部审计的领域、技术也发生了很大变化，形成了现代内部审计领域由财务审计向管理审计、绩效审计的转变。随着全球经济风险的加大，公司内部控制和风险管理成为审计的重要导向，也成为内部审计的重要评价内容，审计技术由详细审计转变为以评价内部控制制度为基础和以风险管理为导向的抽样审计。

在内部审计的发展过程中，审计理论也在不断地完善和丰富，一批经典名著如约翰·B.瑟斯顿的《内部审计的基本原理和技术》(1941)、维克多·Z.布林克的《内部审计》(1941)、劳伦斯·B.索耶的《内部审计》(1973)等对世界内部审计的发展起到了重要的指导作用。同时，也涌现出了一批创新现代内部审计业务领域、管理模式的公司，如沃尔玛、通用电气、通用汽车等。这些公司把管理审计作为新的业务重点，使审计组织与职能向顶层集中，审计咨询服务成为一个重要业务领域，审计职能开始向培养公司经营管理人才延伸，成为现代内部审计实务的最佳典范。

（二）国际内部审计师协会

自从1941年约翰·G.艾瓦斯（美国公用事业底特律爱迪生电力研究所内部审计师）和约翰·B.瑟斯顿（北美公司审计部负责人）等人点燃了创立内部审计师协会的火种之后，内部审计领域发生了巨大的变化。国际内部审计师协会（The Institute of Internal Auditors，IIA，由当时美国的内部审计师协会改名）成立，1941年12月9日，协会第一次年会召开，约翰·B.瑟斯顿成为协会第一任主席。国际内部审计师协会成立时仅有24个会员，现有会员8万多人，中国于1987年加入该组织。国际内部审计师协会是专门致力于推进内部审计师和内部审计职业的唯一国际组织，为内部审计服务，这标志着内部审计进入了新的历史发展阶段。该协会对扩大内部审计影响、创新内部审计技术手段、规范内部审计行为、提高内部审计质量、科学管理内部审计进行了不懈的努力，取得了明显成效。1990年，该协会提出的内部审计的职能和定位得到了广泛认同——内部审计除了在财务与经营领域进行监督检查外，还发展和提供鉴证与咨询服务，在衡量和评价公司治理、内部控制、风险管理和公司战略管理等方面亦具有独到的促进和增值作用[①]。1999年6月，该协会通过并发布了《国际内部审计专业实务框架》（简称PPF），由《国际内部审计专业实务标准》、《国际内部审计专业实务公告》、内部审计专业发展和帮助三个部分组成。其中，新的《国际内部审计专业实务标准》已于2003年出版并发布，

---

① 根据普华永道公司2005年7月的报告，大部分企业内部审计把风险和控制作为确定工作的重点：(1) 82%的审计部门至少每年开展一次企业级的风险评估，并根据结果制订年度审计计划；(2) 76%的审计部门每次开展审计项目之初都进行基本的风险评估，并将其结果用于审计目标；(3) 38%的首席审计执行官（CAE）每年至少一次就单位的内部控制发表全面的观点；(4) 33%的首席审计执行官每年至少一次就财务报告方面的内部控制发表全面的观点。

于 2004 年 1 月 1 日生效，对全球内部审计职业的发展起到了快速的提升和促进作用。

国际内部审计师协会还注重职业资格培训、考试、认证，对于推动内部审计职业化具有重要的意义。其认证考试主要包括：（1）CIA（国际注册内部审计师）。CIA 是国际内部审计师协会组织的最主要的资格认证考试，也是内部审计领域国际公认的唯一认证。全球约有 4 万人已获得了 CIA 资格，获得该项认证意味着其在内部审计原理和实务上具备很强的竞争力。（2）CCSA（内部控制自我评估认证）。CCSA 是内部控制自我评估人员的专项认证，也是国际内部审计师协会第一个专项资格认证。（3）CGAP（注册政府审计专家）。这个资格证书不仅意味着获得者完成了高等教育，有一定的工作经历，具备职业道德操守，而且为获得者从事政府审计拿到了一块"敲门砖"。（4）CFSA（注册金融服务审计师）。CFSA 本来是美国金融服务审计师联合会几年前设计的一个考试，国际内部审计师协会接手后进行了微调，设计成专项考试。获得 CFSA 证书意味着在金融服务审计方面具备很强的专业能力。

（三）中国内部审计的发展

1984 年，我国多数大中型企业进行了经营改制，建立并实施了内部审计制度，当年内部审计机构约 2 200 个，内部审计人员约 5 000 人。内部审计先后在承包经营和租赁经营、现代企业制度、股份制改造、市场经济体制建立过程中，围绕查错防弊、改进管理和提高效益发挥了积极的作用。1987 年，我国成立了中国内部审计学会，2000 年改名为中国内部审计师协会，2014 年重新修订并发布了 1 个内部审计基本准则、1 个内部审计人员职业道德规范、20 个具体审计准则（含审计作业类准则 9 个、审计业务类准则 4 个、审计管理类准则 7 个）和 5 个实务指南，使我国内部审计工作逐步走向规范化和标准化的轨道。目前，我国的内部审计机构有 5 万多个，审计人员达到 20 余万人，采用半职业化①方式管理内部审计行业，内部审计现有的队伍规模、素质结构、服务领域和职能作用等，还远远不能满足社会经济的发展需要。目前内部审计作为一种独立、客观的确认和咨询活动，广泛开展业务活动、内部控制及风险管理的适当性和有效性的审查与评价，在促进组织完善治理、增加价值和实现目标方面发挥了重要作用。

四、独立审计②的发展

（一）国外独立审计的发展

独立审计的起源可以追溯到意大利商业时代。威尼斯等一批城市已经成为连接东西方贸易的中心，商品交易频繁，货单、账单核对工作繁重，产生了以专门核对账目为职业的查账员。公元 881 年，意大利人瑞申德开始从事这种工作，一种类似于现代独立审计的工作在市

国际内部审计
实务标准——专业
实务框架（PPF）

---

① 所谓半职业化是针对全面职业化而言，审计行业如果全面建立了职业资格制度、职业约束制度、职业教育制度、职业市场系统等一系列职业制度，并按照该系列制度对审计人员、审计业务等进行指导管理，可以称为职业化。职业化是一个进程，就我国而言，目前内部审计缺乏职业准入资格制度，职业市场尚未建立，职业教育制度与其他行业界限尚不明显，所以本书称之为半职业化。

② 独立审计又称注册会计师审计，为了理解上的方便并考虑语境，本书同时使用这两种称谓。

场上形成并有所推广，但那个时候并没有按照现代独立审计的规范要求开展工作。真正的独立审计早期的规范发展和成熟发展是在英国。1720年，英国南海公司破产，一大批持股人瞬间变得一无所有，为了维护债权人和股东的利益，英国国会组成了13人调查委员会，聘请了伦敦地区享有盛誉的会计师查尔斯·斯内尔对南海公司分公司"索布里奇商社"的会计账目进行检查，拉开了真正意义上的独立审计的序幕，查尔斯·斯内尔成为世界上公认的第一名注册会计师。1831年，英国《破产法》规定会计师为破产管理人，首次确立会计师在独立审计中的法律地位。1845年，英国出台《股份公司法》，规定股份公司应当聘请处于"第三者"立场的职业会计师（即注册会计师，下同）实施账目审计，主要侧重于对财务会计资料进行详细审查并出具审计报告。1853年，英国创立世界上第一个职业会计师团体——爱丁堡会计师协会，从此独立审计有了自己的队伍，注册会计师规模不断发展壮大。随着英国资本大量涌入北美大陆，独立审计也随之安家落户。1883年，一名英国职业会计师在美国发起创立了北美大陆上的第一家会计师事务所，随后在1887年美国出现了全国性的会计师协会。1902年，美国各州会计师团体联合组织成立了"美国公共会计师联合会"，该组织于1916年与此前成立的美国会计师协会合并，取名为"美国会计师协会"（该协会在1956年改名为"美国注册会计师协会"）。1904年，英国成立特许公认会计师公会（The Association of Chartered Certified Accountants，ACCA），是目前世界上领先的专业会计师团体，ACCA资格被认为是国际会计师界的通行证，许多国家立法许可ACCA会员从事审计、投资顾问和破产执行工作。至此，欧美国家形成了以职业会计师为执行主体、会计师事务所为执行机构、会计师协会为行业管理组织的现代独立审计行业格局。2017年，由美国注册会计师协会和英国皇家特许管理会计师公会共同创立国际注册专业会计师协会（The Association of International Certified Professional），旨在提升注册会计师（包括注册会计师CPA和全球特许管理会计师CGMA）的社会公信力，促进专业注册会计师的个人职业发展和职业成就，代表全球公共会计和管理会计65万名专业人士，维护公共利益和商业可持续性发展。

20世纪初，资本主义从自由竞争发展到垄断，美国经济后来居上，领先于世界各国，独立审计的需求不断扩大，审计领域不断拓展，审计技术也不断更新。当时金融资本大量进入企业，债权人十分关注公司的偿债能力，使得资产负债表审计得到发展。在1929—1933年资本主义经济危机期间，投资人和债权人更加关心公司盈利能力，利润表审计得到了发展。同时，美国1933年《证券法》要求上市公司财务报表必须接受注册会计师审计。

第二次世界大战以后，独立审计得到快速发展，传统的详细审计转向制度基础审计，独立审计队伍和审计组织规模迅速扩大，独立审计在欧美发达国家的审计体系中居主导地位。1972年，在悉尼召开的第10届国际会计师大会上成立了国际会计职业协调委员会。1977年，由代表43个国家的63个职业会计师团体在慕尼黑创立了国际会计师联合会（The International Federation of Accountants，IFAC）[①]。该联合会的宗旨是："通过制定和实施高质量的职业标准并促进标准的国际趋同，促进世界范围内会计行业发展，推动全球经济增长，服务公众利益。"中国注册会计师协会于1997年5月8日正式成为国际会计师联合会的成员。伴随着国际资本在不同国度间的快速流动，世界上出现了一些跨国开展业务的大型会计师事务所。20世纪70年代，国际上出现了著名的"八大"会计公司，之后经过竞争合并为"六大"，直至现在的"四大"，即目前全球规模最大的普华永道（PWC）、毕马威（KPMG）、德勤（DDT）和安永（EY）四家会计师事务所。在这四大会计公司中，每个公司的从业人员均在4万～7万人，各公司全球设有600～1 200个不等的办事机构，年收入均在100亿美元以上。

2002年，美国能源巨头安然公司因会计造假案破产，安达信会计公司为安然公司、世通公司等大型跨国公司合谋作假、销毁证据、妨碍司法，最终自己也寿终正寝。这一系列的公司造假、公司治理失败、公司风险凸现的事件引起了美国的高度重视，美国国会和政府加速通过了《公众公司会计改革与投资者保护法案》（也称为萨班斯法案或SOX法案）。该法案对美国《1933年证券法》《1934年证券交易法》作出大幅修订，在公司治理、会计职业监管、证券市场监管等方面作出了许多新的规定。该法案的第一章规定建立一个独立机构即公众会计公司监管委员会（PCAOB）来监管上市公司审计；第二章规范审计师的独立性，要求审计师定期轮换、全面修订会计准则、管理层评估内部控制，同时要求会计师事务所对上市公司内部控制进行审计并发表意见，对审计师提供咨询服务进行限制等。这一法案加大了对开展上市公司审计的会计公司监管力度，也为此后出现的审计独立性评估、不相容职责、关注舞弊、改进重大错报风险导向审计模式等理论的丰富完善起到了规范和奠基作用。

（二）中国独立审计的发展

我国的独立审计在20世纪初伴随着资本主义工商业的发展而产生。1918年，北洋军阀政府颁布了《会计师暂行章程》，同年批准谢霖为中国的第一位注册会计师，谢霖随即创办了中国的第一家会计师事务所——正则会计师事务所。1927年，国民政府颁布了《注册会计师暂行章程》，还相继颁布了《会计师条例》、《公司法》、《税法》和《破产法》等一系列法规；1933年成立了"全国会计师协会"。审计法规的颁布实施和审计组织的发展壮大对独立审计的发展起到了很大的推动作用。由于中国的工商业一直受到外国资本和官僚资本的双重压迫，发展缓慢，独立

[①] 国际会计师联合会的理事会是其最高决策机构，下设提名委员会（Nominating Committee）、国际审计与鉴证准则理事会（International Auditing and Assurance Standards Board）、国际会计教育准则理事会（International Accounting Education Standards Board）、国际会计师职业道德准则理事会（International Ethics Standards Board for Accountants）、国际公共部门会计准则理事会（International Public Sector Accounting Standards Board）、发展中国家委员会（Developing Nations Committee）、工商业界职业会计师委员会（Professional Accountants in Business Committee）、中小事务所委员会（Small and Medium Practices Committee）、跨国审计师委员会（Transnational Auditors Committee）、遵循咨询小组（Compliance Advisory Panel）等。其中，权限最大的是国际审计与鉴证准则理事会，它是国际会计师联合会中一个有一定独立性的组织，可代表国际会计师联合会理事会制定和公开发布有关审计准则，在发布国际审计标准时无须国际会计师联合会理事会的事前批准。

审计并没有用武之地。1949年，中国已有注册会计师2 619人。

英国南海公司破产案件（世界首次独立审计调查）

国际会计师联合会

美国《公众公司会计改革与投资者保护法案》（萨班斯法案或SOX法案）

美国公众公司会计监管委员会（PCAOB）

1980年，我国开始恢复独立审计制度，中华人民共和国第一家会计师事务所——上海会计师事务所成立，注册会计师按照规定可以对中外合资经营企业财务报表进行审计。1988年成立中国注册会计师协会，此后独立审计犹如雨后春笋，并逐步形成由注册会计师和注册审计师、会计师事务所和审计事务所、注册会计师协会和注册审计师协会（历史上称"两师""两所""两会"）组成的独立审计行业的格局，1995年起均合二为一。1993年，我国颁布实施《中华人民共和国注册会计师法》（以下简称《注册会计师法》），中国注册会计师协会开始充分发挥行业自律管理作用，将我国独立审计行业快速地引入职业化进程，实施注册会计师职业资格定期考试制度，陆续发布与国际逐步趋同的执业准则，严格推行后续教育，加强审计质量监管，使得我国的注册会计师审计水平得到较大幅度的提高。截至2017年12月31日，我国有会计师事务所7 524家（不含分所），其中合伙制会计师事务所3 522家，有限责任会计师事务所4 002家；我国有注册会计师24.8万人，其中执业的注册会计师10.8万人，非执业注册会计师接近14万人。注册会计师审计对象已从当初的"三资"企业拓展到国有企业、上市公司、民营企业、外资企业等国民经济各个领域。独立审计事业与我国经济腾飞交相辉映，犹如喷薄而出的红日在我国经济领空冉冉升起，涤荡着经济污垢，守卫着经济安全。

通过政府审计、内部审计和独立审计的发展历史可以看出：审计行为的发生是因受托审查、鉴证、受托责任关系的存在，进而解除受托责任关系开展鉴证而产生和发展的；受托责任关系是审计产生的客观基础；独立从事经济鉴证与监督是审计的根本活动，促进现代审计目标、审计体系、审计内容和审计技术等审计理论与实务的不断完善。审计是社会经济发展到一定时期的产物，审计规模受到经济规模的制约，审计领域受到经济复杂程度的影响，审计随着商品经济的发展而发展。同时，在特定的历史时期，审计的发展也会受到政治体制的制约，也要满足不同的社会需求，从而在不同历史时期具有不同的社会和政治地位。

第二节　　审计本质

审计本质是审计活动本身所固有的根本的属性，它是贯穿于人们认识审计全貌、揭示审计规律、确立审计业务和区分审计边界的主线。审计本质解释的是"审计是一项具有什么基本特征和基本性质的活动"，这些特征和本质应该能够明显区别于其他经济活动。剖析审计本质需要从受托经济责任及其对审计形成的各方关系入手，在追溯审计动因、分析审计历史的演变过程、梳理审计主要业务活动中归纳得出。

一、受托经济责任与审计

(一) 受托责任

受托责任一词是从英文"accountability"一词翻译过来的。受托责任是一种普遍的经济关系，其概念源于财产权，它包括所有权和使用权（或经营权）。放眼整个现代社会，董事对股东负责、管理层对董事会负责、债务人对银行负责、经纪人对证券持有人负责、公共部门对纳税人负责、政治家对民众负责、个人和单位对上级负责……美国会计学家沃尔特·梅格斯说：我们正生活在一个受托责任时代。

美国联邦审计总署（GAO）认为，受托责任是指受托管理并有权使用公共资源的政府和机构向公众说明他们全部活动情况的义务。

加拿大审计长公署认为，受托责任是指对授予的某项职责履行义务作出回答。

《科勒会计词典》对受托责任的解释是：（1）是员工、代理人和其他相关人员令人信服地定期报告按照授权所履行的义务情况；（2）是可以用货币价值、财产单位或其他标准来计量的责任或义务；（3）是可以按照法律、规则、协议或惯例去加以验证的、完善的管理控制或其他职能的义务。

佩顿和利特尔顿教授在《公司会计准则导论》中将受托责任分为财产受托责任（accountability in property）和管理受托责任（accountability in management）。其中，财产受托责任属于董事会、管理层及全体员工对股东所承担的责任，管理受托责任属于员工对管理层、管理层对董事会所承担的责任。库珀和伊尻雄治教授合著的《科氏会计师辞典》将受托责任分成三类：货币受托责任（dollar accountability），指与流动资产流动及由此而发生的业务活动相关的责任；业务受托责任（operational accountability），指组织的管理层有效使用全部资产及资源的责任；财产受托责任，指管理和报告资产的存在、存放地点、用途及相关情况的责任。彼得·伯德教授在其名著《受托责任：编制财务报告的准则》中，将受托责任按照资财委托的主体不同，分为公共受托责任（public accountability）和非公共受托责任（private accountability）。①

(二) 受托经济责任

受托经济责任是受托责任的一个核心组成部分，它是受托责任中所包含的与经济活动和经济行为相关的部分。除此之外，受托责任还包括受托社会责任，如道德培养、社会公平、环境保护等责任。

受托经济责任是指受托人按照委托人的约定要求经管受托经济资源，并向委托人报告其经营活动过程、结果等状况的一种义务。受托经济责任的基本内容包括行为责任和报告责任两个方面。其中行为责任是受托人按照合法性、完整性、经济性、效率性、效果性等要求经管受托经济资源；而报告责任的主要内容为受托人按照公允性、合法性、可靠性的要求，编报责任完成的信息。

---

① 王光远教授在其所著的《受托会计责任观和受托审计责任观》（《财会月刊》2002年第2期）一文中指出，受托责任的内容具有可计量性。由此产生的计量指标既有财务指标，也有非财务指标；既有定量指标，也有非定量指标；既有经济指标，也有社会指标。同时，该文还介绍了关于受托责任的分类。

受托经济责任的分类方式有很多，其基本分类包括：（1）受托经济责任按照责任存在领域，可分为公共受托经济责任、企业受托经济责任和内部受托经济责任；（2）受托经济责任按照责任发生过程，可分为程序性受托经济责任、结果性受托经济责任；（3）受托经济责任按照责任存在形式，可分为单一型受托经济责任、双重型受托经济责任和多重型受托经济责任。

（三）受托经济责任中的关系人

受托经济责任关系是由授权、代理过程而产生的，表现为委托方和受托方的关系。受托经济责任关系一般涉及两方当事人：一方是委托人（principal）；另一方是受托人（assignee）或代理人（agent）。委托人可以是投资人、债权人、股东、消费者、社会公众，也可以是高一级的政府和管理层；受托人可以是公司的董事会、总经理、部门经理、员工，也可以是不同级别的政府部门及其官员。两种关系人之间形成的"责任"，既是一种委托人对受托人的要求和期望，也是受托人对委托人应尽的义务。

对于一个公司而言，受托经济责任关系也无处不在：公司的董事接受股东委托承担受托责任，以总经理为代表的公司管理层可以按照一定的模式，把这种受托责任以委托方式分解到各个部门和分公司、子公司，按照这种责任分解模式，各个部门和分公司把对上级委托应承担的受托责任再分解到管辖权内更小的单位，直至员工个人，因此形成不同层次的受托责任关系。

受托经济责任理论建立在资本强权观的基础上，即建立在物资资本所有权能够无条件地给其所有者带来某种控制其他要素所有者的权力，并能够因此获取分享交易或组织盈余权力的基础上。受托经济责任存在以下缺陷：（1）未考虑大小股东之间的关系；（2）强调受托人对委托人的服从，未考虑委托人与受托人之间的平等关系；（3）无法解释财产所有者和经营者合一的责任问题。

（四）受托经济责任的实现过程

委托人将财产委托给经营者进行经营，二者之间形成一个委托和受托的经营契约（或合约、合同等），在契约中明确受托人应承担的经济责任，包括受托财务责任和受托管理责任，同时要求受托人定期向委托人报告资财的经营管理情况。确立经营契约后，受托人对受托的经济资源进行经营管理，经过一定时间达到契约规定的目标，委托人可以编制责任完成情况的报告，经委托人同意后，受托经济责任才能解除。当然，受托人或代理人对委托人负有的受托经济责任，需要以委托人给予相应的权利或待遇为前提。

受托经济责任的实现过程包括确立责任、履行责任、报告责任、解除责任四个环节。其中，确立责任是委托人和受托人双方建立契约、合约或合同的过程；履行责任是受托人按照契约规定，自行经营管理受托经济资源的过程；报告责任是受托人在一定时间后，向委托人报告经济责任的履行和完成情况的过程；解除责任是一个委托周期结束时，委托人依据契约确认受托人对受托责任完成情况进行处理，并结束该周期各项委托事项的过程。

在解除责任环节，委托人由于受到专业、时间、地理等各种因素的限制，就会去寻找一个值得信赖的第三方以专业手段来鉴证受托责任的履行情况。这个第三方的工作实际上就是审计——具备专业能力和条件、从事受托经济责任鉴证活动，也就是说，需要审计人员独立地审查各种受托经济责任报告，并对受托经济责任报告反映的责任完成情况发表客观的审计意见。

（五）受托经济责任对审计的影响

为了解除受托经济责任，委托方聘请审计人员，把受托经济责任作为对象进行鉴证，提交鉴证报告。因此受托经济责任的实现过程为审计的产生提供了前提条件，受托经济责任关系是审计产生的客观基础。从受托经济责任实施过程来看，确立、履行、报告受托经济责任关系三个环节不会直接引发审计行为的发生，这些环节和过程仅仅提供了发生审计行为的一种可能条件，只有到了解除受托经济责任环节，出现了对审计鉴证经济责任的需求和委托，才使审计真正得以产生。对一个独立的单位而言，外部审计（政府审计和独立审计）以鉴证单位外部的受托经济责任为基础，而内部审计则以鉴证单位内部的受托经济责任为基础。

因此，受托经济责任是审计产生的基础和前提，是审计产生的动因。反过来，审计则把受托经济责任作为对象开展鉴证和监督工作，因此可以说，审计是受托经济责任系统中的一种监督机制，是保证单位受托财务责任和受托管理责任有效履行的方式之一。

审计在以第三者身份开展对受托经济责任完成情况进行监督、鉴证、评价的活动中，通常从以下两个方面实施：第一，审查受托财务责任的真实性、公允性、合规性（称为财务审计）；第二，审查受托管理责任的经济性、效率性、效益性、公平性和环境性（称为管理审计）。由此形成了财务审计与管理审计两大领域，并且成为监督经营管理者的受托责任的最直接、最简单而又最行之有效的办法，是一种确保受托责任全面有效履行的特殊经济控制手段。受托经济责任与审计的关系如图1-1所示。

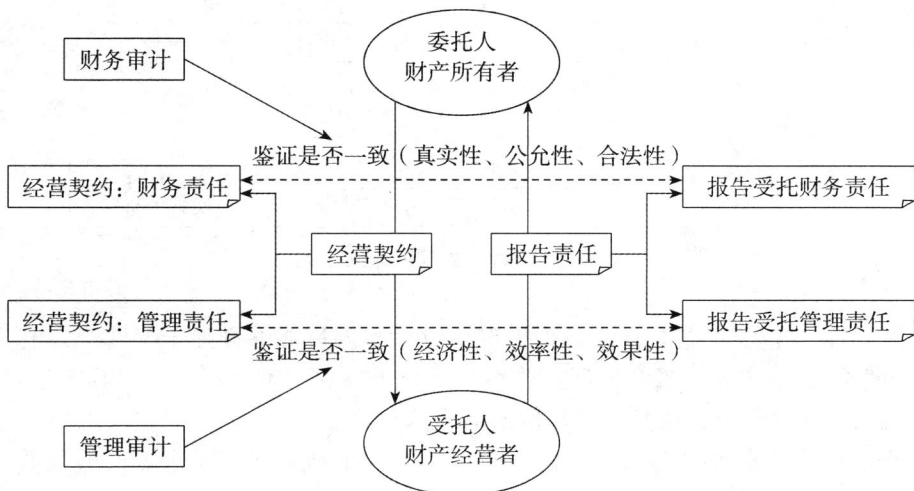

图1-1　受托经济责任与审计的关系图

二、审计关系

审计关系是指审计活动所涉及的审计人、被审计人和审计委托人三者之间形成的责任关系。审计关系是审计活动得以有效开展的前提和保证。审计人是审计关系中的第一关系人，即审计机构和审计人员，通常要求独立于其他关系人。被审计人是第二关系人，通常是财产的经营管理者或经营受托人，即被审计单位。它们是审计活动的监督对象，既要按照委托人要求履行经济责任，又要接受和配合审计工作。审计委托人是第三关系人，通常是财产的所有者或经营委托人。审计委托人一方面委托经营，另一方面委托审计。审计关系中的三方关系人之间形成以下两种受托责任关系：

1.受托经营责任关系。审计委托人（财产所有者）委托被审计人（财产经营管理者）管理其财产，被审计人按照经营契约的规定经营管理所有者的财产，并定期向财产所有者报告财产经营管理情况，形成受托经营责任关系，包括受托财务责任和受托管理责任，这实质上就是产生审计活动的基础关系，也是开展审计活动的前提。

2.受托监督责任关系。审计委托人委托或授权审计人员对财产经营者的受托财务责任或受托管理责任履行情况进行审计，审计人员按照审计契约的规定报告审计结果（提供审计报告），这就是所谓的受托监督责任关系。其中，审计人员对受托财务责任实施的审计监督可以称为财务审计，对受托管理责任实施的审计监督可以称为管理审计。另外，在审计过程中，被审计人首先应自觉接受审计监督，并且应按照审计要求提供必要的合作和支持。

审计关系可以用图1-2加以描述①。

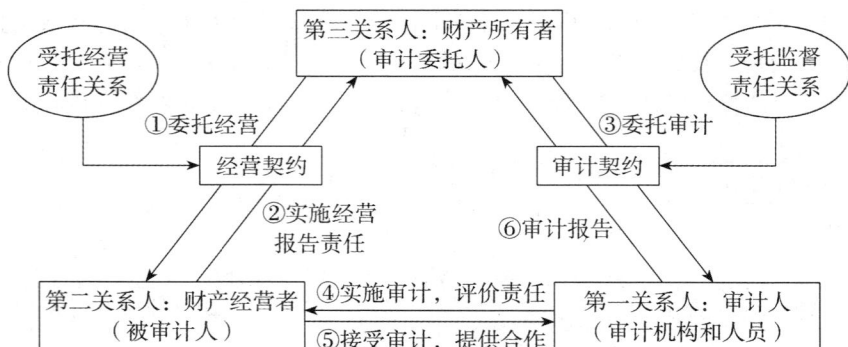

图1-2　审计三方关系人关系图

三、审计独立性

独立性是审计的根本属性，是指审计组织和人员能够排除干扰、个人利害关系，不偏不倚地实施监督和鉴证，并客观、公正地发表审计意见，出具审计报告。独立性是审计的灵魂，也是审计价值的形成基石。

从审计关系中可以看出，任何一项审计活动中都必须有三个方面的关系人参

---

① 图1-2描述的审计关系三个方面关系人是站在审计立场来划分的。也可以站在受托责任关系的角度划分，这样第一关系人为委托人、第二关系人为财产经营者、第三关系人为审计人。

加，缺一不可。其中，第一关系人即审计人必须独立于第二关系人和第三关系人，保持独立的地位，不受其中任何一方的影响和干扰，根据公认的标准，不偏不倚、客观公正地作出判断和评价，保护各有关方面的权益，这样的审计结论才具有权威性、公正性。因此，开展审计活动首先要求保持独立。审计只有保持独立，才能保证审计组织和人员依法客观、公正地对受托责任信息实施监督、鉴证和评价。

独立性、客观性、公正性是审计的三个基本特征，是审计工作质量的保障，其中独立性是保证审计客观性和公正性的前提。审计客观性是指审计人员要以事实为依据、以法律规范为准绳，对被审计事项的起因、状态、性质、影响作出符合其本来面目的判断和评价。审计公正性是指审计人员要坚持不偏不倚的第三方态度、不受各种关系的影响，根据获取的证据和职业判断与评价结果，得出评价意见和结论。一般来说，审计独立性既包括审计组织机构的独立，也包括审计人员的独立，而审计的客观性和公正性则仅仅是针对审计人员作出的要求，通常无法要求一个审计机构保持客观性和公正性。

对于独立性的理解可以从以下几个方面进行：

（一）精神独立

精神独立也称思想独立、意识独立、态度独立，是指审计人员为了实现审计目标而在主观意识上保持一种超然、中立、客观的不偏不倚的态度，并以这种态度或精神指导审计工作的全过程。这种态度不受审计委托人、被审计单位的社会关系、经济关系或其他关系的影响，也不受外界的压力约束或强制干扰。精神独立是审计独立性的核心，在没有其他约束的条件下，保持精神独立是审计人员最难以做到的。精神独立的内在特征如下：

1.审计人员自觉主动保持独立身份，即审计人员在内心境界上能够分清自身的职责，能够分清审计和被审计的关系，把握好审计和被审计的立场，时刻明确自己存在的价值。

2.审计人员客观公正地实施独立判断，审计人员有自己的专业判断，不受其他人的因素或关系因素的干扰，真正用审计的思维去评价、理解审计事项。

3.审计人员客观公正地发表独立意见，即审计人员能够独立地根据取得的各项证据和完成的相关工作，对被审计单位的情况发表符合专业标准的审计意见，保持精神独立，并不是要求审计人员拒被审计单位或委托人于千里之外；相反，在实施审计工作中，审计人员要以平等的姿态、开放的心态去了解情况、获取证据、沟通信息，尤其是在讨论审计意见过程中要做到海纳百川、兼收并蓄，而不是唯我独尊、高高在上。

（二）组织独立

组织独立是指为了确保有效达到审计目标而建立的不受外界干扰的审计分工合作及不同审计层次的权力与责任制度所构成的一种审计权责结构，这种权责结构往往通过设置相应的审计机构并赋予固定的职责来实现。

审计组织独立的基本要求是设置专门的审计机构从事审计工作。这个机构原则上不能隶属于审计委托人，更不能从属于被审计单位。如果审计听命于其中任何一方，由于存在共同利益而形成审计利益上对该方的偏袒，将会形成审计方与该方的合作甚至合谋，从而造成对另一方的利益损害。但从现实来看，世界各国的政府审计、内部审计基本上都隶属于委托人，但与被审计单位完全独立，而独立审计则与二者均无隶属关系。

对于审计机构而言，独立性越充分，被赋予的职能越能充分得到执行，越能保证审计独立行使职权，越能保证审计的客观性和公正性。但是，审计机构的独立性往往会受到管理体制等因素的影响，因此，在设计、规范审计机构独立性时，需要考虑以下问题：

（1）领导审计机构的层级，即审计体制。审计隶属的领导机构层级越高，审计获得的支持层级越高，审计独立性范围越大，权威性越高。

（2）审计机构的职责和权限。其中，我国一些审计机构，尤其是内部审计机构和监察机构合署办公，审计履行经济监督、监察履行行政监督，均是专门的监督部门，这不会对审计机构独立性造成影响。但是，如果审计与财务会计部门合署办公，由于财务会计是审计监督的对象，这样对财务部门的审计将不能有效开展。

（3）审计机构负责人的权限。其中，审计机构负责人向上直接负责、报告的层级受到审计隶属机构层级的制约。

（4）审计机构与其他机构的关系，以确保审计活动不受其他部门、人员的干涉和限制。

（5）对影响审计组织独立性的行为进行约束和打击。

（三）人员独立

人员独立是指在审计机构内配备的工作人员要保持独立。审计人员独立的基本要求是配备专门的工作人员，至少应与被审计单位保持独立，以确保开展审计工作不受被审计单位利益的影响。人员独立有两点要求：（1）审计人员不仅应该是专职人员而不是兼职人员，而且参与审计工作的人员和被审计单位之间不存在任何利益关系，如不存在经济关系、社会关系、工作关系等；（2）审计人员在思想上应具有良好的职业道德，在意识上能够保持不偏不倚的职业态度，在能力上应具有较好的专业素养，并能够对各种被审计事项作出客观公正的判断和评价，这样才不会因为个人利益、个人偏见、个人能力、文化歧视、工作压力等内在因素而影响和干扰正常的审计工作。这一点实质上就是要求审计人员保持客观性和公正性。

由于经济社会的复杂性和联动性，在一个审计机构中，个别审计人员不可避免地与被审计单位存在关系，这种情况下该审计人员应该事先声明并主动回避。

（四）目标独立

目标独立是指审计活动的总体目标是事先确定的，在实施审计业务过程中也是一贯的、稳定的，不会因为审计对象、被审计单位的不同而改变，也不会因为其他审计关系人的干扰或限制而改变。只有朝着一个预定不变的目标开展审计活动，才能使审计的职能得到应有的发挥。

　　审计目标独立可以保证既定的审计工作方案顺利实施，保证审计人员在获取证据、评价意见等环节独立客观，最终确保应有的审计质量。

　　由于审计目标区分不同的层级，在实际业务中，个别具体审计目标或项目审计目标可能因为审计取证环境、技术的变化而被调整，但这种调整应该是更有利于总体目标的实现，并且这种调整是属于审计人员的主动调整，而不是被动调整，不属于影响审计目标独立的事项（本章第四节将阐述审计目标）。

（五）职能独立

　　职能独立是指审计机构、审计人员被赋予的职责和权限范围必须以规范的条文或制度加以明确，并且在履行职能过程中不会因为受到外界干扰和限制而改变。职能独立是审计独立的核心环节，从某种意义上讲，职能独立是组织独立和人员独立的延伸。

　　职能独立需要两个前提：

　　（1）审计人员不受利益、权力或关系干扰，充分履行职责；

　　（2）有严格的法律规范和科学的审计组织体制作为保障，能够对影响职能独立的行为进行惩处。

　　职能独立具体表现为实施审计的一系列过程不受干扰和限制：

　　（1）独立地制订审计计划和方案；

　　（2）独立地开展审计取证和调查；

　　（3）独立地进行审计判断和评价；

　　（4）独立地得出审计结论和意见；

　　（5）独立地进行审计处理和处罚。

（六）经济独立

　　经济独立是指审计具有所需经济利益的独立来源渠道。保持稳定来源的经济利益是审计工作的基础，对于不同类型的审计而言，其经济来源渠道不同。例如，政府审计主要来源于财政拨款，内部审计主要来源于公司经费预算，独立审计主要来源于按照法定方式和标准规定的审计收费。

　　审计经济独立涉及三个层面的问题：（1）有独立的审计组织运转经费来源；（2）有独立的审计人员薪酬来源；（3）审计机构和人员与被审计单位之间不存在经济利益关系，包括不存在重大的间接利益关系。

（七）影响独立性的因素

　　影响独立性的因素通常包括经济利益、自我评价、关联关系、外界压力等。其中：

　　1.经济利益[①]可能损害独立性的情形包括：

　　（1）与被审计单位之间存在专业服务收费以外的直接经济利益或重大的间接经

---

　　① 在我国，政府审计和内部审计不向被审计单位收费，而独立审计是有偿服务，需要收费。经济利益因素一般是指除了正常收费以外的经济关系。另外，后文谈到的收费一般都是指独立审计收费。除收费之外的经济利益关系主要是指审计人员与被审计单位之间存在经济上的合作或关联关系。

济利益;

（2）收费主要来源于某一鉴证客户;

（3）过分担心失去某项业务;

（4）与被审计单位存在密切的经营关系;

（5）对所开展业务采取或有收费[①]的方式;

（6）可能与鉴证客户发生雇佣关系。

2.自我评价可能损害独立性的情形包括:

（1）审计组成员曾是被审计单位的董事、经理、其他关键管理人员或能够对审计业务产生直接重大影响的员工;

（2）为被审计单位提供直接影响审计业务对象的其他审计或非审计服务;

（3）为被审计单位代理编制属于审计业务对象的数据或其他记录。

3.关联关系可能损害独立性的情形包括:

（1）与审计组成员关系密切的家庭成员是被审计单位的董事、经理、其他关键管理人员或能够对即将开展的审计业务产生直接重大影响的员工;

（2）被审计单位的董事、经理、其他关键管理人员或能够对审计业务产生直接重大影响的员工是审计机构的前高级管理人员;

（3）审计机构的高级管理人员或审计组的关键人员与被审计单位长期交往;

（4）接受被审计单位或其董事、经理、其他关键管理人员或能够对审计业务产生直接重大影响的员工的贵重礼品或超出社会礼仪的款待。

4.外界压力可能损害独立性的情形包括:

（1）在重大会计、审计等问题上与被审计单位存在意见分歧而受到解聘威胁;

（2）受到有关单位或个人不恰当的干预;

（3）受到被审计单位降低收费或客户意见差评的压力而不恰当地缩小工作范围。

为了减少对独立性的损害，审计机构负责人应当从整体上采取措施维护审计业务组的独立性，包括:（1）审计机构高级管理人员重视独立性，并要求审计组成员保持独立性;（2）制定有关独立性的政策和程序，包括识别损害独立性的因素、评价损害的严重程度以及采取相应的维护措施;（3）建立必要的监督及惩戒机制，以促使有关政策和程序得到遵循;（4）及时向审计机构内所有人员传达有关政策和程序及其变化;（5）制定能使员工向更高级别人员反映独立性问题的政策和程序。

同时，在审计组开始实施具体业务时，如果出现损害独立性的情形，也要采取措施加以维护，包括:（1）安排审计组以外的高级审计人员进行复核;（2）定期轮换项目负责人及签字审计师;（3）与被审计单位的审计委员会或监事会讨论独立性问题;（4）向被审计单位的审计委员会或监事会告知服务性质和收费范围;（5）制

---

① 或有收费是指收费与否或收费多少以鉴证工作结果或实现特定目的为条件，这也是独立审计中的情形。例如，审计客户要求注册会计师出具无保留意见审计报告，否则就不付费，这属于收费与否型的或有收费。又如，审计客户按照审计后的净利润水平高低付费，这属于收费水平型的或有收费。

定确保审计组成员不代替被审计单位行使管理决策或承担相应责任的政策和程序；（6）将独立性受到损害的审计组成员调离审计组。

（八）我国有关审计独立性的规范

为了有效保证审计的独立性，很多国家在法律甚至宪法中都会进行明确的规定，并对影响审计独立性的行为进行惩处。我国目前政府审计、内部审计和独立审计，对审计独立性存在不同的描述和理解，但其核心思想大体一致，分别如下：

1. 政府审计的独立性。《中华人民共和国国家审计准则》第十四条规定，审计人员执行审计业务，应当具备下列职业要求：（1）遵守法律法规和本准则；（2）恪守审计职业道德；（3）保持应有的审计独立性；（4）具备必需的职业胜任能力；（5）其他职业要求。具体而言，要做到组织独立、人员独立、职权独立、工作独立、经费独立。

2. 内部审计的独立性。我国内部审计强调客观性，因为内部审计机构隶属于公司组织，按照章程或职责要求又要开展对公司的审计监督，因此机构的独立性相比于政府审计和独立审计而言都比较差。《中国内部审计准则第1201号——内部审计人员职业道德规范》第五条规定，"内部审计人员应当遵循客观性原则，公正、不偏不倚地作出审计职业判断"；第十条指出，客观性是指"内部审计人员实施内部审计业务时，应当实事求是，不得由于偏见、利益冲突而影响职业判断"。该准则还指出影响内部审计客观性的因素包括：（1）审计本人曾经参与过的业务活动；（2）与被审计单位存在直接利益关系；（3）与被审计单位存在长期合作关系；（4）与被审计单位管理层有密切的私人关系；（5）遭受来自组织内部和外部的压力；（6）内部审计范围受到限制等。

3. 独立审计的独立性。独立审计包含了"独立"二字，足见其对独立性对审计的重要性。《中国注册会计师职业道德守则第1号——职业道德基本原则》第三章"独立性"，要求注册会计师执行审计和审阅业务以及其他鉴证业务时，应当从实质上和形式上保持独立性，不得因任何利害关系影响其客观性。会计师事务所在承办审计和审阅业务以及其他鉴证业务时，应当从整体层面和具体业务层面采取措施，以保持会计师事务所和项目组的独立性。同时，在《中国注册会计师职业道德规范指导意见》中指出，可能损害独立性的因素包括经济利益、自我评价、关联关系和外界压力等。此外，实质独立和形式独立分别指：

（1）实质独立，是指注册会计师在审计取证、发表审计意见的过程中，在认识、意识、思想等精神和内心方面保持公正、客观的态度，不受损害审计判断因素的影响，不屈从于外界的压力和影响。实质独立要求注册会计师在执业过程中严格保持超然性，不能主观袒护任何一方当事人，尤其不应使自己的结论依附或屈从于持反对意见的利益集团或人士，公正执业，保持客观和专业怀疑。实质独立是内在的，他人难以观察和度量。

（2）形式独立，是指注册会计师在承办业务时，与其他审计关系人在组织、经济、工作以及社会关系等各方面不存在关联和影响。如注册会计师不得拥有被审计单位的股权或担任其高级职务，不能是企业的主要贷款人、资产受托人，或与管理层成员有亲属关系等。形式独立是显在的，他人可以按照一定要求去权衡、评价和判断注册会计师的形式独立，进而可以根据形势独立去推断出注册会计师保持实质独立的程度。

【同步思考1-1】审计的独立性与人性假说中的哪些假说保持一定的偏离？

理解要点：关于人性的假说有很多种，主要有：工具人假说、经济人假说、社会人假说、情感人假说、理性人假说、自我实现人假说、文化人假说、综合人假说等。其中审计独立性就是要求：（1）需要偏离经济人假说，即要求审计人员作为一个经济人在获取经济利益时，不能影响审计工作的有效性；（2）需要偏离社会人假说，即要求审计人员作为一个社会人在处理群体关系时，不能影响审计工作的有效性；（3）需要偏离情感人假说，即要求审计人员作为一个情感人在利用情感关系方面，不能影响审计工作的有效性。

四、审计定义

审计定义是对审计本质的描述和解释，便于人们通过这种解释性的判断或命题的语言，确定审计在经济活动中的地位、作用和功能，正确区分审计与其他经济活动的界限。

审计定义经历了一个演变的过程。在审计产生之初，由于社会经济活动简单，会计记录能够反映社会生产经营活动的全貌，开展审计工作以审查账簿为主，这样就可以获得审计证据以评价受托经济责任。那个时候把查错防弊作为主要审计目标，审计方法是针对账簿凭证等会计账项逐笔"钩对"，详细审查。随着经济的快速发展，企业资金来源多样化，不仅依靠投资者投入（事实上的投资者已经不再单一，且数量非常庞大），而且银行贷款也成为重要来源之一。各路投资者在投资以及债权人在放贷过程中都非常关心资金的回收情况，十分注重对企业偿债能力以及盈利能力的评价，因此审计被赋予了审查资产负债表以评价偿债能力、审查利润表以评价盈利能力、审查财务状况变动表（或现金流量表）以评价财务状况变动（或现金流量）情况的工作内容，审计的概念从以前的查错防弊发展到了鉴证被审计单位会计报表能否合法、公允反映企业财务状况、经营成果和资金变动情况（或现金流量情况）。随着受托责任关系的复杂化，财产所有者和经营者之间不仅建立了一种财务责任关系，而且还建立了管理责任关系，因此以评价受托管理责任为主的绩效审计应运而生，审计的概念便随之涵盖了财务审计和绩效审计两大领域。

关于审计的定义，国内外很多著作和研究报告均有不同的解释，差别均不太大。审计定义大致均按照以下要素进行组合，形成文字加以解释：审计性质（独立）、审计主体（专职机构和人员）、审计对象（被审计单位的财政、财务收支及有关经济活动）、审计目标（真实性、公允性、合法性和有效性等）、审计职能（监督、评价和鉴证）。其中最典型的审计定义表述为：由审计机构和人员对被审计单位的财政财务资料及相关资料所反映的经济活动进行监督、鉴证和评价。这种关于审计的定义存在三点不足：第一，过分强调了审计与财务会计的关系，给人的感觉是离开会计就做不了审计；第二，定义中过分强调包含审计相关问题的组合，而没有把审计活动尤其是判断和鉴证的过程揭示出来；第三，定义的解释性语言中，往往会出现被定义的"审计"一词，如出现"被审计单位"一词。

本书采用美国会计学会（AAA）审计概念委员会在1973年发布的《审计基本概念说明》的审计定义，即：审计是为了鉴证有关经济行为和经济事项的声明与既定标准之间的一致程度，而客观地收集和评定有关证据，并将其结果传达给有关使用者的系统过程。这个定义清晰地概括了以下几个问题：

（1）审计的职能是鉴证和评价。定义的主要内容实质上就解释了鉴证对象与过程，以及解释了评价对象和结果传递主要限于对经济行为和经济事项声明范围内有关事项的评价和鉴证。由于西方国家把审计看成一种独立的经济活动，不强调审计的行政色彩，因此在监督方面提得较少，而我国目前的审计尤其是政府审计首先是一个行政角色，其监督职能体现得较充分。

（2）审计的对象是经济行为和经济事项的声明。其中经济行为和经济事项就是被审计单位开展的与经济相关的经营活动和管理活动；声明是用来反映被审计单位从事经济活动的结果或作出的结论，例如发布的经济信息、披露的财务报告、披露的内部控制报告、提供的绩效报告以及相关证明等。

（3）审计的原则是客观性。要求审计人员客观公正、不偏不倚，以事实为依据，独立进行审计取证、审计判断并发表审计意见。

（4）审计的评价目标是对一致性发表意见，并将结果传达给有关使用者。定义中所提的一致性是在经济行为和经济事项的声明与既定标准二者之间的比较，确定二者之间的符合程度，从而得出履行受托经济责任的程度。一致性可以通过以下几个方面来体现：①经济行为和经济事项的声明是否遵循既定的真实标准，即真实性；②经济行为和经济事项的声明是否遵循既定的公允标准，即公允性；③经济行为和经济事项的声明是否遵循既定的法律标准，即合法性；④经济行为和经济事项的声明是否遵循既定的效益标准，即效益性。一般审计工作的结果都可以用审计意见和审计报告形式来体现。定义所指的审计人员应向有关使用者提供审计结果，包括向委托人提供审计报告以及向相关的利益主体如政府部门、社会公众等提供审计报告。

审计的结果需要传达给有关使用者还暗示了一个要求：审计结果使用者要正确地按照审计契约或有关规定，在允许的范围内正确使用。有些审计报告按照法律规定是需要向全社会公开的，如对政府部门的预算执行审计报告、公司财务报表审计报告等，而有的审计报告只在特定的范围内使用。

（5）审计的核心环节是取证和评价。定义所提的收集和评定有关证据即我们所说的审计取证。审计证据是用来反映经济行为和经济事项声明的真实状态的资料，因此审计需要花费大量的资源来获取这种证据，然后用它和既定标准进行比较，得出审计结论。这是审计工作的核心环节。

（6）审计是一个系统化的过程。这个系统化过程包括从制订审计计划开始、到实施审计程序、获取审计证据，直至形成审计意见的全过程。在这个过程中的不同阶段，都必须运用特定的方法和程序来完成审计工作。

这个定义的优点是：第一，强调审计活动的过程，准确描述了"审计干什么"，包括了审计目标、审计对象、审计过程、审计结果等问题；第二，体现了审计的独立服务本质，指明审计经过系统化过程需要把获得结果传达给有关使用者，这既是审计鉴证过程，也是审计的服务过程，强调了审计最终的结果要为有关利益实体或个人服务；第三，体现了当代审计的特征，消除了传统上对审计和会计之间关系的误解，提示人们认识审计不能从会计角度来入手，而应从更为广泛和更高层次的经济领域去认识审计。

【同步思考1-2】根据AAA对审计的定义，是否可以理解审计学科不属于会计学科？

理解要点：AAA关于审计的定义完全回避了传统定义中审计离不开会计、审计与会计密不可分的表述方式，只字未提到会计、财务等字眼，也就是说按照AAA对审计的理解，审计根本就不是我们传统认为审计产生于会计或者从会计中分离出来的那样，审计的对象不仅仅局限于会计与财务的问题，还包括管理、经济中的其他活动，其实质也就等于告诉人们审计学科不属于会计学科，在研究审计学科涉及的业务领域时，需要注意的是并不是会计包括审计，恰恰相反的是会计仅仅是审计的业务对象之一。因此，AAA对审计的定义提示人们：构建审计学科体系不能着眼在财务会计其学科框架之下，而应该从更为广泛的领域和更高层次的角度去认识、探索审计学科。

五、鉴证和评价

鉴证是审计人员通过核实某一对象（如历史财务信息、内部控制等非财务信息等）的真实状态，验证其在所有重大方面是否符合既定标准，以增强该对象的信息可信性。评价是采用一定方法、依据既定标准对被审计事项的实际状况作出综合性分析、评估，并且借以判定被审计单位的情况、存在问题和提出预防措施的一系列活动。

鉴证和评价是审计自产生以来的一项固有的基本职责和基本活动。无论是古代审计还是现代审计，都是出于对受托责任关系的鉴证和评价需要，是受利益主体委托，为利益主体服务的。通过审计，能够以增强除责任方之外的预期使用者对鉴证对象信息信任程度，同时客观上能够促使被审计单位遵守法律法规、纠正错弊行为，因此，鉴证和评价成为贯穿不同时期审计的根本职责活动，是审计的本质属性。

审计从事鉴证和评价与其他经济管理活动不一样，其他经济管理监督活动诸如财政、税务、会计、计划、统计等经济活动均有自身的经济业务，从事监督、鉴证和评价是它们诸多业务中的一项职能。例如，会计本身是加强会计核算、提供会计信息，但为了保证会计信息的真实准确，会计也会通过推行各种措施、制定财务会计制度以及遵照有关法规来要求、规范、监督经济业务的发生过程和结果，这种监督属于自我监督、鉴证和评价行为。

审计专门从事经济鉴证和评价活动，除此之外没有从事任何经营管理活动或公共管理活动的职责，是以第三者的身份对经济活动和经济信息提供鉴证和评价结果，有利于保证审计结果的客观性和公正性，使得审计职能得到充分体现。因此，审计专门从事鉴证和评价活动，其实质上就是独立鉴证和独立评价的过程，缺一不可。因此，独立的鉴证与评价活动是审计的本质所在。

六、关于审计本质的其他认识

（一）审计动因和功能组合下的其他本质论

对于审计本质，还存在不同的理解，主要是从审计动因和功能两个方面来组合分析得到的，主要有：契约论、信息论、代理论、保险论、冲突论等。其中契约论认为，审计因维护契约各方的利益而产生，其本质是提供信息产品，改善了信息的质量或内涵；信息论认为，审计的本质是增进财务信息价值（可信性）；代理论认为，审计的本质在于促进代理关系中股东和企业管理人员的利益最大化；保险论认为，审计是一项把财务报表可能存在的信息风险降低到一个可以接受的水平，分担财务信息风险的活动；冲突论认为，审计是调节经济利益双方冲突的活动。

（二）审计是治理工具

完善治理是中国长期持续稳定发展的内在要求，需要社会各种力量共同努力。国家审计署前审计长李金华指出：国家审计是国家治理的工具，要在国家治理过程中发挥不可替代的作用。国家审计不是公司治理的工具，但会通过履行审计监督职责来推动公司治理的改进。联接国家审计和治理之间的桥梁就是"责任"，责任是推动民主与法制的着力点，让承担责任成为公司治理的起点，让落实责任成为国家治理的关键。这种从国家治理层面剖析审计本质的论断，和国际内部审计协会提出的"董事会、高级管理层、内部审计和外部审计在公司治理中发挥着协同促进作用"是异曲同工的。通常可以将审计治理分解为：政府审计是国家治理的工具、独立审计是市场的治理工具、内部审计是公司治理的工具。

审计是国家治理
工具的立论者

（三）审计是免疫系统

政府审计是经济社会运行的"免疫系统"，即要充分有效发挥审计的预防、揭露、威慑和抵御功能，在保障国民经济和社会健康运行方面发挥建设性作用。"免疫系统"论的核心观点是政府审计具有经济社会运行的偏移发现功能、纠正功能和预警功能，目标是维护国家安全、保障国家利益，根本目的是维护人民群众的根本利益。"免疫系统"论突出了查要案、报要情、抓大事的思路，适应了新的廉政、反腐和看好财政分配资金的总体要求，满足高层需要和民生期待，是适应新形势下维护国家经济安全需要而提出来的。"免疫系统"论重新定位和发展了审计本质。

【同步思考1-3】审计鉴证职能在政府审计、内部审计和独立审计之间体现的程度是否不一样？

理解要点：无论哪种审计，都是需要发表审计意见，出具审计报告，这就是审计鉴证职能的最终体现，因此都以同样的方式发挥鉴证职能作用。只不过对于不同审计而言，其审计意见和审计报告的结果利用、法律强制性限定效用、报告使用人等方面有差异。

第三节　　　　　　　　　审计主体

审计按照执行业务的主体分为政府审计、内部审计和独立审计。我国的审计监督体系由政府审计、内部审计和独立审计三个部分有机组合而成，三者之间相互补充、相互协调、相互利用、相互促进。按照《审计法》第三十条的规定，我国政府审计机关可以依法对独立审计机构进行指导、监督、管理，对独立审计质量进行再监督，并公布监督评价结果；同时按照《审计法》第二十九条的规定，内部审计应当接受政府审计的指导和监督。

一、政府审计

政府审计①是由政府审计机关和人员依法对政府及其各部门的财政收支，以及国有金融机构和企业事业组织的财务收支的真实性、合法性和效益性依法监督、鉴证和评价。

（一）政府审计体制

政府审计体制是指按照政府审计机关隶属关系和职责所形成的制度模式。世界各国由于政治体制、经济体制和文化传统等方面存在差异，其政府审计体制也存在较大差异，大体上可以分为立法模式、司法模式、独立模式和行政模式。

1.立法模式。在立法模式的政府审计体制下，政府审计机关隶属于立法机关并与政府保持独立，向立法机关负责并向立法机关报告工作。该模式以美国、英国等国家为代表，适合立法、司法和行政三权分立并且有较为完善的立法机构和立法程序的国家，其政府审计的权威性最强，独立性也非常高。

2.司法模式。在司法模式的政府审计体制下，政府审计机关以审计法院的组织形式设立，拥有经济司法权和享有相应的司法地位。该模式起源于法国，目前世界上最为典型的国家是法国、西班牙。

3.独立模式。在独立模式的政府审计体制下，政府审计机关独立于立法、司法和行政机关，既不隶属于国会，也不归内阁或司法部门领导，按照法律赋予的职责独立地开展工作，不受任何国家机器的制约。该模式以日本、德国为代表，其政府审计机关的独立性最强，但权威性往往不够高。

4.行政模式。在行政模式的政府审计体制下，政府审计机关隶属于政府或政府的某一部门，根据法律规定和政府所赋予的职责权限实施审计。该模式下国家审计机关的独立性较差，可以称之为政府或部门的"大内部审计"。由于该模式和行政机关存在联系，往往有较高的权威性。如中国的审计署隶属于国务院，瑞典、瑞士

---

① 政府审计对于国家审计署而言也可以称为是国家审计，而对于省级及以下地方政府而言只能称为政府审计，我国审计界没有对此认真区分。另外审计署提到的国家审计往往包含政府、军队的审计机关开展的业务活动。而地方政府的审计仅仅包括由政府审计机关开展的业务活动。

等国的最高审计机构隶属于国家财政部门。

不同模式的政府审计体制比较表见表1-1。

表1-1　　　　　　　　不同模式的政府审计体制比较表

审计体制	领导机构	审计权力	对审计的影响	代表国家
立法模式	国会	立法权和经济监督权	审计独立性高、权威性最高	美国、英国
司法模式	审计法院	司法权和经济监督权	审计独立性高、权威性较高	法国、奥地利
独立模式	无	经济监督权	审计独立性最高、权威性较低	日本、德国
行政模式	国务院	行政监督权和经济监督权	审计独立性较高、权威性较高	中国
	财政部	财政财务监督权	审计独立性较低、权威性较低	瑞典（2013年改制为议会领导）

（二）政府审计机关

按照《中华人民共和国宪法》的规定，国务院和县级以上地方人民政府设立审计机关，同时根据《审计法》的规定，审计署在重要城市设立派出机构（即特派员办事处，目前审计署设有驻18个城市的特派员办事处）。国务院设立审计署，在国务院总理领导下，主管全国的审计工作。审计长是审计署的行政首长。省、自治区、直辖市，设区的市、自治州、县、自治县，不设区的市、市辖区的人民政府的审计机关，分别在省长、自治区主席、市长、州长、县长、区长和上一级审计机关的领导下，负责本行政区域内的审计工作。各级政府审计机关的报告关系如图1-3所示。

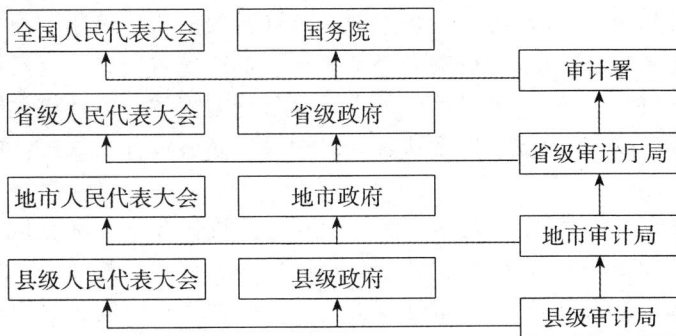

图1-3　各级政府审计机关的报告关系图

除政府审计之外，我国军队系统还有专门的审计机关，配有专职的审计人员，政府审计与军队审计可以合称为国家审计。我国的政府审计在加强国家的审计监督，维护国家财政经济秩序，提高财政资金使用效益，促进廉政建设，保障国民经济和社会健康发展起到了积极的作用。

在政府审计机关工作的审计人员是具有公务员资格的专业人员，要求具备与其从事的审计工作相适应的专业知识和业务能力，能够独立客观地开展监督和评价工作，并自觉接受职业后续教育。

2014年10月20日至23日，中国共产党第十八届中央委员会第四次全体会议关于《中共中央关于全面推进依法治国若干重大问题的决定》的第三部分"深入推进依法行政，加快建设法治政府"的第五条"深入推进依法行政，加快建设法治政府"指出："强化对行政权力的制约和监督。加强党内监督、人大监督、民主监督、行政监督、司法监督、审计监督、社会监督、舆论监督制度建设，努力形成科学有效的权力运行制约和监督体系，增强监督合力和实效。"同时提出"完善审计制度，保障依法独立行使审计监督权。对公共资金、国有资产、国有资源和领导干部履行经济责任情况实行审计全覆盖。强化上级审计机关对下级审计机关的领导。探索省以下地方审计机关人财物统一管理。推进审计职业化建设。"2014年10月9日，国务院颁发《关于加强审计工作的意见》指出优化审计资源有效配置的组织方式创新和审计工作领导机制改革要求。2015年12月8日，中共中央办公厅、国务院办公厅出台了《关于完善审计制度若干重大问题的框架意见》和《关于实行审计全覆盖的实施意见》两个配套文件，其中《关于完善审计制度若干重大问题的框架意见》文件中规定的第二项任务是强化上级审计机关对下级审计机关的领导，具体做法是：（1）任免省级审计机关正职，须事先征得审计署党组同意；任免省级审计机关副职，须事先征求审计署党组的意见；（2）审计机关的重大事项和审计结果必须向上级审计机关报告，同时抄报同级党委和政府。（3）上级审计机关要加强对下级审计机关的考核。同时，该文件的第三项主要任务是探索省以下地方审计机关人财物管理改革，具体要求是：（1）市地级审计机关正职由省级党委（党委组织部）管理，其他领导班子成员和县级审计机关领导班子成员可以委托市地级党委管理。（2）省级机构编制管理部门统一管理本地区审计机关的机构编制，地方审计人员由省级统一招录。（3）地方审计机关的经费预算、资产由省级有关部门统一管理，或委托同级政府管理。（4）地区审计机关审计项目计划由省级审计机关统一管理，统筹组织本地区审计机关力量。这意味着新时期对于政府审计的管理体制已经进入了改革议程中。

2018年3月，中共中央印发的《深化党和国家机构改革方案》指出：为加强党中央对审计工作的领导，构建集中统一、全面覆盖、权威高效的审计监督体系，更好发挥审计监督作用，组建中央审计委员会，作为党中央决策议事协调机构。中央审计委员会办公室设在审计署。成立中央审计委员会，也是确保党和国家重大决策部署贯彻落实的需要。国家审计通过揭露党和国家治理体系中各主体存在的问题，提出完善党和国家治理的整改措施，推动党和国家各项政策和决策部署有效实施，确保一切经济活动都在审计监督下规范运行。2018年5月23日下午，中共中央总书记、国家主席、中央军委主席、中央审计委员会主任习近平主持召开中央审计委员会第一次会议并发表重要讲话。此次会议从构建国家治理体系现代化的高度，明确了中央审计委员会的指导思想和工作目标，是进一步落实国家治理体系和治理能力现代化的具体举措。我国政府审计长期以来卓有成效的贡献已经得到中央的高度认可和重视。

（三）政府审计机关的职责

根据《审计法》的规定，我国政府审计机关的职责为：

（1）对本级各部门（含直属单位）和下级政府预算的执行情况和决算以及其他财政收支情况，进行审计监督；

（2）对国有金融机构的资产、负债、损益，进行审计监督；

（3）对国家的事业组织和使用财政资金的其他事业组织的财务收支，进行审计监督；

（4）对国有企业的资产、负债、损益，进行审计监督；

（5）对国有资本占控股地位或者主导地位的企业、金融机构，进行审计监督；

（6）对政府投资和以政府投资为主的建设项目的预算执行情况和决算，进行审计监督；

（7）对政府部门管理的以及其他单位受政府委托管理的社会保障基金、社会捐赠资金以及其他有关基金、资金的财务收支，进行审计监督；

（8）对国际组织和外国政府援助、贷款项目的财务收支，进行审计监督；

（9）按照国家有关规定，对国家机关和依法属于审计机关审计监督对象的其他单位的主要负责人，在任职期间对本地区、本部门或者本单位的财政收支、财务收支以及有关经济活动应负经济责任的履行情况，进行审计监督等。

【同步思考1-4】成立中央审计委员会是否意味着政府审计归党中央领导？

理解要点：坚持党对一切工作的领导，是由党的性质决定的，既是对历史经验的深刻总结，也是新时代推进中国特色社会主义的保证。根据规定，审计工作置身于中央政府的领导下，向政府报告工作。成立中央审计委员会意味着体现了党对审计工作的重视，把审计工作纳入中央顶层设计，不仅是加强党的领导的要求，是明确党对审计工作职责的要求，在党统一领导下行使审计监督权，而且是推进国家治理体系和治理能力现代化的一场深刻变革，是推进审计管理体制改革的伟大创举。中国共产党的领导既是中央审计委员会存在的前提，更是审计委员会发挥作用的重要保障。审计委员会唯有在党的领导之下，才能够独立行使权力，才能够充分发挥作用。

二、内部审计

内部审计是一种独立、客观的确认与咨询服务，通过采取系统化、规范化的方法对风险管理、内部控制及治理程序进行评估和改善，以增加价值并提高组织的运作效率，从而帮助组织实现目标。

（一）内部审计体制

由于内部审计是部门或单位内部赋予的监督职责，依据内部审计部门隶属于部门或单位内部领导层级不同，在其管理体制安排上也有不同的类型，如隶属于股东大会、隶属于董事会、隶属于公司管理层、隶属于公司内部某一部门等。客观地说，内部审计隶属的主管领导级别越高，内部审计的相对独立性和权威性越高。目前从行业看，我国的内部审计由中国内部审计师协会组织管理。内部审计体制主要有以下几种：

1.隶属于董事会（或监事会）。根据公司治理的制度安排，公司董事会是股东大会的执行机构，一般通过设置投资决策委员会、审计委员会、提名和薪酬委员会、投资者关系委员会等不同的专门委员会来制定决策和行使职权。内部审计机构隶属于董事会领导，通常是指隶属于审计委员会，此时内部审计能够根据需要及时对经营管理层各个层面开展监督和评价工作，具有充分的权威性和相对的独立性。

若监事会能够充分发挥职权，内部审计隶属于监事会领导，其独立性和权威性可以得到充分保证。但是我国目前多数上市公司、国有大型企业的监事会往往职能缺失，如果内部审计隶属于监事会领导，则仅仅是法理上的独立性和权威性，而不是实际上的独立性和权威性。

2.隶属于公司管理层。在公司管理层中，总经理是最高层级的领导，其次就是副总经理或总会计师。内部审计隶属领导层级越高，其权威性越大，独立性也较高，很多公司根据自身实际情况，把内部审计机构归属于总经理领导，或归属于副总经理、总会计师领导。由于内部审计是公司的一个内设机构，在人员、工作、经费和相关资源等各个方面都依赖于公司主要负责人的支持，直接将内部审计归于管理层的领导，有利于形成审计资源充裕、审计范围不受限制、审计过程顺畅的局面。因此，隶属于公司管理层仍然可以保障内部审计的权威性，但其独立性会受到一定影响。

3.隶属于内部财务部门。这主要是指把内部审计设置在财务等部门之下或与这些部门合署办公，这种情形大大削弱了内部审计的权威性，而且根本就没有独立性可言。特别是如果公司把内部审计机构设置在财务部门之下，而按照规定内部审计需要实施财务监督，也就是说内部审计反过来对财务开展监督检查，这事实上根本就行不通，或者起不到任何监督作用。

不同模式的内部审计体制比较表见表1-2。

表1-2　　　　　　　　　　　　不同模式的内部审计体制比较表

领导机构		独立性	权威性	审计对象和范围
董事会（审计委员会）		很高	很高	能够对包括总经理在内的公司各管理层面开展审计工作
监事会		很高	很高	能够对包括董事会、总经理在内的公司各治理层面开展审计工作
高级管理层	总经理	较高	较高	能够对公司副总经理、中层及公司下属任何单位开展审计工作
	副总经理	较低	较低	能够对公司中层及下属任何单位开展审计工作
	总会计师	较低	较低	能够对公司中层及下属任何单位开展审计工作，但对公司整体财务审计时，会受到总会计师的限制
财务部门（或合署）		无	很低	仅可以对公司下属任何单位开展审计工作

需要说明的是，表1-2所列独立性、权威性层级，仅仅是按照各模式在理论和法律上进行机构设置、制度安排时应达到的程度进行描述的，而不一定符合实际尤其是我国的实际。比如，我国很多公司内部审计如果不隶属于管理层而隶属于董事会的话，很多审计业务会受到管理层的直接干预、抗拒和限制。另外，监事会表面看起来有较充分的权限，但实际上在我国的企业中，这种组织仅仅是形式而非实质上的权力监督机构。

（二）内部审计机构

内部审计机构表现为一个组织内设置的内部审计机构如审计部、审计处、审计室等，一般属于本单位的职能部门。尽管内部审计是本单位的一个中层职能部门，但它不应该行使参与管理的职能，而应该仅仅承担经济监督、鉴证和评价职能。我国的国家机关、金融机构、企事业单位、社会团体以及其他组织，应当按照国家有关规定建立健全内部审计制度。对于那些法律法规没有明确要求设立内部审计机构的单位，可以根据需要设立内部审计机构，配备内部审计人员。内部审计机构应当接受董事会或最高管理层的指导和监督，内部审计机构负责人对内部审计机构管理的适当性和有效性负完全责任。

目前，我国对内部审计人员的从业资格并没有严格的规定，更没有建立资格准入制度，仅仅是要求内部审计人员具有必要的专业知识，能够恪守职业道德，履行职责、忠于职守、坚持原则，不得滥用职权、徇私舞弊、玩忽职守、泄露秘密，并自觉接受职业后续教育。目前，随着企业对监督管理人员素质要求的不断提高，内部审计人员的学历、知识结构不断改善，内部审计人员拥有公认的资格如国际注册内部审计师（CIA）越来越受到很多大公司的重视。

（三）内部审计职责

（1）对本单位及所属单位（含占控股地位或者主导地位的单位，下同）的财政收支、财务收支以及有关的经济活动进行审计；

（2）对本单位及所属单位预算内、预算外资金的管理和使用情况进行审计；

（3）对本单位内设机构及所属单位领导人员的任期经济责任进行审计；

（4）对本单位及所属单位固定资产投资项目进行审计；

（5）对本单位及所属单位内部控制制度的健全性和有效性以及风险管理进行评审；

（6）对本单位及所属单位经济管理和效益情况进行审计等。

【同步思考1-5】比较理想的内部审计体制应该是哪几种？为什么？

理解要点：建立内部审计隶属于最高管理层（总经理）或董事会审计委员会的领导机制，是比较理想的模式，这些领导层面或机构具有决策权或资源管理权，对于支持审计工作有更加权威、便利的保障作用，而且由于决策和管理权限的对象是整个公司，因此内部审计可以根据隶属领导机构的权限范围开展业务工作，凸显内部审计的权威性和广泛性。如果隶属于监事会领导，从表1-2的对比可以看出，在理论上也是比较理想的，但在实际工作中，我国公司企业的监事会大多数是一种形式上的监督机构，并没有对公司经营管理的决策权和公司资源管理权实施监督，因此实际上并不理想。

三、独立审计

独立审计是由会计师事务所和注册会计师实施的对被审计单位经济活动和经济事项的合法性、公允性进行监督、鉴证和评价，发表审计意见的活动。

（一）注册会计师协会

注册会计师协会是注册会计师的行业组织，即注册会计师组成的社会团体。中国注册会计师协会是注册会计师行业的全国性组织，各省、自治区、直辖市注册会计师协会是注册会计师行业的地方组织。中国注册会计师协会的宗旨是服务、监督、管理、协调，即以诚信建设为主线，服务本会会员，监督会员执业质量、职业道德，依法实施注册会计师行业管理，协调行业内、外部关系，维护社会公众利益和会员合法权益，促进行业健康发展。中国注册会计师协会在发挥注册会计师在社会经济活动中的鉴证和服务作用、加强对注册会计师的管理、维护社会公共利益和投资者的合法权益、促进社会主义市场经济的健康发展过程中起到了重要作用。根据《中国注册会计师协会章程》的规定，中国注册会计师协会的基本职责包括：

（1）审批和管理本会会员，指导地方注册会计师协会办理注册会计师注册；

（2）拟定注册会计师执业准则、规则，监督、检查实施情况；

（3）组织对注册会计师的任职资格、注册会计师和会计师事务所的执业情况进行年度检查；

（4）制定行业自律管理规范，对违反行业自律管理规范的行为予以惩戒；

（5）组织实施注册会计师全国统一考试；

（6）组织和推动会员培训工作；

（7）组织业务交流，开展理论研究，提供技术支持；

（8）开展注册会计师行业宣传；

（9）协调行业内、外部关系，支持会员依法执业，维护会员合法权益；

（10）代表中国注册会计师行业开展国际交往活动；

（11）指导地方注册会计师协会工作；

（12）办理法律、行政法规规定和国家机关委托或授权的其他有关工作。

（二）会计师事务所和注册会计师

会计师事务所是依法设立并承办注册会计师业务的机构，不附属于任何机构，实行自收自支、独立核算、自负盈亏、依法纳税。按照《注册会计师法》的规定，我国会计师事务所分为合伙会计师事务所和有限责任会计师事务所两种。

1.合伙会计师事务所。合伙设立的会计师事务所的债务，由合伙人按照出资比例或者协议的约定，以各自的财产承担责任。合伙人对会计师事务所的债务承担连带责任。

2.有限责任会计师事务所。会计师事务所符合下列条件的，可以是负有限责任的法人：（1）不少于三十万元的注册资本；（2）有一定数量的专职从业人员，其中至少有五名注册会计师；（3）国务院财政部门规定的业务范围和其他条件。负有限责任的会计师事务所以其全部资产对其债务承担责任。

设立会计师事务所，由国务院财政部门或者省、自治区、直辖市人民政府财政部门批准。申请设立会计师事务所，申请者应当向审批机关报送下列文件：（1）申请书；（2）会计师事务所的名称、组织机构和业务场所；（3）会计师事务所章程，有合伙协议的并应报送合伙协议；（4）注册会计师名单、简历及有关证明文件；（5）会计师事务所主要负责人、合伙人的姓名、简历及有关证明文件；（6）负有限责任的会计师事务所的出资证明；（7）审批机关要求的其他文件。

注册会计师（certified public accountant，CPA）是指取得专门从事独立审计行业职业资格证书并在会计师事务所执业的人员。我国实行注册会计师全国统一考试制度，只有考试合格并从事审计工作两年以上，方可申请注册并独立从业。注册会计师执行业务，应当加入会计师事务所；注册会计师承办业务，由其所在的会计师事务所统一受理并与委托人签订委托合同。会计师事务所对本所注册会计师依照有关规定承办的业务，承担民事责任。

（三）独立审计职责

注册会计师及其所在会计师事务所的基本职责是：通过接受委托，承办审计业务、会计咨询和会计服务业务等，对业务对象依据执业准则、规则确定的工作程序获取审计证据、发表审计意见、出具报告，充分发挥独立审计的社会经济活动中的鉴证和服务作用，维护社会公共利益和投资者的合法权益，促进经济的健康发展。按照《注册会计师法》第十四、十五条的规定，注册会计师可以承办审计、会计咨询、会计服务业务，其中审计业务包括：（1）审查企业会计报表，出具审计报告；（2）验证企业资本，出具验资报告；（3）办理企业合并、分立、清算事宜中的审计业务，出具有关的报告；（4）法律、行政法规规定的其他审计业务。根据上述分析，独立审计的职责概括起来主要包括：

第一，出具具有法律意义上证明效力的文件（即独立审计报告）；

第二，增进被审计信息的可信程度，帮助投资决策；

第三，向社会公众揭示和报告经济违法行为；

第四，为社会提供各类咨询服务。

【同步思考1-6】独立审计是否需要政府监管机构对它的监管？

理解要点：在制度设计和法律规定上，独立审计虽然没有上级领导机构，完全是市场化的自收自支、独立核算、自负盈亏、依法纳税中介实体，这里将会带来两个问题：（1）由于自收自支，按照付出的审计劳动向被审计单位收取报酬和费用，可能存在为了向被审计单位高收费而妥协审计意见的问题。（2）由于自负盈亏，可能存在为了减少审计时间和投入等成本导致审计质量下降的问题。因此，需要对独立审计行业进行监管，尤其是这个行业本身就是市场自我监管和治理的组成部分，审计鉴证意见具有法律效力，则出于审计质量的考虑，应该对独立审计行业实施更加严格的政府监管，特别是对上市公司审计的监管。

第四节　　　　　　　　　　　审计目标

审计目标是指在特定的社会历史条件下，实施审计活动最终可以达到的结果。审计的根本目标是对受托者的声明与既定标准是否一致进行检验并发表意见。换言之，审计目标就是对被鉴证和评价事项发表意见。审计机构和审计人员在接受审计委托后，采取一定的方法与程序收集审计证据，进而得出相应的审计结论。审计目标指引审计活动的行为方向，受到上层建筑和经济基础的影响、制约，必须服从和满足上层建筑和经济基础的需要。审计目标主要是回答"审计应该去实现一个什么结果"的问题。

一、审计目标的演变[1]

审计目标是审计职能的最终实现结果，审计目标取决于审计环境，不同的审计环境下有不同的审计需求。例如，出于对国家官员掌管资财、国家财政和财经法纪的监督需要，产生了政府审计；为加强组织内部的财务监督和其他管理方面的监督需要，产生了内部审计；出于股东和利益相关者的需要，产生了注册会计师行业，由其对上市公司的财务报告进行审计。因此，审计目标因不同的审计需求而有所不同，而在不同的审计发展阶段，又有不同的审计需求，随之也有不同的审计目标。

（一）详细审计阶段的审计目标

详细审计阶段的审计目标以"查错纠弊"为主。自1720年"南海公司事件"独立审计揭开序幕后，直至20世纪30年代为止这一段时期内，还未进入大规模生产的工业时代，英国始终处于经济发展前列，英国会计师职业界也处于世界领先地位，因而形成了以详细审计为主的"英式审计"。它要求尽可能对每笔会计事项都加以检查。例如，要将一本账簿上的记录与另一本账簿上的记录机械地进行对照，将购货、销售等日记账记录与供货单位发货票等原始凭证逐一进行复核。审计人员的工作记录和痕迹是一行接一行、一页接一页地用有色笔在账页上所打的"√"等符号，他们把精力集中在核对账目是否相符上。这种工作需要艰苦地、认真地对几乎所有账簿、全部账页、全部记录进行核对。在这种情况下，相关账务处理和检查方面的知识成为审计师们的"看家本领"。因此，"查错纠弊"是详细审计阶段的审计目标。

（二）资产负债表审计阶段的审计目标

资产负债表审计阶段的审计目标以证实资产负债表项目的可靠性、真实性为主。随着大规模工业化生产的发展，少数有限股东所提供的资本已不足以满足企业规模化生产发展的资金需求，经营中所需要的资金主要转向由银行等债权人提供贷款解决，银行为了恰当地评估借款人的偿债能力，要求借款人提供经审核的资产负债表，并据此来评价债务人的偿债能力和资产的流动性。1895年2月9日，纽约州银行协会理事会建议加盟银行要求申请贷款的企业按照统一格式报送财务报表。

---

① 本部分仅以财务审计目标的演变过程进行阐述。

1907年，美国银行协会信贷信息委员会也建议，应向经过注册会计师审计的贷款人提供较为优惠的贷款。1908年，美国银行协会批准了这一建议。此后不久，美国注册会计师协会也发布、修订了对资产负债表进行审计的工作标准。详细审计法需要审核所有的会计凭证、会计账簿和会计报表，因而手续烦琐、耗时多、费用开支大。而资产负债表审计更多集中于彻底审查少数重要的会计账户，并关注比簿记员权力更大的管理层舞弊的可能性，它不对全部的经济业务进行逐个检查，因而费用更低，更为借款企业所接受。资产负债表审计从产生、发展到走向繁荣，前后大概经历了40年时间。显然，在资产负债表审计阶段，"查错纠弊"已不再是当时的主要审计目标，而对资产负债表项目余额的真实性和可靠性进行公证成为这一阶段的主要审计目标。这样，在资产负债表审计阶段，审计的功能由防护性转向公证性。

（三）财务报表审计阶段的审计目标

财务报表审计目标是对被审计单位财务报表的合法性、公允性发表意见，即对财务报表的以下方面发表审计意见：（1）财务报表是否按照适用的会计准则和相关会计制度的规定编制；（2）财务报表是否在所有重大方面公允反映被审计单位的财务状况、经营成果和现金流量。

随着生产规模的进一步扩大，企业经营业务日趋增多，并且越来越复杂，而且市场参与主体也不单单关注企业的资产负债表，而转向以利润表为主的多种财务报表并重。由于时间和成本的限制，审计人员开始逐渐将抽样技术运用到审计工作中，首先确定样本量并选取样本，然后对其实施审计，最后根据样本审计结果来评价整套财务报表的合法性和公允性。

事实上，财务报表审计目标本身也有一个变化过程，最初是把财务报表的真实性和合法性确定为审计目标。由于会计核算本身就是数据信息的估计过程，包括选择不同的会计政策、使用不同的会计方法等，对相同原始数据处理的结果就会存在差异，这种差异是政策允许的，因此过分强调真实性没有实际意义，而且很难把握这种真实性的依据。当前，财务报表审计目标已经调整为合法性和公允性，强调财务报表在所有重大方面按照会计准则和会计制度编制，能够公允反映企业的财务状况以及经营成果和现金流量即可。

（四）当前阶段的审计目标

当前阶段的审计目标仍然是对被审计单位财务报表发表意见，只不过随着经济全球化和组织的多元化，财务报表的使用目的越来越多样，随之，整套财务报表的内容也越来越多元化，因此，审计目标也不再是单一评价财务报表的合法性和公允性，而发展为对被审计单位财务报表是否遵循了适用的编制基础发表意见。此外，日渐流行的抽样审计模式未能防控管理人员舞弊案件的大量增加，如发生于2001年的"安然公司破产案"和发生于2002年的"世界通信公司破产案"等系列财务报表舞弊丑闻，给社会大众带来巨大损失，严重打击了投资者对市场的信心。社会大众出于保护自身利益的考虑，纷纷要求审计师将"发现舞弊"作为审计的主要目标之一。到目前为止，"发现舞弊"尚未被作为审计的主要目标，但审计准则要求注册会计师在审计过程中应保持应有的职业谨慎，对可能出现的舞弊行为实施必要的审计程序，以合理保证不存在因重大舞弊导致的财务报表偏离适用的编制基础。

【同步思考1-7】审计目标的演变说明什么？

理解要点：审计目标是指导审计工作的方向，审计目标的形成受到审计委托人目标的限制。不同时期出现不同的审计目标，说明审计委托人对自己利益的关注点在发生变化，这种变化通过契约或协议传递到为他服务的审计人员身上，从而带来审计工作的一系列变化。审计人员就必须针对这种目标的变化去思考：如何调整审计内容和范围、如何创新审计取证技术、如何给出符合这种目标特征的审计意见等。

二、审计目标的内容

审计目标是对被鉴证和评价事项发表意见，但是需要明确审计应对这些事项的哪些方面发表意见，这就是审计目标的具体内容。审计目标的具体内容（有的也称为具体审计目标或构成审计目标的要素）可以分为以下几个方面：

（一）公允性目标

公允性目标是指监督、鉴证和评价被审计单位整体财务报表是否能够按照公认准则的要求如实反映履行受托责任相关的经济信息，并被社会公众认可。该目标包括两个方面的内容：（1）对于整体的财务报表审计则使用公允性概念，这是因为财务报表中有很多项目带有主观因素干预，包括估计和预计因素，例如资产减值率、坏账率、折旧方法和成本计算方法等，对这些因素政策选择发生变化，其报表项目的金额就会不同，因此不能用真实性去评价整体的财务报表，而采用公允性概念，即审查财务报表是否在所有重大方面公允反映被审计单位的财务状况、经营成果和现金流量；（2）对于单项经济事项和交易业务的审计则使用真实性概念，即审查该项业务的发生是否真实存在，有无差错和遗漏的发生。

（二）合法性目标

合法性目标是指监督、鉴证和评价被审计单位在履行受托经济责任过程中发生的财务收支和相关经营管理活动是否符合法律、法规、准则、经济合同或既定标准的要求，对所有经营业务的反映和披露都遵循了会计准则和相关制度的要求，防止损害国家或个人利益的违法、违规、违纪行为发生。换言之，审计人员应该对被审计单位经济业务会计处理的正确性进行评价，判断其是否遵循了会计准则，是否选择了恰当的会计制度，是否进行了恰当的会计估计，财务报表反映的信息是否具有相关性、可靠性、可比性和可理解性，相关经济业务是否在财务报表中和表外作出充分的披露，使财务报告使用者容易理解。

（三）有效性目标

有效性目标是指监督、鉴证和评价被审计单位对受托管理使用经济资源的节约程度、经营和管理行为的效率与效果的实现程度，防止损失浪费，提高经济效益和社会效益。具体地说，就是评价各项活动成本支出是否经济节约，各项行动和措施、制度和政策是否运用有效，各项活动的产出是否最大，受托经济责任的履行状况是否达到计划、预算或经营目标预期的效果。

（四）健全性目标（或完整性目标）

健全性目标是指监督、鉴证和评价所提供的反映受托责任的经济信息是否完整，防止遗漏，以及被审计单位履行受托经济责任过程中的组织治理结构、内部控制、风险管理体系是否健全，防止风险的发生。

（五）遵循性目标

这是一个特殊的审计目标，一般是指审计机构和人员审查被审计单位在经营过程中遵守相关法规、政策、计划、预算、程序、合同等遵循性标准的情况并发表审计意见。如果开展以遵循性为目标的审计活动，审计人员应出具一个遵循性审计的专项审计报告。这个审计目标在内部审计工作中常见，有时企业也会外包给外部审计实施。

对于上述审计目标，政府审计、内部审计和独立审计在各自的目标描述上具有一定的差异。（1）政府审计目标：《中华人民共和国国家审计准则》第六条规定，审计机关的主要工作目标是通过监督被审计单位财政收支、财务收支以及有关经济活动的真实性、合法性、效益性，维护国家经济安全，推进民主法治，促进廉政建设，保障国家经济和社会健康发展。（2）内部审计目标：《中国内部审计准则第1101号——内部审计基本准则》第二条内部审计的定义将内部审计的目标界定为"促进组织完善治理、增加价值和实现目标"。（3）独立审计目标：《中国注册会计师审计准则第1101号——注册会计师的总体目标和审计工作的基本要求》规定，审计的目的是提高财务报表预期使用者对财务报表的信赖程度。这一目的可以通过注册会计师对财务报表是否在所有重大方面按照适用的财务报告编制基础编制发表审计意见得以实现。

【同步思考1-8】是否可以在一次审计中实现多个审计目标？

理解要点：可以。比如合法性目标、真实目标、公允性目标是财务审计的主要目标，可以在开展一次财务审计过程全部实现，只不过针对不同的目标需要对应选择不同的侧重点进行取证。同理，有效性、健全性目标是内部控制审计和绩效审计的目标，都可以在一次该类审计业务中获取证据，得出审计结论。

三、财务审计目标

财务审计是审计的核心内容，财务审计目标是审计人员对被审计单位财务收支活动和相关信息的真实性、合法性和公允性发表意见。目前，对于财务审计目标的阐述一般都是按照财务报表审计目标进行理解的，财务报表审计的目标分为总体目标、具体目标、项目目标三个层次。

（一）财务报表审计的总体目标

1.主要概念

《中国注册会计师审计准则第1101号——注册会计师的总体目标和审计工作的基本要求》第二十五条规定，在执行财务报表审计工作时，注册会计师的总体目标是：对财务报表整体是否不存在由于舞弊或错误导致的重大错报获取合理保证，使得注册会计师能够对财务报表是否在所有重大方面按照适用的财务报告编制基础编制发表审计意见；按照审计准则的规定，根据审计结果对财务报表出具审计报告，并与管理层和治理层沟通。与审计总体目标有关的几个概念如下：

（1）错报。错报是指某一财务报表项目的金额、分类、列报或披露，与按照适用的财务报告编制基础应当列示的金额、分类、列报或披露之间存在的差异；当注册会计师对财务报表是否在所有重大方面按照适用的财务报告编制基础编制并实现公允反映发表审计意见时，错报还包括根据注册会计师的判断，为使财务报表在所有重大方面实现公允反映，需要对金额、分类、列报或披露作出的必要调整。

（2）合理保证。合理保证是指注册会计师在财务报表审计中提供的一种高度但非绝对的保证，它是一种高水平保证，当注册会计师获取充分、适当的审计证据将审计风险降至可接受的低水平时，就获取了合理保证。由于审计存在固有限制，注册会计师据以得出结论和形成审计意见的大多数审计证据是说服性而非结论性的，只能提供合理保证，不能提供绝对保证。固有限制主要包括：①审计时间的限制，通常要在短时间内对被审计单位某一期间的财务报表发表意见，如果审计时间太长则可能因不及时而丧失有用性，所以审计人员无法对所有账目实施详细审计；②审计抽样的固有风险，在小于百分之百项目抽样的情况下，抽样风险无法避免；③有许多会计处理是一种主观判断，不同的人职业判断会有差异；④尽管注册会计师在审计过程中有严格的质量控制制度，但是仍可能无法完全避免审计人员在执行审计程序过程中存在疏忽。由于以上审计的固有限制，注册会计师只能合理保证被审计单位财务报表是否在所有重大方面按照财务报告编制基础编制并实现公允反映。

（3）财务报告编制基础。财务报告编制基础是指法律法规要求采用的财务报告编制基础；或者管理层和治理层（如适用）在编制财务报表时，就被审计单位性质和财务报表目标而言，采用的可接受的财务报告编制基础。财务报告编制基础分为通用目的编制基础和特殊目的编制基础。其中，通用目的编制基础包括会计准则和会计制度，可以满足广大财务报表使用者需求；特殊目的编制基础包括与会计事项相关的法律法规、司法判决和职业道德要求、准则制定机构发布的具有不同权威性的会计解释、准则制定机构针对新出现的会计问题发布的具有不同权威性的意见、得到广泛认可和普遍使用的一般惯例或行业惯例，以满足财务报表特定使用者的需求。

在不同的财务报告编制基础下，可能产生不同的财务报表构成内容。一般情况下，大多数财务报表都是以会计准则为基础进行编制的，反映该单位的财务状况、经营成果和现金流量信息，整套财务报表通常包括资产负债表、利润表、现金流量表、所有者权益变动表和会计报表附注。而对于以其他基础编制的财务报告，也可能只包括一张财务报表和相关附注。例如，依据国际公共部门会计准则理事会发布的《国际公共部门会计准则——基于现金基础会计的财务报告》，如果一个公共部门实体依据该准则编制财务报表，则主要的财务报表是现金收支情况表。单一财务报表（可能包括相关附注）可能构成整套财务报表的例子还有资产负债表、利润表或经营状况表、留存收益表、现金流量表、不包括所有者权益的资产和负债表、所有者权益变动表、收入和费用表、产品线经营状况表等。

2.通用目的财务报告编制基础的审计目标

独立审计的过程就是验证被审计单位的财务报表是否在所有重大方面遵循了适当的编制基础。对通用目的财务报告，注册会计师应针对财务报表是否在所有重大方面按照财务报告编制基础编制并实现公允反映发表审计意见，也就是对财务报表的合法性、公允性发表审计意见。简单地说，通用财务报表的审计目标是对被审计单位财务报表的合法性、公允性发表意见。

（1）合法性。强调财务报表是否按照适用的会计准则和会计制度的规定编制，即鉴证被审计单位经济业务会计处理的正确性，判断其是否遵循了会计准则，是否选择了恰当的会计制度，是否进行了恰当的会计估计，财务报表反映的信息是否具有相关性、可靠性、可比性和可理解性，相关经济业务是否在财务报表中和表外作出充分的披露，使财务报告使用者容易理解。如果存在违法行为，注册会计师应该合理地关注被审计单位可能存在的重大违法行为并进行反映和披露。

对会计准则和会计制度的遵循还体现在会计政策的变更上。一般情况下，会计政策一旦确定，即采用某种会计方法来对某一经济业务进行处理，如无特殊原因，则不应改变，否则即违反了会计准则的规定。如遇国家政策法令的变化，或变更会计政策后能更真实地反映企业的实际经营情况，则应对会计政策发生变更的原因进行充分的披露，否则即违反了会计准则的规定。

（2）公允性。财务报表的公允性是指被审计单位财务报表是否在所有重大方面公允地反映了被审计单位的财务状况、经营成果和现金流量。公允性目标考虑了财务报表是否与对被审计单位环境的了解相一致，财务报表的列报、结构和内容是否合理，财务报表是否真实地反映了交易和事项的经济实质。比如，会计准则规定了对正常使用的固定资产应当计提折旧，被审计单位遵循了会计准则的要求对其固定资产计提了折旧，但其会计处理却不一定公允，是否公允取决于预计残值率、预计使用年限和采用的折旧方法。首先，公允的会计处理要求资产的预计使用年限符合实际，如预计一般电脑等办公电子设备使用年限超过5年以上则不尽公允，会造成当期利润的虚高；其次，如果预计残值率高于常规情况，也会造成当期利润虚增；最后，折旧方法的选择是否符合固定资产的耗用情况也影响到会计处理的公允性，如按照平均年限法对一般房屋计提折旧较为公允，而按照车流量法对大桥、道路等固定资产计提折旧则较为合理。类似的情况还有按照产量、用量等参数对相关成本、费用进行合理的归集和分配等都体现了公允性的原则。对财务报表公允性的判断不仅要求审计人员要有较广的知识面和社会常识，还要求审计人员对被审计单位的具体经营情况和生产过程等有着较为深入和细致的了解。

在审计工作中，审计人员运用自己的专业知识、技术和经验，按照审计准则的规定对财务报表是否遵守了适用的编制基础发表意见，之所以对所有重大方面而不是所有方面发表意见，这不仅受到审计本身固有的时间限制，而且也受到审计成本、固有风险和主观判断等各因素的限制。

（二）财务报表审计的具体目标

审计总体目标是最抽象、层次最高的目标，它是针对财务报表整体审计而言的；具体审计目标受审计总体目标的制约，是概括化的、居中间层次的目标，它是针对各财务报表项目审计共同具有的某些属性而言的，适用于所有的项目审计。

1.管理层的认定

管理层，是指对被审计单位经营活动的执行负有经营管理责任的人员。在某些被审计单位，管理层包括部分或全部的治理层成员，如治理层中负有经营管理责任的人员，或参与日常经营管理的业主。认定是指管理层对财务报表各组成要素的确认、计量、列报作出的明确或隐含的表达。

在现代市场经济中，股份有限公司是市场的主要参与主体。上市公司向社会公众股东发行股份，公众股东选出代表组成董事会，并聘请管理层对公司的日常经营进行管理；管理层通过编制财务报表向公众股东汇报其受托责任的履行情况，即公司的经营情况；注册会计师对管理层提交的财务报表进行审计并发表意见。合法、公允的财务报表至少包含这样几层意思：第一，报表上的数据是真实的，没有虚构；第二，所有的相关经济业务都已在报表中反映，没有遗漏；第三，报表上的数据计算准确，金额没有错误；第四，没有违反权责发生制原则，所有经济业务都记入到了正确的会计期间；第五，会计科目之间分类正确，没有记错账户；第六，需要说明和强调的事项均已在附注中作了充分的揭示。只要按照会计准则的要求公允地编制的财务报表都应该包含这样几层意思，否则就违反了会计准则的要求。我们把这些意思表示称为管理层的"认定"，或者"断言""声称"。如果能够证实被审计单位财务报表的这几层意思是真实的，即证实管理层的这些"认定"，就可以发表意见认为编制的财务报表是合法的、公允的。

管理层的认定是多方面的，而且有些认定是明确的，有些认定则是隐含的。如某股份有限公司20××年12月31日资产负债表列示固定资产净值为300 000 000.00元，就这项数据，我们可以直接得出被审计单位管理层的两项明确的认定：

第一，20××年12月31日的固定资产是真实存在的；

第二，20××年12月31日的固定资产净值的金额是300 000 000.00元。

另外，我们还可以得出三项管理层隐含性的认定：

第一，该公司全部固定资产均已在资产负债表中予以反映，没有隐瞒或遗漏；

第二，资产负债表中反映的固定资产由被审计单位所拥有或控制；

第三，固定资产没有被抵押或存在法律纠纷。

注册会计师应当明确了解管理层的认定，详细运用各类交易、账户余额、列报认定，作为评估重大错报风险以及设计与实施进一步审计程序的基础。

（1）管理层对审计期间各类交易和事项相关的认定

注册会计师对所审计期间的各类交易和事项运用的认定通常分为下列类型：

①发生：记录的交易或事项已发生，且与被审计单位有关。如被审计单位账面显示

有本期固定资产借方发生额，则表示管理层认定本期发生了固定资产购置或新增。

②完整性：所有应当记录的交易和事项均已记录。如管理层认定提供给注册会计师的本期应付账款明细账中的记录隐含地表示本期所有的应付账款均已记录在内，没有少记和漏记。

③准确性：与交易和事项有关的金额及其他数据已恰当记录，即管理层认定提供给注册会计师的会计记录认定是准确的，没有计算错误等。

④截止：交易和事项已记录于正确的会计期间，即管理层认定所有会计记录符合权责发生制，既没有提前，也没有推迟确认。

⑤分类：交易和事项已记录于恰当的账户，即管理层认为没有错用、误用账户。

（2）管理层对期末账户余额相关的认定

①存在：记录的资产、负债和所有者权益是存在的，即管理层认定资产负债表上所列的项目是存在的，没有虚构。

②权利与义务：管理层认定记录的资产由该单位拥有或控制，记录的负债是该单位应当履行的偿还义务。

③完整性：所有应当记录的资产、负债和所有者权益均已记录，即管理层认定资产负债表上所列项目没有少记、漏记。

④计价和分摊：资产、负债和所有者权益以恰当的金额包括在财务报表中，与之相关的计价或分摊调整已恰当记录，即管理层认为资产负债表中的数据是准确的，不存在计算原理、方法、过程错误。

（3）管理层对列报和披露相关的认定

①发生以及权利与义务：披露的交易、事项和其他情况已实际发生，且与被审计单位有关。

②完整性：所有应当包括在财务报表中的披露信息均已包括在内。

③分类和可理解性：已恰当地列报和描述各类财务信息，且披露内容表述清楚，不存在歧义或混淆。

④准确性和计价：财务信息和其他信息已公允披露，且金额正确。

2.审计人员根据管理层认定确定的具体审计目标

合法、公允的财务报表应该具有的特征是满足上述所有的认定要求，同时，也只有满足了上述所有认定要求的财务报表才是合法、公允的。因此，了解了上述认定之后，注册会计师对财务报表的审计目标就可以具体为对上述管理层认定的证实。如果证实了所有认定，则可以认为财务报表是合法、公允的。注册会计师应根据各项认定确定对应的具体审计目标，然后实施相关的风险评估程序和进一步审计程序。

（1）与所审计期间的各类交易和事项相关的审计目标

①发生。与发生相关的审计目标是真实性目标。例如，报表上记录销售收入、销售成本等是实际发生的，而不是虚构的，即真实性问题。发生认定主要解决交易和事项有无高估或夸大的错误。例如，被审计单位虚构销售业务造成当期利润虚高，即未能满足"真实性"目标。一般而言，审计人员应重点关注收入项目是否存

在虚构，违反"发生"认定。

②完整性。与完整性相对应的审计目标是指所有应当记录的交易和事项均已记录，即实际发生的交易和事项是否都在账面上得到反映，有无实际发生却隐瞒或遗漏、未入账的交易或事项。例如，本年度实际发生成本费用 5 000 万元，而仅入账 4 000 万元，即违反了完整性目标。一般而言，审计人员应重点关注成本费用类项目的"完整性"目标，确定其是否被隐瞒或少记。

③准确性。与准确性相关的审计目标是指与交易和事项有关的金额及其他数据已恰当记录，即各类交易和事项的计量属性选择恰当，计算过程和结果正确，账证表之间的钩稽、核对无误。如在成本核算过程中，领用原材料的实际数量与领料单不一致，或者使用了错误的材料发出计价方法，或者计算错误等均违反了准确性目标。

④截止。与截止相关的审计目标是指交易和事项已记录于正确的会计期间，即没有违反权责发生制的原则。截止常伴随着销售、采购和资金业务。发生销售时，货物的发出、资金的结转、收入成本的确认和债权债务的确认要记入正确的会计期间，不能提前或推迟确认收入。同样，存货的采购、领用，资金的结转等都要记入正确的会计期间。

⑤分类。与分类相关的审计目标是指交易和事项已记录于恰当的账户。例如，应记入期间费用的项目若记入了制造费用项目，则违反了分类目标，类似的还有营业收入与营业外收入的区别、各类长短期项目之间的区别、资本性的支出与费用性支出之间的区别、各类预收应收等债权债务之间的区别等。

（2）与期末账户余额相关的审计目标

①存在。存在推导的审计目标是指报表上记录的金额是存在的。存在针对的是真实性的问题，即报表中没有虚构项目或金额。例如，资产负债表固定资产项目期末余额为 300 000 000.00 元，表明资产负债表日固定资产是存在的，而不是虚构的。如果管理层有意识虚构固定资产，例如，已经报废清理的固定资产未进行账务处理仍然挂账，或者将经营租入的固定资产以及其他公司存放在本公司的固定资产记入本公司资产，则违反了存在目标。一般情况下，审计人员常常关注被审计单位资产项目的"存在"而不太关注负债项目的"存在"。因为投资者非常关注所有者权益是否被虚增，所有者权益虚增如果被揭穿，意味着股价下跌，从而造成投资者损失，这往往会引发利益相关者对注册会计师的诉讼。所有者权益虚增要么是虚增资产引起的，要么是虚减负债造成的，所以审计人员往往关注资产是否"存在"。

②权利与义务。与其相关的审计目标是指记录的资产由被审计单位拥有或控制，记录的负债是被审计单位应当履行的偿还义务。例如，将经营性租入的资产记入被审计单位的固定资产项目，则未能满足"权利"目标；将不属于被审计单位的债务如代缴税金等作为负债入账，则未能满足"义务"目标。

③完整性。与完整性相关的审计目标是指所有应当记录的资产、负债和所有者权益均已记录。换言之，完整性认定要解决的是，管理层有无存在漏记项目、少记项目甚至省略项目的情况，它与资产负债表项目是否被低估有关。例如，被审计单

位为了获取银行贷款而故意少记负债、隐瞒应付账款而不入账就违反了完整性的认定。一般情况下，审计人员应重点关注负债项目的完整性。

④计价和分摊。与其相关的审计目标是指资产、负债和所有者权益以恰当的金额包括在财务报表中，与之相关的计价或分摊调整已恰当记录。计价和分摊主要考虑金额问题，所以围绕金额问题的认定应该考虑以下一系列因素：金额是如何形成的（即依照何种方法和原则）；金额的计算是否正确；金额的选择是否恰当（如总值、净值、净现值、重置成本等选择）。例如，会计报表反映固定资产项目余额为300 000 000.00元，从计价和分摊目标来看，注册会计师就要从以下几个方面进行验证：固定资产的入账价值是否恰当；折旧的计提、固定资产的增加和减少计算过程是否存在错误；固定资产是否存在减值迹象，如存在，减值准备计算是否正确；账、证、表之间的记录是否一致等。

（3）与列报和披露相关的审计目标

①发生以及权利与义务。与其相关的审计目标是指披露的交易、事项和其他情况已发生，且与被审计单位有关。虚假披露了未发生的交易、事项和其他情况或披露了与被审计单位无关的交易或事项则违反了该目标。例如，对被审计单位在附注中披露的土地使用权的抵押情况进行核实就是对"权利与义务"目标的证实。

②完整性。与其相关的审计目标是所有应当包括在财务报表中的披露均已包括。即所有应对财务报表项目进行解释、强调和其他对报表使用者而言重要的信息是否在附注中进行了充分的披露，是否存在遗漏等情况。例如，对关联方及其交易进行核实，看其是否充分披露即是为了证实该目标。

③分类和可理解性。与其相关的审计目标是指财务信息已被恰当地列报和描述，且披露内容表述清楚。例如，检查固定资产的主要类别是否已正确披露，收入的主要来源是否已正确披露等即是对该项目标的证实。

④准确性和计价。与其相关的审计目标是指财务信息和其他信息已公允披露，且金额恰当。例如，检查是否对各项报表项目的会计政策、核算方法作充分披露即是对该目标的证实。

（三）项目审计目标

项目审计目标是注册会计师对具体的审计项目依据管理层认定和具体审计目标，以及考虑被审计单位经营状况、被审计项目的性质和内容、被审计单位所属行业的特殊性等因素予以确定的目标。项目审计目标是一种可以直接指导执行审计取证行为的操作性目标。以下是针对存货所确定的项目审计目标：

（1）资产负债表中记录的存货是真实存在的（根据存在目标确定）；

（2）公司对所有存货均拥有所有权（根据权利与义务目标确定）；

（3）存货未做任何抵押，处置权无任何限制（根据权利与义务目标确定）；

（4）存货账面数量与实物一致，存货的入账价格计算正确，单价与数量乘积计算无误，数据加总过程计算准确，各表单、凭证、账表之间核对一致（根据计价和分摊目标确定）；

（5）当存货发生减值迹象时，已计提恰当的减值准备（根据计价和分摊目标确定）；

（6）年末存货采购和商品销售已记入了正确的会计期间，没有提前或推迟确认现象（根据截止目标确定）；

（7）存货项目的总计数与总账一致（根据计价和分摊目标确定）；

（8）存货已恰当地分为原材料、在产品、半成品、产成品、低值易耗品和委托加工材料等类别（根据分类目标确定）；

（9）存货的主要种类或计价基础已经在附注中披露，存货的抵押或转让情况也已披露（根据列报和披露的发生及权利与义务、完整性、分类和可理解性、计价和分摊目标确定）。

表1-3、表1-4按照对应关系汇总了管理层认定与审计目标，列举了常见的未被认定的事项。注册会计师确定好各层次的审计目标以后，应围绕审计目标拟定风险评估程序和进一步审计程序，实施审计测试，获取充分适当的审计证据，评价每项审计目标的实现程度，最后综合结论，发表审计意见。

表1-3　　　　　　财务报表审计的管理层认定和审计目标对应关系表

管理层的认定	审计具体目标	项目审计目标（以存货审计为例）
（一）对交易和事项的认定	（一）交易和事项审计目标	
①完整性	①发生——真实性	
	②完整性	
②准确性	③准确性	
③截止	④截止	年末存货采购和商品销售已记入了正确的会计期间，未有提前或推迟确认现象
④分类	⑤分类	存货已恰当地分为原材料、在产品、半成品、产成品、低值易耗品和委托加工材料等类别
（二）对账户余额的认定	（二）账户余额审计目标	
①存在	①存在——真实性②完整性	资产负债表中记录的存货是真实存在的
②权利与义务	③权利与义务	公司对所有存货均拥有所有权
		存货未做任何抵押，处置权无任何限制
③计价和分摊	④计价和分摊	存货账面数量与实物一致，存货的入账价格计算正确，单价与数量乘积计算无误，数据加总过程计算准确，各表单、凭证、账表之间核对一致
		当存货发生减值迹象时，已计提恰当的减值准备
		存货项目的总计数与总账一致
（三）对列报和披露的认定	（三）列报和披露审计目标	
①发生以及权利与义务	①发生以及权利与义务	存货主要种类或计价基础已经在附注中披露，存货的抵押或转让情况也已披露
②完整性	②完整性	
③分类和可理解性	③分类和可理解性	
④准确性和计价	④准确性和计价	

表1-4　　　　　　　　　　违背认定的常见事项与审计目标

违背认定的常见事项示例和动机		审计具体目标
（一）交易和事项	动机	（一）交易和事项审计目标
提前入账、虚增交易（如虚增营业收入）	高估资产、收入发生额	①发生——真实性
推迟入账、隐瞒交易（如隐瞒应付账款）	低估负债、费用发生额	②完整性
多记录或少记录（如坏账或跌价）	高估或低估发生额	③准确性
提前记录或推迟记录	高估或低估	④截止
记错账户、归入其他类别（如将已经形成的费用开支计入待处理资产、将未实现的预收收入按照营业收入记账）	粉饰业绩	⑤分类
（二）账户余额		（二）账户余额审计目标
虚构客户、虚构应收款	高估资产、收入	①存在——真实性
将不拥有所有权的资产确认为自己的资产（如将经营性租赁的固定资产记入固定资产明细分类账、将已销售的产品纳入存货盘点范围）	高估资产、收入发生额	②权利与义务
推迟入账、隐瞒交易（如隐瞒应付款）	低估负债、费用发生额	③完整性
客户回函认可的金额与应收账款明细账余额不一致；应收账款明细账余额合计数与总账余额不符；未按规定对应收账款计提坏账准备；应收账款的账龄不正确等	高估资产、收入发生额	④计价和分摊
	低估负债、费用发生额	

【同步思考1-9】财务报表审计目标与管理层对报表的认定是否密切相关？

理解要点：当然密切相关，而且是完全对应的关系，请参见表1-3的描述。其中的道理是：审计是对管理层提供有他们签名确认的财务报表的合法性、公允程度进行鉴证。签名确认意味着管理层的一种声明和态度，即认为他们自己提供的财务报表是合法、公允的。审计人员一般先假定这种声明是正确的（即无罪推定），因此要结合财务报表的内容和特征，将管理层声明的要点逐一描述出来，这就是管理层的认定。接下来审计人员就要逐一去检查验证这些认定是否真的如此。如何检查验证？审计人员需要按照自己特有的技术和方法把这些认定与我们验证的路径、对象逐一结合起来，设计出指导审计验证工作的思路和方向（即审计目标）。经过实施检查验证程序，审计人员会发现管理层有的认定是正确的，有的则是错误的。最后归集验证结果形成审计结论。

四、管理审计目标

管理审计目标通常归纳为对管理活动和管理系统的经济性（economy）、效率性

（efficiency）和效果性（effectiveness）发表意见（简称为"3E"审计），也有人把公平性（equity）、环保性（environment）增加到评价目标中，称为"5E"审计。具体内容如下：

（一）经济性目标

经济性目标是指监督、鉴证和评价在适当考虑质量的前提下减少获得或使用资源的成本，评价资源的占用和耗费是否节约和经济，即资源的节约或损失浪费的程度。即审计时要把握"开展的业务是否做到少花钱"。

（二）效率性目标

效率性目标是指监督、鉴证和评价商品、服务和其他结果及所用资源之间的关系，即评价一定的投入所能得到的产出，或一定的产出所需的投入。即审计时要把握"开展的业务是否能够多做事"。

（三）效果性目标

效果性目标是指监督、鉴证和评价项目、计划或其他活动的预期结果和实际结果之间的关系。评价商品、服务或其结果在多大程度上达到政策目标、经营目标以及其他预期效果。即审计时要把握"开展的业务是否体现多受益"。

（四）公平性目标

公平性目标是指监督、鉴证和评价投入资源的应用是否体现了公平原则，确认接受公共服务的团体或个人是否受到公平的待遇，需要特别照顾的弱势群体是否能够享受到更多的服务。

（五）环保性目标

环保性目标是指监督、鉴证和评价项目、计划或其他活动的资源开发利用、环境保护、生态循环状况和发展潜力的合理性、有效性。

【同步思考1-10】管理审计目标的经济性、效率性、效果性、公平性和环保性这五者之间有什么联系？

理解要点：经济性、效率性、效果性、公平性和环保性，这五者之间相互联系、相辅相成，在一定程度上，效率性包含了经济性，经济性和效率性是效果性的前提条件，而公平性和环保性又常常体现在效果性之中。其中，经济性、效率性和效果性是政府绩效审计的核心内容。而经济性、效率性和效果性不是一个简单的算术比。经济性、效率性和效果性要求把计算出的算术比或实际的结果与一定的标准或预期进行比较，得出结论。经济性、效率性和效果性三要素之间，通常没有明显的区分，实际业务中很难把三者完全割裂开来，需要综合考虑。

第五节　　　　　　审计职能

审计职能是审计自身固有的内在功能，是适应客观需要为完成审计任务所必须具备的能力。审计职能不是一成不变的，它是随着社会经济的发展、审计领域的扩大以及受托责任关系的变化而逐步发展和完善的。审计职能主要是回答"审计本身能做什么"的问题。

一、审计的基本职能

（一）经济监督职能

经济监督职能是审计的基本职能，是指以审计人员在审查和鉴证被审计单位受托经济责任信息的合法性、公允性和效益性的过程中，检查和揭露存在的违法违纪、舞弊欺诈、损失浪费等行为，客观地使得被审计单位合法、合规、合理、有效地履行财务责任和管理责任，从而督促被审计单位纠错防弊，遵守财经纪律，改善经营管理，提高经济效益。实施经济监督职能是审计能够直接地对被审计单位履行受托责任过程中偏离既定标准事实的调整和处理。

审计的经济监督职能具体表现为：（1）监察和督促被审计单位在合法的范围内以有效的程序从事经济活动；（2）监察和督促有关受托人忠实地按照经营契约和有关规定履行经济责任，稽查存在的违法违纪行为，揭露存在的损失浪费现象，发现存在的缺陷风险领域，并追究其经济责任等；（3）监察和督促受托人解决或改善存在问题与缺陷，促使受托人经济行为真实、合法、有效。审计的权威性往往通过实施监督职能得到充分体现。

对于政府审计而言，在宏观层面依法对国家经济运行过程、经济行为、经济秩序开展审查，对被审计单位履行受托责任过程中偏离既定标准的行为所形成的审计结论和意见可以依法强制执行，因此政府审计经济监督具有强制性和依法性。对于内部审计而言，在本单位领导下，为搞好内部管理，可以根据需要迅速组织力量检查各项管理制度的执行情况，查处单位内部违法违纪行为，预防可能出现的错弊行为，提供各项改进措施，保护本单位的合法权益不受侵害，促进改善经营管理和提高经济效益，因此内部审计经济监督具有及时性和内向性。对于独立审计而言，可以根据委托人的需求对被审计单位经济活动进行鉴证、审核，揭示错误和舞弊，提请纠正，促使被审计单位公允报告责任信息，合法实施经济行为，保护委托人和社会公众利益。

（二）经济评价职能

经济评价职能是在审查和鉴证被审计单位履行受托经济责任的合法性、公允性和效益性的过程中，依据一定的标准对所查明的事实进行分析和判断，肯定成绩，指出问题，总结经验，提出改善管理、提高效率、增加效益的措施。实施经济评价职能是审计能够直接地对被审计单位在履行受托责任过程中偏离既定标准结果的评定和建议。

经济评价职能在审计各环节都有体现，具体体现为以下四个方面：（1）在实施审计之前，审计人员往往需要针对被审事项选择一个可供比较的"既定标准"。既定标准往往有很多，例如法律规定的水平、合同限定的水平、历史达到的水平、行业达到的水平、目标设计的水平、计划预期的水平，审计人员不可能将被审事项逐一去和上述的每一个水准进行比较，因此需要对这些水平标准结合被审计单位实际进行评议分析，选择出一个科学、合理的水平标准。（2）在实施审计过程中，对被审事项的评价，即评议和分析被审计单位披露信息的真实性或公允性、合法性或合规性，评议和分析经营活动及管理活动的经济性、效率性和效果性。（3）在实施审计过程中，对审计证据的数量和质量进行评价，即评议和分析所收集的审计证据在数量上是否足够，确定有无必要补充收集审计证据；评议和分析所收集的审计证据在质量上是否具有足够的证明力，确定有无必要更换审计证据或补充收集审计证据。（4）在审计完成阶段，要根据前面各阶段的审计结果，评定被审计单位内部控制制度是否健全和有效，评定被审计单位各项会计资料及其他经济资料是否合法、公允，评定被审计单位各项资源使用和管理活动是否经济、有效，发现存在问题的性质，分析存在问题的原因，提出完善经营的措施和改善管理的建议，即肯定成绩、发现问题、分析原因、提出建议，促进被审计单位改善经营管理和提高经济效益。

（三）经济鉴证职能

经济鉴证职能是指审计人员依照一定的标准，鉴别、验证、发现、证实对被审计单位履行受托责任与既定标准之间一致性的程度（即合法性、公允性和效益性的程度）并发表意见，向审计授权人或委托人出具鉴证结果和鉴证证明（如审计报告、审阅报告等）。经济鉴证职能的两个标志性环节是：第一，要收集审计证据，并比较证据与标准的一致性；第二，要出具反映鉴证结论的报告。实施经济鉴证职能是审计能够直接地对被审计单位在履行受托责任过程中偏离既定标准程度的鉴别、发现和证明。

经济鉴证职能是由于委托人对受托人的信息了解不够全面（即信息不对称），此时需要委托专业人士来对受托履行责任的信息质量进行鉴别、验证和发现，从而判断受托人在财务责任、管理责任方面与契约责任是否一致。因此经济鉴证职能的实施需要以下条件：（1）由专业人士来实施，否则鉴定无法实施；（2）专业人士要保持高度的独立性，否则鉴定结论会有偏向。

在财务审计和绩效审计中，经济鉴证职能表现为以下行为：（1）鉴别、发现和证明被审计单位财政收支及其相关活动的真实性或公允性；（2）鉴别、发现和证明被审计单位财政收支及其相关活动的合法性或合规性；（3）鉴别、发现和证明被审计单位经营活动和管理活动的经济性、效率性和效果性等。

政府审计机关所开展的财政财务审计、任期经济责任审计、国际组织的援助项目和世界银行贷款项目的审计等，其核心的审计过程均是鉴证过程。独立审计中开展的财务报表审计、验资、审阅业务，出具审计报告、验资报告、审阅报告等业务也是鉴证的重要体现。内部审计在对单位内部的检查过程中，被赋予的鉴证职能越来越明显，根据本单位的经营管理需要，针对本单位的财务收支与经营目标完成的好坏，作出客观、公正的考评，例如单位内部财务决算审计、单位内部经济责任审计等。

二、审计的延伸职能

（一）审计控制职能

审计控制职能是对被审计单位资源运用的活动控制过程或业务控制过程进行审

计而体现的一种再控制职能，促进被审计单位提高其业务活动的合规性和效益性水平。审计控制职能主要依靠对业务活动过程的审计来实现，而不是依靠对业务活动结果的审计来实现。因此，在将被审计单位事前、事中业务活动纳入审计对象范围以后，审计控制职能就会发挥得更加充分。

审计控制职能与审计监督职能形成互补关系，主要是对被审计单位内部的各种经济活动是否合规合法、管理制度是否健全有效进行独立的评价，以确定既定的政策和程序是否被贯彻、建立的标准是否被遵循、资源的利用是否合理有效，以及单位的目标是否达到等。

（二）审计服务职能

经过长期实践，现代审计已经树立了"经济警察""经济卫士""经济医生""经济参谋"的社会形象，在经济监督方面具有较大的权威性和影响力，已经发展为集监督、鉴证、服务功能于一体。开展审计服务，通过审计提高被审计单位的管理水平、决策水平，提高企业自主创新、加强内部管理、加强成本控制，最后提高经济效益，有利于增进审计人员对企业的了解，改善企业对审计人员的信赖和依赖，促进审计者与被审计单位之间形成业务上的合作关系、伙伴关系。

审计服务职能表现为：（1）在监督过程中开展促进性服务，如审计后对管理、控制、风险提出改进建议；（2）提供专门的管理经营咨询服务、运行过程诊断服务、制度设计指导服务、风险管理自我评价服务和人才与业务培训服务。审计服务对于构建社会主义和谐社会，推进民主法治、公平正义、诚信友爱、充满活力、安定有序、人与自然和谐相处具有重要意义。

三、审计的作用

审计在宏观上能够加强对国民经济的调控，保障国民经济的运行秩序；在微观上可以验证财务及相关信息的真实、合法性，揭露、纠正或打击经济运行中的错误与舞弊、损失与浪费行为，评价并促进经济运行、内部控制的有效性，为信息需求者提供鉴证服务。通过开展审计，可以发挥如下作用：

（一）审计的制约作用

审计的制约作用是通过其监督职能得以充分体现的。审计在实施监督过程中对于各种违法违纪、损失浪费、行为风险、错误舞弊等现象进行揭露、制止，并按照规定对责任单位和责任人进行处理和处罚。审计的这种权威性监督起到与制约相关的两种效果：（1）可以及时遏制被审计单位已经出现的消极行为，防止这种行为蔓延、扩张，把对集体、对国家利益的损害程度尽可能地降低到最低。（2）审计监督的权威性可以对被审计单位起到一种威慑作用，使得被审计单位在没有接受审计的日常经营管理过程中也尽量自觉地按照要求和规定来处理各项经济业务，增强被审计单位自觉遵守财经法规和规章制度的自觉性和主动性，有助于社会经济的健康发展。

（二）审计的促进作用

审计通过监督和鉴证职能的发挥，对被审计事项开展评价分析，对存在的问题提出改进建议、完善建议，如会计政策的优化建议、内部控制的完善建议、管理措施的改进建议、挖潜节约的提高建议等，有利于促进被审计单位加强内部控制建设，完善管理制度体系，正确协调各种经济利益关系，提升经营管理水平，提高经济效益和社会效益，促进市场经济的有序竞争，促进国民经济的健康运行。

（三）审计的预防作用

审计的预防作用通过以下三个方面得到体现：（1）直接把事前活动环节纳入审计范围，实行事前审计，可以帮助被审计单位建立一个良好的事前控制机制，从而促使被审计单位自觉地按照这一机制开展事中、事后活动，能够有效地预防这一事项在后续各环节的风险发生；（2）经过一轮审计之后，被审计单位的各种错误行为、经营管理风险得到揭露和纠正，管理体制和内部控制得到进一步完善和优化，能够防范未来经营管理中出现类似问题；（3）由于在国民经济运行体制中建立了审计监督机制，确立了审计监督的权威性和威慑力，可以使被审计单位随时警示自身按照法律法规要求开展经营管理活动，自觉遵守法律法规和经济秩序。

【同步思考1-11】审计职能和审计作用之间有什么关系？

理解要点：审计职能是指审计自身与生俱来有什么能力，可以干什么。审计作用是指实施审计以后可以对客体达到什么样的结果或效果。审计对客体的作用是在发挥审计自身职能之后才会有的，也就是说，先要发挥审计职能，后有审计作用，因此审计职能是审计作用的先决条件或基础前提。

第六节　　　　　审计假设

假设是科学产生和发展的先导。和其他学科一样，审计学科也有一系列未被确知并难以直接论证的问题，通过对这些问题进行假设，为建立审计理论和开展审计实务奠定基本前提，据此得出一定的原理、定律及结论。

一、审计假设的含义

审计假设实际上就是对审计实践工作所需的环境和基础等不确定因素的假定，是开展审计工作并得出审计结论的基本前提，对审计实践活动具有指导作用。审计假设源于英文"auditing postulate"，"postulate"在《韦氏新国际辞典》中有两种解释：一是提出一个认为是理所当然或不言自明的论题，按照这种解释可以把审计假设按照审计公设概念来理解；二是基本的前提或假定，按照这种解释可以把审计假设按照审计前提（audit hypothesis）的概念来理解。本书按照后一种概念进行阐述。

审计假设是指为了有效组织审计活动，对审计领域中一些尚未确知或无法直接验证的事物，根据客观情况或发展趋势所作的合乎逻辑的判断或认定，并对审计的活动范围进行限定。审计假设主要是回答"开展审计应做好哪些前提性的准备"的问题。

二、审计假设的基本特点

审计假设作为审计理论体系的一个组成部分，同时又作为审计实践的重要基础，具有以下特点：

（一）普遍性

审计假设不同于一般意义上的审计实务处理的技术性假定或假设，它是从大量的审计实践中归纳、总结出来的，具有普遍性的特点。它是审计活动内在规律的概括反映，表现了特定社会历史阶段和经济环境下审计的本质特征，概括性的反映要求审计假设的表述应该简明扼要、言简意赅。

（二）独立统一性

审计假设的独立统一性可从两个方面来理解：一方面，各个审计假设在内涵和外延上保持相对独立，既不包含其他假设，亦不被其他假设所包含，更不能由此推彼；另一方面，各个审计假设之间必须互相协调、互不抵触，它们应与审计目标相关，与其他审计概念保持逻辑上的一致，从而形成一个完整的、科学的审计假设体系。

（三）公理性

作为审计活动得以进行的前提条件，审计假设与自然科学研究中广泛使用的假设不同，它不需要也无法予以论证或证明，具有公理性。但这并不意味着审计假设缺乏科学依据。审计假设来自于实践，并被长期的审计实践所检验，它和主观臆造的假设没有任何共同之处。

（四）务实性

审计作为一种经济监督活动，是一门应用学科，因此，它的理论必须具有实践指导意义。审计假设研究虽然是基础理论研究，但它对审计概念、审计准则的指导意义，要求它必须具备可操作性。务实性要求每一条审计假设必须具有针对性。

（五）可变性

审计假设并非一成不变，它会随审计实践的检验而现出真伪，从而走向自己的归宿。有些审计假设会随审计环境的变化而丧失其正确性和有效性，人们对其或修正，或遗弃；有些审计假设经过实践检验，体现出其具有普遍的适用性，从而成为一种客观规律。总之，审计假设随社会、科学的发展而不断变化。

三、审计假设的内容

审计领域中往往存在着大量不确定、未被认知的事物，如果不按照一定的规律去认识、处理，可能会导致审计活动不能实施，因此需要形成一种事先的认定和判断。另外，即便审计具备实现既定目标的能力，但是审计能力不是包罗万象的，审计活动范围也不是无边无际的，而应该是在合理的范围、可行的条件下来发挥职能和实现目标，因此也需要对审计活动进行前提性的范围约束、限制。这些认定、判断和限制经过理论加工就形成了审计假设。所以，需要对两个方面的问题进行审计假设：第一是对不确定问题的认定假设；第二是对现有范围的限制假设。

（一）受托责任关系假设

本章第一节已述，受托责任关系是财产的所有权与经营权相分离时，在所有者与经营者之间由于受托经营管理而形成的一种委托与受托的关系，这是审计产生的动因，是审计需求和委托的前提。

受托责任关系假设支持审计存在、审计需求、审计委托、审计职能、审计目标等命题。

（二）审计独立假设

审计独立假设也称独立性假设，在审计关系中体现的核心命题是审计作为一个关系人是如何与其他关系人保持独立的。独立性既是作为一种假设提出的命题，也是对审计的一项基本要求。如果想得到客观公正的受托经济责任履行情况鉴证结论，审计机构及人员就必须能够在地位、精神及作业上同时独立于委托人和受托人之外，保持独立地位和超然态度，并有能力排除各种干扰及约束，否则审计结论是不值得信赖的。

审计关系假设支持审计本质、审计主体、审计客体等命题。

（三）合理怀疑假设

合理怀疑是指审计人员可以对被审计单位履行受托责任的活动，以及反映这些活动的信息的公允性、合法性和有效性进行怀疑，并通过审计取证来检验。由于被审计单位提供受托经济责任履行情况的信息和委托人所掌握的信息之间存在不对称，除非有明确的、绝对的证据，否则便没有理由完全信任，所以需要通过审计来对受托责任的公允性、合法性和有效性进行客观、公正的评价与鉴证。

合理怀疑假设支持审计目标设定、审计取证路径、审计判断技术等命题。

（四）可验证性假设

可验证性是指受托经济责任可以通过收集审计证据来确定被审计事项与既定标准之间的一致性程度加以验证，包括财务审计、绩效审计中所实施的审计事项均能够获取证据加以验证和评价。可验证性假设认为履行受托责任的事实状况只有一种，用来反映受托责任的经济信息无论怎样加工、怎样变化始终改变不了那个事实，也就是说无论审计对象如何变化，均可以按照一定的方法验证信息与事实是否一致。

可验证性假设支持审计取证技术、审计判断技术、审计评价技术、审计意见（结论、报告）命题。

（五）胜任能力假设

胜任能力是指审计人员应当具备应有的专业精神、业务素质和业务技能，能够采用合理的成本、可行的技术手段，准确运用专业判断，客观开展审计以评价受托责任履行情况。换言之，无论被审计事项如何违背既定的标准，或无论其采用什么方式对违背行为进行伪装，只要审计人员按照规定的程序实施审查，都能够查明问题的真相。

胜任能力假设支持专业胜任能力、审计职业道德、审计计划或方案、审计策略、审计判断、审计测试、审计报告、审计沟通、审计质量等命题。胜任能力贯穿于审计的全过程，只要有审计人员参与的活动都与胜任能力假设相关。

审计假设对审计活动提供前提性支持的关系如图1-4所示。

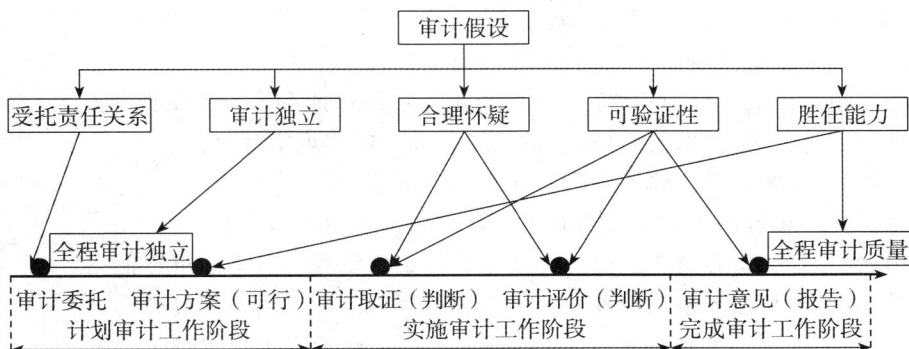

图1-4　审计假设对审计活动提供前提性支持的关系图

四、国外审计假设理论简介

审计假设的研究起步于美、英审计理论界。1961年，罗伯特·莫茨教授和侯赛因·夏拉夫教授合著的《审计理论结构》一书问世，此后，人们开始逐渐重视审计理论体系的研究。以下介绍莫茨和夏拉夫、汤姆斯·李、戴维·弗林特的审计假设体系。

（一）莫茨和夏拉夫的审计假设

莫茨和夏拉夫在1961年出版的《审计理论结构》认为，假设是不能直接加以验证的公理，提出了著名的八项审计假设：

（1）财务报表和会计资料是可以得到验证的。

（2）审计师和被审计单位管理层之间没有必然的利害冲突。

（3）提交验证的财务报表和其他信息资料不存在串通舞弊或其他舞弊行为。

（4）完善的内部控制系统能够防止舞弊行为的发生。

（5）运用公认会计原则（准则）可以公允地反映企业的财务状况和经营成果。

（6）如果没有明确的反证，被审计单位的信息过去被认为是真实的，将来也属真实。

（7）审计师具有独立的审计能力并发表审计意见。

（8）独立审计师的职业地位赋予其相应的职业责任。

（二）汤姆斯·李的审计假设

汤姆斯·李继承和丰富了莫茨的审计假设学说，他在《公司审计》一书中把审计假设分为三类共十三条：

第一类，基本依据假设，即关于为什么要去审计的假设：

（1）没有经过审计的会计信息缺乏足够的可信性。

（2）（信息使用者）迫切需要验证财务报表的信息，以增强会计信息的可信性。

（3）根据法律要求和职业规范实施的审计是提高会计信息可信性的最佳手段。

（4）外部审计可以验证并提高会计信息的可信性。

（5）股东等信息使用者无法自行验证会计信息的可信性。

第二类，审计行为假设，即有关审计的主客观条件假设：

（6）审计人员与管理部门之间没有利害冲突。

（7）法律不会限制审计人员的信息验证行为。

（8）审计人员在精神和地位上是独立的，可以保证审计师客观地验证会计信息。

（9）审计人员有胜任验证信息的技能，并能够实现审计目标。

（10）审计师对其工作质量和所发表的意见负责。

第三类，审计功能假设，即有关审计师发挥作用的假设：

（11）审计人员在合理的时间与成本范围可获得充分适当的审计证据。

（12）内部控制制度的存在，可使会计信息避免严重错误和舞弊。

（13）公认会计原则得到适当与一致运用，会计信息可以得到公允表达。

（三）戴维·费林特的审计假设

（1）受托和委托经济责任关系是审计存在的首要前提。

（2）受托和委托经济责任关系的内涵微妙、复杂、重要，要通过审计才能得以解除。

（3）审计的本质特征表现为独立性和不受干扰限制地进行调查。

（4）各项被审计事项都可以通过证据予以证实。

（5）可以对各项被审计事项按照责任标准进行计量，然后对照责任标准进行比较、判断。

（6）被审计财务资料和其他资料的意义、目的和重要性应该是明确、清晰的，通过审计可对其可信性作出充分表达。

（7）审计可以产生经济效益和社会效益。

罗伯特·莫茨、侯赛因·夏拉夫及其合著的《审计理论结构》

实务操作练习

业务题1

一、目的

正确理解审计动因、审计本质、审计关系、审计体系。

二、资料

红枫机械股份有限责任公司为上市公司。该公司注册资本为2亿元，其中：国有资本8 000万元，张某出资3 000万元，社会其他公众出资9 000万元。

三、要求

请分析该公司的受托经济责任关系，并分别说明政府审计机关、内部审计机构、独立审计组织是否均可以接受委托对该公司进行审计，并简要说明所开展审计的职责范围。

业务题2

一、目的

正确理解审计关系、审计独立性。

二、资料

1.某会计师事务所（合伙）在2018年12月准备接受委托对本地最大一家上市

公司甲公司开展2018年度财务报表审计。按照收费标准此次审计应收费60万元。

2.自2017年1月起，该事务所已经接受由甲公司委托的内部控制设计咨询业务，业务期2年，共收费300万元。

3.该事务所目前共有20名注册会计师，各注册会计师情况如下：A、B二人负责2017—2018年期间甲公司委托的内部控制咨询业务；C、D、E三人2018年9月之前都在甲公司的财务部门工作；F、G二人负责甲公司2017年和2018年度的税务筹划和管理咨询；H在2017年5月之前是甲公司的财务部副经理；I的姐夫担任甲公司副总经理；J因为2018年10月负责对甲公司某一子公司领导进行离任审计，在做审计报告时受到来自该子公司的人身安全威胁；K、L、M三人持有甲公司股票分别为20 000股、6 000股、5 000股；N、O、P、Q四人目前被卷入一场刑事诉讼；R、S、T三人不具备从事证券相关业务资格。

三、要求

1.分别根据资料1、资料2提供的情况，判断该事务所是否可以接受甲公司的财务报表审计委托。资料1、资料2是否影响审计独立性？如影响，请指明影响的问题。

2.综合根据资料1至资料3提供的情况，该事务所是否可以接受甲公司的审计委托？为什么？

业务题3

一、目的

正确理解审计总体目标、管理层认定、财务报表审计具体目标和项目审计目标。

二、资料

1.审计人员A在确定审计目标时，分别按照财务报表审计总体目标以及各类交易、账户余额和披露相关的审计目标两个层次进行设计。

2.审计人员B已获取被审计单位将2018年12月赊销业务的营业收入记入了2019年1月的营业收入的充分适当的审计证据，B认为被审计单位营业收入的发生认定存在重大错报。

3.审计人员C为了证实被审计单位对应收账款完整性的认定，通过向被审计单位的债务人写信查询其银行存款信息。

4.审计人员D发现被审计单位当年已经达到预定可使用状态的在建工程并未转入固定资产，在此情况下，D认为被审计单位违反了固定资产项目计价和分摊的认定。

5.审计人员E通过向生产和销售人员询问是否存在过时或周转缓慢的存货，最可能证实的是对存货权利与义务的认定。

三、要求

按照管理层认定与审计目标设计的关系，逐一分析以上各审计人员的做法和认识是否正确。如不正确，请指明问题。

第二章　审计业务

本章学习提示

　　■本章重点：鉴证，认证，审计、鉴证和认证三者之间的关系，审计的种类，财务审计业务。

　　■本章难点：审计、鉴证和认证三者之间的关系，财务审计业务。

第一节　审计及相关业务

　　目前，审计机构与组织开展了多种多样的审计、鉴证或认证业务，甚至开展了一些非鉴证或认证性质的服务业务，这些业务相互之间存在一定联系，但是这些业务在委托目的、实施内容、发表意见的保证程度和对独立性要求等方面均有不同，因此有必要对"审计"与"认证"、"鉴证"等业务进行理论上的区分，防止交叉混用。正确区分这些描述审计业务的术语有助于从整体上准确理解审计业务，理清审计与相关业务的边界。

一、认证业务

（一）认证的定义

　　认证是指由专门资质的认证机构按照相关技术与质量规范及其强制性要求，或者按照技术与质量标准对委托人的产品、服务、管理体系的符合程度进行评定、认可，并出具证明的活动。

（二）认证对保证程度的要求

　　保证按照保证程度不同可以分为合理保证和有限保证。其中合理保证是要求提供较高水平的保证意见，即高度保证而非绝对保证，给出的意见采用积极描述方式，即被认证事项在较大范围或较高程度上符合某种既定标准。有限保证是由于开展的认证业务过程中实施的程序较少，涉及的认证范围不宽泛，要求提供较低水平的保证意见，即给出意见涉及的范围有限、时效有限、程度较低，给出的意见采用消极描述方式，即没有证据证明被认证事项不符合某种既定标准，或者没有发现存在不符合既定标准的事实证据。

　　在有限保证中还有一部分认证业务仅仅是对被认证事项的实际情况进行信息描述，例如外事签证中的身份信息认证、学历认证等，既不对被认证事项是否符合既定标准发表积极意见，也不发表消极意见，所要求的保证程度更低。在这类认证业务中，如果被认证事项是非法的，往往得不到认证结果。

（三）认证业务的种类

认证业务包括鉴证意见的业务和非鉴证意见的业务，其中鉴证意见的业务在下一部分进行阐述。非鉴证意见的业务主要包括网域认证、系统认证、养老服务认证、管理水平认证、企业业绩评价认证、安慰函等。

网域认证是指审计人员对互联网网站进行的网站身份及相关信息认证。通过认证向最终用户展示网站经过审计机构认证，具有相应认证资质，以提高用户对网站的信任感。

系统认证是指审计人员按照可操作和可应用性、系统安全性、数据处理的完整性、系统的可维护性四个基本原则，对信息系统的可靠性进行测试和评价，并发表认证报告的一种活动，其目的是增强管理者、客户、商业伙伴对企业信息系统的信赖。

养老服务认证是指审计人员按照养老服务的相关评价标准，对养老服务进行现场评价，并作出评价报告，以增强社会公众对养老服务的信任程度。

管理水平认证是指审计人员对被认证对象的管理水平进行测试和评价，并发表认证报告的一种活动，通过管理水平认证可以增强管理者、客户、商业伙伴对被认证对象管理水平的信赖。

企业业绩评价认证是指审计人员按照相应的评价标准，将定量分析与定性分析相结合，对企业一定经营期间的盈利能力、资产质量、债务风险以及经营增长等经营业绩和努力程度等各方面进行的综合评价，为出资人、政府有关部门、债权人、企业职工等利益相关方提供有效的信息支持。

安慰函是指审计人员就招股书中的法定审计、声明和报告，向相关组织或个人发出的函件。安慰函附于预先陈述中，用于确保安慰函与其最终版本之间不会出现重大差异。

二、鉴证业务

（一）鉴证业务的定义

鉴证业务是指注册会计师对鉴证对象信息提出结论，以增强除责任方之外的预期使用者对鉴证对象信息信任程度的业务。

（二）鉴证业务对保证程度的要求

鉴证业务的保证程度分为合理保证和有限保证。

合理保证的鉴证业务的目标是注册会计师将鉴证业务风险降至该业务环境下可接受的低水平，以此作为以积极方式提出结论的基础。如在历史财务信息审计中，要求注册会计师将审计风险降至可接受的低水平，对审计后的历史财务信息提供高水平保证（合理保证），在审计报告中对历史财务信息采用积极方式提出结论。这种业务属于合理保证的鉴证业务。

有限保证的鉴证业务的目标是注册会计师将鉴证业务风险降至该业务环境下可接受的水平，以此作为以消极方式提出结论的基础。如在历史财务信息审阅中，要求注册会计师将审阅风险降至该业务环境下可接受的水平（高于历史财务信息审计中可接受的低水平），对审阅后的历史财务信息提供低于高水平的保证（有限保证），在审阅报告中对历史财务信息采用消极方式提出结论。这种业务属于有限保证的鉴证业务。

（三）鉴证业务的要素

鉴证业务的要素，是指鉴证业务的三方关系、鉴证对象、标准、证据和鉴证报告。

鉴证业务涉及的三方关系包括注册会计师、责任方和预期使用者。责任方与预期使用者可能是同一方，也可能不是同一方。

鉴证对象信息是按照标准对鉴证对象进行评价和计量的结果。如责任方按照会计准则（标准）对其财务状况、经营成果和现金流量（鉴证对象）进行确认、计量和列报而形成的财务报表（鉴证对象信息）。鉴证对象与鉴证对象信息具有多种形式，主要包括：当鉴证对象为财务业绩或状况时（如历史或预测的财务状况、经营成果和现金流量），鉴证对象信息是财务报表；当鉴证对象为非财务业绩或状况时（如企业的运营情况），鉴证对象信息可能是反映效率或效果的关键指标；当鉴证对象为物理特征时（如设备的生产能力），鉴证对象信息可能是有关鉴证对象物理特征的说明文件；当鉴证对象为某种系统和过程时（如企业的内部控制或信息技术系统），鉴证对象信息可能是关于其有效性的认定；当鉴证对象为一种行为时（如遵守法律法规的情况），鉴证对象信息可能是对法律法规遵守情况或执行效果的声明。

标准是指用于评价或计量鉴证对象的基准，当涉及列报时，还包括列报的基准。标准可以是正式的规定，如编制财务报表所使用的会计准则和相关会计制度；也可以是某些非正式的规定，如单位内部制定的行为准则或确定的绩效水平。

注册会计师应当以职业怀疑态度计划和执行鉴证业务，获取有关鉴证对象信息是否不存在重大错报的充分、适当的证据。

注册会计师应当出具含有鉴证结论的书面报告，该鉴证结论应当说明注册会计师就鉴证对象信息获取的保证。

（四）鉴证业务的种类

鉴证业务包括审计业务和非审计的鉴证业务，其中审计业务在下一部分阐述，非审计的鉴证业务包括审阅业务、其他鉴证业务等。

审阅业务是指鉴证对象信息为历史财务信息的有限保证鉴证业务。在历史财务信息审阅业务中，注册会计师作为第三方，运用专业知识、技能和经验对历史财务信息进行审阅并以消极方式发布专业意见，旨在提高财务报表的可信赖程度。

其他鉴证业务是指除历史财务信息审计和审阅业务以外的鉴证业务，如预测性财务信息审核、内部控制审核等。其他鉴证业务的保证程度分为合理保证和有限保证。

三、审计业务

审计业务是鉴证业务的一部分，它是注册会计师的法定业务，包括通用目的审计业务、特殊目的审计业务。（见本书第60页）

（一）审计对保证程度的要求

审计业务提供的是一种高水平但非绝对的保证，即合理保证。

（二）审计业务的分类

对审计进行科学的分类，便于人们区分、认识各种不同审计活动，探索审计规律，更好地组织审计工作，充分发挥审计的作用。审计分类是按照一定的标准将内容、性质相同或相近的审计活动归属于一种审计类型。审计的主要分类包括：

1.按照审计对象分类

审计按业务领域分为财务审计、管理审计（分别详见本章第二节、第三节）。除此之外，还有一类是交叉财务与绩效领域的综合型审计（详见本章第四节）、财经法纪审计等。本书将按照这个分类在随后的章节中进行详细阐述。

其中，财经法纪审计是指审计人员对国家机关和企事业单位严重违反财经法纪行为所进行的专案审计。对严重违反国家现金管理制度、结算制度、信贷制度、成本费用开支范围规定、税利上缴规定等所进行的审计，均属于财经法纪审计。财经法纪审计的重点是审查和揭露各种舞弊、侵占国家资财的事项，审查和揭露使国家和集体资产发生重大损失和浪费的各种失职渎职行为。

2.按照执行主体分类

审计按照执行主体可以分为政府审计、内部审计和独立审计（详见本书第一章第三节）。执行主体是指执行审计业务的不同审计机构。

3.按照审计范围分类

审计按照审计范围可以分为全部审计、局部审计、审计专题调查和特种目的审计。

全部审计是指对被审计单位一定时期的全部经济活动所进行的审计。这种审计范围广，工作量大，便于对被审计单位经营管理情况进行全面评价，主要适用于规模小、业务简单、信息资料较少的单位。另外，在实施经济责任审计、内部控制薄弱以及会计核算工作质量差的单位，有必要开展全部审计。

局部审计是指对被审计单位一定时间内的部分经济活动所进行的审计。它一般是根据授权人或委托的要求，并根据被审计单位的情况，有目的地、有重点地选取部分业务进行审计。

审计专题调查是针对某一特定经济活动进行的，是局部审计的特例。

特种目的审计是指审计人员对下列财务信息进行审计并出具审计报告：按照企业会计准则和相关会计制度以外的其他基础（简称特殊基础）编制的财务报表；财务报表的组成部分；合同的遵守情况；简要财务报表。

4.按照检查详细程度分类

审计按照检查详细程度可以分为详细审计（百分之百审计）和抽样审计。

详细审计又称账项基础审计，是审计人员对财务会计信息以及相关经济活动信息，按照信息来源、加工和结果过程，逐一进行检查取证，从而评价受托责任履行情况的审计活动。详细审计可以获得准确的、充足的审计证据，但是需要花费很多的审计时间和成本，仅适用于规模非常小的单位或者没有建立内部控制的单位。

抽样审计是审计人员从审计对象总体中选取一定数量的样本进行测试取证，并根据测试结果，推断总体特征，从而评价受托责任履行情况的审计活动。抽样审计最大的优点是节约审计投入，提高审计效率，但是存在抽样风险，如果样本选取不合理甚至会影响审计意见的正确性。

抽样审计经历了任意抽样、经验抽样和统计抽样阶段。①任意抽样，是当审计从详查法向抽查法演变时最先运用的一种抽样方法。当时审计人员运用这种方法纯粹是为了减少工作量，而对于抽样的规模、技术和内容等均无规律可循，只是任意抽取样本，故其审查结果缺乏科学性和可靠性。②经验抽样，是根据审计人员的经验判断，有目的地从特定审计对象总体中抽查部分样本进行审查，并以样本的审查结果来推断总体的抽样结果。此法只凭经验和主观判断，缺乏客观性。③统计抽样，是审计人员运用概率论原理，遵循随机原则，从审计对象总体中抽取一部分有效样本进行审查，然后以样本的审查结果来推断总体的抽样方法。现代审计常用统计抽样法，制度导向审计与风险导向审计都要使用统计抽样。风险导向审计对风险加以量化，相对于制度导向审计来说，风险导向审计的统计抽样技术是更完全意义上的统计抽样。

5.按照审计实施时间分类

审计按照实施时间可以分为事前审计、事中审计和事后审计。

事前审计是在经济活动发生之前所进行的审计。例如，预算审计、计划审计、定额审计、决策审计、可行性审计等。这种审计可以预防、控制即将开展的经济活动中可能出现的偏差、错误等风险。

事中审计是伴随经济活动的发生过程，对正在发生或已经完成的部分进行的审计。如工程进度审计、预算执行审计、定额消耗审计等。这种审计可以及时发现差错，便于纠正将要发生的事项可能出现的差错。

事后审计是在经济活动结束之后，对其结果进行的审计。目前开展的审计大多属于事后审计，例如财务报表审计、决算审计等。

6.按照审计实施地点分类

审计按照实施地点可以分为就地审计和报送审计。

就地审计是审计组织和人员来到被审计单位所在地进行的审计。按照具体的方式不同，就地审计又可以分为常驻审计、专程审计、巡回审计三种。就地审计是一种最常用的方式，采用就地审计不仅可以快捷、便利地审阅各种相关资料，而且能够亲自观察被审计单位的各种环境，便于开展审计调查。

报送审计也称为送达审计，是指被审计单位按照审计组织的要求，将需要审查的资料全部送到审计组织所在地接受审计。目前对部分行政事业单位财政财务审计采用这种方式。

7.按审计延续性分类

审计按照延续性可以分为初审、复审和后续审计。

初审是对单个审计项目而言的，自确定审计方案开始，到得出审计意见、提出审计报告、作出审计结论和决定为止，所进行的全部审计工作。

复审是被审计单位对审计组织和人员的意见和决定有异议，在规定时间内向上一级审计机关申请要求复查，上一级审计机关收到被审计单位的申请后，在规定时间内对被审计单位进行重新审计。复审的过程在一定程度上就是复议的过程，其目的是保证审计机关正确行使审计监督权，防止和纠正违法或者不当的审计具体行政行为。

后续审计是在对一个被审计单位实施完成一个审计项目后的一段时间内，审计组织再派出审计人员到该被审计单位，检查该被审计单位对审计决定和审计建议的执行情况，目的是检验审计决定和审计建议的合理性和可行性。

除以上分类之外，审计的分类方式还有很多，比如：按照与被审计单位的关系可以分为内部审计和外部审计；按照是否提前通知被审计单位可以分为预告审计和突击审计；按照是否有固定时间可以分为定期审计和不定期审计；按照强制程度可以分为强制审计和任意审计；按照审计对象所在行业可以分为工业审计、农业审计、商业审计、金融审计等。各种各样的审计分类虽然界限清晰，但是在实际工作中可以根据需要有效地交叉联系起来，选择合适的类别开展工作、指导工作和总结工作。

四、服务业务

相关服务包括执行商定程序、代编财务信息和管理咨询服务等。

（一）执行商定程序

执行商定程序，是审计人员对特定财务数据、单一财务报表或整套财务报表等财务信息执行与特定主体商定的具有审计性质的程序，并就执行的商定程序及其结果出具报告。

执行商定程序业务，仅仅报告执行的商定程序及其结果，并不提出鉴证结论。报告使用者自行对审计人员执行的商定程序及其结果作出评价，并根据审计人员的工作得出自己的结论。

（二）代编财务信息

代编财务信息是指审计人员运用会计而非审计的专业知识和技能，代客户编制一套完整或非完整的财务报表，或代为收集、分类和汇总其他信息。代编财务信息并不旨在也不能对财务信息提出任何鉴证结论。

（三）管理咨询服务

管理咨询服务是审计人员和非审计人员竞争激烈的一个领域。管理咨询服务是增值服务，服务范围很广，主要包括对公司的治理结构、信息系统、预算管理、人力资源管理、财务会计、经营效率和效果等提供诊断及专业意见和建议。管理咨询服务以信息的使用为主要目标，而不涉及信息质量，也不对咨询业务所使用的信息加以保证。

【同步思考2-1】审计、鉴证、认证及服务业务之间有什么关系？

理解要点：审计、鉴证、认证及服务业务之间的关系如图2-1所示。

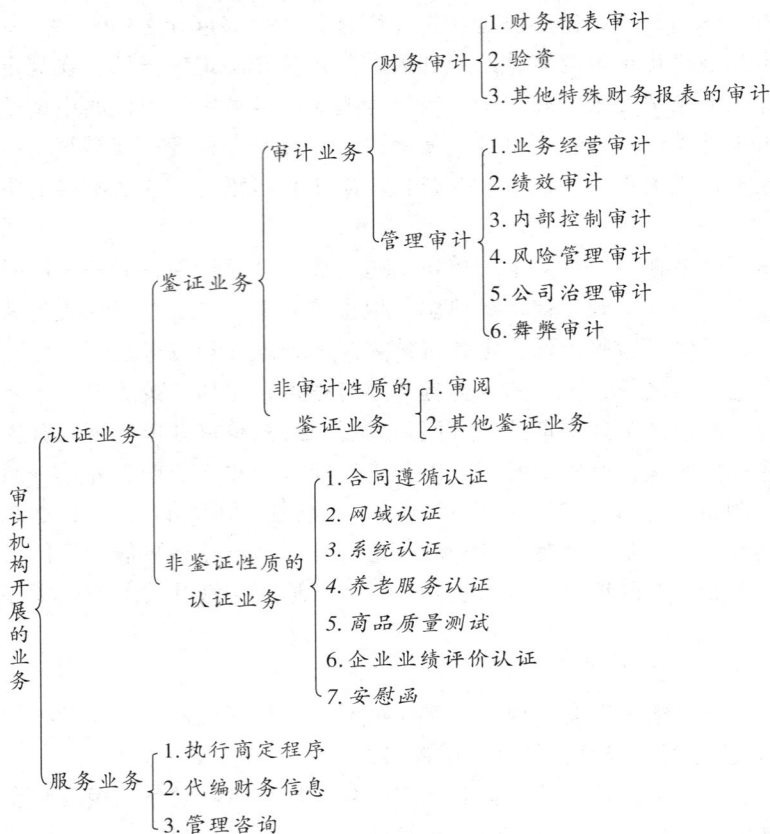

注：图中斜体字体的认证业务属于审计机构目前很少开展的且需要特殊资质才能开展的业务。

图2-1　审计、鉴证、认证及服务业务的关系

第二节　　　财务审计业务

财务审计是审计的重要基础和分支，是在现代企业环境和现代审计环境下，由国家审计机关、社会审计组织和内部审计机构及其专职人员，依照审计准则和相关法律、法规并采用现代审计技术，依法独立地对企业的资产、负债、所有者权益和损益等会计信息的真实性，财务收支业务和相关经济活动的公允性、合法性进行审查、监督、鉴证与评价，借以揭示错弊，维护财经法纪，促进宏观调控的监督体系。

财务审计包括财务报表审计（财务决算审计）、财务收支审计、特定项目的财务审计（包括资产审计、负债审计、所有者权益审计等）等。由于经济责任审计工

作既包含财务审计的内容，也涵盖管理审计的内容，因此把经济责任审计放在本章第四节其他审计业务中讲解。

一、财务报表审计

对企业财务报表进行审计，即对以资产负债表、利润表、现金流量表、所有者权益变动表等财务报表为核心的一系列财务报表内容的真实性、合法性进行审查。财务报表集中反映了企业的财务信息，是国家有关部门和社会公众正确评价企业，作出投资和宏观调控决策的主要依据。它也可以为各级管理部门了解企业财务状况和经营业绩、完善本单位内部控制制度、改善经营管理、提高经济效益、更好地服务社会提供可靠的依据。

股份公司的发展需要大量资金，这些资金主要依赖于社会投资和金融贷款，也就出现了"两权分离"（即经营权和所有权分离）的普遍现象。债权人和股东不能直接参与公司的日常经营，但是他们又非常关心企业的偿债能力和投资收益；公司的雇员和职工更关心企业的稳定性以及现在和将来能够提供的福利；税务机关则关心公司的收入和利润情况；公司的管理层关心公司是否完成了经营目标。上面这些主体只能通过公司的财务报告来了解公司的财务状况和经营成果，并根据这些资料作出决策，由此可见，财务报表就成了影响利益相关者作出决策的重要因素之一。

然而，企业的财务报表并不一定能真实、可靠地反映企业的财务状况和经营成果，不少企业的管理层在财务报表中作假，使得利益相关者蒙受损失，这时就需要有一个来自企业外部且独立、客观、公正的第三方对企业的财务报表的真实性和合法性作出判断。这就使审计人员的审计职责逐步由对企业所有者负责演变为对整个社会负责。

（一）财务报表审计的内容

1.资产负债表审计

资产负债表是反映被审计单位某一特定时日财务状况的报表，它是一种静态会计报表。审计人员对资产负债表进行审计时，主要检查资产负债表填列的内容是否完整（检查填报日期是否正确、表内应填项目是否填列齐全、有关人员签章是否齐全），表内数字计算是否准确（复核表内小计数是否正确、表内合计数是否正确，将表内左右两方项目数字分别相加，看资产负债表的总额是否平衡）。

2.利润表审计

利润表审计是指审计人员对被审计单位一定会计期间内收入、费用和利润的合规性、合法性、正确性进行检查，验证被审计单位所反映的在这一期间内的经营成果是否真实、可靠，为报表使用者进行分析和决策提供有效的财务信息。在对利润表进行审计时应重点检查企业的资本利润率，以反映所有者投资的盈利水平。对相关明细表的检查，主要看实现利润的真实性。

3.现金流量表审计

现金流量表审计是审计人员对被审计单位披露的现金流量情况，归还借款、支付股利的能力及整体财务状况的真实性、合法性和公允性进行检查。检查的内容主要包括被审计单位一定会计期间现金流量信息的存在或发生、现金流量信息的完整性、现金流量信息的正确性及合规性、现金流量表中特定组成要素是否适当分类和披露，有关交易事项数额计算填列截止期是否恰当。

4.所有者权益变动表审计

所有者权益变动表审计是审计人员对所有者权益变动表是否反映了公司本期（年度或中期）内至截止期末所有者权益的变动情况进行审计。其中，所有者权益变动表应当全面反映一定时期所有者权益的变动情况。

（二）财务报表审计组织方式

财务报表审计的组织方式大致有两种：按照财务报表项目实施和按照业务循环实施。

1.按照财务报表项目实施

此种方式是对财务报表的每个账户单独进行审计，称为账户法。

（1）优缺点

一般而言，对财务报表的每个账户单独进行审计的方式，与多数被审计单位账户设置体系及财务报表格式相吻合，操作方便，并且比较直观。由于财务报表的一些相关账户（如存货和营业成本）联系紧密，而对财务报表的每个账户单独进行审计，就人为地将联系紧密的账户予以分割，容易造成整个审计工作的脱节和重复，不利于审计效率的提高。

（2）适用范围

在实务中，对部分账户余额实施实质性程序时有时会选择该方式。另外，在被审计单位规模较小、内部控制不健全的情况下，也可以采用该组织方式。

2.按照业务循环实施

此种方式是把紧密联系的交易种类和账户余额归入同一循环中，按业务循环组织实施审计，称为循环法。

（1）优点

此种方式更符合被审计单位的业务流程和内部控制设计的实际情况，不仅可以加深审计人员对被审计单位经济业务的理解，而且由于将特定业务循环所涉及的财务报表项目分配给一个或数个审计人员，增强了审计人员分工的合理性，有助于提高审计工作的效率。

（2）适用范围

控制测试是在了解被审计单位内部控制、实施风险评估程序的基础上进行的，而了解内部控制主要是评价控制的设计及执行情况，与被审计单位的业务流程关系密切，因此，控制测试通常应采用循环法。对交易和账户余额实施的实质性程序，既可采用账户法，也可采用循环法，但由于控制测试通常采用循环法，为有利于实质性程序与控制测试衔接，提倡采用循环法。

（3）业务循环的划分。

一般而言，在财务报表审计中可将被审计单位的所有交易和账户余额划分为4

个、5个、6个甚至更多个业务循环。由于各被审计单位的业务性质和规模不同，其业务循环的划分也应有所不同。即使是同一被审计单位，不同注册会计师也可能有不同的循环划分方法。在财务报表审计中，通常会将交易和账户余额划分为销售与收款循环、采购与付款循环、生产与存货循环、人力资源与工薪循环、投资与筹资循环。由于货币资金与上述多个业务循环均密切相关，但是货币资金的业务和内部控制又有着不同于其他业务循环和其他财务报表项目的鲜明特征，因此在划分循环时通常不把货币资金划分为某一具体的业务循环，而是单独进行审计。

　　按照各业务循环与财务报表项目的相关程度，基本可以建立起各业务循环与其所涉及的财务报表主要项目之间的对应关系，见表2-1。

表2-1　　　　　　　　　各业务循环与财务报表主要项目对照表

业务循环	资产负债表项目	利润表项目
销售与收款循环	应收票据及应收账款、长期应收款、预收款项、应交税费、合同资产（适用于已执行新收入准则的企业）、合同负债（适用于已执行新收入准则的企业）	营业收入、税金及附加、销售费用
采购与付款循环	预付款项、固定资产、在建工程、无形资产、开发支出、商誉、长期待摊费用、应付票据及应付账款、长期应付款	管理费用
生产与存货循环	存货（包括材料采购或在途物资、原材料、材料成本差异、库存商品、发出商品、商品进销差价、委托加工物资、委托供销商品、受托代销商品、周转材料、生产成本、制造费用、劳务成本、存货跌价准备、受托代销商品款等）	营业成本
人力资源与工薪循环	应付职工薪酬	营业成本、销售费用、管理费用
投资与筹资循环	交易性金融资产、其他应收款、其他流动资产、可供出售金融资产（适用于尚未执行新金融准则的企业）、持有至到期投资（适用于尚未执行新金融准则的企业）、债权投资（适用于已执行新金融准则的企业）、其他债权投资（适用于已执行新金融准则的企业）、其他权益工具投资（适用于已执行新金融准则的企业）、其他非流动金融资产（适用于已执行新金融准则的企业）、长期股权投资、投资性房地产、递延所得税资产、其他非流动资产、短期借款、交易性金融负债、其他应付款、其他流动负债、长期借款、应付债券、预计负债、递延所得税负债、其他非流动负债、实收资本（或股本）、资本公积、盈余公积、未分配利润	财务费用、资产减值损失、公允价值变动收益、投资收益、营业外收入、营业外支出、所得税费用

　　在财务报表审计中，将被审计单位的所有交易和账户余额划分为多个业务循

环，并不意味着各业务循环之间互不关联。事实上，各业务循环之间存在着一定的联系，比如投资与筹资循环同采购与付款循环紧密联系，生产与存货循环则同其他所有业务循环均紧密联系。各业务循环之间的关系如图2-2所示。

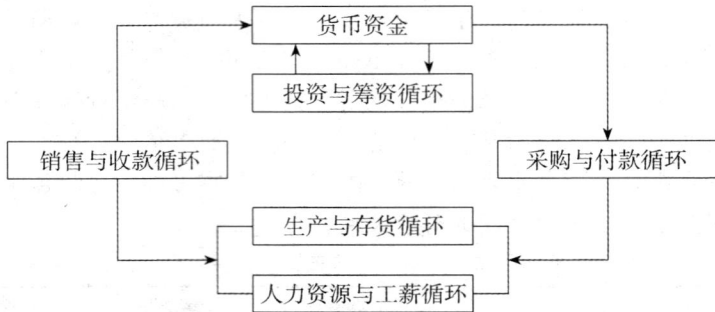

图2-2　各业务循环之间的关系

二、财务收支审计

财务收支审计包括对实行预算管理的事业单位或基本建设项目财务收支的真实性与合法性进行的审计，对实行企业管理的单位进行的财务收支审计以及对行政事业单位进行的财务收支审计等。财务收支审计的种类如下：

（一）企业财务收支审计

对企业的会计资料，包括会计报表、会计账簿和会计凭证的真实性、合法性进行审计；对企业资产，包括流动资产、长期投资、固定资产及其累计折旧、在建工程、无形资产、递延资产和其他资产的安全完整、保值增值进行审计；对企业负债，包括流动负债和非流动负债的情况进行审计；对企业所有者权益，包括实收资本、资本公积、盈余公积和未分配利润的真实性、合法性进行审计；对企业损益，包括收入、成本费用和利润的情况进行审计。

（二）行政事业单位财务收支审计

1.财务收入方面

行政事业单位财务收入方面审计的主要内容有：未经省级人民政府财政部门会同物价部门批准进行收费；应缴未缴财政专户和没有及时足额上缴财政及坐支应缴未缴收入；账外资金形成"小金库"；不按规定使用财政部门统一印制或监制的收费票据等。

2.财务支出方面

行政事业单位财务支出方面审计的主要内容有：发放各种补贴、奖金未经财政部门批准；应交未交各种税金及附加；挤占、挪用专项资金；虚假发票报账；乱列支出；虚列支出；购置固定资产未记入单位的固定资产账户；超越单位权限处置资产等。

（三）公益性资金收支审计

公益性基金收支审计是对被审计单位的会计凭证、会计账目、会计机构和会计行为以及分配使用公益性资金的有关会议记录、资金使用的社会效益和经济效益等，进行重点审查或全面审查。

三、财务专项审计

财务专项审计是指审计人员对特定的单个或部分财务活动、财务信息进行的审计活动。其主要包括资产审计、负债审计、所有者权益审计、收入审计、费用审计和利润审计等。

（一）资产审计

资产审计是指对企业流动资产、长期投资、固定资产、在建工程、无形资产、递延资产和其他资产所进行的审计。

资产审计的目标是：审查企业有关资金的内部控制制度是否健全、有效；审查实物资产是否确实存在；审查企业资产的所有权是否确实归企业所有；审查各项资产的计价是否合理；审查各项资产是否在财务报表附注中充分披露。资产包括流动资产和非流动资产。资产审计主要是围绕上述目标对企业的流动资产（包括库存现金、银行存款、交易性金融资产、应收及预付款项、存货等）、非流动资产（包括长期股权投资、固定资产、无形资产等）进行审查。

（二）负债审计

负债审计是指对企业流动负债、非流动负债，包括短期借款、应付票据、应付账款、预收账款、其他应付款、应付职工薪酬、应交税费、其他应付款、长期借款、应付债券、长期应付款等所进行的审计。

负债审计的目标是：审查企业与负债相关的内部控制制度是否健全、有效；审查企业所列的各项负债是否确实存在；审查各项负债的记录是否完整，有无遗漏；审查企业负债的会计计量是否准确；审查各项负债在报表附注上是否充分披露。

虚报支出套现
难逃审计透视

（三）所有者权益审计

所有者权益审计是指对企业投资者所拥有的企业净资产要求权的审计，包括对企业实收资本、资本公积、其他综合收益、盈余公积、未分配利润所进行的审计。

所有者权益审计的目标为：

第一，审查被审计单位有关所有者权益的内部控制是否存在、有效且一贯遵守，包括对投资的有关协议、合同和企业章程条款，利润分配的决议、分配方案，会计处理程序等方面的检查，并为被审计单位改善内部控制提供意见或建议。

第二，审查投入资本、资本公积的形成、增减及其他有关经济业务会计记录的合法性与真实性，为投资者及其他有关方面分析企业的财务结构、进行投资决策提供依据。

第三，审查盈余公积和未分配利润的形成和增减变动的合法性、真实性，为投资者及其他有关方面了解企业增值、积累情况等提供资料。

第四，审查财务报表上对所有者权益的反映是否恰当。

（四）收入审计

收入是企业在日常活动中形成的、会导致所有者权益增加的、与所有者投入资本无关的经济利益的总流入。

收入审计的目标是：审查企业与收入有关的内部控制制度是否健全、有效；审查各项收入的记录是否真实、完整；审查各项收入的会计处理是否正确；审查各项收入是否与相应的费用配比；审查确定各项收入是否已在报表附注中充分披露。

（五）费用审计

费用是企业在日常活动中发生的、会导致所有者权益减少的、与向所有者分配利润无关的经济利益的总流出。

费用审计的目标是：审查与各项费用支出相关的内部控制制度是否健全、有效；审查确认各项费用的发生是否真实、记录是否完整；审查各项费用是否已经在报表附注中充分披露。

（六）利润审计

利润是企业在一定会计期间的经营成果。利润包括收入减去费用后的净额、直接计入当期利润的利得和损失等。直接计入当期利润的利得和损失，是指应当计入当期损益、最终会引起所有者权益发生增减变动的、与所有者投入资本或者向所有者分配利润无关的利得或损失。

利润的审计内容包括对利润形成的审计和对利润分配的审计。

利润审计的目标是：审查企业形成利润的各项目是否真实；审查企业利润计算是否正确；审查企业各项应上缴国家的税收及利润分配是否按规定及时足额缴纳；审查企业利润分配各项目是否已在报表附注中充分披露。

第三节　管理审计业务

管理审计是相对于财务审计而言的另一个基本领域，是对受托管理责任的鉴证审查活动。它是经济发展的必然结果，是审计人员对被审计单位经济管理行为进行监督、检查及评价并深入剖析的一种活动，它的目的是使被审计单位的资源配置更加富有效率。

一、业务经营审计

业务经营审计是指审核、分析、评价被审计单位业务经营活动及利用生产力各要素的有效性、充分性，以进一步合理开发生产力，挖掘提高经济效益途径的经济监督、评价活动。

（一）业务经营审计的目标

业务经营审计的目标通常有以下三点：

1.业绩评估。业务经营审计一般都包括对被审计单位的业绩评估，业绩评估是对一个企业开展活动的方式进行审核，审核是否达到管理层设立的目标或者其他合适的衡量标准。

2.确定改进时点。审计人员可以根据审计的结果，观察经营活动审核前期或当期的报告，研究交易状况，与行业标准比较，依据经验或其他方法作出专业判断，确认改进的时点。

3.提出改进或未来活动的建议。在业务经营审计过程中提出的建议的性质和范围差别比较大。大多数情况下，审计人员能够提出具体的建议；另外一些情况下，可能需要更深入的研究。

（二）业务经营审计的内容

1.对生产过程的审查

业务经营审计的重点是对企业生产过程的审查，主要包括下列内容：

（1）审查被审计单位的生产经营观念是否准确。

（2）审查被审计单位的生产发展规划是否恰当。其主要内容有：审查被审计单位是否制订了有关产量、品种、花色、质量等方面的近期、中期和远期计划；审查被审计单位的各种发展规划是否相互协调；审查被审计单位有无推广先进技术、引进先进设备和进行职工培训的具体计划；审查被审计单位是否对各种主要经济指标有着较明确的赶超指标和具体措施等。

（3）审查被审计单位的生产计划是否全面。其主要内容有：审查被审计计划是否与销售计划相衔接；审查生产计划是否与技术组织措施、原材料供应、财务成本计划相适应；审查生产计划是否有利于提高产品质量和新产品、新品种的开发；审查生产计划中制定的主要设备的产量定额是否先进、合理；审查生产计划中制定的劳动定额是否先进合理，闲散的劳动力是否有合理的安排；审查生产计划中制定的主要原材料的供应定额、消耗定额是否先进合理；审查被审计单位各车间、各工序之间的生产能力是否相平衡，生产周期、生产批量是否合理可行；审查实现生产计划的各种途径与方法是否落实等。

（4）审查被审计单位的生产业绩是否真实。其主要内容有：审查其产量、总产值、净产值等指标是否如期完成；审查其生产进度是否正常；审查其产品质量是否满足了用户的需求；审查其主要设备是否处于良好状态，其使用效率是否达到了预定的指标；审查其新产品试制和生产是否如期进行等。

2.对供应过程的审查

对供应过程的审查主要包括两部分内容：

（1）审查采购供应自身的效益，包括审查采购费用、仓储费用、采购资金占用等。

（2）审查供应过程对生产过程的影响，包括审查企业生产所需的物资是否按时足量地提供、用量如何等方面的内容。

3.对销售过程的审查

对销售过程的审查包括如下内容：审查被审计单位是否及时掌握市场动态，做好销售预测工作；审查被审计单位所销产品是否适销对路；审查被审计单位的定价策略是否科学合理；审查被审计单位的销售费用等是否符合提高经济效益的要求；

审查被审计单位是否拥有较高的信誉；审查被审计单位产品的售后信息反馈与售后服务工作是否及时。

（三）业务经营审计的流程

1.评价被审计单位的业务经营效益，其具体内容有：

（1）了解被审计单位的基层管理状况和基层管理人员的素质；

（2）收集和分析相关的主要经济指标；

（3）确认潜在的重大事项；

（4）与被审计单位有关人员交谈讨论，进一步了解情况，搜集相关资料；

（5）编制工作方案，确定审计重点；

（6）围绕审计重点，编制相关的业务流程图；

（7）汇集、整理所收集的资料，进行细致的分析，评价被审计单位的业务经营效益。

2.确定实现经济效益的途径，提高被审计单位的业务经营效益，其具体内容有：

（1）进行综合分析，找出问题症结，制订并汇总备选方案；

（2）分析并优化备选方案，初步确定实施方案；

（3）确定实施方案，撰写和提交业务经营审计报告；

（4）组织实施审计，并开展后续审计工作。

二、绩效审计

目前我国的绩效审计主要包括政府绩效审计和企业绩效审计两大类。

（一）政府绩效审计

政府绩效审计，是指审计机关及其人员依据一定的标准，运用各种技术和方法，对组织行为及其各项活动的经济性、效率性和效果性进行审计，找出薄弱环节，并提出改进的建议，将审计结果提交给相关政府部门，旨在促进受托经济责任中的绩效责任得到全面有效履行。

政府绩效审计的特点如下：

1.审计范围广

政府绩效审计的范围，包括政府部门和其所属单位，还包括一些使用公共资金的单位，涉及较多领域和各种资源的利用。政府绩效审计的对象主要包括政府机关的行政活动、事业单位的经营活动以及使用国家资金、接受国家补贴的经营活动，除了政府部门的财政审计和工程项目审计外，还包括对政府投资的经济性、效率性和效果进行审查。

2.审计标准多元化

政府绩效审计的对象多种多样，因此审计的标准不可能是一个固定的标准，审计过程中考虑的因素也各不相同，因此，审计人员在开展政府绩效审计时，除了运用相关指标进行评价外，还应当根据审计对象的特点进行具体分析。由于审计标准的多元化，所以审计结论的准确性就与审计标准的选取有着密切关系。

3.审计方法灵活

由于政府绩效审计的审计范围较广，审计对象多样化，其审计方法就会更灵活。现阶段的政府绩效审计，除了采取了传统财务审计的方法外，还引用了论证法、评价法、系统法等多种综合评价分析方法。审计人员在制订审计计划、选取审计方法时需要充分考虑审计对象的特点。

4.审计目标具有建议性

政府绩效审计应对被审计单位经济活动的经济效益进行全面评价，并提出影响被审计单位经济效益的主要因素，除此之外，还应当提出改进被审计单位经济效益的方法和建议。政府绩效审计工作的重点之一就是发现问题，并提出有效的改进措施。

（二）企业绩效审计

企业绩效审计是基于受托经济关系，由审计人员利用专门的审计方法和依据一定的审计标准，对受托者开展经济活动的经济性、效率性和效果性进行检查和评价，并提出改进建议，促进受托者更好地履行经济责任，促进企业加强管理，提高经济效益的活动。企业绩效审计是对企业的总体效益进行评价，审计的范围包括经营管理的所有方面，并且应当就经济效益提出综合性的审计结论。

企业绩效审计的对象是企业的经济活动或业务，即所有影响绩效的因素。绩效审计比财务审计的对象、范围要宽泛得多。企业绩效审计是审计的一种，具有审计的基本职能，即经济监督职能。但这种审计活动的直接职能是经济评价，经济评价职能在一定程度上是通过经济监督职能发挥作用的。

三、内部控制审计

内部控制是指由企业董事会（或者由企业章程规定的经理、厂长办公会等类似的决策、治理机构，以下简称董事会）、管理层和全体员工共同实施的，旨在合理保证实现控制目标的一系列控制活动。内部控制的目标包括：企业战略、经营的效率和效果、财务会计报告及管理信息的真实可靠、资产的安全完整和遵循国家法律法规和有关监管要求。内部控制的基本要素包括控制环境、风险评估、控制活动、信息和沟通以及内部监督。

COSO[①]报告自诞生以来，已经过去了20多年。这期间，商业和经营环境发生了翻天覆地的变化。同时，股东参与公司管理的热情不断高涨，而且对内部控制整合期待和要求更高的透明度和责任意识。2013年，COSO发布了新的报告，新报告旨在使企业能有效率和有效果地发展和维持内部控制系统，从而提升目标实现的可能性和适控框架。其中一个重大变化是基于原有COSO五要素提出的17条核心原则将被广泛地运用到包括上市公司和私人持有在内的营利性企业、非营利性企业、政

---

① COSO是美国反虚假财务报告委员会下属的发起人委员会（The Committee of Sponsoring Organizations of the Treadway Commission）的英文缩写。1985年，由美国注册会计师协会、美国会计协会、财务经理人协会、内部审计师协会、管理会计师协会联合创建了反虚假财务报告委员会，旨在探讨财务报告中的舞弊产生的原因，并寻找解决之道。两年后，基于该委员会的建议，其赞助机构成立COSO委员会，专门研究内部控制问题。1992年9月，COSO委员会发布《内部控制整合框架》，简称COSO报告。

府团体以及其他组织。原则如下：（1）控制环境（组织对遵从正直和道德等价值观作出承诺；董事会相对于管理层保持独立，并对管理层建立与执行内控成效进行监督；在董事会的监督下，管理层建立相应的组织架构、汇报路径、恰当的授权与责任体系，以实现组织目标；组织致力于吸引、发展和保留具有职业胜任能力的人才，使其能与组织整体目标相匹配；为实现组织目标，应当明确成员各自的内控职责）。（2）风险评估（组织设定清晰的目标，进而能够有效识别和评价威胁目标实现的风险；组织在整个公司层面识别可能威胁组织目标实现的风险，以此为基础来确定如何对这些风险进行管理；组织应当评估潜在的欺诈对影响组织目标实现的风险；组织对可能使内控体系产生重大影响的变化事项进行识别与评估）。（3）控制活动（组织选择并且实施控制活动，将风险对威胁组织目标实现的风险降到可接受的水平；对信息技术组织选用一般控制活动，以支持组织目标的实现；组织通过制定政策制度和执行流程程序来实施控制活动）。（4）信息与沟通（组织获取或者形成相关的、有质量的信息以支持内部控制发挥功能；组织在内部沟通传递包括控制目标、控制职责在内的必要信息以支持内部控制发挥作用；组织与外部相关各方就影响内部控制发挥作用的事项进行沟通）。（5）监督活动（组织选择、设计和执行持续和/或者分别评价，以确认内部控制要素是否存在并持续发挥作用；组织对内部控制进行评价，并视情况及时将发现的内控缺陷报给负责执行纠正性措施的主体，这些主体包括高级管理层、董事会）。财政部、审计署、证监会、银监会、保监会联合发布的《企业内部控制审计指引》是内部控制审计的重要依据。①沪深两市要求上市公司董事会开展内部控制自我评估，在披露年报时披露内部控制自我评估报告，并且同时披露负责年报审计的会计师事务所的审核评价意见。

（一）内部控制审计的定义

内部控制审计的目标是会计师事务所接受委托，对特定基准日内部控制设计与运行的有效性进行审计。

（二）内部控制审计的内容

内部控制审计的对象包括测试和评价企业层面的内部控制和业务流程、应用系统或交易层面的内部控制。

1.企业层面的内部控制

（1）与控制环境相关的控制。例如对诚信和道德价值的沟通和落实、对胜任能力的重视、治理层的参与程度、管理层的理念和经营风格、组织结构、职权与责任的分配、人力资源政策与实务。

（2）针对管理层和治理层凌驾于内部控制之上的风险而设计的内部控制。例如针对重大非常规交易的控制、针对关联方交易的控制、针对减弱伪造或不恰当操作

---

① 此外，《中华人民共和国证券法》（中华人民共和国主席令〔2005〕第43号）第149条、《企业内部控制基本规范》（财会〔2008〕7号）、《证券公司管理办法》（中国证券监督管理委员会令〔2001〕第5号）第三十一条、《证券公司客户资产管理业务试行办法》（中国证券监督管理委员会令〔2003〕第17号）、《公开发行证券的公司信息披露内容与格式准则第2号〈年度报告的内容与格式〉》（证监公司字〔2007〕212号）第9条、《上海证券交易所上市公司内部控制指引》（2006年）、《内部控制应用指引》（2010年）、《内部控制评价指引》（2010年）等都对内部控制审计进行了规范。

财务结果的动机和压力的控制。

（3）被审计单位的风险评估过程。例如如何识别经营风险、估计其重要性、评估其发生的可能性、采取措施应对和管理风险及其结果。

（4）对内部信息传递和期末财务报告流程的控制。例如与会计政策选择和运用的程序、调整分录和合并分录的编制和批准、编制财务报表有关的内部控制。

（5）对控制有效性的内部监督（即监督其他控制的控制）和内部控制评价。

（6）集中化的处理和控制、监控经营成果的控制，以及重大经营控制和风险管理实务的政策。

2.业务流程、应用系统或交易层面的内部控制

（1）业绩评价。对实际与预算、预测与前期、经营数据和财务数据、内部数据和外部数据作出的评价。

（2）信息处理。它包括应用控制和信息技术一般控制。前者如对计算准确性检查，对账户和试算平衡表审核，对例外报告的人工跟进；后者如程序变动控制，限制接触程序或数据的控制。

（3）实物控制。如保护资产的实物安全、对接触计算机程序和数据文档设置授权、定期盘点并将盘点记录与控制记录相核对。

（4）职责分离。即将交易授权、记录交易以及资产保管等职责分配给不同的员工。

四、风险管理审计

20世纪末21世纪初，以毕马威为代表的国际会计师事务所联合学术界对审计基本方法进行研究，开发出风险管理审计，这是一种新的审计模式，又被称为风险审计。它不仅关注传统的内部控制，而且更加关注有效的风险管理机制。

（一）风险管理审计的含义

风险管理审计是指审计人员以风险考虑为核心，采用系统化、规范化的方法，通过对企业的全面风险管理活动进行监督和评价，提出改进意见，来改善企业风险管理、提高企业价值的一种审计。

（二）风险管理审计的内容

企业风险管理审计应当包括以下内容：

1.风险环境审计

在审计企业风险管理的过程中，审计人员首先应当对企业的风险环境进行审计。企业内外部的风险环境都可能会对企业目标的实现产生不利的影响。审计人员在审计过程中，应当充分关注风险环境的变化，才能进一步考虑控制是否与形式变化相一致，并且在审计报告中形成相关结论，为管理层决策提供依据。

2.风险识别审计

为了评价企业的风险管理机制是否健全，审计人员需要对企业的风险因素进行识别，并且与企业职能部门的现有工作机制相比较，从而评价职能部门是否进行了有效的风险识别。审计人员还应当运用相关方法对企业管理层是否识别出企业的所

有风险进行评价，如果有重要的风险遗漏，应当在审计报告中提醒管理层加以考虑。

3.风险评估结果审计

审计人员还应当对风险评估结果的恰当性进行审计。风险评估结果直接影响风险应对策略的选择，审计人员应当运用定量和定性分析的方法对管理层及其职能部门风险评估的结果进行审计和评价，并形成相应的建议，为管理层提供专业的建议。

4.风险应对策略审计

风险应对策略由企业管理层和相关职能部门提出，审计人员应当对风险应对策略中采取的应对措施进行审计，评价其是否充分和适当。某些控制措施如果不能控制相应的风险，审计人员应当提出相应的改进建议，帮助管理层和相关职能部门制定出恰当的控制措施，以降低企业的风险。

5.风险信息沟通和监控系统审计

风险信息沟通顺畅，是保证风险管理成功的重要手段，风险信息沟通要求相关信息要及时传递给相关人员。审计人员对风险信息沟通进行审计时，应当评价信息沟通系统是否顺畅和完善，相关信息是否能及时传递给相关人员。

对风险管理进行持续监控是保证风险管理的充分性和有效性的不可缺少的重要一环，风险管理中的各个主体是否充分发挥了作用，是审计人员评价的主要内容。审计人员通过对风险管理过程进行充分、有效的检查，发现风险管理监控系统存在的问题，并提出改进建议。

五、公司治理审计

公司治理审计是指审计人员依据国家法律、法规、政策和标准，独立、客观地对公司治理环境进行监督、评价和咨询，提出改善公司治理的意见或建议的行为。随着公司治理的重要性不断提高，审计人员逐渐将公司治理列为优先审计的对象。

（一）公司治理审计的目标

公司治理审计的目标是帮助组织提高公司治理能力，改善公司治理状况，合理地保证公司经营目标的实现，促进公司价值的提高。

（二）公司治理审计的内容

在公司治理监督约束机制建立和运行过程中，审计网络成为监督约束机制的基础，因而公司治理必须考虑审计的作用。开展治理审计，可以维护利害相关人的利益、健全公司经营管理基础、提高公司信用、完善经营管理组织、提升经营绩效。公司治理审计的内容主要包括治理环境审计、治理流程审计、治理程序审计和治理效果审计等。

1.治理环境审计

（1）评价总体治理结构和政策；

（2）评价治理环境和道德规范；

（3）评价审计委员会的活动。

2.治理流程审计

（1）评价舞弊控制和沟通流程；

（2）评价报酬政策和相关流程；

（3）评价财务治理流程；

（4）评价战略计划和决策的治理活动；

（5）评价治理绩效的衡量。

3.治理程序审计

（1）评价内部和外部治理报告程序；

（2）评价治理事项的上报和追踪程序；

（3）评价治理变化和学习程序；

（4）评价治理支持软件和技术。

4.治理效果审计

（1）评价公司治理绩效；

（2）评价经营管理责任。

六、公司战略审计

公司战略审计是由独立的审计人员对组织各层次的战略管理活动以及战略管理的全部业务流程所进行的分析、评价、咨询与监督的过程。

公司战略审计的主要内容包括：

（一）对制定战略依据的审计

制定战略的依据是多种多样的，其中应包括经济政策、内外部资料、各种市场信息、前瞻性分析资料等，具体可分为以下几点：

1.审查公司战略是否是在对公司目标、市场、环境、竞争者和内部资源等内外部环境全面认识的基础上制定的。外部环境分析包括顾客分析、供应者分析、竞争对手分析、同盟者分析、行业环境分析、地理位置分析、政治环境分析、技术环境分析、文化环境分析、产业政策分析和国际环境分析等。在进行内部实力分析时，要对公司在经营中已具备的和可利用资源的数量和质量，包括人、财、物等有形资源和信息、企业文化、企业形象等无形资源进行评估，尤其要对公司现有的管理水平作出客观评价。

2.审查战略目标是否符合国家宏观经济状况；是否反映市场的需求；是否与环境变化趋势保持协调；是否与公司内部资源的应变能力保持平衡。

3.审查战略制定的程序是否适当。战略一般由公司最高决策层作出，但战略目标一旦确定，应让内部各层次都了解自己在战略目标中的地位。

4.审查战略目标的前瞻性和实现的现实可能性。

（二）对战略类型的审计

审查公司采取何种类型战略，其依据何在，客观条件是否具备。战略类型大致可分为增长战略、利润战略、集中战略、转移战略和退出战略。

1.审查战略目标是否既有盈利目标，又有市场目标，即战略目标的内容至少应包括：所要实现的市场地位和竞争地位，长短期利润指标，主要财务经营成果及评估战略成败的其他指标。

2.审查增长战略是否发生在公司产品或市场发展的成长阶段，公司是否设法获取市场资源、努力融通资金、为应对更加激烈的竞争采取更有效的竞争手段。

3.审查利润战略是否发生在公司产品或市场发展的成熟阶段，公司是否将经营重心从市场开发和筹集资金转向市场细分与资产利用。

4.审查集中战略是否发生在公司产品或市场发展成熟阶段及开始衰退阶段，公司是否开始稳妥地压缩经营规模、减少投资，把战略重点集中于具有最大优势的细分市场上。

5.审查转移战略是否发生在公司产品和市场的衰退时期，公司是否考虑改善原战略的执行方法，或考虑重新制订战略方案。

6.审查退出战略是否发生在公司万不得已时，公司是否削减费用、减少资金投放、削减产品、进行清理。

（三）对战略实施过程的审计

审查企业战略方案能否有效地贯彻执行。在确定企业已编制出合理可行的战略方案的基础上，审计人员需要审查企业战略能否得到有效的贯彻执行。可重点审查以下几个方面：

1.审查各事业部或各职能部门是否根据企业的总体战略，编制出各事业部或各职能部门的战略方案；审查各事业部的战略方案是否详细说明了本事业部所确定的经营活动范围和目标；审查各职能部门能否把事业部或企业的经营战略转化成指挥与协调活动，以保证总体战略的具体实施。

2.审查是否存在资源分配与工作计划不衔接的风险。

3.审查企业管理人员实施战略的具体形式是否适当。

4.审查企业为解决战略实施过程中出现的问题而确定的纠正措施和权变计划是否适当。

（四）对战略实施效果的审计

这主要是指审查公司是否实现既定的战略目标，对制定战略的实施效果及对战略的总体评价，具体包括以下几点：

1.审查增长战略是否带来公司市场份额的增加，是否巩固或提高了公司在行业或市场上的地位。

2.审查利润战略是否带来公司现有资源和经济效益的增长，使利润最大化。

3.审查集中战略是否带来公司重新安排生产经营规模和财务力量，以提高短期盈利和长期效益。

4.审查转移战略是否尽快控制或扭转了公司的衰退局面。

5.审查退出战略是否使公司谨慎退出了市场并最大限度地收回了投资。

七、舞弊审计

舞弊审计是指审计人员对审计组织的内部人员及有关人员为谋取自身利益或为使本组织获得不正当经济利益而其自身也可能获得相关经济利益采用违法手段使组织经济利益受损的不正当行为，使用检查、查询、询问等审计程序进行取证并向委托者或者授权者出具审计报告的一种监督活动。值得说明的是，舞弊审计是针对管理行为的一种事后发现性或事前预防性控制审计，因此把它列入管理审计范畴。

（一）舞弊审计的类别

舞弊审计可以分为舞弊关注审计和舞弊专门审计。

1.舞弊关注审计

舞弊关注审计主要是指财务报表审计中注册会计师对舞弊的审计责任。舞弊关注审计是指在接受委托执行财务报表审计时，注册会计师应当关注舞弊发生的可能性，以对财务报表不存在重大错报提供合理保证。舞弊关注审计是财务报表审计中不可或缺的一部分，其目标是确定舞弊对审计风险的影响以及对财务报表合法性和公允性的影响，保证发表审计意见的准确性。

2.舞弊专门审计

舞弊专门审计是审计人员接受委托，执行相应的审计程序，并得出审计结论。舞弊专门审计可以分为两类：后馈性舞弊审计和前馈性舞弊审计。前者是指审计人员依据法律、犯罪学以及各种组织舞弊或职务舞弊的知识，通过特定的审计程序，证实或者解除舞弊怀疑，通常都会涉及司法诉讼；后者是指在没有发现舞弊迹象的情况下进行的审计，对企业舞弊风险进行识别和评估，并就已识别的舞弊开展调查，出具审计意见。

（二）舞弊审计的特征

与常规的财务报表审计相比，舞弊审计有以下一些明显的特征：

1.舞弊审计仅限于审查舞弊行为。审查舞弊行为包括查找舞弊的事实证据及舞弊者。审计人员进行常规的财务报表审计是为了判断被审计单位的财务报表是否符合国家颁布的企业会计准则和企业会计制度的规定，是否在所有重大方面公允反映了被审计单位的财务状况、经营成果和现金流量等情况，重点在于查找财务报表有无重大的错报或漏报。这些错报或漏报包括非故意的行为造成的错报或漏报。而舞弊审计的主要目的是查找舞弊的事实证据及谁是舞弊者，重点在于例外事项，以及会计违规事项和行为上，对于非故意行为造成的错报或漏报并不在其审查范围。

2.舞弊审计是发现性的而非论断性的审查活动。由于舞弊性质的严重性，舞弊审计必须获得强有力的证据支持，它要查找舞弊的事实证据，确定舞弊的具体细节及舞弊行为带来的损失和影响。舞弊是一种故意行为，具有极强的隐蔽性，审计人员仅靠推理去推断与舞弊有关的事实是不行的，这决定了舞弊审计不可能像财务报表审计那样仅停留在论断阶段，它应该是一种发现性的审查活动。

3.舞弊审计更多需要的是一种思维形式而不是技术方法。一般的技术方法对于寻找和发现非故意的行为造成的错误无疑是非常有效的，但对于查找、确定事先预谋，周密策划，采用隐蔽手段进行的舞弊行为，实践证明并非那么有效。因为舞弊行为既然是有目的而为之的，必然会在舞弊后采用各种手段对其进行粉饰，使其表面上看似合理，使人不易觉察。舞弊审计人员要想查清这些舞弊行为，最有效的方法是从舞弊行为人的角度去思考问题，看哪一种是最好的作假方法，然后从此处入手进行审查。

第四节　　其他审计业务

其他审计业务是指审计人员实施除财务审计和管理审计以外的审计业务。其他审计业务包含基建项目审计、经济责任审计、全面预算审计、政策跟踪审计和信息系统审计。

一、基建项目审计

基建项目审计是由独立的审计机构和审计人员，依据国家在一定时期颁布的方针政策、法律法规和相关的技术经济指标，运用审计技术对建设项目建设全过程的技术经济活动以及与之相联系的各项工作进行的审查、监督。

（一）基建项目审计的目标

基建项目审计的目标是为了促进基建项目实现"质量、速度、效益"三项目标。质量目标是指基建项目的实体建设质量要达到国家标准及建设单位要求；速度目标是指工程进度和工作效率达到要求；效益目标是指基建项目的成本及项目效益达到要求。

（二）基建项目审计的对象

审计对象是指项目建设过程中的技术经济活动内容，包括开工前、在建期和竣工验收阶段的所有工作。从实体上看，主要是指基建项目的主管部门、各地方或国家的政府机关、建设单位、设计单位、施工单位、金融机构、监理单位、材料等设备的供应商以及参与项目建设与管理的其他部门或单位。

（三）基建项目审计的内容

按照项目建设程序，基建项目审计的内容可以分为开工前审计、在建期审计和竣工后审计三大部分。

1.开工前审计

开工前审计是指基建项目审计部门对项目开工前的主要工作实施审计的过程，主要包括投资决策审计、勘察设计审计、资金筹集审计、开工前准备工作审计、招标投标与施工合同审计等内容。

2.在建期审计

按照基建项目审计的有关规定，在建期审计的主要内容有：

（1）对基建项目准备阶段资金运用情况进行审计。审计其建设用地是否按批准的数量征用，土地使用是否符合审批规划的要求，征地拆迁费及"三通一平"费用支出和管理是否合规等。

（2）对基建项目调整概算情况进行审计。审计调整概算是否依照国家规定的编制办法、定额、标准以及是否由有资质的单位编制，是否经过相关机构批准，设计变更的内容是否符合规定，手续是否齐全；影响建设规模的单项工程间的投资调整和建设内容变更，是否按照规定的管理程序报批，有无擅自扩大建设规模、提高建设标准问题等。

（3）对基建项目经济合同实施情况进行审计。主要是审计项目经济合同是否符合国家法律，有关单位是否按合同条款执行等。

（4）对基建项目概算执行情况进行审计，分析产生重大差异的原因。

（5）对基建项目内部控制制度进行审计。重点审计内部控制制度是否健全，是否得以严格执行，以及内部控制制度在执行过程中的有效性情况。

（6）对基建项目资金来源、到位与使用情况进行审计监督。主要是审计建设资金来源是否合法；建设资金是否落实；建设资金是否按计划及时到位；建设资金使用是否合规，有无转移、侵占、挪用建设资金问题；有无非法集资、摊派和收费问题；建设资金是否和生产资金严格区别核算；有无损失浪费问题。

（7）对基建项目建设成本及其他财务收支核算进行审计监督。重点审计工程价款结算的真实性、合法性，财务报表的真实性；待摊投资超支幅度及原因；建设单位是否严格按照概算口径及有关制度对建设成本进行正确归集，单位工程成本是否准确；生产费用及建设成本以及同一机构管理的不同建设项目之间是否有成本混淆情况；有无"账外账"等违纪问题。

（8）对基建项目设备、材料采购及管理情况进行审计。审计设备和材料等物资是否按照设计的要求进行采购，有无盲目采购行为；设备和材料等物资的验收、保管、使用和维护是否有效；建设物资是否与同期生产耗用物资严格区别核算。

（9）对基建项目税费计缴情况进行审计。审计建设单位是否按照国家规定及时、足额地计提和缴纳税费。

（10）对基建项目执行环境保护法规、政策情况进行审计。审计项目设计和施工等环节是否执行国家有关环境保护法规和政策，环境治理项目是否和基建项目同步进行。

（11）对设计单位进行审计。审计项目设计是否按照批准的规模和标准进行，设计费用的收取是否符合国家有关规定。

（12）对基建项目施工单位进行审计。审计施工单位有无非法转包工程行为；工程价款结算是否合法，有无偷工减料、高估冒算、虚报冒领工程价款等问题。

（13）对基建项目监理单位进行审计监督。审计监理单位的资质情况、监理工作是否符合合同要求；监理收费是否符合国家有关规定等。

从基建项目审计的理论和国外审计实务来看，基建项目在建期审计除了包括上述内容之外，还应当包括施工进度审计、施工质量审计等内容。

3.竣工后审计

从理论上看，基建项目竣工后审计应包括竣工验收阶段和后期工作的所有内容。审计竣工验收程序是否合规，验收报告内容是否真实，验收标准是否适用；竣工决算与总决算是否真实和准确，计算方法和表达方式是否恰当；项目总投资是否符合批准的投资计划要求，是否超出了项目预算标准；建设项目实际实现的投资收益是否达到了投资决策所预定的目标等。

在我国的实务中，基建项目竣工后的审计主要围绕竣工决算展开，主要包括以下内容：

（1）对基建项目竣工决算报表进行审计。审计"竣工工程概况表""竣工财务决算表""交付使用资产总表""交付使用资产明细表"的真实和合法性，"竣工决算说明书"的真实性与准确性。

（2）对基建项目投资及概算执行情况进行审计。审计各种资金渠道投入的实际金额；资金不到位的数额、原因及其影响；实际投资完成额；概算调整原则、各种调整系数、设计变更和估算增加的费用，核实概算总投资额；核实基建项目超概算的金额，分析原因，查明扩大规模、提高标准和批准设计外投资的情况。

（3）对基建项目的建筑安装工程核算、设备投资核算以及待摊投资的列支的真实、合法、效益进行审计。

（4）对基建项目交付使用资产情况进行审计监督。审计交付的固定资产是否真实，是否办理验收手续；流动资产移交的真实性与合法性；交付无形资产的情况；交付递延资产的情况等。

（5）对收尾工程的未完工程量及所需的投资进行审计监督，查明是否留足投资以及有无新增工程内容等问题。

（6）对基建项目结余资金进行审计。审查银行存款、库存现金、其他货币资金以及库存物资实存量的真实性，有无积压、隐瞒、转移、挪用等问题；审计往来款项，核实债权债务，审查有无转移、挪用建设资金和债权债务清理不及时等问题。

（7）对建设收入的来源、分配、上缴和留成以及使用情况的真实性、合法性进行审计。

（8）对投资包干结余进行审计。审计包干指标完成情况，包干结余分配是否合规。

（9）对基建项目投资效益进行评审。评价分析建设工期对投资收益的影响；分析工程造价；测算投资回收期、财务净现值、内部收益率等技术经济指标；分析贷款偿还能力；评价建设项目的经济效益、社会效益和环境效益等。

【同步思考2-2】接受竣工决算审计的基建项目必须具备的条件是什么？

理解要点：一是已经完成初步验收；二是已经编制出竣工决算。

二、经济责任审计

经济责任审计是改革的产物。经济责任审计的兴起是随着经济体制改革的不断深入而产生的，随经济责任审计领域的不断拓宽而类型增多。20世纪90年代，我国市场经济的建立发展了经济责任审计，1995年1月1日，《中华人民共和国审计法》正式施行之后，产生于企业的经济责任审计制度，开始逐渐发展到行政事业单位，并在全国范围内开始实行。2000年以后，经济责任审计的范围不断扩大。

2006年实施的《中华人民共和国审计法》第一次将经济责任审计写进法律，国务院法制办在2008年公布的《经济责任审计条例（征求意见稿）》明确规定了我国的经济责任审计工作的范围、审计形式与组织管理方式、实施程序、审计评价与责任界定等方面，使经济责任审计工作的可操作性更强。

经济责任审计是审计主体授权或委托对领导人员任职期间所在部门或单位财政收支或财务收支的真实性、合法性和效益性，以及对有关经济活动应负有的责任所进行的独立的监督、鉴证和评价活动。

（一）经济责任审计的主体

经济责任审计的主体是国家审计机关、民间审计组织和内部审计机构。国家审计机关根据法律授权和接受本级组织人事部门、纪检监察机关的委托，依法开展经济责任审计；民间审计组织接受国家审计机关或者被审计单位的管理部门的委托，开展经济责任审计；内部审计机构接受国家审计机关或本部门、本单位最高管理层的指派或授权，开展经济责任审计。

（二）经济责任审计的目标

经济责任审计的目标即经济责任审计所要达到的要求，是审计工作的指南。经济责任审计的目标就是要审查和评价审计对象的真实性、合法性、效益性和责任性。

1.真实性

经济责任审计的真实性目标主要体现在以下方面：通过对财政收支或财务收支的审计，审查其真实性；通过对被审计单位领导任期经济责任履行情况和经济责任目标完成情况的审计，审查领导人员任期经济责任履行情况和经济责任目标完成情况的真实性；通过对财务报表和相关经济资料的审计，查明这些资料的真实性和公允性，并在此基础上查明被审计的领导人员经营管理能力、水平、业绩等真实情况，为相关方面考核和评价领导人员提供真实可靠的依据。

2.合法性

经济责任审计的合法性目标主要体现在以下方面：通过对所在部门或单位的财政收支或财务收支的审计，验证其合法性；通过对领导人员任期经济责任履行情况的审计，查明领导人员遵守财经法纪的情况及经济责任履行的合法性；通过对财务报表和其他相关经济资料的审计，验证这些资料的合法性；评价被审计领导人员任职期间所在部门或单位的财政收支或财务收支及相关经营管理活动是否符合党和国家的法律法规，是否符合会计准则的规定，揭露违法乱纪行为，保护资产的安全和完整，并促进被审计领导人员正确处理国家利益、地方利益、部门或单位利益、职工利益、个人利益之间的关系，以及长远利益和当前利益之间的关系。

3.效益性

经济责任审计的效益性目标主要体现在以下方面：通过审计财政收支或财务收支及其相关经营管理活动，评价领导人员对本部门、单位资金的使用、决策情况和资金运用情况，评价经营管理职责的履行情况，例如管理制度是否建立、资产管理是否规范、经济活动是否正常以及是否符合经营管理的一般原则等；评价人财物等资源的利用是否经济、是否讲究效率、是否存在损失浪费、投资是否有效益等；评价经营管理目标、决策、计划、方案是否可行、是否讲求效果，进而最终评价经济活动效益的高低。在审计过程中，审计人员还应当针对影响经济效益的薄弱环节提出建议，促使其改善经营管理，提高经济效益。

4.责任性

经济责任审计的责任性目标的最大特点是直接对被审计领导人员所应负有的经济责任进行评价。责任性目标主要体现在以下方面：通过对领导人员任职期间所在部门、单位财政收支或财务收支及相关经营管理活动的审计，在查明其真实性、合法性、效益性的基础上，分清并确定被审计单位领导人员对本部门、本单位内存在的各种经济问题，如违反财经法纪、资产流失、经营决策失误等所应负的责任。划分责任时，需要划清前任领导人员责任和现任领导人员责任的界限；主观原因和客观原因的界限；工作失误与故意违法乱纪的界限等。

（三）经济责任审计的内容

不同行业、不同性质的部门或单位、不同时期、不同领导人员的经济责任是不相同的，其经济责任审计的内容也各不相同。经济责任审计的内容不同，其评价方法也不完全一样，这里只介绍经济责任审计的一般内容。

1.资产、负债、所有者权益真实正确性和资产保值增值审计

经济责任审计的重要内容之一就是摸清家底，划清现任与后任领导人员的经济责任。

对资产进行审计，主要是查明资产负债表及相关资产账户记录的资产是否真实存在，有无虚构；是否完整，有无隐瞒；是否确实为被审计单位所有，有无产权不清的问题；其价值是否正确合理，有无低估或高估等。这些和一般财务审计对资产审计的内容相似，经济责任审计中需要更加注意资产是否被隐瞒、高估等问题。

对负债进行审计，主要是验证负债是否存在；查明负债是否完整以及负债的计价是否正确。在经济责任审计中，需要重点关注隐瞒负债。

对损益进行审计，主要是审查损益是否真实正确，有无将已实现的收入挂账不处理的情况，有无乱摊成本费用等情况。

所有者权益是资产减去负债的差额，如果审查的资产和负债是正确的，一般情况下所有者权益也是正确的。

2.经营管理活动及财政收支或财务收支合规合法性审计

对被审计单位经营管理活动及财政收支或财务收支进行合规合法性审计，可以揭露和纠正存在的问题，还可以对被审计领导人员遵守国家财经法规法纪的自觉性进行评价。

3.主要经济和业务指标完成情况审计

经济责任审计应在审查资产、负债的真实正确性和经营管理活动及财政收支或财务收支的合规合法性的基础上，审查能够综合反映被审计单位生产经营特点的各项经济和业务指标完成情况，从而客观公正地评价被审计单位领导人员的经营管理水平、能力和业绩。

4.重大经营决策合理性及效益性审计

重大经营决策主要指的是投资决策。投资决策金额大、建设时间和资金回收期比较长，对经济发展影响比较大。就地方政府的重大投资决策而言，科学合理的重大投资决策会推动当地社会和经济发展；如果是错误的，会造成重大经济损失，同时严重影响当地社会和经济发展。同样，一个企业的投资决策如果是合理的，可能会使企业焕发生机，加速发展；相反，如果是错误的投资决策，可能使企业深陷困境。因此重大经营决策必须慎之又慎。对重大经营决策进行审计，可以从决策科学性、决策实施、项目完成后所产生的效益等方面进行。

5.内部管理健全性和有效性审查

被审计单位内部管理是否健全有效，是衡量其经营管理水平的一个重要方面，也是评价被审计领导人员履行管理责任和管理水平、能力的重要内容。内部管理健全性和有效性审查主要是审查和评价被审计单位内部管理机构的设置是否合理；是否已经建立了完善的内部控制制度；各职能部门的职责划分是否合理等。

6.被审计领导人员遵守财经法纪及廉洁自律情况审计

经济责任审计区别于财务报表审计的最主要的方面是经济责任审计需要实施专门的审计程序对被审计领导人员遵守国家财经法纪及廉洁自律情况进行审计。审计人员应根据被审计单位的性质和经营特点，查明被审计领导人员在任职期间有无违反国家财经法纪的行为。需要说明的是，由于领导人员违纪违法的行为具有一定的隐蔽性和复杂性，所以审计人员应当从多方面发现线索以获取审计证据。

7.被审计领导人员应承担责任审计

经济责任审计需要明确界定被审计领导人员对于本部门、本单位财政收支或财务收支中不真实、资金使用效益差以及违反国家财经法规问题应当负有的责任，包括主管责任和直接责任。

三、全面预算审计

全面预算审计是一种独立、客观的确认和咨询活动，它通过专门的、系统化的方法审查和评价全面预算管理过程以及全面预算管理机能的经济性、效率性、效果性，帮助企业提高预算管理的质量和水平，促进企业各个生产要素的充分发挥，提高预算管理的效率、效果和效益。

（一）全面预算审计的目标

1.确定预算编制是否在企业发展规划、经营情况、市场调查的基础上进行；确定预算体系是否和企业的战略目标相一致；预算的审批权限是否有效执行，是否以上年预算执行作为主要参考，是否将不应列入的项目列入预算。

2.确定预算执行中是否有擅自调整预算的情况。

3.客观评价预算执行的结果，并提出合理化建议。

（二）全面预算审计的内容

1.事前审计

事前审计的主要内容是审计企业的预算目标。企业预算应以企业的战略要求和发展规划为基础，明确长期发展目标，以此为基础编制各期预算，避免预算工作的盲目性。事前审计应着重检查以下内容：一是通过对市场环境、经营条件、有关政策法规的变化、市场占有率、价格变动以及对未来的预测，兼顾企业增长、股东回报、风险控制三者的平衡，检查企业战略目标的科学性和合理性；二是检查企业是否根据年度经营指标，编制包括销售预算、成本费用预算、资本预算、财务预算、筹资预算在内的全面预算，并按照预算责任网络系统将全面预算落实到各部门，从而使各部门明确其工作目标；三是检查企业内部各部门是否制定了月度销售和成本费用目标，是否建立健全了部门内部规章制度和考核制度，以确保预算管理体系真正发挥效益，最终实现年度经营目标。

2.事中审计

（1）预算编制审计

预算编制审计主要是审查预算编制程序的合法性、科学性，预算管理模式的适应性，预算控制指标体系制定的合理性，预算管理组织架构的系统性，预算监控和评价体系的科学性，市场细分及定位的准确性。预算编制审计的重点是预算编制的原则、方法及编制和审批的程序是否符合制度的规定，预算编制是否严谨、公开。

（2）预算执行审计

预算执行审计在内容上以促进风险管理和防范、提高效益、规范管理为目标，揭露预算管理存在的问题；从政策制度和监管上分析原因，以促进建立安全、高效、稳健的预算管理体制和机制。同时，预算执行审计还应关心预算管理中存在的突出问题，检查分析企业资产保值、增值情况，着力于规范化建设，加强前瞻性研究，检查有无有悖于预算严肃性的问题。

（3）预算调整审计

预算具有严肃性和权威性，一般情况下应尽可能不进行调整。但是，随着预算环境的变化，企业的部分预算目标、指标会随之变化，与此相适应，调整是不可避免的，这样才能及时纠正执行中发现的问题。因此，预算调整审计主要是审计调整程序的合法性、预算调整的合理性、预算调整过程中控制的适当性，重点注意预算调整有无确需调整的原因及明确的调整目的、数额、措施和有关说明，是否符合规定的程序，是否按照程序执行。

3.事后审计

事后审计是在企业预算执行结束后，将预算目标、指标与执行完成情况进行对比，找出差异。事后审计主要是在资源调配、风险控制、降耗节能、降低成本、提高收入的策略等方面进行审查。事后审计可以采用本量利分析法，通过预算利润各项因素之间的依存关系，正确把握盈亏临界点，控制成本费用，还可以运用计算机审计技术对相应的报表、会计凭证进行分析、计算和预测等。内部审计人员要关注预算考核的细则，检查监督企业内部有关部门是否对预算的完成情况及时进行差异分析，查找出现偏差的原因，划清责任，客观评价各责任单位的经营绩效；是否严格按照经济责任制落实奖惩措施；是否将预算考评与薪酬计划、人力资源管理有机地结合起来，确保预算考评的效果。

四、政策跟踪审计

政策跟踪审计最早是从美国开始的。美国审计总署从 20 世纪 70 年代就开始进行公共政策执行情况审计；法国审计法院从 2007 年起对公共政策的执行情况进行审计监督，并评价政府部门执行重大政策的效果；英国、加拿大、日本等国的国家审计机关也都围绕政府责任审计开展了与评价公共政策执行情况相关的审计工作。我国审计署在 2008 年发布了《审计署 2008 至 2012 年审计工作发展规划》，该规划指出要积极探索跟踪审计工作，并且把"国家重大政策措施的执行"列入了施行全过程跟踪审计需要关注的五个领域中。

（一）政策跟踪审计的内涵

政策跟踪审计是审计机关和审计人员在相对较长时间里持续开展的一项审计活动，它的审计对象主要包括国家相关部门出台政策的执行情况、各种资金下发使用和管理现状以及绩效考核结果等。通过政策跟踪审计，可以更好地发现审计对象的问题，推动经济、政治、社会的长远发展。因此，政策跟踪审计主要是对中央和各级政府政策的执行情况进行跟踪分析，找出政策在传递和落实的过程中出现的问题，并分析政策执行的效果，提出改进建议。

（二）政策跟踪审计的特点

1.审计对象的特殊性

政策跟踪审计的审计对象是宏观经济政策，与传统审计相比，更具特殊性，具体表现在两个方面：一方面，审计对象比较抽象，不是具体的某一个被审计单位，而是国家出台的政策措施。但这些政策仍然有审计载体——涉及的项目和资金，这些载体具有可知性和可操作性的特点，所以政策也不完全就是抽象而无法衡量的。另一方面，审计对象的涉及面更广。传统审计的审计对象是一个具体的单位或企业，涉及面以单位或企业所涉及的事项为界。但是政策与经济政治社会各方面都有关联，需要考虑政策所涉及的所有相关单位或部门。

2.审计过程的阶段性

政策跟踪审计与其他事后审计有所不同，政策跟踪审计贯穿于政策执行的全过程，政策执行的过程通常比较长，而且执行过程中可能出现政策调整的情况，因此政策跟踪审计具有阶段性。在开展政策跟踪审计时，应当充分认识该阶段性特点，全面掌握政策变化，结合政策执行过程中的要点内容，开展审计工作，并出具阶段性审计意见。

3.审计内容的综合性

开展政策跟踪审计时，不仅需要站在较高的立场上对政策执行力度进行监督，也应当对某项政策在某个领域中发挥的影响进行分析。因此，政策跟踪审计的审计内容具有较强的综合性。

政策涉及政府部门、金融机构以及国有企业等，政策跟踪审计可以对这些重要领域开展跨地区、跨部门和跨行业的审计，对不同地区、部门、行业中政策执行的效果的差异性进行分析，并找出问题产生的原因，提出完善政策相应的建议，促进政策更加科学和可行，从而促进政府部门出台更加合理的政策。

4.审计评价的外部性

政策的制定和执行往往是各种权利相互抗衡的过程。政府部门制定的政策，一般还需要其负责执行，后期还需要对政策执行的情况加以监督和评价，在这个过程中需要保持相应的客观性。审计机关在进行政策跟踪审计时，由于其相对独立的身份，可以比较独立和客观地评价政策制定、执行过程中出现的问题，为决策层决策和调整相关政策提供强有力的帮助。

五、信息系统审计

随着信息系统的发展，系统越来越复杂化、大型化、多样化及网络化，各种信息系统成为各种业务处理的核心，特别是1991年美国国家科学基金会取消了互联网不允许开展商业活动的限制以后，越来越多的公司、企业、商业机构、银行和个人进入互联网，信息资源的共享和传输使他们感受到了网络时代给传统经济模式带来的革命。网络技术给人们带来了方便和利益，但是也带来了隐患，如网上交易具有高度的隐蔽性和不确定性。

由于企业的经营越来越依赖于信息系统，除了传统意义上的经营风险、控制风险和财务风险之外，企业信息系统安全导致的信息风险日益增长。由于技术限制等原因，信息的使用者不能自己验证信息的质量，因此需要独立的第三方出面对信息的保密性与完整性、交易行为的不可否认性、交易对手的身份明示、系统的安全有效等进行鉴证，以合理保护信息使用者的利益。企业在信息化过程中也需要专业人士提供有效控制信息系统风险、提高信息化效益的服务。在这种市场需求下，信息系统审计日益受到重视。信息系统审计实际上是一种鉴证业务，是对企业的信息系统进行鉴证并发表意见的一种活动，但不属于真正意义上的审计业务。

（一）信息系统审计的作用

1.提高信息系统资产的安全性。企业的信息系统资产包括硬件、软件、人力资源、数据文件、系统文件等，硬件可能被恶意地破坏，软件及数据可能被偷窃、破坏或者被用于未经授权的目的。它们也应该和其他资产一样拥有一套内部控制制度以保护其安全。信息系统审计可以评价信息系统的内部控制体系，找出制度的缺陷，帮助企业完善相关的内部控制制度，保护资产的安全完整。

2.保护数据的完整性。数据完整是信息系统审计的一个非常重要的概念，如果数据不完整，企业就不能正确描述自身情况或某个事项的情况，这会使企业变得混乱无序。信息系统审计要通过各种有效的方法、程序，审查和证实系统所提供的信息是否正确、适当，是否公正和全面地反映了被审计单位的财务状况和经营成果。

3.提高系统的效率，充分利用各种系统资源，保证系统输出的信息及时、正确、经济。计算机在信息管理方面的运用，不仅技术性强、环境复杂，而且代价昂贵。因此，高效率要求信息系统的各项资源得到最充分的应用，从而保证信息处理快速、及时；而好的效果要求系统能够为普通用户以及审计人员提供最佳的信息服务，同时使系统符合成本效益原则。

4.提高系统的合法、合规性，保证系统的输入、输出和处理过程符合国家的法律和有关部门的规章制度。随着计算机的广泛运用以及使用水平的不断提高，计算机犯罪的可能性越来越大，其手段和方法也越来越隐蔽，同时给社会和国家带来的损失也会更大，因此，信息系统审计将发挥出更加重要的作用。

（二）信息系统审计的目标

1.可用性。审查商业高度依赖的信息系统能否在任何需要的时刻提供服务，信息系统是否被完好保护以应对各种损失和灾难。

2.保密性。审查系统报出的信息是否仅对需要这些信息的人员开放，而不对其他任何人开放。

3.完整性。审查信息系统提供的信息是否始终保持正确、可信、及时，是否能够防止未经授权的人对系统数据和软件的修改。

4.有效性。审查信息系统是否有效地利用资源，实现企业的目标。

实务操作练习

业务题1

一、目的

区分审计、鉴证、认证。

二、资料

1.受某医院委托进行 ISO 9002 认证；

2.对某银行的实收资本进行验证；

3.对某上市公司编制的预测性财务信息进行审核。

三、要求

根据所学的知识，分析上述业务属于哪一类审计业务。

业务题2

一、目的

区分财务审计业务、管理审计业务和其他审计业务。

二、资料

1.对企业2017年度的财务报表进行审计；

2.对某项目的财务收支情况进行审计；

3.某国有企业领导离职时，对其任期内的财务收支的真实性、合法性和效益性等进行审查；

4.对某企业内部控制设计和执行的有效性进行审查。

三、要求

分析以上各项业务的具体种类。

第三章　审计规范

本章学习提示

■本章重点：审计规范体系，审计职业道德规范，审计业务技术规范，审计质量控制规范。

■本章难点：审计规范体系的内容，注册会计师职业道德规范，审计业务技术规范。

第一节　审计规范体系

一、审计规范体系的含义

"规范"一词有两层含义：一是对人们某种行为的规定；二是要求人们所应遵从的典范。《辞海》给"规范"一词作出了两种解释：标准、法式，如道德规范、技术规范、语言规范；模范、典范。《现代汉语词典》也给"规范"一词作出了大意相同的两种解释：约定俗成或明文规定的标准；合乎规范。前一种解释可理解为一种静态的规范，而后一种解释可理解为一种动态的规范。

审计规范是审计主体在审计工作中应当遵循的业务标准和行为准则。从内容上看，它既包括对审计主体、审计业务方面的法律法规，也包括审计主体本身执行审计业务应当遵守的各种准则、规则。审计规范体系则是各种有关审计的法律法规、准则及规则的总称，指由审计法规体系、审计执业规范体系和审计标准体系等相互联系而构成的一个有机整体。

1.制定的主体。审计规范由不同的机构或部门制定，其权威性也不同；审计规范的权威性不同，其执行的强制性也不同。

2.规范的对象。规范的对象一般是具体执行审计工作的审计主体，有时也包括被审计单位。

3.规范的内容。从审计人员的职业行为来说，应制定职业道德准则来明确审计师对被审计单位、对社会、对同行等的责任；从审计人员的职业技术来说，应制定审计准则来指导审计师在审计过程中如何编制审计计划，如何运用各种方法获取审计证据，如何编制审计报告；从审计结构内部管理来说，应制定质量控制准则来规范审计机构，提高审计人员的业务能力和素质，提高审计质量、降低审计风险等。

二、审计规范体系的层次

审计规范体系由审计法律、审计法规、审计制度、审计准则、审计指南等不同层级的规范组成。

（一）审计法律

宪法是国家的根本大法，它规定了国家的根本制度和根本任务，具有最高的法律效力。宪法明确了我国实行国家审计制度，并对审计监督的基本原则、审计机关的设置和领导体制、审计监督的基本职责、审计长的地位和任免等基本制度作出了规定，这些规定是我国审计规范体系的基础。

与审计密切相关的法律还有《中华人民共和国审计法》和《中华人民共和国注册会计师法》。《中华人民共和国审计法》以法律的形式确定了审计工作的地位、任务和作用，规定了审计工作的基本准则，贯穿于审计工作的始终，对全部审计活动都具有指导意义。《中华人民共和国注册会计师法》是为了发挥注册会计师在社会经济活动中的鉴证和服务作用。加强对注册会计师的管理，维护社会公共利益和投资者的合法权益，促进社会主义市场经济的健康发展而制定的法律。

（二）审计法规

审计法规是由中央和地方人大审议并发布的法规。如2010年修订并颁布的《中华人民共和国审计法实施条例》，该条例的修订和颁布施行，有利于审计机关、被审计单位、相关部门和人员准确理解和全面贯彻实施审计法的各项规定。

（三）审计制度

审计制度是指审计署、财政部、中国注册会计师协会等部门发布的与审计相关的行政管理制度。如2012年审计署颁布的《审计机关审计档案管理规定》和2016年财政部颁布的《会计师事务所审计档案管理办法》都属于审计制度。

（四）审计准则

审计准则是由政府部门或职业团体制定的，用以规定审计人员应有的素质和专业资格，规范和指导其职业行为，衡量和评价其工作质量的权威性标准，是审计人员执行审计业务，获取审计证据、形成审计结论以及出具审计报告的专业标准。目前我国有《中华人民共和国国家审计准则》、中国内部审计准则、中国注册会计师审计准则三大类审计准则。

（五）审计指南

审计指南是为了指导审计人员正确理解和运用审计准则而提供的指引。如2016年中国注册会计师协会发布的《〈中国注册会计师审计准则第1504号——在审计报告中沟通关键审计事项〉应用指南》，就是为了指导注册会计师正确理解和运用《中国注册会计师审计准则第1504号——在审计报告中沟通关键审计事项》而制定发布的。

三、审计规范体系的内容

审计规范体系是以国家相关审计法律为直接依据，在行业范围内形成的关于审计管理、审计范围、审计技术、审计职业道德、审计质量控制等方面的制度或规范，按照其内在联系组成的科学有机整体。审计规范体系主要包括以下几个组成部分：

（一）审计管理规范

审计管理规范是行业范围内为合理组织、利用和发展审计工作，从事审计计划、监督、指挥、协调和控制等职能活动而制定的规范。审计管理规范包括对审计机构职责管理、审计人员管理、审计文档管理、审计信息管理、审计职业道德要求、审计质量管理等方面制定的各种规范。

（二）审计项目规范

审计项目规范是针对日常拟将开展审计项目的具体内容、对象、范围、应具备的条件、责任、权限、要求、目标而制定的规范。一般来讲，审计项目主要包括以下几个方面：财务收支审计、经济责任审计、经济效益审计、管理活动审计、全面预算审计、经济合同审计、基本建设项目审计、比价采购审计、资产经营责任审计、对外投资审计、成本费用审计等、年薪制审计、利润和利润分配审计等。

（三）审计技术规范

审计技术规范是针对开展审计业务过程中应采用和遵循的程序、技术和方法而制定的规范。通常开展任何审计项目都必须遵循相关的审计技术规范，从而保证减少审计失误，降低审计风险。因此，审计项目规范和审计技术规范是相互配合、相互补充的关联规范体系。通俗地说，审计项目规范是规范审计人员开展哪些业务，审计技术规范是规范审计人员如何去做好每一个审计业务。

审计技术规范子体系包括审计技术基本规范、审计技术具体规范和审计技术指南三个部分。

1.审计技术基本规范是审计技术规范体系的总纲，是审计机构和人员进行审计时应遵循的基本规范，是制定审计技术具体规范和审计技术指南的基本依据。

2.审计技术具体规范是依据审计技术基本规范制定的，用于审计机构和人员在执行具体审计业务时应当遵循的技术和程序规范。对于开展一个审计项目而言，通常需要考虑并运用以下审计技术：签订（或下发）审计业务书、制订审计计划（包括年度工作计划和项目审计方案）、开展审计调查、评价内部控制、收集和评价政府审计证据、编制审计工作底稿、形成审计结论、编制审计报告、进行后续审计等，同时审计还需要密切关注舞弊审计、与审计工作相关各方协调等方面的技术问题。

3.审计技术指南是依据审计技术基本规范和审计技术具体规范制定的，为审计机构和人员执行审计业务时提供的，关于审计业务程序和技术方法方面的可操作性指导性意见。

（四）审计职业道德规范

审计职业道德规范是规范审计机构和人员职业道德行为，提高审计人员职业道德水准，维护审计职业形象，针对职业品德、职业纪律、专业胜任能力和职业责任等方面而制定的规范。

（五）审计质量控制规范

审计质量控制规范是规范审计质量控制和保证审计质量，针对质量控制政策与程序而制定的规范。审计质量控制准则通常也由审计主管部门或职业团体制定。

第二节　　　　　　　　审计职业道德规范

职业道德是指某一职业组织以公约、守则等形式公布的，注册会计师自愿接受的职业行为标准。审计人员职业道德是审计人员在审计工作过程中形成的、具有审计职业特征的道德准则和行为规范。

一、政府审计机关审计人员职业道德准则

为了提高审计人员素养，加强职业道德修养，严肃审计纪律，审计署在《中华人民共和国国家审计准则》中对政府审计机关审计人员在审计过程中需要遵守的职业道德进行了规定，主要内容有：审计人员应当恪守严格依法、正直坦诚、客观公正、勤勉尽责、保守秘密的基本审计职业道德。

1.严格依法就是审计人员应当严格依照法定的审计职责、权限和程序进行审计监督，规范审计行为。

2.正直坦诚就是审计人员应当坚持原则，不屈从于外部压力；不歪曲事实，不隐瞒审计发现的问题；廉洁自律，不利用职权谋取私利；维护国家利益和公共利益。

3.客观公正就是审计人员应当保持客观公正的立场和态度，以适当、充分的审计证据支持审计结论，实事求是地作出审计评价和处理审计发现的问题。

4.勤勉尽责就是审计人员应当爱岗敬业，勤勉高效，严谨细致，认真履行审计职责，保证审计工作质量。

5.保守秘密就是审计人员应当保守其在执行审计业务中知悉的国家秘密、商业秘密；对于执行审计业务取得的资料、形成的审计记录和掌握的相关情况，未经批准不得对外提供和披露，不得用于与审计工作无关的目的。

二、内部审计人员职业道德准则

《中国内部审计准则1201号——内部审计人员职业道德规范》对内部审计人员在开展内部审计工作中应当具有的职业品德、应当遵守的职业纪律和应当承担的职业责任进行了规定，主要内容如下：

（一）一般原则

一般原则，包括：①内部审计人员在从事内部审计活动时，应当保持诚信正直。②内部审计人员应当遵循客观性原则，公正、不偏不倚地作出审计职业判断。③内部审计人员应当保持并提高专业胜任能力，按照规定参加后续教育。④内部审计人员应当遵循保密原则，按照规定使用其在履行职责时所获取的信息。⑤内部审计人员违反本规范要求的，组织应当批评教育，也可以视情节给予一定的处分。

（二）诚信正直

诚信正直，包括：①内部审计人员在实施内部审计业务时，应当诚实、守信，不应当有下列行为：歪曲事实；隐瞒审计发现的问题；进行缺少证据支持的判断；

作误导性的或者含糊的陈述。②内部审计人员在实施内部审计业务时，应当廉洁、正直，不应有下列行为：利用职权谋取私利；屈从于外部压力，违反原则。

（三）客观性

客观性，包括：①内部审计人员实施内部审计业务时，应当实事求是，不得由于偏见、利益冲突而影响职业判断。②内部审计人员实施内部审计业务前，应当采取下列步骤对客观性进行评估：识别可能影响客观性的因素；评估可能影响客观性因素的严重程度。③向审计项目负责人或者内部审计机构负责人报告客观性受损可能造成的影响。内部审计人员应当识别下列可能影响客观性的因素：审计本人曾经参与过的业务活动；与被审计单位存在直接利益关系；与被审计单位存在长期合作关系；与被审计单位管理层有密切的私人关系；遭受来自组织内部和外部的压力；内部审计范围受到限制；其他。④内部审计机构负责人应当采取下列措施保障内部审计的客观性：提高内部审计人员的职业道德水准；选派适当的内部审计人员参加审计项目，并进行适当分工；采用工作轮换的方式安排审计项目及审计组；建立适当、有效的激励机制；制定并实施系统、有效的内部审计质量控制制度、程序和方法；当内部审计人员的客观性受到严重影响，且无法采取适当措施降低影响时，停止实施有关业务，并及时向董事会或者最高管理层报告。

（四）专业胜任能力

专业胜任能力，包括：①内部审计人员应当具备下列履行职责所需的专业知识、职业技能和实践经验：审计、会计、财务、税务、经济、金融、统计、管理、内部控制、风险管理、法律和信息技术等专业知识，以及与组织业务活动相关的专业知识；语言文字表达、问题分析、审计技术应用、人际沟通、组织管理等职业技能；必要的实践经验及相关职业经历。②内部审计人员应当通过后续教育和职业实践等途径，了解、学习和掌握相关法律法规、专业知识、技术方法和审计实务的发展变化，保持和提升专业胜任能力。③内部审计人员实施内部审计业务时，应当保持职业谨慎，合理运用职业判断。

（五）保密

保密，包括：①内部审计人员应当对实施内部审计业务所获取的信息保密，非因有效授权、法律规定或其他合法事由不得披露。②内部审计人员在社会交往中，应当履行保密义务，警惕非故意泄密的可能性。内部审计人员不得利用其在实施内部审计业务时获取的信息牟取不正当利益，或者以有悖于法律法规、组织规定及职业道德的方式使用信息。

三、注册会计师执业道德守则

在我国，注册会计师职业道德是指注册会计师职业品德、职业纪律、专业胜任能力及职业责任等的总称。其中，职业品德是指注册会计师应具备的职业品格和道德行为，它是职业道德规范的核心部分，其基本要求是独立、客观和公正；职业纪律是指约束注册会计师职业行为的法纪和戒律，尤指注册会计师应当遵循职业准则及国家其他相关法规；专业胜任能力是指注册会计师应当具有专业知识、技能或经验，能够胜任承接的工作；职业责任是指注册会计师对客户、同行及社会公众所应履行的责任。

为了规范中国注册会计师职业行为，提高职业道德水准，维护职业形象，中国注册会计师协会制定了《中国注册会计师职业道德守则》和《中国注册会计师协会非执业会员职业道德守则》。中国注册会计师协会会员包括注册会计师和非执业会员。非执业会员是指加入中国注册会计师协会但未取得中国注册会计师证书的人员，通常在工业、商业、服务业、公共部门、教育部门、非营利组织、监管机构或职业团体从事专业工作。

会员为实现执业目标，必须遵守一系列前提或一般原则。这些基本原则包括下列职业道德基本原则：诚信、独立性、客观和公正、专业胜任能力和应有的关注、保密、良好职业行为。

（一）诚信

诚信，是指诚实、守信。也就是说，一个人言行与内心思想一致，不虚假；能够履行与别人的约定而取得对方的信任。诚信原则要求会员应当在所有的职业关系和商业关系中保持正直和诚实，秉公处事、实事求是。

会员如果认为业务报告、申报资料或其他信息存在下列问题，则不得与这些有问题的信息发生牵连：

1.含有严重虚假或误导性的陈述；

2.含有缺乏充分根据的陈述或信息；

3.存在遗漏或含糊其辞的信息。

注册会计师如果注意到已与有问题的信息发生牵连，应当采取措施消除牵连。在鉴证业务中，如果注册会计师依据执业准则出具了恰当的非无保留意见审计报告，不被视为违反上述要求。

（二）独立性

独立性，是指不受外来力量控制、支配，按照一定之规行事。独立性通常是对注册会计师执业会员而不是非执业会员提出的要求。在执行鉴证业务时，注册会计师必须保持独立性。在市场经济条件下，投资者主要依赖财务报表判断投资风险，在投资机会中作出选择。如果注册会计师不能与客户保持独立性，而是存在经济利益、关联关系，或屈从于外界压力，就很难取信于社会公众。

那么，什么是独立性呢？较早给出权威解释的是美国注册会计师协会。美国注册会计师协会在 1947 年发布的《审计暂行标准》（The Tentative Statement of Auditing Standards）中指出："独立性的含义相当于完全诚实、公正无私、无偏见、客观认识事实、不偏袒。"传统观点认为，注册会计师的独立性包括两个方面——实质上的独立和形式上的独立。美国注册会计师协会在职业行为守则中要求："在公共业务领域中的会员（执业注册会计师），在提供审计和其他鉴证业务时应当保持实质上与形式上的独立。"国际会计师联合会职业道德守则也要求执行公共业务的职业会计师（执业注册会计师）保持实质上的独立和形式上的独立。

注册会计师执行审计和审阅业务以及其他鉴证业务时，应当从实质上和形式上保持独立性，不得因任何利害关系影响其客观性。

会计师事务所在承办审计和审阅业务以及其他鉴证业务时，应当从整体层面和具体业务层面采取措施，以保持会计师事务所和项目组的独立性。

（三）客观和公正

客观，是指按照事物的本来面目去考察，不添加个人的偏见。公正，是指公平、正直、不偏袒。客观和公正原则要求会员应当公正处事、实事求是，不得由于偏见、利益冲突或他人的不当影响而损害自己的职业判断。如果存在导致职业判断出现偏差，或对职业判断产生不当影响的情形，会员不得提供相关专业服务。

（四）专业胜任能力和应有的关注

专业胜任能力和应有的关注原则要求会员通过教育、培训和执业实践获取和保持专业胜任能力。注册会计师应当持续了解并掌握当前法律、技术和实务的发展变化，将专业知识和技能始终保持在应有的水平，确保为客户提供具有专业水准的服务。

注册会计师作为专业人士，在许多方面都要履行相应的责任，保持和提高专业胜任能力就是其中的重要内容。专业胜任能力是指注册会计师具有专业知识、技能和经验，能够经济、有效地完成客户委托的业务。注册会计师如果不能保持和提高专业胜任能力，就难以完成客户委托的业务。事实上，如果注册会计师在缺乏足够的知识、技能和经验的情况下提供专业服务，就构成了一种欺诈。一个合格的注册会计师，不仅要充分认识自己的能力，对自己充满信心，更重要的是，必须清醒地认识到自己在专业胜任能力方面存在的不足。如果注册会计师不能认识到这一点，承接了难以胜任的业务，就可能给客户乃至社会公众带来危害。

注册会计师在应用专业知识和技能时，应当合理运用职业判断。专业胜任能力可分为两个独立阶段：（1）专业胜任能力的获取；（2）专业胜任能力的保持。注册会计师应当持续了解和掌握相关的专业技术和业务的发展，以保持专业胜任能力。持续职业发展能够使注册会计师发展和保持专业胜任能力，使其能够胜任特定业务环境中的工作。

应有的关注，要求注册会计师遵守执业准则和职业道德规范的要求，勤勉尽责，认真、全面、及时地完成工作任务。在审计过程中，注册会计师应当保持职业怀疑态度，运用专业知识、技能和经验，获取和评价审计证据。同时，注册会计师应当采取措施，以确保在其授权下工作的人员得到适当的培训和督导。在适当情况下，注册会计师应当使客户、工作单位和专业服务的其他使用者了解专业服务的固有局限性。

（五）保密

注册会计师能否与客户维持正常的关系，有赖于双方能否自愿而又充分地进行沟通和交流，不掩盖任何重要的事实和情况。只有这样，注册会计师才能有效地完成工作。注册会计师与客户的沟通，必须建立在为客户信息保密的基础上。这里所说的客户信息，通常是指涉密信息。一旦涉密信息被泄露或被利用，往往会给客户造成损失。因此，许多国家规定，在公众领域执业的注册会计师，在没有取得客户同意的情况下，不能泄露任何客户的涉密信息。

保密原则要求注册会计师应当对在职业活动中获知的涉密信息予以保密，不得有下列行为：

1.未经客户授权或法律法规允许，向会计师事务所以外的第三方披露其所获知的涉密信息；

2.利用所获知的涉密信息为自己或第三方谋取利益。

注册会计师在社会交往中应当履行保密义务。注册会计师应当警惕无意泄密的可能性，特别是警惕无意中向近亲属或关系密切的人员泄密的可能性。近亲属是指配偶、父母、子女、兄弟姐妹、祖父母、外祖父母、孙子女、外孙子女。

另外，注册会计师应当对拟接受的客户或拟受雇的工作单位向其披露的涉密信息保密。在终止与客户或工作单位的关系之后，注册会计师仍然应当对在职业关系和商业关系中获知的信息保密。如果变更工作单位或获得新客户，注册会计师可以利用以前的经验，但不应利用或披露任何由于职业关系和商业关系获得的涉密信息。注册会计师应当明确在会计师事务所内部保密的必要性，采取有效措施，确保其下级员工以及为其提供建议和帮助的人员遵循保密义务。

【同步思考3-1】注册会计师在什么情况下可以披露涉密信息？

理解要点：注册会计师在下列情况下可以披露涉密信息：

1.法律法规允许披露，并且取得客户或工作单位的授权；

2.根据法律法规的要求，为法律诉讼、仲裁准备文件或提供证据，以及向有关监管机构报告发现的违法行为；

3.法律法规允许的情况下，在法律诉讼、仲裁中维护自己的合法权益；

4.接受注册会计师协会或监管机构的执业质量检查，答复其询问和调查；

5.法律法规、执业准则和职业道德规范规定的其他情形。

（六）良好职业行为

注册会计师应当遵守相关法律法规，避免发生任何损害职业声誉的行为。注册会计师在向公众传递信息以及推介自己和工作时，应当客观、真实、得体、不得损害职业形象。注册会计师应当诚实、实事求是，不得有下列行为：

1.夸大宣传提供的服务、拥有的资质或获得的经验；

2.贬低或无根据地比较其他注册会计师的工作。

四、美国注册会计师职业道德规范

美国注册会计师协会专门设立了职业道德部，负责职业道德规范的制定和发布。美国注册会计师协会的职业道德规范由职业道德原则、行为规则、行为规则解释和道德裁决四部分组成。

1.职业道德原则。职业道德原则是对注册会计师应当具备的品质作出的一般性规定，包括责任、公众利益、正直、客观和独立、应有的谨慎、服务的范围和性质。职业道德原则表明了注册会计师承担的责任，也反映了职业道德的基本信条。这些原则要求，即使牺牲个人利益也要履行职业责任，坚持正确的行为。

2.行为规则。美国注册会计师协会的章程要求，注册会计师应当遵守《职业道德守则》中的规则，并对偏离规则的行为作出合理的解释。如果说职业道德原则是注册会计师的理想行为，则行为规则就是注册会计师行为的最低标准，具有强制性。

3.行为规则解释。由于经常有注册会计师就某一具体规则提出问题，因而有必要对行为规则作出公开的解释。美国注册会计师协会职业道德部成立了一个主要由执行公共业务的执行人员组成的委员会，由委员会对行为规则作出解释。在解释最终定稿之前，要向职业界征求意见，虽然解释不具有强制性，但注册会计师要在纪律检查听证会上证明背离解释的正当理由。

4.道德裁决。道德裁决是美国注册会计师协会职业道德部执行委员会根据一些具体的实际情况作出的解释，也是行为规则及其解释在具体情况和案件中的应用。同行为规则解释一样，道德裁决不具有强制性，但要求注册会计师说明任何背离的理由。

五、国际会计师联合会职业道德规范

1996年7月，国际会计师联合会为了协调国际职业道德规范，制定和颁布了《职业会计师道德守则》，并已于1998年、2001年和2008年分别对其进行了三次修订，2008年修订的《职业会计师道德守则》自2011年1月1日起开始实施，该守则包括三部分：

第一部分适用于所有职业会计师。职业会计师是指国际会计师联合会的成员组织的注册会计师，不论其是在公共业务，还是工业部门、商业部门、政府部门或教育部门工作。适用于所有职业会计师的职业道德规范包括诚信、客观公正、专业胜任能力和应有的关注、保密、良好职业行为。

第二部分适用于执行公共业务的职业会计师。执行公共业务的职业会计师是指向客户提供专业服务的合伙人或类似职业人员、执业机构的雇员，不论其专业服务类别（如审计、税务或咨询），以及在执业机构中负有管理职责的职业会计师。适用于执行公共业务的职业会计师的职业道德规范包括专业服务委托、利益冲突、第二次意见、收费和其他类型的报酬、专业服务营销、礼品和款待、保管客户资产、针对所有服务对客观和公正原则的要求、审计和审阅业务的独立性、其他鉴证业务的独立性。

第三部分适用于受雇的职业会计师，适当时也可适用于执行公共业务的职业会计师。受雇的职业会计师，是指受雇于工业、商业、公共或教育部门的职业会计师。适用于受雇的职业会计师的职业道德规范包括潜在冲突、信息的编制和报告、专业知识和技能、经济利益、利益诱惑。

第三节　审计业务技术规范

一、政府审计准则

我国政府审计准则是由审计署颁布的，对政府审计机关及政府审计人员具有约束力的，规范审计业务工作的行为规范。政府审计准则用来衡量审计业务的质量标准，是政府审计机关及人员实施审计工作时应当遵循的行为规则的总和。

（一）政府审计准则的作用

1.规范政府审计工作，保证政府审计的实施；

2.便于社会了解政府审计，正确使用政府审计结果；

3.正确衡量和评价审计项目质量；

4.科学界定政府审计责任。

（二）政府审计准则体系的制定情况

1996年12月3日，审计署发布了一系列审计准则规范，形成了38个审计规范项目文本，自1997年1月1日起贯彻执行。由于制定时间仓促，随着审计业务和审计环境的变化，这些准则规范越来越不适应审计机关开展审计业务的需要，2000年起，审计署第1号令至第6号令陆续发布，一批新的审计准则和审计规范逐渐替代审计署以前发布的38个审计准则规范项目文本。

2000年1月28日发布的审计署第1号令包括《中华人民共和国国家审计基本准则》《审计机关审计处理处罚的规定》《审计机关审计听证的规定》《审计机关审计复议的规定》《审计机关审计项目质量检查暂行规定》。

2000年8月7日发布的审计署第2号令包括《审计机关审计方案准则》《审计机关审计证据准则》《审计机关审计工作底稿准则》《审计机关审计报告编审准则》《审计机关审计复核准则》。

2001年8月1日发布的审计署第3号令包括《审计机关专项审计调查准则》《审计机关公布审计结果准则》《审计机关审计人员职业道德准则》《审计机关审计档案工作准则》《审计机关国家建设项目审计准则》。

2003年3月4日发布的审计署第4号令《审计署关于内部审计工作的规定》是用来规范内部审计组织和人员工作的。

2003年11月25日发布的审计署第5号令包括《审计机关审计重要性与审计风险评价准则》《审计机关分析性复核准则》《审计机关内部控制测评准则》《审计机关审计抽样准则》《审计机关审计事项评价准则》。

2004年2月10日发布了审计署第6号令《审计机关审计项目质量控制办法》。

这样就基本完成了基本准则和具体准则中的通用具体准则的构建工作，我国政府审计准则体系基本确立。

审计署第1号至第6号令在内容上是紧密相关的，评价准则提出了要对所审计事项总体发表评价意见，由此引入了重要性和审计风险的概念，同时提出了使用分析性复核、内控测评、审计抽样等技术的要求。而要评估审计风险，就要通过对内部控制的测评来确定控制风险水平，风险评估和确定重要性水平的结果都将作为计算样本规模的重要条件，内部审计工作应当接受审计机关的业务指导和监督。以上这些准则的落实都必须与审计项目质量控制办法结合起来进行。审计项目质量控制是为了规范审计行为，提高审计质量，明确审计责任。

《中华人民共和国国家审计准则》（以下简称《国家审计准则》）于2010年7月8日经审计署审计长会议通过，2010年时任审计长刘家义签署审计署第8号令予以公布，自2011年1月1日起施行，审计署第1号令至第6号令中，第2号令、第5号令、第6号令全部废止，第4号令《审计署关于内部审计工作的规定》仍然有效。第1号令除颁布的《审计机关审计听证的规定》《审计机关审计复议的规定》《审计机关审计项目质量检查暂行规定》3个规定有效外，其余均废止。第3号令除颁布的《审计机关审计档案工作准则》有效外，其余均废止。

《国家审计准则》的修订和颁布，是继审计法和审计法实施条例修订后我国审计法制建设的又一件大事，是完善我国审计法律制度的重大举措，是国家审计准则体系建设史上一个重要的里程碑，对规范审计机关和审计人员执行审计业务的行为、保证审计质量、防范审计风险、发挥审计保障国家经济和社会健康运行的"免疫系统"功能有十分重大的意义。《国家审计准则》适用于审计机关开展的各项审计业务，对执行审计业务基本程序作了系统规范，体现了很强的综合性；《国家审计准则》以贯彻落实科学发展观为指针，坚持运用科学的审计理念和先进的审计技术方法，体现了很强的科学性；《国家审计准则》系统总结了我国国家审计20多年来的实践经验，将行之有效的做法确定下来，体现了很强的实用性；《国家审计准则》充分借鉴国际政府审计准则的内容和外国审计机关的有益做法，体现了很强的国际性。修订后的审计准则于2011年1月1日起施行。审计署1996年至2004年发布的16个准则和12个规定、办法、实施细则同时废止。

（三）国家审计准则体系的框架

我国国家审计准则，由总则、审计机关和审计人员、审计计划、审计实施、审计报告、审计质量控制和责任、附则共7章200条组成。

1.总则

本章规定了审计准则的制定依据、适用范围、审计机关与被审计单位的责任划分、审计目标、审计业务分类及审计业务流程等。

2.审计机关和审计人员

本章规定了审计机关及审计人员执行审计业务的基本条件和要求、基本审计职业道德原则、审计独立性、职业胜任能力、与被审计单位的职业关系等。

3.审计计划

本章规定了年度审计项目计划的主要内容和编制程序，审计工作方案的主要内容和编制要求，对年度审计项目计划执行情况及执行结果的跟踪、检查和统计等。

4.审计实施

本章共分为4节。第一节"审计实施方案"规定了审计实施方案的编制程序和主要内容等。第二节"审计证据"规定了审计证据的含义，审计证据适当性和充分性的质量要求，获取审计证据的模式、方法和要求，利用专家意见和其他机构工作结果的要求等。第三节"审计记录"规定了作出审计记录、编制审计工作底稿的事项范围、目标和质量要求，审计工作底稿的分类和内容，审计工作底稿的复核，审计工作底稿的利用等。第四节"重大违法行为检查"规定重大违法行为的特征，检查重大违法行为的特殊程序和应对措施等。

5.审计报告

本章共分为5节。第一节"审计报告的形式和内容"规定了审计报告、专项审计调查报告的基本要素和主要内容，经济责任审计报告的特殊要素和内容，审计决定书、审计移送处理书的主要内容等。第二节"审计报告的编审"规定了审计报告等文书的起草、征求意见、复核、审理、审定、签发等编审环节的要求等。第三节"专题报告与综合报告"规定了编写审计专题报告、审计信息、综合报告、经济责任审计结果报告、本级预算执行情况和其他财政收支情况审计结果报告、审计工作报告等基本要求。第四节"审计结果公布"规定了审计机关公布审计结果的信息范围、质量要求和审核批准程序等。第五节"审计整改检查"规定了检查的事项，检查的时间、方式，检查结果的报告和处理措施等。

6.审计质量控制和责任

本章规定了建立审计质量控制制度的目标，审计质量控制要素，针对"质量责任"要素确定的各级质量控制环节的职责和责任，审计档案的质量控制责任及归档材料的内容，针对"质量监控"要素建立的审计业务质量检查、年度业务考核和优秀审计项目评选制度等。

7.附则

本章主要规定了不适用该准则的审计工作、相关的解释权及该准则实施的日期等内容。

（四）美国政府审计准则

20世纪70年代开始，美国审计总署首先开始了政府审计准则的制定工作。1972年，美国审计总署制定出版了《政府机构、计划项目、活动和职能的审计准则》，作为审计人员对政府支出和投资活动进行审计的质量要求。政府审计准则与注册会计师审计准则的显著区别是，注册会计师审计准则一般仅涉及财务报表审计，而政府审计准则不仅涉及财务报表审计，还涉及财政审计、经济责任审计和经济效益审计等。因此，政府审计准则的范围比注册会计师审计准则的范围更广。

美国政府审计准则的内容主要包括三个部分：

（1）财务与合法性审计。这部分准则主要为判断被审计机构提供的财务报表是否按公认会计原则真实、公允反映了该机构的财务状况和经营业绩，以及该机构是否遵守了对财务报表有重要影响的有关法律和法规的规定提供了审计指南。

（2）经济性和效率性审计。这部分准则主要与审计人员审查被审计机构是否正在经济有效地管理和利用其资源、被审计机构是否遵守了有关经济性和效率性法律与法规等问题有关。

（3）计划项目效果审计。这部分准则主要为审计人员审查国家投资项目是否达到由议会或其他权力机关确定的预期结果和效益提供审计指导和要求。在以上审计准则中，第二部分"经济性和效率性审计"与第三部分"计划项目效果审计"（又称3E审计）是注册会计师审计准则所没有的，它为评价政府机构工作的有效性和投资的有效性提供了规范性标准，并提升了这种评价工作的合理性和科学性。

（五）最高审计机关国际组织审计准则

最高审计机关国际组织（The International Organization of Supreme Audit Institutions，INTOSAI），是由世界各国最高一级国家审计机关所组成的国际性组织，创立于1953年。1968年在东京召开的第六次会议上，该组织的章程被通过，最高审计机关国际组织正式宣布成立，受联合国经济和社会理事会领导。最高审计机关国际组织总部设在维也纳，由奥地利审计法院负责日常工作。

1977年，在联合国的支持下，最高审计机关国际组织在秘鲁首都利马举行的会议上通过了《利马宣言——审计规则指南》，它是最高审计机关国际组织制定和颁发的第一份国际政府审计准则。随后，最高审计机关国际组织又发表了一系列文件和声明，包括《悉尼声明——关于业绩审计、公营企业审计和审计质量的总声明》、《巴黎宣言——关于审计在促进政府行政管理和公司管理改革中的作用》和《东京宣言——公共会计责任制指导方针》等。这些文件和声明都从不同角度和方面阐述了国际政府审计界对一些问题的共识，对做好政府审计工作具有指导意义。

最高审计机关国际组织的审计准则框架如下：

（1）国家审计的基本要求

①最高审计机关应考虑在一切重大问题上遵循最高审计机关国际组织的审计准则。

②最高审计机关应对国家审计过程中发生的各种情况作出自己的判断。

③需要确立责任程序并使其行之有效。

④国家机构内的管理部门应对财务报表和其他信息的形式及内容的正确性和充分性负责。

⑤有关部门应确保为按国家要求编制财务会计报告和揭示财务状况而颁布公认的会计准则。

⑥一贯使用公认的会计准则将公正地展示财务状况和经营成果。

⑦完善的内部控制系统的建立能使错误和舞弊风险降低到最低限度。

⑧立法机关的法令能使被审计单位在保持和提供全面评价被审计活动所必需的一切有关资料方面进行合作。

⑨所有的审计活动都应在最高审计机关的审计职业范围内进行。

⑩各最高审计机关应努力改进对工作措施的有效性进行审计的技术。

各最高审计机关应避免审计人员和被审计单位之间的利害冲突。

（2）国家审计的一般准则

①最高审计机关和审计人员必须是独立的。

②最高审计机关和审计人员必须具备胜任能力。

③最高审计机关和审计人员必须在遵守最高审计机关国际组织的审计准则时保持应有的谨慎。

④其他一般准则。

（3）国家审计的现场工作准则

①审计人员应以确保经济、有效、及时、高效率和高质量地进行审计为目标编制审计计划。

②在审计过程中，各级审计人员的工作以及每个审计阶段都应受到严格的监督，提供的文件应由一名高级审计人员进行审查。

③在确定审计程序和范围时，审计人员应当调查和评价内部控制的可靠性。

④在进行常规（财务）审计时，应对现行法律和规章的遵循情况实施测试。

⑤应取得足够的、相关的和合理的证据，作为证实审计人员对被审计组织、活动或职能机构所作的判断和结论。

⑥在进行常规（财务）审计时，审计人员应当分析财务报表，以确定其是否符合有关公认的财务会计报告和披露的准则。

（4）国家审计的报告准则

①每次审计结束时，审计人员都应编写一份书面意见或报告。

②审计人员所属的最高审计机关最后决定所要采取的行动，这些行动是针对审计人员所发现的欺骗性做法或严重的舞弊行为。

③对于常规审计，审计人员应根据法律和规章遵循情况的测试编写一份书面报告。

④对于绩效审计，报告应包括与审计目标有关的非合规性情况的所有重要实例。

二、内部审计准则

（一）中国内部审计准则体系

我国政府部门及企事业单位内部审计，从20世纪80年代中期开始建立，经历了一段艰苦的发展历史。2003年3月4日，审计署发布第4号令《审计署关于内部审计工作的规定》，内部审计才基本有法可依。中国内部审计协会一直致力于制定一套既符合国际惯例又适合我国国情的内部审计准则，用以指导和规范我国内部审计的实践。中国内部审计协会于2003年4月12日发布了内部审计基本准则、内部审计人员职业道德规范和第1~10号内部审计具体准则。2004年、2005年，中国内部审计协会先后发布了第11~15号和第16~20号内部审计具体准则。2005年年初，中国内部审计协会继续发布了《内部审计实务指南第1号——建设项目内部审计》和《内部审计实务指南第2号——物资采购内部审计》。截至2005年，中国内部审计准则体系已经基本形成。这个准则体系以内部控制和风险管理为导向，融财务审计和管理审计于一体，视防弊、兴利、增值为内部审计三大统一共存的目标，融合了国际内部审计发展的最新成果，把握了内部审计的发展趋势。同时，这个准则体系既体现了准则建设必须高于实践的原则，又充分考虑到我国内部审计发展的实际情况。我国内部审计准则体系的建立和不断完善，既为内部审计的法制化、规范化和科学化发展奠定基础、指明方向，又为更好地贯彻修订后的《审计法》《审计署关于内部审计工作的规定》等相关法律法规提供了具体操作和执行的规范。

中国内部审计协会于2013年8月发布了新的中国内部审计准则，自2014年1月1日起施行。

新的内部审计准则体系由三部分组成：基本准则、具体准则和职业道德规范。

1.基本准则

基本准则是内部审计准则的总纲领，是内部审计从业者应遵守的基本规范，以及另外两部分的制定依据，在准则体系中拥有最高的法定约束力和权威性，内部审计基本准则共6章33条，主要阐述了以下内容：

（1）总则，主要阐述了制定内部审计基本准则的目的和依据、内部审计的含义和基本准则的适用范围。

（2）一般准则，共6条。一是阐述内部审计机构的设置和内部审计人员的配备；二是说明内部审计的目标、职责和权限；三是强调内部审计机构和人员应保持独立的客观性；四是强调内部审计人员应当遵循职业道德规范并保持职业谨慎；五是强调内部审计人员应具备必要的学识及业务能力，并保持和提高专业胜任能力；六是强调内部审计人员应对获取的信息保密。

（3）作业准则，共10条，主要阐述了内部审计人员在审计过程中应充分考虑重要性与审计风险等问题，强调内部审计人员应如何编制审计计划、做好审计准备工作、进行内部控制测试、使用各种审计技术方法获取审计证据、记录审计工作底稿以及提供咨询服务等。

（4）报告准则，共4条，主要阐明了审计报告编制的依据与要求，说明了审计报告的内容和报告中应声明的内容等问题。

（5）内部管理准则，共8条，主要强调了内部审计机构的领导机构、应确定年度审计工作目标、编制年度审计计划、编制人力资源计划和财务预算、制定内部审计工作手册、建立内部激励约束制度并做好与外部审计的协调工作、对内部审计质量进行有效控制以及内部审计机构负责人的责任等。

（6）附则，主要说明了发布解释责任和本准则实施日期。

2.具体准则

内部审计具体准则是以基本准则为依据制定的，是内部审计机构及其人员在审计实施过程中应当遵循的规范。到目前为止，中国内部审计协会共颁布了20个具体审计准则，包括审计计划、审计通知书、审计证据、审计工作底稿、结果沟通、审计报告、后续审计、审计抽样、分析程序、内部控制审计、绩效审计、信息系统审计、对舞弊行为进行检查和报告、内部审计机构的管理、与董事会或者最高管理层的关系、内部审计与外部审计的协调、利用外部专家服务、人际关系、内部审计质量控制、评价外部审计工作质量。

3.职业道德规范

职业道德规范是开展审计工作时内部审计人员所应具备的职业品德，也规定了内部审计工作的职业纪律以及在实施审计时内部审计人员应承担的职责，主要包括总则、一般原则、诚信正直、客观性、专业胜任能力、保密等内容。

（二）国际内部审计准则

国际内部审计师协会（简称IIA）成立于1941年，是由内部审计人员组成的国际性审计职业团体。其前身是美国内部审计师协会。

美国是世界上最先尝试制定内部审计准则的国家。1941年，美国内部审计师协会成立，随即制定了《内部审计职责说明》，对内部审计人员的职责和工作范围加以规范。协会成立之初只在纽约设有分会，后来发展到底特律、芝加哥、费城、洛杉矶和克利夫兰。然而，至此协会也只是美国的协会。1944年协会在加拿大多伦多设立分会，开始跨越国境。随后，1948年协会又在伦敦设立分会，逐步发展成为国际性组织。国际内部审计师协会由国家分会、各国的一般分会、审计俱乐部和个人会员组成。中国内部审计协会于1987年加入该组织。

自安然公司财务丑闻发生以来，美国其他方面的法律加强了对上市公司内部审计的要求。2002年8月，美国证券交易委员会制定了两项新的规定。第一项规定是任何一家要上市的公司必须设立内部审计部门，内部审计业务可以通过对外承包来进行运作，但内部审计职能必须存在。第二项规定就是赋予审计委员会新的职能，审计委员会将更积极地参与内部审计活动。2003年11月4日，美国证券交易委员会批准了《纽约证券交易所和纳斯达克证券市场条例》。该条例要求所有上市公司必须设立内部审计机制，对董事独立性的定义作出更具体的规定。

1974年，国际内部审计师协会建立了职业准则和责任委员会，专门负责起草制定国际内部审计准则，相继发表了一系列适用于内部审计工作的声明和准则，主要有《国际内部审计师协会关于内部审计责任的声明》《国际内部审计师协会内部审计从业标准》《关于审计委员会的立场》等。国际内部审计师协会颁布的内部审计准则主要由三部分组成：内部审计师职责说明、内部审计实务准则和内部审计师职业道德准则。

1999年6月，国际内部审计师协会及其下属的研究基金在反复进行讨论、研究、向各方征求意见后，正式颁布了《内部审计专业实务框架》。正如财务会计准则框架一样，《内部审计专业实务框架》是内部审计准则的核心，所以1999年6月是国际内部审计历史发展过程中重要的"历史性转折点"。

2006年，国际内部审计师协会（IIA）理事会组建了筹划指导委员会和专门小组，重新审视《内部审计专业实务框架》及相关制定过程，重点是回顾该专业实务框架的范围，增加专业标准制定、复核及颁布过程的透明度和一致性。专门小组的工作结果形成了全新的《国际内部审计专业实务框架》（IPPF）和重新改组的专业实务委员会（PPC）。根据 IIA 理事会 2007 年 6 月批准的使命声明，专业实务委员会目前负责协调《国际内部审计专业实务框架》的审核与发布工作。该权威标准由以下两部分构成：强制性指南和强力推荐的指南。强制性指南的制定遵循既定的尽职审查程序，包括公布征求意见稿，广泛听取各界的意见。《国际内部审计专业实务框架》的三个强制部分为"内部审计定义"、《职业道德规范》和《国际内部审计专业实务框架》。强力推荐的指南是 IIA 通过正式批准程序认可的，阐述有效执行"内部审计定义"、《职业道德规范》和《国际内部审计专业实务框架》的实务，包括立场公告、实务公告和实务指南。

国际内部审计
专业实务框架

2009 年，国际内部审计师协会发布了《国际内部审计专业实务框架（IPPF）》，IPPF 自 2009 年第一次发布以来，根据 IIA 建立的持续审核机制，按每三年一次的频率，对标准体系进行适时调整或更新，因此国际内部审计师协会分别在 2013 年和 2017 年对该框架进行了修订。

国际内部审计师协会要求所有已经拥有或者准备建立内部审计机构的组织来支持和运用它所颁布的准则，以此作为指导和衡量内部审计活动的基础。它颁布的相关实务框架被广泛地引用与借鉴，并已在其成员组织中成为具有一定约束力的规程。

三、注册会计师审计准则

（一）中国注册会计师执业准则的发展及执业准则体系框架结构

中国注册会计师执业准则是规范注册会计师执行业务的权威性标准，对提高注册会计师执业质量、降低审计风险、维护社会公众利益具有重要的作用，其建设经历了三个阶段。

1980—1993 年，起步恢复阶段。1980 年注册会计师行业恢复重建不久，针对当时的审计验资业务，启动了执业标准的制定工作，并陆续出台了相关的执业规定。从 1991 年到 1993 年，中国注册会计师协会先后发布了《注册会计师检查验证会计报表规则（试行）》等 7 个职业准则。这些执业准则对我国注册会计师行业走向正规化、法制化和专业化起到了积极的作用。

1994—2004 年，发展建设阶段。1994 年 5 月，中国注册会计师协会开始起草独立审计准则。到 2004 年，中国注册会计师协会先后分 6 批制定了审计准则，共计 41 个项目，基本建立起我国审计准则体系框架。

2005 年至今，全面趋同阶段。财政部在 2005 年年初提出了我国会计审计准则国际趋同的主张和中国会计审计准则体系建设目标。根据这一目标，遵循科学、民主、透明和公开的准则制定程序，2006 年 2 月 15 日，财政部发布了中国注册会计师审计准则，实现了与当时国际审计准则的实质性趋同。最近几年，审计环境发生了重大变化，国际审计准则作出了重大修订，我国审计实务中也面临一些新的需要解决的问题。中国注册会计师协会在 2009 年年初启动了审计准则修订项目，以进一步完善审计准则，实现与国际审计准则的持续趋同。修订后的准则，除了形式上与国际准则略有不同之外，其他方面与国际准则完全一致，可以视为国际准则的中文版本。本次修订充分借鉴了国际审计与鉴证准则理事会明晰项目的成果，除对16项准则的内容进行了实质性修订外，还对全部38项审计准则按照新的体例结构进行了修改，全面体现了风险导向审计，将风险导向审计理念全面、彻底地贯彻到整套审计准则中。为顺应市场各方的需求，体现审计准则持续趋同要求，中国注册会计师协会借鉴国际审计报告改革的成果，结合我国实际情况，于2016年12月审议通过了《中国注册会计师审计准则第1504号——在审计报告中沟通关键审计事项》等12项准则，并由财政部批准发布。

中国注册会计师执业准则体系受注册会计师执业道德守则统御，包括注册会计师业务准则和会计师事务所质量控制准则，如图3-1所示。注册会计师业务准则包括鉴证业务准则和相关服务准则，如图3-2所示。

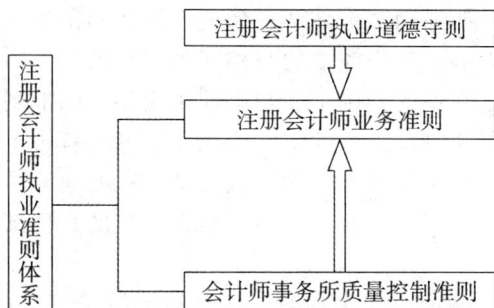

图3-1　注册会计师执业准则体系

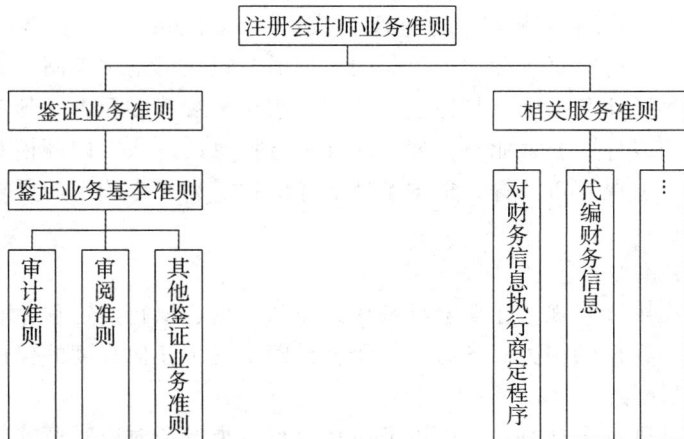

图3-2　注册会计师业务准则

1.鉴证业务准则

鉴证业务准则分为两个层次：第一层次的鉴证业务准则称为"中国注册会计师鉴证业务基本准则"，简称"鉴证业务基本准则"；第二层次的鉴证业务具体准则分别称为"中国注册会计师审计准则"、"中国注册会计师审阅准则"和"中国注册会计师其他鉴证业务准则"，分别简称"审计准则"、"审阅准则"和"其他鉴证业务准则"。其中，审计准则是整个执业准则体系的核心。

审计准则名称前面不再使用"独立"两个字，原因如下：一是简洁，因为"独立性"本来就是所有审计业务的本质要求，不是区分注册会计师审计、政府审计和内部审计的根本特征；二是国际趋同的要求，无论是国际审计与鉴证准则理事会，还是世界其他国家和地区，如美国、英国、澳大利亚、中国台湾和中国香港等，针对注册会计师行业制定的审计准则均称为"审计准则（auditing standards）"，没有使用"独立（independent）"的措辞。

（1）审计准则。审计准则用来规范注册会计师执行历史财务信息的审计业务。在提供审计服务时，注册会计师对所审计信息是否不存在重大错报提供合理保证，并以积极方式提出结论。审计准则体系包括一般原则与责任、风险评估与应对、审计证据、利用其他主体的工作、审计结论与报告和特殊领域审计六个组成部分，涵盖注册会计师执业审计业务的各个环节，如公允价值和衍生金融工具审计、电子商务对财务报告审计的影响、工作底稿的归档期限和更改、与治理层的沟通、审计报告日后发现的事实等。在审计准则中，与审计风险相关的准则属于核心准则，包括注册会计师的总体目标和审计工作的基本要求、通过了解被审计单位及其环境识别和评估重大错报风险、针对评估的重大错报风险采取的应对措施和审计证据四个项目。同时，以审计风险准则为基础，在新制定和修订的其他准则中体现了审计风险准则的要求。

（2）审阅准则。审阅准则用来规范注册会计师执行历史财务信息的审阅业务。在提供审阅服务时，注册会计师对所审阅信息是否不存在重大错报提供有限保证，并以消极方式提出结论。相对审计业务而言，审阅业务的成本较低。为了降低成本，小企业的年度财务报表和上市公司的中期财务报表可采用审阅方式进行。

（3）其他鉴证业务准则。其他鉴证业务准则用来规范注册会计师执行历史财务信息审计或审阅以外的鉴证业务，如预测性财务信息的审核、内部控制审核和基建工程预算、结算、决算审核等，根据鉴证业务的性质和业务约定的要求，提供有限保证或合理保证。

2.相关服务准则

相关服务准则用来规范注册会计师代编财务信息、执行商定程序、提供管理咨询等其他服务。在提供相关服务时，注册会计师不提供任何程度的保证。

3.质量控制准则

质量控制准则用来规范会计师事务所在执行各类业务时应当遵守的质量控制政策和程序，是对会计师事务所质量控制提出的制度要求。

鉴证业务基本准则是鉴证业务准则概念框架，旨在规范注册会计师执行鉴证业务，明确鉴证业务的目标和要素，确定审计准则、审阅准则和其他鉴证业务准则使用的鉴证业务类型。目前我国注册会计师承办业务类型较多，其中既有财务报表审计和审阅、内部控制审计等具有鉴证职能的业务，又有代编财务信息、执行商定程序、管理咨询和税务咨询等不具有鉴证职能的业务，还有司法诉讼中涉及会计、审计、税务或其他事项的鉴证业务。

（二）美国的公认审计准则

1938年，正当财务报表审计盛行之时，美国发生了麦克逊·罗宾斯公司股票在纽约股票交易所上市而发生倒闭的案件。该公司10余年来一直由美国著名的普来斯·沃特豪斯会计公司进行审计，证明该公司1937年年底合并资产负债表总额为8 700万美元，但后来查明其中的1 907.5万美元是虚假资产。而会计公司由于审计时未对应收账款进行函证，也没有对存货进行实地盘点，却错误发表了"正确、适当"的观点，严重损害了执业会计师的声誉，促进执业会计师协会意识到必须有一套审计准则。1947年，美国注册会计师协会的审计程序委员会发表了《审计准则试行方案——公认的重要性和范围》，它包括一般准则、现场工作准则和提出报告准则，共有9条；1954年修订增加第10条，于1972年正式颁布；1988年又修订了第5条和第8条。

美国一般公认审计准则有如下内容：

1.一般准则

（1）审计应由一位或多位经过充分技术培训并精通业务的审计人员执行；

（2）对一切与业务有关的问题，审计人员均应保持独立的精神状态；

（3）在执行审计和编写报告时，恪守应有的职业谨慎。

2.现场工作准则

（1）应当对审计工作制订恰当的计划，若有助理人员，应予以适当督导；

（2）应当对内部控制进行充分的了解，以便制订审计计划，并确定将要执行的测试的性质、时间安排及范围；

（3）应通过检查、观察、询问和函证等方法，获取充分、适当的审计证据，以便对被审计单位财务报表发表意见提供合理的基础。

3.报告准则

（1）报告应指出财务报表是否按照公认会计原则编制。

（2）报告应指出本期采用的上述原则和上期不一致的各种情况。

（3）除非在审计报告中另有说明，否则财务报表中信息的披露均应认为是合理和充分的。

（4）报告应就整个财务报表发表意见，或者声明不能发表意见。若不能发表总体意见，则应说明其理由。在任何情况下，审计人员的姓名一旦与财务报表相关联，他就应明确说明其审计工作的特性及其所负责任的程度。

美国的民间审计准则体系由一般公认审计准则、审计准则说明书、审计指南三个部分组成。除了发布一般公认审计准则外，至今已发布了100多号审计准则说明书（Statements on Auditing Standards），每号说明书均集中解决某一个或几个领域的问题。

（三）国际审计准则

国际审计与鉴证准则理事会（IAASB）代表国际会计师联合会制定和发布了国际审计准则。国际审计准则是在1991年7月10日由过去的国际审计指南易名得来的。已发布的国际审计准则包括基本原则和必要程序以及以解释性资料和其他资料的形式表述的相关指南。《国际审计准则第120号——国际审计准则框架》包括引言、财务报告框架、审计和相关服务框架、保证程度、审计、相关服务、审计师与财务信息的关联等内容，旨在阐明与审计师可能提供服务相关的国际审计准则框架。

中国注册会计师执业准则体系按照国际趋同的要求，根据注册会计师提供服务的不同性质，实现了与国际准则体系的趋同。当然，国际趋同是尽力趋同，允许差异和积极创新。

【同步思考3-2】国际审计准则与中国注册会计师执业准则的差异主要表现在哪些方面？

理解要点：国际审计准则与中国注册会计师执业准则的差异主要表现在以下方面：一是国际审计准则体系中《对遵守国际财务报告准则的报告》对我国几乎不适用，没有被纳入我国审计准则体系；二是为了防止客户通过更换事务所来收买审计意见，我国专门制定了前后任注册会计师沟通准则，国际审计准则体系没有此专门项目，但相关规定散见于其他准则。

第四节　审计质量控制规范

一、注册会计师审计质量控制
（一）质量控制制度的目的和要素
1.质量控制制度的目的

会计师事务所的目标是建立并保持质量控制制度，以合理保证：

（1）会计师事务所及其人员遵守职业准则和适用的法律法规的规定；

（2）会计师事务所和项目合伙人出具适合具体情况的报告。

2.质量控制制度的要素

会计师事务所的质量控制制度应当包括针对下列六项要素而制定的政策和程序：

（1）对业务质量承担的领导责任；

（2）相关职业道德要求；

（3）客户关系和具体业务的接受与保持；

（4）人力资源；

（5）业务执行；

（6）监控。

（二）对业务质量承担的领导责任

会计师事务所应当制定政策和程序，培育以质量为导向的内部文化。这些政策和程序应当要求会计师事务所主任会计师或类似职位的人员对质量控制制度承担最终责任。

会计师事务所应当制定政策和程序，使受会计师事务所主任会计师或类似职位的人员委派负责质量控制制度运作的人员具有足够、适当的经验和能力以及必要的权限以履行其责任。

（三）相关职业道德要求

会计师事务所应当制定政策和程序，以合理保证会计师事务所及其人员遵守相关职业道德要求。

1.制定政策和程序以保证相关人员保持独立性

会计师事务所应当制定政策和程序，以合理保证会计师事务所及其人员和其他受独立性要求约束的人员（包括网络事务所的人员），保持相关职业道德要求规定的独立性。这些政策和程序应当使会计师事务所能够：（1）向会计师事务所人员以及其他受独立性要求约束的人员传达独立性要求。（2）识别和评价对独立性产生不利影响的情形，并采取适当的行动消除这些不利影响；或通过采取防范措施将其降至可接受的水平；或如果认为适当，在法律法规允许的情况下解除业务约定。

会计师事务所制定的政策和程序应当要求：

（1）项目合伙人向会计师事务所提供与客户委托业务相关的信息（包括服务范围），以使会计师事务所能够评价这些信息对保持独立性的总体影响；

（2）会计师事务所人员立即向会计师事务所报告对独立性产生不利影响的情形，以便会计师事务所采取适当行动；

（3）会计师事务所收集相关信息，并向适当人员传达。

2.会计师事务所向适当人员传达收集的相关信息的意义

会计师事务所应当向适当人员传达收集的相关信息，以便：

（1）会计师事务所及其人员能够容易地确定自身是否满足独立性要求；

（2）会计师事务所能够保持和更新与独立性相关的记录；

（3）会计师事务所能够针对识别出的、对独立性产生超出可接受水平的不利影响采取适当的行动。

3.获知和解决违反独立性的情况

会计师事务所应当制定政策和程序，以合理保证能够获知违反独立性要求的情况，并能够采取适当行动予以解决。这些政策和程序应当包括下列要求：

（1）会计师事务所人员将注意到的、违反独立性要求的情况立即报告会计师事务所；

（2）会计师事务所将识别出的违反这些政策和程序的情况，立即传达给需要与会计师事务所共同处理这些情况的项目合伙人、需要采取适当行动的会计师事务所和网络内部的其他相关人员以及受独立性要求约束的人员；

（3）项目合伙人、会计师事务所和网络内部的其他相关人员以及受独立性要求约束的人员，在必要时立即向会计师事务所报告他们为解决有关问题而采取的行动，以使会计师事务所能够决定是否应当采取进一步的行动。

4.其他

会计师事务所应当每年至少一次向所有需要按照相关职业道德要求保持独立性的人员获取其遵守独立性政策和程序的书面确认函。

会计师事务所应当制定下列政策和程序：（1）明确标准，以确定长期委派同一名合伙人或高级员工执行某项鉴证业务时，是否需要采取防范措施，将因密切关系产生的不利影响降至可接受的水平；（2）对所有上市实体财务报表审计业务，按照相关职业道德要求和法律法规的规定，在规定期限届满时轮换项目合伙人、项目质量控制复核人员，以及受轮换要求约束的其他人员。

（四）客户关系和具体业务的接受与保持

1.接受或保持客户关系和具体业务的情形

会计师事务所应当制定有关客户关系和具体业务接受与保持的政策和程序，以合理保证只有在下列情况下，才能接受或保持客户关系和具体业务：

（1）能够胜任该项业务，并具有执行该项业务必要的素质、时间和资源；

（2）能够遵守相关职业道德要求；

（3）已考虑客户的诚信，没有信息表明客户缺乏诚信。

2.会计师事务所制定的相关政策和程序的要求

会计师事务所制定相关政策和程序应当要求：

（1）在接受新客户的业务前，或者决定是否保持现有业务和考虑接受现有客户的新业务时，会计师事务所根据具体情况获取必要信息；

（2）在接受新客户或现有客户的新业务时，如果识别出潜在的利益冲突，会计师事务所确定接受该业务是否适当；

（3）当识别出问题而又决定接受或保持客户关系或具体业务时，会计师事务所记录问题是如何得到解决的。

如果在接受业务后获知某项信息，而该信息若在接受业务前获知，可能导致会计师事务所拒绝接受业务，会计师事务所应当针对这种情况制定保持具体业务和客户关系的政策和程序。这些政策和程序应当考虑下列方面：（1）适用于这种情况的职业责任和法律责任，包括是否要求会计师事务所向委托人报告或在某些情况下向监管机构报告；（2）解除业务约定或同时解除业务约定和客户关系的可能性等。

（五）人力资源

会计师事务所应当制定政策和程序，合理保证拥有足够的具有胜任能力和必要素质并承诺遵守职业道德要求的人员，以使：（1）会计师事务所按照职业准则和适用的法律法规的规定执行业务；（2）会计师事务所和项目合伙人能够出具适合具体情况的报告。

会计师事务所应当对每项业务委派至少一名项目合伙人，并制定政策和程序，明确下列要求：（1）将项目合伙人的身份和作用告知客户管理层和治理层的关键成员；（2）项目合伙人具有履行职责所要求的适当的胜任能力、必要素质和权限；（3）清楚界定项目合伙人的职责，并告知该项目合伙人。

会计师事务所应当制定政策和程序，委派具有必要胜任能力和素质的适当人员，以便：（1）按照职业准则和适用的法律法规的规定执行业务；（2）会计师事务所和项目合伙人能够出具适合具体情况的报告。

（六）业务执行

1.为合理合规执行业务而制定的政策和程序

会计师事务所应当制定政策和程序，以合理保证按照职业准则和适用的法律法规的规定执行业务，使会计师事务所和项目合伙人能够出具适合具体情况的报告。这些政策和程序应当包括：

（1）与保持业务执行质量一致性相关的事项；

（2）监督责任；

（3）复核责任。

会计师事务所在安排复核工作时，应当由项目组内经验较多的人员复核经验较少的人员的工作。会计师事务所应当根据这一原则，确定有关复核责任的政策和程序。

2.与咨询相关的政策和程序

会计师事务所应当制定政策和程序，以合理保证：

（1）就疑难问题或争议事项进行适当咨询；

（2）能够获取充分的资源进行适当咨询；

（3）咨询的性质和范围以及咨询形成的结论得以记录，并经过咨询者和被咨询者的认可；

（4）咨询形成的结论得到执行。

3.与对特定业务实施项目质量控制复核相关的政策和程序

会计师事务所应当制定政策和程序，要求对特定业务实施项目质量控制复核，以客观评价项目组作出的重大判断以及在编制报告时得出的结论。

这些政策和程序应当包括下列要求：

（1）要求对所有上市实体财务报表审计实施项目质量控制复核；

（2）明确标准，据此评价所有其他的历史财务信息审计和审阅、其他鉴证和相关服务业务，以确定是否应当实施项目质量控制复核；

（3）要求对所有符合第（2）项所提及标准的业务实施项目质量控制复核。

4.项目质量控制复核应包括的工作

会计师事务所应当制定政策和程序，以明确项目质量控制复核的性质、时间安排和范围。这些政策和程序应当要求，只有完成项目质量控制复核，才可以签署业务报告。项目质量控制复核包括下列工作：

（1）就重大事项与项目合伙人进行讨论；

（2）复核财务报表或其他业务对象信息及拟出具的报告；

（3）复核选取的与项目组作出重大判断和得出的结论相关的业务工作底稿；

（4）评价在编制报告时得出的结论，并考虑拟出具报告的恰当性。

5.针对上市实体财务报表审计实施的项目质量控制复核应当考虑的事项

（1）项目组就具体业务对会计师事务所独立性作出的评价；

（2）项目组是否已就涉及意见分歧的事项，或者其他疑难问题或争议事项进行适当咨询，以及咨询得出的结论；

（3）选取的用于复核的业务工作底稿，是否反映项目组针对重大判断执行的工作，以及是否支持得出的结论。

6.项目质量控制复核人员的委派

会计师事务所应当制定政策和程序，解决项目质量控制复核人员的委派问题，明确项目质量控制复核人员的资格要求，包括：

（1）履行职责需要的技术资格，包括必要的经验和权限；

（2）在不损害其客观性的前提下，项目质量控制复核人员能够提供业务咨询的程度。

会计师事务所应当制定政策和程序，以使项目质量控制复核人员保持客观性。在项目质量控制复核人员客观实施复核的能力可能受到损害时，替换该项目质量控制复核人员。

7.项目质量控制复核的记录

会计师事务所应当制定有关项目质量控制复核记录的政策和程序，要求记录：

（1）会计师事务所有关项目质量控制复核的政策所要求的程序已得到实施；

（2）项目质量控制复核在报告日或报告日之前已完成；

（3）复核人员没有发现任何尚未解决的事项，使其认为项目组作出的重大判断和得出的结论不适当。

8.意见分歧的处理

会计师事务所应当制定政策和程序，以处理和解决项目组内部、项目组与被咨询者之间以及项目合伙人与项目质量控制复核人员之间的意见分歧。这些政策和程序应当要求：

（1）得出的结论已得到记录和执行；

（2）只有问题得到解决，才可以签署业务报告。

9.业务工作底稿归档

（1）总体要求

会计师事务所应当制定政策和程序，以使项目组在出具业务报告后及时完成最终业务档案的归整工作。对历史财务信息审计和审阅业务、其他鉴证业务，业务工作底稿的归档期限为业务报告日后六十天内。

（2）具体要求

会计师事务所应当制定政策和程序，以满足下列要求：安全保管业务工作底稿并对业务工作底稿保密；保证业务工作底稿的完整性；便于使用和检索业务工作底稿。

（3）业务工作底稿的保存期限

会计师事务所应当制定政策和程序，以使业务工作底稿的保存期限满足会计师事务所的需要和法律法规的规定。对历史财务信息审计和审阅业务、其他鉴证业务，会计师事务所应当自业务报告日起对业务工作底稿至少保存十年。如果组成部分业务报告日早于集团业务报告日，会计师事务所应当自集团业务报告日起对组成部分业务工作底稿至少保存十年。

（七）监控

1.监控过程

会计师事务所应当制定监控政策和程序，以合理保证与质量控制制度相关的政策和程序具有相关性和适当性，并正在有效运行。监控过程应当：

（1）包括持续考虑和评价会计师事务所质量控制制度；

（2）要求委派一个或多个合伙人，或会计师事务所内部具有足够、适当的经验和权限的其他人员负责监控过程；

（3）要求执行业务或实施项目质量控制复核的人员不参与该项业务的检查工作。

2.持续考虑和评价会计师事务所质量控制制度

持续考虑和评价会计师事务所质量控制制度应当包括：

（1）周期性地选取已完成的业务进行检查，周期最长不得超过三年；

（2）在每个周期内，对每个项目合伙人，至少检查一项已完成的业务。

3.在监控过程中注意到的缺陷

会计师事务所应当评价在监控过程中注意到缺陷的影响，并确定缺陷是否属于下列情况之一：

（1）该缺陷并不必然表明会计师事务所的质量控制制度不足以合理保证会计师事务所遵守职业准则和适用的法律法规的规定，以及会计师事务所和项目合伙人出具适合具体情况的报告；

（2）该缺陷是系统性的、反复出现的或其他需要及时纠正的重大缺陷。

4.建议采取的适当补救措施

会计师事务所应当将实施监控程序注意到的缺陷以及建议采取的适当补救措施，告知相关项目合伙人及其他适当人员。针对注意到的缺陷，建议采取的适当补救措施应当包括：

（1）采取与某项业务或某个人员相关的适当补救措施；

（2）将发现的缺陷告知负责培训和职业发展的人员；

（3）改进质量控制政策和程序；

（4）对违反会计师事务所政策和程序的人员，尤其是对反复违规的人员实施惩戒。

5. 为应对某些实施监控程序的结果而制定政策和程序

会计师事务所应当制定政策和程序，以应对下列两种情况：

（1）实施监控程序的结果表明出具的报告可能不适当；

（2）实施监控程序的结果表明在执行业务过程中遗漏了应实施的程序。

这些政策和程序应当要求会计师事务所确定采取哪些进一步行动以遵守职业准则和适用的法律法规的规定，并考虑是否征询法律意见。

6. 通报监控结果

会计师事务所应当每年至少一次将质量控制制度的监控结果，向项目合伙人及会计师事务所内部的其他适当人员通报。这种通报应当足以使会计师事务所及其相关人员能够在其职责范围内及时采取适当的行动。通报的信息应当包括：

（1）对已实施的监控程序的描述；

（2）实施监控程序得出的结论；

（3）如果相关，对系统性的、反复出现的缺陷或其他需要及时纠正的重大缺陷的描述。

7. 网络会计师事务所的考虑

如果会计师事务所是网络的一部分，可能实施以网络为基础的某些监控程序，以保持在同一网络内实施的监控程序的一致性。

如果网络内部的会计师事务所在符合准则要求的共同的监控政策和程序下运行，并且这些会计师事务所信赖该监控制度，为了网络内部的项目合伙人信赖网络内实施监控程序的结果，会计师事务所的政策和程序应当要求：

（1）每年至少一次就监控过程的总体范围、程度和结果，向网络事务所的适当人员通报；

（2）立即将识别出的质量控制制度缺陷，向相关网络事务所的适当人员通报，以便使其采取必要的行动。

8. 会计师事务所应当制定政策和程序，以合理保证能够适当处理下列事项

（1）投诉和指控会计师事务所执行的工作未能遵守职业准则和适用的法律法规的规定；

（2）指控未能遵守会计师事务所质量控制制度。

作为处理投诉和指控过程的一部分，会计师事务所应当明确投诉和指控渠道，以使会计师事务所人员能够没有顾虑地提出关注的问题。

二、政府审计质量控制

（一）政府审计质量控制的目标

审计机关应当建立审计质量控制制度，以保证实现下列目标：

1. 遵守法律法规和本准则；

2. 作出恰当的审计结论；

3. 依法进行处理处罚。

（二）政府审计质量控制制度的要素

审计机关应当针对下列要素建立审计质量控制制度：

1.审计质量责任；

2.审计职业道德；

3.审计人力资源；

4.审计业务执行；

5.审计质量监控。

审计机关实行审计组成员、审计组主审、审计组组长、审计机关业务部门、审理机构、总审计师和审计机关负责人对审计业务的分级质量控制。

（三）审计组成员的工作职责和承担的责任

审计组成员的工作职责包括：

1.遵守本准则，保持审计独立性。

2.按照分工完成审计任务，获取审计证据。

3.如实记录实施的审计工作并报告工作结果。

4.完成分配的其他工作。

5.审计组成员应当对下列事项承担责任：

（1）未按审计实施方案实施审计导致重大问题未被发现的；

（2）未按照本准则的要求获取审计证据导致审计证据不适当、不充分的；

（3）审计记录不真实、不完整的；

（4）对发现的重要问题隐瞒不报或者不如实报告的。

（四）审计组组长的工作职责和承担的责任

1.审计组组长的工作职责包括：

（1）编制或者审定审计实施方案；

（2）组织实施审计工作；

（3）督导审计组成员的工作；

（4）审核审计工作底稿和审计证据；

（5）组织编制并审核审计组起草的审计报告、审计决定书、审计移送处理书、专题报告、审计信息；

（6）配置和管理审计组的资源；

（7）审计机关规定的其他职责。

2.审计组组长应当从下列方面督导审计组成员的工作：

（1）将具体审计事项和审计措施等信息告知审计组成员，并与其讨论；

（2）检查审计组成员的工作进展，评估审计组成员的工作质量，并解决工作中存在的问题；

（3）给予审计组成员必要的培训和指导。

3.审计组组长应当对审计项目的总体质量负责，并对下列事项承担责任：

（1）审计实施方案编制或者组织实施不当，造成审计目标未实现或者重要问题未被发现的；

（2）审核未发现或者未纠正审计证据不适当、不充分问题的；

（3）审核未发现或者未纠正审计工作底稿不真实、不完整问题的；

（4）得出的审计结论不正确的；

（5）审计组起草的审计文书和审计信息反映的问题严重失实的；

（6）提出的审计处理处罚意见或者移送处理意见不正确的；

（7）对审计组发现的重要问题隐瞒不报或者不如实报告的；

（8）违反法定审计程序的。

4.根据工作需要，审计组可以设立主审。主审根据审计分工和审计组组长的委托，主要履行下列职责：

（1）起草审计实施方案、审计文书和审计信息；

（2）对主要审计事项进行审计查证；

（3）协助组织实施审计；

（4）督导审计组成员的工作；

（5）审核审计工作底稿和审计证据；

（6）组织审计项目归档工作；

（7）完成审计组组长委托的其他工作。

审计组组长将其工作职责委托给主审或者审计组其他成员的，仍应当对委托事项承担责任。受委托的成员在受托范围内承担相应责任。

（五）审计机关业务部门的工作职责和责任

1.审计机关业务部门的工作职责包括：

（1）提出审计组组长人选；

（2）确定聘请外部人员事宜；

（3）指导、监督审计组的审计工作；

（4）复核审计报告、审计决定书等审计项目材料；

（5）审计机关规定的其他职责。

业务部门统一组织审计项目的，应当承担编制审计工作方案，组织、协调审计实施和汇总审计结果的职责。

2.审计机关业务部门应当及时发现和纠正审计组工作中存在的重要问题，并对下列事项承担责任：

（1）对审计组请示的问题未及时采取适当措施导致严重后果的；

（2）复核未发现审计报告、审计决定书等审计项目材料中存在的重要问题的；

（3）复核意见不正确的；

（4）要求审计组不在审计文书和审计信息中反映重要问题的。

业务部门对统一组织审计项目的汇总审计结果出现重大错误、造成严重不良影响的事项承担责任。

（六）审计机关审理机构的工作职责和责任

1.审计机关审理机构的工作职责包括：

（1）审查修改审计报告、审计决定书；

（2）提出审理意见；

（3）审计机关规定的其他职责。

2.审计机关审理机构对下列事项承担责任：

（1）审理意见不正确的；

（2）对审计报告、审计决定书作出的修改不正确的；

（3）审理时应当发现而未发现重要问题的。

（七）审计机关负责人的工作职责

1.审定审计项目目标、范围和审计资源的配置；

2.指导和监督检查审计工作；

3.审定审计文书和审计信息；

4.审计管理中的其他重要事项。

审计机关负责人对审计项目实施结果承担最终责任。审计机关对审计人员违反法律法规和本准则的行为，应当按照相关规定追究其责任。

（八）审计业务质量检查制度

审计机关实行审计业务质量检查制度，对其业务部门、派出机构和下级审计机关的审计业务质量进行检查。

审计机关可以通过查阅有关文件和审计档案、询问相关人员等方式、方法，检查下列事项：

（1）建立和执行审计质量控制制度的情况；

（2）审计工作中遵守法律法规和本准则的情况；

（3）与审计业务质量有关的其他事项。

审计业务质量检查应当重点关注审计结论的恰当性、审计处理处罚意见的合法性和适当性。审计机关开展审计业务质量检查，应当向被检查单位通报检查结果。

审计机关在审计业务质量检查中，发现被检查的派出机构或者下级审计机关应当作出审计决定而未作出的，可以依法直接或者责成其在规定期限内作出审计决定；发现其作出的审计决定违反国家有关规定的，可以依法直接或者责成其在规定期限内变更、撤销审计决定。

审计机关应当对其业务部门、派出机构实行审计业务年度考核制度，考核审计质量控制目标的实现情况。

审计机关可以定期组织优秀审计项目评选，对被评为优秀审计项目的予以表彰。

审计机关应当对审计质量控制制度及其执行情况进行持续评估，及时发现审计质量控制制度及其执行中存在的问题，并采取措施加以纠正或者改进。

审计机关可以结合日常管理工作或者通过开展审计业务质量检查、考核和优秀审计项目评选等方式，对审计质量控制制度及其执行情况进行持续评估。

三、内部审计质量控制

（一）内部审计质量控制的定义

内部审计质量控制，是指内部审计机构为保证其审计质量符合内部审计准则的要求而制定和执行的制度、程序和方法。内部审计机构负责人对制定并实施系统、有效的质量控制政策与程序负主要责任。

（二）内部审计质量控制的目标

1.保证内部审计活动遵循内部审计准则和本组织内部审计工作手册的要求；

2.保证内部审计活动的效率和效果达到既定要求；

3.保证内部审计活动能够增加组织的价值，促进组织实现目标。

（三）内部审计机构质量控制

1.内部审计机构质量控制需要考虑下列因素：

（1）内部审计机构的组织形式及授权状况；

（2）内部审计人员的素质与专业结构；

（3）内部审计业务的范围与特点；

（4）成本效益原则的要求；

（5）其他。

2.审计机构质量控制主要包括下列措施：

（1）确保内部审计人员遵守职业道德规范；

（2）保持并不断提升内部审计人员的专业胜任能力；

（3）依据内部审计准则制定内部审计工作手册；

（4）编制年度审计计划及项目审计方案；

（5）合理配置内部审计资源；

（6）建立审计项目督导和复核机制；

（7）开展审计质量评估；

（8）评估审计报告的使用效果；

（9）对审计质量进行考核与评价。

（四）内部审计项目质量控制

1.内部审计项目质量控制应当考虑下列因素：

（1）审计项目的性质及复杂程度；

（2）参与项目审计的内部审计人员的专业胜任能力；

（3）其他。

2.内部审计项目质量控制主要包括下列措施：

（1）指导内部审计人员执行项目审计方案；

（2）监督审计实施过程；

（3）检查已实施的审计工作。

3.内部审计项目负责人在指导内部审计人员开展项目审计时，应当告知项目组成员下列事项：

（1）项目组成员各自的责任；

（2）被审计项目或者业务的性质；

（3）与风险相关的事项；

（4）可能出现的问题；

（5）其他。

4.内部审计项目负责人监督内部审计实施过程时，应当履行下列职责：

（1）追踪业务的过程；

（2）解决审计过程中出现的重大问题，根据需要修改原项目审计方案；

（3）识别在审计过程中需要咨询的事项；

（4）其他。

5.内部审计项目负责人在检查已实施的审计工作时，应当关注下列内容：

（1）审计工作是否已按照审计准则和职业道德规范的规定执行；

（2）审计证据是否相关、可靠和充分；

（3）审计工作是否实现了审计目标。

实务操作练习

业务题1

一、目的

理解注册会计师的独立性。

二、资料

M银行系ABC会计师事务所的常年审计客户。2018年1月，ABC会计师事务所与M银行续签了审计业务约定书，审计M银行2017年度财务报表。假定存在以下情形：M银行应付ABC会计师事务所2016年度审计费用100万元一直没有支付。经双方协商，ABC会计师事务所同意M公司延期3个月，M银行给予ABC会计师事务所优惠的贷款利率。

三、要求

请思考上述情况是否违反了注册会计师的职业道德。

业务题2

一、目的

理解审计规范的相关内容。

二、资料

A注册会计师在一家规模不大的会计师事务所工作。有一天，当客户昆仑电子公司聘请A注册会计师进行年度报表审计时，对其提出了一个要求，即希望从委托之日起，半个月内完成所有的审计任务，并出具审计报告，以向股东大会汇报，否则，超过一天，不仅不付审计费用，而且要事务所赔款，提前则有奖。A注册会计师同意了这一条款。为了及时完成任务，A注册会计师临时聘用了一批还没有毕业的会计学专业的大学生，由于 A 注册会计师手上还有一个项目没有完成，因此，他对这些学生进行应急培训之后，即告诉他们如何核对账册、检查凭证等，然后就请他们去客户的现场进行审计，还指派了一个学习成绩较好的学生作为该项目的临时负责人，他自己则在另一家客户处进行电话指挥，10 天后，这些学生带回一大叠工作底稿。因为时间有限，A 注册会计师将这些工作底稿稍作整理，就草拟了审计报告，并在 2 周之内，递交给了昆仑电子公司。

三、要求

请思考 A 注册会计师是否存在违背职业规范的行为。

第四章 审计责任

➡ **本章学习提示**

■本章重点：审计期望差距，审计保证程度，会计责任，管理层的责任，审计责任，审计职业责任，审计法律责任。

■本章难点：会计责任，审计责任，审计职业责任，审计法律责任。

第一节 ‖ 审计期望差距

一、审计期望差距的概念

关于审计期望差距的概念研究，国外进行得相对较早，且形成了一系列研究成果。审计期望差距的概念最早在20世纪70年代提出。里乔（1974）认为，审计期望差距是独立审计师和财务报表使用者对审计业绩期望水平的差异。美国科恩委员会在1978年提出了期望差距的概念，认为社会公众对审计的期望或需要与审计人员本身能够且应合理期望完成的审计任务之间的期望差距是可能存在的，并且通过调查发现，审计期望差距确实存在。同时，差距存在的主要责任不在于财务报表使用者而主要在于审计。

自从1978年美国的科恩报告首次提出"期望差距"以来，审计期望差距问题受到了世界各国的关注。英国、加拿大、丹麦、西班牙、澳大利亚、比利时、南非、日本等国的会计组织都对期望差距进行了研究。1987年，英国的英格兰和威尔士特许会计师协会为研究"审计的未来"而成立了一个专门团体，研究公众对审计作用的想法与审计人员的看法之间存在的差距。与此同时，为回应公众对审计人员作用的关心，澳大利亚特许会计师协会会长也在当年要求专家研究如何消除审计期望差距的方法。1988年，加拿大麦克唐纳委员会提交了一份研究报告，以图的形式描述了期望差距的构成要素以及解决的途径（图略），认为审计期望总的来说包括对准则的期望以及对审计师执业的期望。其中，对准则的期望可细化为不合理的期望和合理的期望，对执业的期望则可细化为（审计师）实际执业的缺陷及由于（公众）不现实的认识形成的执业缺陷。对于合理的期望及实际执业的缺陷所形成的审计期望差距，可以通过审计师进行执业的改进来进行控制，而对于由于对准则不合理的期望及对于执业不现实的认识形成的执业缺陷所带来的审计期望差距，则可以通过审计师与公众进一步的沟通来进行控制。公众报告指出，审计期望差距存在的原因，大部分应归咎于社会公众对审计理解和认识的偏差。

汉弗莱（1992）认为，审计期望差距是对审计师的表现在一定程度上与密切关注审计活动的利益相关者的愿望存在差异的一种感觉的描述。并且认为，审计期望差距的因素有三个：社会公众愿望（密切关注审计活动的利益相关者）、审计准则要求、审计人员的工作方式和对审计的态度（职业界自身因素）。波特（1993）建议把审计期望差距划分为两个部分：合理性差距和执行差距。合理性差距是指公众对审计人员的期望超过了审计人员实际能够被期望的程度，执行差距则存在于审计人员被合理期望的行为和他们认为应当执行的行为之间。盖里和曼森（2003）在波特研究的基础上进一步分析了审计期望差距，指出审计期望差距是描述那些依赖审计报告的人（社会公众或利益相关者）对审计的期望与审计人员认为所应当执行的行为标准之间的差距，由合理差距和执行差距构成，其中执行差距又分为标准不足差距和执行不足差距两部分。据此，审计期望差距构成因素包括两个部分：其一是审计人员认为应当执行的行为，具体包括审计人员按照审计准则的要求对审计的认识及工作方式；其二是社会公众或利益相关者对审计的期望。按照这种理解，审计期望差距中不存在不合理差距。

我国对于审计期望差距的研究进行得相对较晚，但也形成了一些有价值的研究成果。谢荣（1994）提出，审计能力是相对有限的，当审计所能完成任务的能力不能达到社会的全部期望时，或者说当社会与职业界对于审计的内容和要求不一致时，就出现了"期望差距"，这种期望差距是双方在目标一致性上所存在的差距。

2001年，胡继荣教授对于麦克唐纳委员会在1988年所提出的构成要素图进行了修正。胡继荣（2001）认为，"合理"只是一个模糊的概念，审计职业界仍须应付由于没有实现不合理的期望而导致的诉讼，因此，以"可能的准则"来区分合理的期望和不合理的期望，是缺乏可行性的。他指出，期望差距是公众对审计的需求与公众对目前审计执业的认识之间存在的差距，它既包括了由于审计能力不足而形成的差距，也包括了由于公众的认识错误而形成的差距。审计期望差距构成要素如图4-1所示。

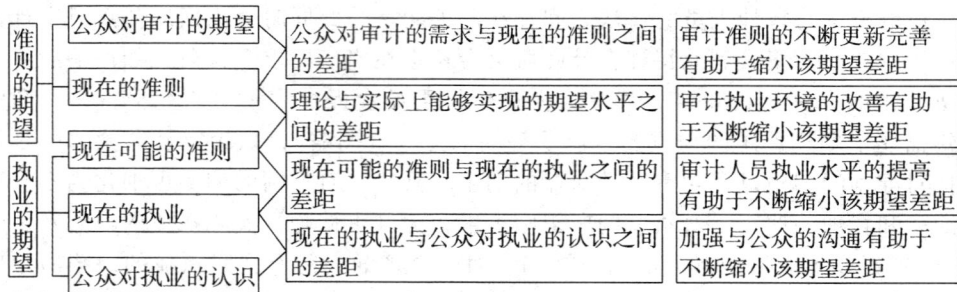

图4-1　审计期望差距构成要素图

李若山教授（2003）认为，审计期望差距是注册会计师与公众对于审计作用的认识差距，包括合理期望差距和不合理期望差距。前者指审计的实际工作质量与合理工作质量之间的差距，后者则指社会期望的审计工作质量与合理审计工作质量之间的差距。在此，审计实际工作质量指审计人员实际执业水平，合理工作质量指按照现有准则进行审计工作所应达到的最低工作水平，社会期望的审计工作质量则指社会公众或利益相关者对审计工作的理想要求。因此，审计期望差距实质上涉及三个因素：审计人员执业方式与态度影响下的审计工作、审计准则的要求及社会公众的期望。

赵丽芳（2007）从审计责任的历史还原或重塑的角度出发，研究审计期望差距，提出了缩小、弥合审计期望差距的基本思路，指出治理基础审计是公众合理期望实现的审计模式。刘圻（2008）从程序理性的视角出发，研究审计期望差距，认为审计期望差距源于四个层次上的程序非理性，即结构非理性、过程非理性、行为非理性以及认识非理性。结构非理性和过程非理性导致了审计的准则性期望差距，行为非理性导致了审计的行为性期望差距，认识非理性导致了审计的误解性期望差距，针对上述导致审计期望差距的四类程序非理性应采取不同的治理思路。刘明辉（2010）从心理学的视角分析了审计期望差距，认为社会公众和审计师的认知特点包括关注自我、容易产生自我服务偏见、习惯向上比较、态度和行为往往不一致、常犯归因错误、容易受到媒体的影响，因此提出应改进认知模式，以缩小审计期望差距。

综上来看，国内外对审计期望差距的研究形成了一系列成果。虽然在研究视角上有所不同，观点也有些微区别，但一般认为审计期望差距是审计人员所应执行的行为与社会公众对其审计工作的期望之间存在的差距。在审计期望差距的影响因素方面，一般认为其主要包含三大因素：审计人员的工作方式和对审计的态度、审计准则的要求、社会公众的期望。由此，为进行审计期望差距的弥合提供了思路。

二、审计期望差距的成因及后果

审计目标是审计活动将要达到的预定结果或理想境地，是审计界对审计活动预定的方向，它反映了社会需求和审计自身能够满足这种需求的能力的有机统一。随着审计环境的变化，原有的审计目标已不能完全满足新的环境需求，审计目标与社会公众的需求会变得不统一，即产生审计期望差距。这种差异的存在无论是对财务报表的使用者还是对审计界都是无益的。实际上，自审计产生至今，审计始终处于一种被动状态，始终在为满足社会需求而努力，但也始终无法达到完全满足社会需求的程度。这是因为，当旧的需求满足了，新的需求又产生了。因此，分析审计期望差距形成的原因及后果，有助于不断缩小审计期望差距，进而促进审计目标与社会公众的期望相统一，这可以从审计目标的历史演变中得到证实。

（一）审计期望差距的成因

由前可知，审计期望差距的影响因素主要包含三个方面：审计人员的工作方式和对审计的态度、审计准则的要求、社会公众的期望。以此为思路，我们可以从审计人员、审计准则、社会公众三个方面分析其成因。

1.审计人员方面

审计人员有时为了自身的利益或因职业能力的限制，可能未遵守或者未能完全遵守职业准则，由此，必然会给相关利益方带来正常期望与实际情况的差距，审计期望差距由此产生。主要表现在：

（1）审计人员缺乏独立性

独立性是审计人员在审计报告中报告发现财务报表中问题和缺陷的意愿。独立性是审计的灵魂，它要求审计人员在提供审计服务和其他鉴证业务时应保持实质上和形式上的独立性。实质上独立，又称精神上独立，即审计人员在作出判断时不依赖和屈从于外界的压力和影响的一种独立的精神状态。形式上独立，是指在第三方看来，审计人员独立于被审计单位或个人，他们之间不存在任何特殊的利益和关系。利益和关系是影响审计人员独立性的最常见因素，审计人员独立性的丧失无疑将会影响审计质量，扩大审计期望差距。

在现代社会中，对审计人员的社会作用缺乏一个合理明确的界定。审计的目的到底是检查管理层受托责任的履行情况，还是涉及更广泛的社会责任？审计的责任对象到底是仅限于公司以及股东，还是包括第三者？目前，审计人员的服务对象是广大的信息使用者，但对其支付有关费用的却是被审计者。世界上所有的会计师事务所都面临着"两难"处境，即拿着企业的钱，却代表着社会公众来监督企业。在物质利益方面，审计人员是企业花钱请来的，应该替企业说话，审计人员的独立性受到威胁；而在职业道德方面，审计人员代表着社会公众的利益，要"诚信"执业。这无疑会形成审计期望差距。

（2）审计人员能力有限

审计人员对待问题的主观判断不同导致无法满足信息使用者的要求，有时由于能力有限，甚至无法根据专业准则的要求发现正常的错误与舞弊。

按照哲学理论，审计人员应该通过企业提供的财务报表对企业是否存在错误以及舞弊作出判断，即透过现象看本质。但人的认知能力是有限的，需要在实践中不断探索、不断发展、不断完善，形成从实践到理论、从理论到实践的过程，可以说是一个永续发展的过程。随着新环境的变化，相关的理论也要改进。另外，由于成本效益、审计的目的以及审计目标等限制，审计人员根本无法完全准确地仅仅通过企业提供的财务报表对企业的所有经济活动进行担保与确认，而相关利益方希望审计人员可以完全透过现象看本质，即审计人员出具的审计报告是对企业所有经济活动的担保。但在实际中，由于认知能力有限、审计环境不断变化以及审计客观环境的限制，审计人员不可能准确无误地对企业全年所有的经济活动进行担保，审计期望差距由此产生。

2. 审计准则方面

审计准则是审计人员据以执业的规范和依据。因此，审计准则具体内容完善与否，直接影响着审计质量进而导致审计期望差距的产生。例如，《中国注册会计师审计准则第1142号——财务报表审计中对法律法规的考虑》对管理层的责任与注册会计师的责任作了明确的界定；《中国注册会计师审计准则第1141号——财务报表审计中与舞弊相关的责任》对注册会计师识别和评估由于舞弊导致的重大错报风险作了专门的规范。在国际社会，一系列事件的发生促使了现行审计准则中许多条款的出台，比如1938年的美国的麦克森·罗宾斯公司倒闭事件导致了美国第一个整套审计准则——《一般公认审计准则》的诞生，2001年的安然事件导致了《萨班斯—奥克斯利法案》的成形，应该说，许多条款都是源于资本市场血的教训，但正是这样，才使得每条审计准则不断完善。这种完善的审计准则和审计实务操作形成的时间差必然也会导致阶段性的审计期望差距。

3.社会公众方面

社会公众对审计人员提供报表保证程度以及审计人员工作方式和工作程序的误解，由此形成审计期望差距。社会公众认为经审计人员审计后的财务报表绝对不会存在错误和舞弊，实际情况则是经审计人员审计后提供的财务报表仅仅是对其合理性和公允性作出保证。《中国注册会计师审计准则第1141号——财务报表审计中与舞弊相关的责任》第五条规定，被审计单位治理层和管理层对防止或发现舞弊负有主要责任。这说明，审计人员没有专门发现舞弊问题的义务。社会公众通常期望审计人员对报表进行详细、细致的审查，以期望发现存在的错误和舞弊，而审计人员鉴于成本效益原则与专业准则的要求，在实际审计过程中选择的审计程序完全取决于审计人员的判断，包括对由于舞弊或错误导致的财务报表重大错报风险的评估，不可能发现所有错误和舞弊。

（二）审计期望差距的后果

审计期望差距导致的最直接的后果就是公众和审计人员的怨声载道及审计人员面临的"诉讼爆炸"。由于审计期望差距的存在，审计师无法达到公众的期望。公众指责审计人员没有履行职责，提供了虚假的审计信息，误导了投资者等众多利益相关者，或者根本没有提供公众所需要的信息，因此需要承担责任。与此同时，审计人员也抱怨公众过高期望审计的作用，即使他们严格遵守审计准则，审计质量达到甚至超过了准则规定的标准，他们还是面临着被起诉的威胁。甚至有相当多的公众习惯于通过起诉审计人员来保护自身利益，而法律往往倾向于保护弱者，这就使得审计职业界面临越来越多的诉讼风险，同时，"深口袋"理论的存在也使得审计人员的责任在不断加大。

毫无疑问，如果社会公众不去了解审计特性，对审计人员的要求就会越来越高，超越其当前审计能力，并且不分缘由就起诉审计人员，让其承担过度的责任，很可能导致审计工作者无所适从。这种放任期望差距扩大的做法最终可能连最起码的审计责任都无法保证。假如审计人员对社会公众的需求不闻不问，忽视其合理期望，那么在市场经济中作为信息提供者的审计行业就失去了存在的理由。另外，在充斥市场的虚假会计信息的强烈冲击下，审计人员如果不能改进方法、提高技能以保证审计质量，审计行业的可信度和社会地位必将受到质疑。因此，当务之急是缩小审计期望差距。

三、弥合审计期望差距的对策

弥合审计期望差距可从以下几个方面入手：

（一）合理确定审计目标

审计目标的确立要考虑社会环境的基础性影响，具体而言，应该体现出社会公众对审计执业的合理期望。审计行业是因客户舞弊问题而产生的，虽然在其后二百年的发展历程中，审计人员将审计目标逐渐由查错揭弊转向对财务报表的公允性评价，但揭露舞弊的责任始终没有终结。21世纪独立审计遭遇的尴尬处境，即社会审计揭露舞弊行为失败导致的审计失败与法律责任的无限加大就是证明。客观来讲，公众期待的审计师查错揭弊责任有其合理的一面，但需要结合审计执业现实加以修正。抽样方式的使用使得现代审计业务不可能揭露出所有的错误和舞弊，但审计的存在价值是查错揭弊，因此社会公众对审计揭露重大舞弊的责任认定应该是合理的。由此，社会公众的审计责任认定从所有错弊缩小到重大舞弊，审计目标相应地还原或重塑为两个方面：揭露重大舞弊及评价财务报表公允性。毋庸置疑，审计责任的合理认定，在客观方面为缩小审计期望差距奠定了基础。

（二）适时修订审计准则

审计理论的研究是一个动态发展的过程，从社会公众是独立审计的唯一委托人分析，满足其合理期望是审计职业存在的基础。由于评估治理层实施成本与难度较大，如果没有强制的职业准则推动，会延缓有效审计模式的社会效益。从审计职业准则视角分析，缩小期望差距需要提高准则职业标准。如果准则的制定者能够及时了解公众的需求，围绕职业目标的实现，把公众一些合理的期望转化为准则的内容，同时剔除过时的审计规范，将有利于从准则的视角弥合审计期望差距。具体而言，有以下三个途径可以改善准则内容的质量：首先，以修正的公众合理责任认定为审计目标来修定审计准则，审计执业中各种技术、方法、手段、程序的不同特色组合形成了不同的审计模式，要实现不同的审计目标，需要选择不同的审计模式。现实公司重大舞弊行为的发生与治理层紧密关联，因此，审计执业中关注治理层环境、关注治理层可能的舞弊行为、评估治理层舞弊风险成为揭露重大舞弊的必选审计程序。这样的审计模式称为治理基础审计模式，即与实现揭露重大舞弊行为的审计目标相适应的审计模式。其次，综合运用最新审计理论研究成果，定期向审计实务界的人士咨询，将确定的合理的审计方法、程序写入审计准则当中。最后，准则制定者可以通过实施更加严格的准则，对审计人员的审计质量提出更高的要求，增强审计人员的专业胜任能力，审计人员的审计质量就会得到改善，审计期望差距也会相应地慢慢弥合。

（三）审计人员应恪守职业准则，不断提高职业质量

审计人员要恪守独立、客观、公正的原则。审计人员在查账验证业务时应当保持形式上和实质上的独立，不依附任何机构和组织，回避与委托单位之间存在的利益关系；应实事求是地表述对有关事项的调查、判断和意见；应公平、公正对待包括被审计单位之内的各方当事者；应清正廉明，不应利用自己的身份、地位和执业中所掌握委托单位的资料和情况为自己或所在的会计师事务所谋取私利。

审计人员要保持应有的职业关注。社会公众要求审计人员揭露被审计单位财务

报表和账簿中的欺诈舞弊行为。审计人员虽然不可能揭露财务报表中存在的全部差错、舞弊和不法行为，但有责任揭露财务报表中的重大差错、舞弊以及对财务报表有直接影响的非法行为。因此，审计人员应设计相应的审计程序进行审查，保持应有的职业关注，以缩小审计期望差距。

审计人员要参加后续教育以不断提高自身素质。为了达到减少或者消除期望差距的目的，审计人员不仅要具有专业知识、技能和经验，还要能经济有效地完成被审计单位委托的业务。对审计人员的经验、审计效率的要求，需要审计人员在工作中通过经验的积累而得以实现，这需要一个过程。经验的积累会促进效率的提升，但在经验缺乏条件下对效率的追求有可能增加执业差距。审计人员作为一个人，不可能对审计准则的执行永远正确。审计人员可能对审计准则的理解存在偏差或对经济活动的实质把握不准确，同时大量职业判断的应用也使偏差出现的可能性增加。因此，实践中，审计人员可以通过参加注册会计师考试及之后的继续教育来不断提高自身的专业胜任能力，较理想地满足对执业的知识、技能的需求，从而达到减少或消除审计期望差距的目的。

（四）加强公众与审计人员之间的宣传与沟通

由于公众与审计人员存在沟通差异，因此二者之间应加强沟通。沟通旨在让社会公众清楚审计提供的是怎样的服务，在沟通中使社会公众摒弃不合理、不现实的期望。具体可通过电视、广播、公益培训等形式，加强对审计知识的宣传普及，大力宣传审计人员的能力和审计人员的审计程序与审计方法，这样可以使公众对审计人员的作用、责任有一个正确的认识，以减少公众对审计在当前环境下无法达到的不合理期望，消除对审计执业的误解，使公众明确审计责任、会计责任和经营责任的关系，以利于不断缩小或消除审计期望差距。

第二节　　　　　　　　　审计保证

审计人员究竟要做哪些工作，具体应达到什么要求，是否可以保证所审计的财务报表不存在任何差错和舞弊，即是否可以绝对保证审计报告和结论的完全正确，以满足公众对审计人员的所有期望，是审计职业界和社会公众都会考虑的问题。保证审计报告和结论的绝对正确是一种理想的状态，但从现实来看，这是不可能达到的。这涉及第一节中讲到的审计期望差距的问题，即公众的期望与审计人员的执业行为结果之间是存在差距的，由此也引出了审计人员所能提供的保证问题。

一、审计——合理保证的鉴证业务

由前面章节可知，在审计人员提供的服务中，既包括了鉴证业务，也包括了非鉴证业务。鉴证业务中既有对历史财务信息的审计和审阅，又有对非历史财务信息的系统认证等；而非鉴证业务则主要指审计人员所提供的代理记账、税务服务、管理咨询等相关服务。在审计人员所提供的所有服务中，审计一直是审计人员的法定业务。

审计作为鉴证业务的一种，与其他鉴证业务相比较，其区别主要体现在如下方面：①审计业务的实施者必须为经过注册的具备专业胜任能力的审计人员；②审计的衡量标准明确；③审计的计划周密、过程严格；④审计的责任重大；⑤审计所收集的证据更充分、适当。审计是可以将鉴证业务风险降至该业务环境下可接受的低水平的一种鉴证业务，是一种合理保证的鉴证业务。

美国注册会计师协会确认鉴证合约有三种形式——审查、复核和执行约定程序。审查涉及历史财务报表时称为审计，提供审计人员可提供的最高形式的保证。审查中，审计人员从所有可能获得的证据中选择综合证据，以使风险限制在低水平而不致发生重大的信息误报。复核在程序范围方面远不如审查，只提供有限的保证——保证中等的误报风险。如果审查或复核不能够满足当事人的要求，审计人员和特殊信息用户可以共同决定审计人员是否要执行特别的约定程序。那么，审计人员将给特定用户发出描述其程序及执行结果的报告。鉴证合约的三种类型见表4-1。

表4-1 鉴证合约的类型

合约类型	提供保证的程度	报告性质	程序
审查	提供合理保证	表示意见	从所有可用的程序中选择，加以综合使鉴证风险降到应有的低水平
复核	中等或有限保证	表示否定保证	一般限于询问和分析程序
执行约定程序	随所执行的程序和范围的不同而改变	说明执行结果	与特定用户约定的程序

之所以说审计是一种合理保证的鉴证业务，是因为由于主观或客观的限制，审计无法绝对保证鉴证结论的可靠性。主要原因分析如下：

首先，内部控制具有固有的局限性。内部控制能够增强财务报表的可靠性，但局限于内部控制制度的设计和执行，尤其局限于内部控制制度的执行。在执行人员疏忽、有关人员相互勾结或滥用职权时而趋于无效，所以内部控制只能为财务报表的公允性提供合理保证而非绝对保证。

其次，审计过程中抽样方法的运用增加了审计风险。经济业务的重复性和多样性促使审计抽样方法诞生。抽样方法的使用极大地提高了审计效率，降低了审计成本，也正因为如此，现代审计实务几乎无一例外地都会采用审计抽样技术。但是，该方法的运用也增加了审计风险。不管是统计抽样还是非统计抽样，抽取的样本特征不可能与总体特征完全一致，因此以样本来推断总体便不可避免地产生抽样风险。因此，当注册会计师运用该方法时，并不能绝对保证财务报表已公允表达。

再次，审计过程中涉及大量职业判断。国际审计风险准则要求，审计过程包含风险评估程序、总体反应措施、进一步审计程序三个阶段。在这三个阶段都需要大量运用职业判断。职业判断一方面受限于审计人员本身的经验和水平，另一方面受限于其获取的证据本身的充分性和适当性。由于审计人员所获取的信息不可能完全充分，所评估的重大错报风险与实际可能并不完全相符，据此而进行的测试也就可能无法发现部分重大错报漏报，因此其审计结论只能是合理保证而非绝对保证。

最后，受特殊审计对象的限制。在审计中，并非被审计单位的所有业务活动都是常规业务，有时会涉及特殊业务的审计。随着经济的发展，新的特殊业务可能不断涌现。由于特殊业务可能缺乏相应的会计准则，审计人员也就无法衡量被审计单位的会计处理是否适当。同时由于对特殊业务不熟悉，审计人员的审计过程是非常困难的，收集的审计证据无法保证充分与适当，因此无法绝对保证其审计结论的可靠性。

由此可见，审计是一种合理保证的鉴证业务。在财务报表审计中，审计人员能够对所审计的财务报表是否不存在重大错报作出合理保证。

二、合理保证与有限保证的区别

与有限保证相比，合理保证是一种保证程度更高的保证业务。实务中，针对某一具体鉴证对象，审计人员既可以提供合理保证，也可以提供有限保证，保证水平的确定在很大程度上取决于审计人员的职业判断。在我国，审计人员所进行的财务报表审计业务提供的是合理保证，而财务报表审阅业务提供的是有限保证。下面从这两种业务出发，分析合理保证和有限保证在实务操作上的区别。其区别主要体现在：

其一，二者审计目标不同。合理保证的目标是将鉴证业务的风险降至具体业务环境下可接受的低水平，以此作为以积极方式提出结论的基础，并对鉴证后的信息提供高水平的保证。有限保证的目标是将鉴证业务风险降至具体业务环境下可接受的水平，以此作为以消极方式提出结论的基础，并对鉴证后的信息提供低于高水平的保证。

其二，二者审计证据收集程序不同。在合理保证的鉴证业务中，为了能够以积极方式提出结论，注册会计师应当通过一个不断修正的、系统化的执业过程，获取充分、适当的审计证据。与合理保证的鉴证业务相比，有限保证的鉴证业务在证据收集程序的性质、时间、范围等方面是有意识地加以限制的，主要采用询问和分析程序获取证据。

其三，二者所需证据的数量和质量不同决定了鉴证对象信息的可信性存在差别。与有限保证相比，合理保证的鉴证业务提供的保证程度相对较高，与此相对应，对证据的数量和质量的要求也就更为严格，其收集的证据更为充分有力，因此，其提供的保证水平更高，相应地，鉴证后的鉴证对象信息也更为可信。

其四，二者所承担的鉴证业务风险不同。前者承担的风险低，后者承担的风险相对较高。由于有限保证的鉴证业务的证据收集程序在上述方面受到有意识的限制，因此，其检查风险高于合理保证的鉴证业务。

其五，二者提出结论的方式不同。合理保证是以积极方式来提出结论，而在有限保证的其他鉴证业务中，通常以消极方式来提出结论。为使预期使用者理解以消极方式表达的结论所传达的保证性质，审计人员对已执行工作的概述通常比在合理保证的鉴证业务中要更加详细。

三、树立合理保证的审计理念

前已述及，由于主观和客观的限制，审计人员不可能绝对保证审查后的财务报表不存在任何问题，只能合理保证所审计的财务报表是否不存在重大错报。因此，在财务报表审计中，审计人员只能提供一种合理的保证而非绝对的保证。无论审计职业界还是社会公众都应树立合理保证的审计理念。该理念的树立，有助于使社会公众更理性地对审计人员的执业行为作出合理预期，减少或避免不合理预期，在降低社会公众失落感的同时，有助于弥合审计期望差距，降低审计风险。相反，如果社会公众期望审计报告和结论能提供绝对的保证，这必将打击审计人员的积极性，危害审计职业的生存，进而影响整个社会的发展。完全保证、合理保证对审计期望差距、审计风险的影响见表4-2。

表4-2　　　**完全保证、合理保证对审计期望差距、审计风险的影响**

保证程度	对审计期望差距的影响	对审计风险的影响
完全保证	不当加大	不当加大
合理保证	适当	适当

但是，同时必须指出的是，合理保证绝不能成为审计人员不谨慎执业的借口，否则这无疑将背离审计的目标。总之，只有审计职业界和社会公众做到相互理解，树立合理保证的审计理念，才能促使审计行业健康、有序地发展。

第三节 　　　　　　　管理层的责任

在有关会计师事务所诉讼的早期，由于法律界对注册会计师审计业务的性质、审计责任存在误区，经常混淆会计责任、审计责任、管理层责任与审计人员责任的概念，从而对各方责任的认定带来困难。因此，在财务报表审计中，认清这些概念，无疑具有重要的意义。本节将阐述会计责任和管理层责任。

一、会计责任

会计责任往往与会计活动的职业定位、会计目标相联系。

（一）会计责任的内涵

关于会计概念，古今中外一直没有明确、统一的说法，存在会计信息系统论和会计管理活动论两种观点。尽管关于会计概念存在两种理论观点，但各方均认为会计职能主要是反映和控制经济活动的过程，保证会计信息的真实、合法、完整，为经济管理提供必要的财务资料，并参与决策，谋求最佳的经济效益，包括核算职能和监督职能。各方由于对会计职能的认识一致，因此对会计责任的认识也相应一致。一般认为，会计责任是企业进行会计核算、编制财务报表所应负的责任。

（二）会计责任的依据

会计责任的依据主要是《中华人民共和国会计法》以及《企业财务会计报告条例》中的有关规定。

于 1985 年 1 月 21 日通过，并于 1993 年 12 月 29 日第一次修正、1999 年 10 月 31 日修订、2017 年 11 月 4 日第二次修正的《中华人民共和国会计法》（以下简称《会计法》）第三条规定："各单位必须依法设置会计账簿，并保证其真实、完整。"第四条规定："单位负责人对本单位的会计工作和会计资料的真实性、完整性负责。"第二十一条规定："财务会计报告应当由单位负责人和主管会计工作的负责人、会计机构负责人（会计主管人员）签名并盖章；设置总会计师的单位，还须由总会计师签名并盖章。单位负责人应当保证财务会计报告真实、完整。"第五十条规定："本法下列用语的含义：单位负责人，是指单位法定代表人或者法律、行政法规规定代表单位行使职权的主要负责人。"《会计法》从法律层面规定了单位的会计责任的内容和会计责任的主体。

2000 年 6 月 21 日，国务院第 287 号令颁布的《企业财务会计报告条例》第三条规定："企业不得编制和对外提供虚假的或者隐瞒重要事实的财务会计报告。企业负责人对本企业财务会计报告的真实性、完整性负责。"第十六条规定："企业应当于年度终了编报年度财务会计报告。国家统一的会计制度规定企业应当编报半年度、季度和月度财务会计报告的，从其规定。"第十七条规定："企业编制财务会计报告，应当根据真实的交易、事项以及完整、准确的账簿记录等资料，并按照国家统一的会计制度规定的编制基础、编制依据、编制原则和方法。企业不得违反本条例和国家统一的会计制度规定，随意改变财务会计报告的编制基础、编制依据、编制原则和方法。"《企业财务会计报告条例》从行政法规层面更具体地规定了企业应当承担编制合法、真实的财务会计报告的会计责任。

（三）会计责任的主体

会计信息的对象是企业的经营管理活动会计责任的内容也是反映企业的活动，通过上述规定的考察可知：企业单位负责人是会计责任的主体，是第一、首要会计责任人，其应当对会计信息失实导致利害关系人损失承担首要的赔偿责任。此处，企业单位负责人指被审计单位的管理层和治理层。

二、治理层、管理层及管理层责任

前已提及，企业单位负责人指被审计单位的管理层和治理层。由此，管理层和治理层也就当然地成为会计责任的首要会计责任人。

（一）治理层、管理层及管理层责任的内涵

根据《中国注册会计师审计准则第 1151 号——与治理层的沟通》，治理层是指对被审计单位战略方向以及管理层履行经营管理责任负有监督责任的人员或组织。上市公司治理层主要包括股东大会、董事会（及其下属的审计委员会）、监事会。治理层的责任包括对财务报告过程的监督。在某些被审计单位，治理层可能包括管理层成员。管理层，是指对被审计单位经营活动的执行负有管理责任的人员。在某些被审计单位，管理层包括部分或全部的治理层成员。在现代企业制度下，企业所有权与经营权分离，管理层责任与所有者责任以及与所有者责任相联系的治理层责任也存在差别。治理层的责任在于治理，治理层负责企业战略方向，监督管理层履行经营责任。管理层的责任在于管理，这种责任是受托责任的细化。管理层责任是在治理层的治理下进行具体的管理活动，责任范围很广，如组织生产经营活动、进行财务管理和人事管理等。《中华人民共和国公司法》（以下简称《公司法》）对有限责任公司和股份有限公司管理层当中经理行使的职权作出了规定，可以视同对管理层责任的细化，具体包括：主持公司的生产经营管理工作，组织实施董事会决议；组织实施公司年度经营计划和投资方案；拟订公司内部管理机构设置方案；拟定公司的基本管理制度；制定公司的具体规章；提请聘任或者解聘公司副经理、财务负责人；决定聘任或者解聘除应由董事会决定聘任或者解聘以外的负责管理人员；董事会授予的其他职权。

（二）财务报表审计中的管理层责任

财务报表审计中的管理层责任是指与财务报表审计相关的管理层责任。在治理层的监督下，管理层作为会计工作的行为人，对编制财务报表负有直接责任。《公司法》第一百七十一条规定，公司应当向聘用的会计师事务所提供真实、完整的会计凭证、会计账簿、财务会计报告及其他会计资料，不得拒绝、隐匿、谎报。因此，在被审计单位治理层的监督下，按照适用的会计准则和相关会计制度的规定编制财务报表是被审计单位管理层的责任（即管理层的会计责任），而按照中国注册会计师审计准则的规定对财务报表发表审计意见是注册会计师的责任，也即审计责任。

在财务报表审计中，管理层对编制财务报表所负的责任具体包括：

1.建立健全与财务报表编制相关的内部控制

为了履行编制财务报表的职责，管理层通常设计、实施和维护与财务报表编制相关的内部控制，以保证财务报表不存在由于舞弊或错误而导致的重大错报。

2.选择适用的会计准则和相关会计制度

管理层应当根据会计主体的性质和财务报表的编制目的，选择适用的会计准则和相关会计制度。就会计主体的性质而言，民间非营利组织适用《民间非营利组织会计制度》，事业单位通常适用《事业单位会计制度》，而企业则根据规模或行业性质适用企业会计准则。

按照编制目的，财务报表可分为通用目的和特殊目的两种报表。前者是为了满足范围广泛的使用者的共同信息需要，如为公布目的而编制的财务报表；后者是为了满足特定信息使用者的信息需要。相应地，编制和列报财务报表适用的会计准则和相关会计制度也有所不同。

3.选择和运用恰当的会计政策

会计政策是指企业在会计确认、计量和报告中所采用的原则、基础和会计处理方法。管理层应当根据企业的具体情况，选择和运用恰当的会计政策。

4.作出合理的会计估计

会计估计是指企业对其结果不确定的交易或事项以最近可利用的信息为基础所作的判断。财务报表中涉及大量的会计估计，如固定资产的预计使用年限和净残值、应收账款的可收回金额、存货的可变现净值以及预计负债的金额等。管理层有责任根据企业的实际情况作出合理的会计估计。

【同步思考4-1】在财务报表审计中，管理层的责任如何贯穿于从业务承接至审计人员出具审计报告的审计工作的全过程？

理解要点：首先，在承接与维持业务时，审计人员首先应做的是对被审计单位及其环境进行了解，在此过程中，审计人员必须明确提及被审计单位管理层的责任问题。

其次，在与被审计单位签订业务约定书时，审计人员应明确管理层对鉴证对象、鉴证对象信息及其他相关信息的责任。

再次，在审计人员执行业务活动时，应获取管理层声明，对管理层责任予以进一步明确。

最后，在审计人员出具业务报告时，需对管理层的责任作出说明。对管理层责任的说明是其中重要的内容。审计报告，无论是无保留意见审计报告，还是非无保留意见审计报告，均应有关于管理层责任的专门段落。除此之外，验资报告的范围段、审阅报告的引言段、历史财务信息审计或审阅以外的鉴证报告、预测性财务信息的审核报告、代编财务信息报告中均应明确提及管理层责任，通过这种明示，使业务报告的预期使用人正确区分管理层责任和审计责任，防止产生误解，防止以审计责任来减轻管理层责任。

综上所述，通常意义上的会计责任为财务报表审计中被审计单位治理层和管理层的责任，被审计单位治理层和管理层的责任不能为审计责任所减轻或替代。财务报表编制和财务报表审计是财务信息生成链条上的不同环节，两者各司其职。法律法规要求管理层对编制财务报表承担责任，这有利于从源头上保证财务信息质量。

第四节　　审计职业责任

在审计委托受托关系以及可能的会计师事务所诉讼中，除涉及会计责任、管理层责任外，还经常会涉及审计责任、审计职业责任与审计法律责任的概念（审计法律责任将在下节详细介绍）。

一、审计责任

审计责任专指独立审计人员在承办审计业务中所应履行的职责，以及因工作失误造成公众的损失而应向社会公众承担的法律责任。其中，前者形成审计职业责任，后者形成审计法律责任。

审计责任取决于审计目标。自独立审计制度诞生以来，审计目标随着商品经济的发展出现了重大变化，由最初的查错防弊到历史财务信息审计，再到现今的朝着企业管理方向发展。审计责任也随审计目标的变化而发展，总体呈扩大化趋势。我国审计准则规定，注册会计师审计的目标是对被审计单位的财务会计报告真实性、合法性发表意见。这一目标也精确地概括了审计人员的审计责任。

（一）审计责任的依据

我国自20世纪80年代恢复审计制度以来，政府十分重视审计行业的规范化建设，先后颁布了一系列法律、法规和行政规章。这些规范性文件不仅有力地促进了注册会计师行业的恢复和发展，也进一步明确了审计人员的审计责任。

1993年10月31日颁布、2014年8月31日修正的《中华人民共和国注册会计师法》（以下简称《注册会计师法》）第二十一条规定："注册会计师执行审计业务，必须按照执业准则、规则确定的工作程序出具报告。注册会计师执行审计业务出具报告时，不得有下列行为：……"该法明确了审计人员执行审计业务、出具审计报告的依据，并规定了一系列禁止行为。

《企业财务会计报告条例》第五条规定："注册会计师、会计师事务所审计企业财务会计报告，应当依照有关法律、行政法规以及注册会计师执业规则的规定进行，并对所出具的审计报告负责。"该条例第一次明确地规定了审计人员应当对其出具的审计报告负责。

根据中国注册会计师审计准则的规定，注册会计师的责任是，就被审计单位遵守这些法律法规的规定获取充分、适当的审计证据；注册会计师的责任仅限于实施特定的审计程序，以有助于识别可能对财务报表产生重大影响的违反这些法律法规的行为。在治理层的监督下，保证被审计单位按照法律法规的规定开展经营活动，是管理层的责任。财务报表审计不能减轻被审计单位管理层和治理层的责任。该审计准则作为审计人员执行审计业务的国家标准，进一步明确区分了审计人员的审计责任和被审计单位的会计责任。

（二）审计责任的主体

按照相关规定，审计责任的主体是执行审计业务并在审计报告上签名的审计从业人员及其所在的会计师事务所。由于我国尚未承认审计从业人员个人在对利害关系人承担民事责任中的独立地位，注册会计师审计责任有时也指会计师事务所的审计责任。

（三）审计责任的法律性质

审计制度的产生是企业所有权与经营权分离的结果。企业股东是审计从业人员的最初委托人。由于企业所有权与经营权的分离，企业所有者表现为持有被审计单位股票的股东。企业全体股东委托被审计单位管理层管理、经营企业，而审计人员又是由被审计单位管理层以审计业务约定书的合同形式聘任的，所以，企业管理层实际上是在代替股东聘任审计人员执行审计业务。同时，由于企业对社会经济的影响之大，立法机关把企业股东的意志上升为法律规定，即表现为强制审计制度。因此，审计责任具有两方面表现：一是对委托人，基于审计业务约定书，审计人员应当承担约定责任；二是对利害关系第三人，基于法定强制审计制度，审计人员承担法定责任。也就是说，作为一种民事责任的审计责任，对内是约定责任，对外是法定责任。

二、审计职业责任的概念、依据及基本内容

公众的需求催生某项职业，职业对公众利益的保护决定了公众对职业的信任程度，而该信任程度将加强或降低该职业存在的必要性。因此，任何职业都应将服务社会公众利益视为最根本的职业责任。

（一）审计职业责任的概念

一般认为，一项职业若为社会所广泛承认，需具备四个共同的特征：①为公众服务的责任；②专业的知识体系；③职业资格许可；④公共信任的需要。无疑，审计具备了作为一项职业的所必需的特征，由此也催生了职业责任这一概念。

职业责任是某一组织以公约、守则等形式公布的，其会员自愿遵守的职业行为标准。职业责任本质上体现为职业道德，如医生的职业道德、法官的职业道德。审计职业责任是指审计人员在承办审计业务中所应履行的职责，是审计人员自愿遵守的职业行为标准。社会公众在很大程度上依赖企业管理层编制的财务报表和审计人员发表的审计意见，并以此作为决策基础。而审计人员尽管接受被审计单位的委托并向其收取费用，但其本质却是服务社会公众。因此，审计人员的审计职业责任更多地体现为对社会公众的责任，这同时也符合独立审计成为一种职业的事实。正如管理层责任需在业务约定书和审计报告中予以明确一样，审计职业责任同样也需要在业务约定书和审计报告中予以明确。

（二）审计职业责任的依据

审计职业责任的依据为审计职业道德规范，从世界范围看，凡是建立了审计制度的国家，都制定了相应的审计人员职业道德规范，以昭示审计人员应达到的道德水准。就国际上而言，国际会计师联合会道德准则理事会为协调国际职业道德规范，制定和发布了《职业会计师道德守则》；美国注册会计师协会也专门设立了职业道德部，负责职业道德规范的制定和发布。在我国，中国注册会计师协会于1992年发布了《中国注册会计师职业道德守则（试行）》，并分别于1996年12月26日及2002年6月25日发布了《中国注册会计师职业道德基本准则》及《中国注册会计师职业道德规范指导意见》的规范性文件。之后，为了进一步规范中国注册会计师协会会员的职业行为并进一步提高职业道德水平和维护职业形象，2009年10月14日，中国注册会计师协会印发了《中国注册会计师职业道德守则》和《中国注册会计师协会非执业会员职业道德守则》并于2010年7月1日起开始施行。其中，《中国注册会计师职业道德守则》具体包括《中国注册会计师职业道德守则第1号——职业道德基本原则》、《中国注册会计师职业道德守则第2号——职业道德概念框架》、《中国注册会计师职业道德守则第3号——提供专业服务的具体要求》、《中国注册会计师职业道德守则第4号——审计和审阅业务对独立性的要求》和《中国注册会计师职业道德守则第5号——其他鉴证业务对独立性的要求》。

（三）审计职业责任的基本内容

因为审计职业责任的依据为审计职业道德规范，因此，审计职业责任的基本内

容也主要从审计职业道德方面进行规范，具体包括以下六个方面：①保持独立、客观、公正；②保持专业胜任能力和应有的职业关注；③保密责任；④对社会公众的责任；⑤对客户的责任；⑥对同行的责任。

职业责任是某种职业应当承担的道德上的义务。职业责任包含一般的道德义务，但又高于普通的道德义务。审计职业责任是审计从业人员自愿遵守的职业行为标准，是审计从业人员应当承担的道德上的义务。它既是审计行业赖以存在的基础，同时又是行业自律的产物。其实施主要靠行业人员良知上的认同及对行业荣誉的认识，遵守审计职业道德规范为审计人员审计职业责任确立的最低标准，即审计人员至少应做到按审计职业道德规范执业。近些年来，国内外发生的一系列企业破产及财务丑闻都与审计人员的职业责任、职业道德有关，加强审计人员的职业责任感仍是行业自律的重要工作。

三、审计职业责任与审计责任、审计法律责任的关系

前已述及，审计人员在承办审计业务中所应履行的职责，以及因工作失误造成公众的损失而应向社会公众承担的法律责任相应形成审计职业责任和审计法律责任。因此，审计职业责任与审计责任以及下节将要详细阐述的审计法律责任是三个不同但密切相关的概念。审计责任主要侧重于审计人员执行某项审计业务时，对委托人或被审计单位的责任，而审计职业责任主要侧重于审计人员对社会公众和同行的责任，是道德层面的义务，是行业自律的结果，表现为审计人员作为审计行业整体应承担的社会责任。审计职业责任不仅是社会公众基于信赖关系对该行业的道德要求，而且是审计行业在社会公众中树立良好形象的保障。审计法律责任则是法律对审计人员行为的否定评价，是审计人员对审计责任根本违反的结果。它依靠国家强制力对不法的审计人员予以惩罚，以达到维护健康有序的审计市场、弥补利害关系人损失的目的。

由此，审计职业责任与审计责任、审计法律责任之间既相互区别，又相互联系。三者之间的关系主要体现在：

首先，审计职业责任与审计责任侧重的责任对象不同。审计责任重在对内即对委托人的责任；审计职业责任则重在对外即对社会公众的责任。审计责任体现了审计活动的本质。

其次，审计职业责任区别于审计法律责任。其主要表现在：①二者的依据不同。审计职业责任依据的是道德标准，是审计人员应负的道德上的义务，其实施依靠社会公众的舆论、成员自身的善恶观及对职业的尊重；而审计法律责任依据的是国家法律，是审计人员应负的法律上的义务，其实施依靠国家行政、司法强制力。②二者是审计从业人员对审计责任违反程度不同的结果。审计从业人员在执行审计业务过程中，如果轻微地违反审计责任的要求，可能要承担审计职业责任。但是，如果其严重违反审计责任的要求，则可能要承担审计法律责任。③违反后对二者的处理不同。审计职业责任是行业自律的结果，违反职业责任，一般由行业协会依据协会规则进行惩戒；而审计法律责任是实施法律的结果，违反法律责任，一般由国

家主管行政机关或司法机关予以处罚。

最后，审计职业责任与审计责任、审计法律责任之间存在紧密的联系。一方面，审计职业责任反映了审计人员自愿承担的审计责任。审计责任是审计活动的本质的、必然的要求；审计职业责任则是审计从业人员在执业过程中自愿遵守的行为守则，反映了审计人员自愿承担的审计责任。另一方面，审计职业责任与审计法律责任相互影响，相互作用。审计职业责任是审计法律责任的基础，审计职业责任履行上的缺陷将导致审计法律责任的产生，审计职业责任的正确履行有利于减少审计法律责任。同时，审计法律责任是促使审计职业责任有效履行的一种社会强制。没有审计法律责任的强制，审计职业责任就会因没有约束而流于形式。

第五节　　　　　　　　　　审计法律责任

随着社会主义市场经济制度的不断完善及社会法制化程度的不断提高，审计人员必然面临社会公众依法保护自身权益的挑战。在竞争激烈、风险增加的条件下，社会环境、被审计单位和审计人员自身的原因促成了审计法律责任的产生。

一、审计法律责任的内涵

审计法律责任是指独立审计人员在承办审计业务中因违约、过失或欺诈对审计委托人、被审计单位或者其他利益第三方造成损害，由此依相关法律规定而应承担的法律后果。从法理上讲，构成审计法律责任必须具备四个要件：

（一）行为主体的职责

行为主体也即审计从业人员和会计师事务所，在履行审计合约过程中，承担着谨慎、熟练及勤勉执业的职责。

（二）过错或违法行为

过错或违法行为是指审计从业人员或会计师事务所在履行审计合约过程中存在的主观故意、过失或违反相关法律法规或业务约定的行为。

（三）造成损害的事实

造成损害的事实即对其他利害关系人造成的人身、财产或精神上的损失或伤害，其中最主要的是财产损失。

（四）因果关系

行为主体的过错或违法行为与损害事实之间存在因果关系，这是确定对某一特定损害是否应由审计从业人员或会计师事务所承担法律责任的关键要件。如果损害事实不是由审计人员或会计师事务所引起的，审计人员或会计师事务所就不应承担法律责任。

二、审计法律责任的成因

导致审计法律责任的原因大致可以分为两大类，即外部原因（外因）和审计人员或会计师事务所内部的原因（内因）。

（一）外因

1.社会原因

导致审计法律责任的社会原因很多，主要可从经济、法律、技术和社会公众的期望值几个方面来考虑。

（1）经济因素。经济的迅猛发展及改革开放的持续深入，使得经济环境日益复杂，企业规模不断扩大，一方面使得企业经营风险不断增加，另一方面使得审计人员的业务范围不断扩大，审计业务的复杂程度不断提高，审计风险也随之不断提高。

（2）法律因素。随着社会的发展及法制化教育的普及，社会公众自我保护意识不断增强，日益注重运用法律手段解决冲突和纠纷。同时，从平衡社会机制出发，倾向于"同情弱者"的法律明显倾向保护使用审计结果的投资者的利益，这进一步促使受损害方对审计人员提起诉讼而不论错在何方。

（3）技术因素。现代审计是基于对被审计单位内部控制进行测试基础上的抽样审计。由于内部控制本身受被审计单位的影响，审计人员对企业内部控制的影响是建立在被审计单位管理层基本可信的假设基础之上的。因此，管理层的故意舞弊、内部的串通舞弊都很难通过在内部控制测试基础上的抽样审计查出，这也导致审计人员法律责任的产生。

（4）社会公众的期望值因素。社会公众往往期望审计人员检查出报表中存在的所有错报，但由于审计时间、审计成本、审计技术等多方面的限制，社会公众对审计结果存在的期望与审计人员实际审计能力之间存在着很大的差距，这种差距的存在每每令审计人员卷入法律责任诉讼纠纷，加重其法律责任。

2.被审计单位的原因

（1）错误、舞弊和违法行为。错误是指导致财务报表存在错报或漏报的非故意行为，即被审计单位由于疏忽、错误等原因，在审计人员所审计的财务报表中产生了错报和漏报。错误强调的是被审计单位主观上的非故意错报行为。舞弊是指导致财务报表产生不实反映的故意行为。舞弊强调的是被审计单位主观上的故意错报行为。违法行为是指被审计单位故意或非故意地违反除企业会计准则及国家其他有关财会法规以外的国家法律、行政法规、部门规章和地方性法规、规章的行为。审计人员如果未能发现或揭露被审计单位的严重的舞弊和违法行为，可能给财务报表使用者造成损失，审计人员因此可能遭受委托单位和有关各方的控告。

（2）经营失败。被审计单位在经营失败时，可能会连累审计人员。财务报表使用者控告会计师事务所的主要原因之一是不理解经营失败和审计失败之间的差别。经营失败是指企业由于不利的经济环境或经营条件、决策失误或市场竞争而严重亏损、无力归还借款或无法达到投资者的预期。经营风险是导致经营失败的主要原因之一。审计失败则是指审计人员由于没有遵守审计准则的要求而发表了错误的审计意见。例如，审计人员可能指派了不合格的助理人员去执行审计任务，未能发现应当发现的财务报表中存在的重大错报。审计风险是导致审计失败的主要原因之一。

经营失败不等于审计失败，但经营失败容易导致审计失败。在发生企业经营失败而无审计失败的情况下，报表使用者往往指责审计失败，却不问错在何方，主要原因在于遭受损失的一方希望能通过诉讼得到补偿，这也加大了审计人员的法律责任。

（二）内因

1.会计师事务所过度热衷于追求经济利益

会计师事务所是自主经营、自负盈亏的中介组织。它一方面要履行社会监督、鉴证和评价的职责，另一方面又必须同其服务对象进行合作，寻求一定的经济利益，通过提供服务收取费用而生存和发展。这说明其存在和发展必须以一定的经济利益为基础。随着市场经济的发展和竞争的加剧，在经济利益的驱动下，个别会计师事务所为争夺客户，不惜血本相互杀价、压低收费，使得本就偏低的审计费用变得更少。这种情况的直接结果是，会计师事务所不得不降低审计成本，因此也就不可能花费大量人力、物力去审计某一个项目。这种情况下，审计质量便无从保证。因此，会计师事务所过度热衷于追求经济利益而不注重审计质量，成为审计人员承担法律责任的重要原因。

2.审计人员职业素质相对偏低

我国独立审计行业存在的一个明显问题就是审计从业人员职业素质相对偏低。大部分审计人员审计经验十分有限，因此，一些过失或判断错误的情况便难免出现。同时，还需承认，部分审计人员在工作中缺乏应有的职业谨慎，不遵循审计准则规定的要求，不履行必要的审计程序。一些审计人员甚至在指导思想上存在片面追求收入、害怕失去客户的错误认识，严重违反审计人员职业道德规范和审计执业准则，弄虚作假，牟取利益。以上行为具体体现在如下几个方面：

（1）违约。所谓违约，是指合同的一方或几方未能达到合同条款的要求。当违约给人造成损失时，审计人员应负违约责任。比如，会计师事务所在商定的期间内未能提交纳税申报表，或违反了与被审计单位订立的保密协议等。

（2）过失。所谓过失，是指在一定条件下，缺少应具有的合理的谨慎或存在明显的失误。评价审计人员的过失，是以其他合格审计人员在相同条件下可做到的谨慎为标准的。当因过失给他人造成损害时，审计人员应负过失责任。按过失的程度不同通常将过失分为普通过失和重大过失。

①普通过失。普通过失也称一般过失，通常是指审计人员在执业过程中没有保持应有的合理的谨慎，在审计工作中没有严格按照审计执业准则执业。比如，未按特定审计项目取得必要和充分的审计证据就出具审计报告可视为一般过失。

②重大过失。重大过失是指审计人员在执业过程中缺乏最起码的职业谨慎，根本没有遵循执业准则或没有按执业准则的基本要求执行审计。

【同步思考4-2】如何区分审计人员的普通过失和重大过失？

理解要点："重要性"和"内部控制"两个概念有助于区分审计人员的普通过失和重大过

失。如果财务报表中存在重大错报，审计人员运用规定的审计程序通常应予发现，但因工作疏忽而未能查出重大错报，这就属于重大过失。如果财务报表存在多处非重大错报，但其综合起来对财务报表的影响却是重大的，遵循了标准审计程序的审计人员未能查出财务报表作为整体的一个严重失实，这种情况下审计人员的过失为普通过失。接着，我们再考虑运用"内部控制"概念区分审计人员的普通过失和重大过失。审计人员对财务报表项目的实质性程序是以内部控制的研究和评价为基础的。如果被审计单位内部控制不太健全，审计人员应调整实质性程序的性质、时间和范围，这样，一般情况下都能合理确信会发现由内部控制不健全所产生的重大错报，否则，审计人员便具有重大过失。如果被审计单位内部控制非常健全，但由于员工串通舞弊，导致设计良好的内部控制趋于无效。这种情况下，审计人员查出重大错报的可能性相对较小，因此，如果审计人员按照规定的审计程序未能查出，那么其只具有普通过失。

另外，还有一种过失叫"共同过失"，即审计人员存在过失，但同时，受害方自己也未能保持合理的谨慎而蒙受损失。比如，委托人指控审计人员未能查出特定的舞弊，而该舞弊的发生又和被审计单位缺乏完善的内部控制系统有密切关系，这种情况下法院可能会判定被审计单位共同过失。再如，被审计单位未能向审计人员提供编制纳税申报表所必要的信息，后来又控告审计人员未能妥当地编制纳税申报表，这种情况可能使法院判定被审计单位有共同过失。

（3）欺诈。欺诈又称舞弊，是以欺骗或坑害他人为目的的一种故意的极端错误行为。对于审计人员而言，欺诈就是明知委托单位的财务报表有重大错报，却加以虚伪陈述，出具无保留意见的审计报告以达到欺骗他人的目的。欺诈是主观上的故意欺骗，这是它与过失的主要区别。

与欺诈相关的另一个概念是"推定欺诈"，又称"涉嫌欺诈"，是指虽无故意欺诈或坑害他人的动机，但却存在极端或异常的过失。法律对审计人员的诉讼案件采用"举证责任倒置"的原则，即当审计人员不能举证自己没有责任时，可能被"推定欺诈"。

推定欺诈和重大过失这两个概念的界限往往很难界定。在美国，许多法院曾经将审计人员的重大过失解释为推定欺诈，特别是近年来有些法院放宽了"欺诈"一词的范围，使得推定欺诈在法律上成为等效的概念。这样，具有重大过失的审计人员的法律责任就进一步加大了。

总之，无论违约、过失还是欺诈，都是审计人员职业素质偏低的表现，它们无一例外地诱发甚或加大了审计人员的法律责任。

三、审计法律责任的种类

审计人员因违约、过失或欺诈给被审计单位或其他利害关系人造成损失的，按照有关法律和规定，可能被判负行政责任、民事责任或刑事责任。这三种责任可单处，也可并处。

（一）行政责任

行政责任是指审计人员由于行政违法而应承担的法律后果。行政制裁是国家行政机关、行业管理部门对行政违法行为追究行政责任所给予的制裁，分为行政处罚和纪律处分两种。行政处罚对审计人员个人来说，包括警告、暂停执业、吊销审计从业人员证书；对会计师事务所而言，包括警告、没收违法所得、罚款、暂停执业和撤销等。

《注册会计师法》第三十九条规定："会计师事务所违反本法第二十条、第二十一条规定的，由省级以上人民政府财政部门给予警告，没收违法所得，可以并处违法所得一倍以上五倍以下的罚款；情节严重的，可以由省级以上人民政府财政部门暂停其经营业务或者予以撤销。注册会计师违反本法第二十条、第二十一条规定的，由省级以上人民政府财政部门给予警告，情节严重的，可以由省级以上人民政府财政部门暂停其执行业务或者吊销注册会计师证书。"另外，《中华人民共和国证券法》（以下简称《证券法》）和《公司法》对此也作了相应规定，在此不再赘述。

（二）民事责任

审计人员的民事责任是指审计人员或会计师事务所因违约、过失或欺诈给他人造成经济损失而应予以赔偿的法律责任，包括惩罚性赔偿和给予受害人的损失性赔偿。对审计人员来说，民事责任形式主要有赔偿受害人损失、支付违约金等。我国对于审计人员民事责任的确定，主要依据《中华人民共和国民法通则》、《注册会计师法》、《证券法》、最高人民法院有关司法解释以及其他法律法规。

于1986年4月12日通过并于2009年8月27日修订的《中华人民共和国民法通则》第一百零六条规定："公民、法人违反合同或者不履行其他义务的，应当承担民事责任。公民、法人由于过错侵害国家的、集体的财产，侵害他人财产、人身的，应当承担民事责任。没有过错，但法律规定应当承担民事责任的，应当承担民事责任。"同时，该法第一百一十一条规定："当事人一方不履行合同义务或者履行合同义务不符合约定条件的，另一方有权要求履行或者采取补救措施，并有权要求赔偿损失。"

于1993年10月31日公布、自1994年1月1日起施行并于2014年8月31日修订的《中华人民共和国注册会计师法》第四十二条规定："会计师事务所违反本法规定，给委托人、其他利害关系人造成损失的，应当依法承担赔偿责任。"

于2014年8月31日修正的《证券法》第一百七十三条规定："证券服务机构为证券的发行、上市、交易等证券业务活动制作、出具审计报告、资产评估报告、财务顾问报告、资信评级报告或者法律意见书等文件，应当勤勉尽责，对所依据的文件资料内容的真实性、准确性、完整性进行核查和验证。其制作、出具的文件有虚假记载、误导性陈述或者重大遗漏，给他人造成损失的，应当与发行人、上市公司承担连带赔偿责任，但是能够证明自己没有过错的除外。"

最高人民法院司法解释关于独立审计人员民事责任的规定，主要体现在其对会计师事务所的验资业务所涉及的法律纠纷的司法解释。其主要内容涉及两个方面：

一是明确会计师事务所是民事赔偿责任的主体；二是规定会计师事务所后于债务人承担赔偿责任的原则。

（三）刑事责任

审计人员的刑事责任是指审计人员因违反国家的法律法规，情节严重，触犯了刑法禁止的行为而应承担的法律后果。刑事责任的表现，就是按有关法律程序判处一定年限的有期徒刑或者拘役。一般来说，因违约和过失可能使审计人员负行政责任和民事责任，因欺诈可能使审计人员负民事责任和刑事责任。我国对于审计人员民事责任的确定，主要依据《中华人民共和国刑法》、《注册会计师法》、《证券法》和《公司法》。

《中华人民共和国刑法》第二百二十九条规定："承担资产评估、验资、验证、会计、审计、法律服务等职责的中介组织的人员故意提供虚假证明文件，情节严重的，处五年以下有期徒刑或者拘役，并处罚金。"《注册会计师法》第三十九条规定："会计师事务所、注册会计师违反本法第二十条、第二十一条的规定，故意出具虚假的审计报告、验资报告，构成犯罪的，依法追究刑事责任。"《证券法》第二百零七条规定："在证券交易活动中作出虚假陈述或信息误导的，责令改正，处以三万元以上二十万元以下的罚款；属于国家工作人员的，还应当依法给予行政处分。"《公司法》第二百一十六条规定："违反本法规定，构成犯罪的，依法追究刑事责任。"审计人员刑事责任案例见【例4-1】。

【例4-1】北京市长城机电产业公司是一家所谓的民营高科技企业，以签订"技术开发合同"的形式进行非法集资活动。1993年，广大的投资者对公司的集资行为表示怀疑，要求长城公司退回投资款。于是，长城公司申请中诚会计师事务所为其出具虚假验资报告。中诚会计师事务所欣然应允。这份验资报告对向长城公司索退集资款的投资者起到了搪塞、欺骗的作用，造成了严重的后果。

处理结果：①审计署、财政部和中国证监会对中诚会计师事务所作出行政处罚；②对承办长城公司审计业务的两名注册会计师判处有期徒刑，因其年龄偏大，监外执行。

四、审计法律责任的规避

法律诉讼一直是困扰着审计职业界的一大难题，会计师行业每年不得不为此付出大量的精力、支付巨额的赔偿金、购买高昂的保险费。如何规避法律责任，避免法律诉讼，已成为我国审计从业人员非常关注的问题。具体而言，可从以下几方面作出努力：

（一）创造良好的外部条件

创造良好的外部条件主要通过政府和注册会计师协会改善审计行业的职业环境来进行。主要应做好以下几项工作：

1.制定合理收费标准，减轻事务所经济压力

在一些审计行业比较发达的国家，审计人员的审计收费要考虑遭受诉讼作出赔偿的可能性，往往会加入审计的风险成本。我国政府部门为会计师事务所制定了最

低收费标准；收费标准以资产或资本总额等指标为参照的依据，很少考虑业务本身的复杂程度、审计风险等因素，显然加大了事务所的经济压力。制定合理的收费标准，有利于减轻事务所的经济压力，从而有助于提高其审计质量。

2.加强沟通，消除期望差距

前已述及，倾向于同情弱者的法律及期望差距的存在加重了审计人员的法律责任。审计的鉴证责任是对财务报表、验证内容的公允性和真实性发表意见，并对审计意见的真实性负责，但是验资报告和审计报告的表述对于非职业人员来说很可能产生一种错误的印象，即审计人员对财务报表、验资内容的真实性负责，实际上，审计人员的工作充其量只不过是提高了会计信息的可信性，而绝不是一种保证或保险，因此，作为行业管理者的中国注册会计师协会，应当积极加强与审计报告使用者和司法部门的沟通，帮助其深刻了解审计职能，保护审计人员的合法权益。

3.开展审计理论研究，完善审计准则

审计人员之所以承担一些法律责任，主要是由于工作结果没有达到报告使用者的要求，其中既有使用者期望过高的因素，也有审计技术落后的原因。开展审计理论研究，不仅要解释现在的审计业务中存在的问题，更重要的是能预测未来可能发生的各种风险，将一些可能导致审计人员承担法律责任的因素消灭在萌芽状态。因此，开展审计理论研究，完善审计准则，是行业自律组织防范审计法律责任的一个重要措施。

4.加强行业内部管理，注重职业道德教育

实行行业自律，提高审计行业的社会威信，是该行业防范法律责任的有效措施。一个职业道德良好、执业规范、严于律己的行业，一般不会受到太多的诉讼案件的困扰。即使发生一些诉讼案件的纠缠，法律界也会理解为是由行业局限性或不可避免的客观因素造成的，从而判定审计人员免于承担法律责任。同时，要加强行业的内部管理，通过同业复核、行业年检等，督促审计人员保证其审计质量，将一些可能发生的过失或错误消灭在萌芽状态。

（二）审计人员与会计师事务所自身应作的努力

审计法律责任的有效规避，不仅依赖于良好的外部环境，还依赖于审计人员和会计师事务所自身所做的努力，具体应做到：

1.审慎选择被审计单位

审计人员为了避免法律诉讼，慎重地选择被审计单位是很必要的。会计师事务所在接受委托之前，一定要采取必要的措施对被审计单位的情况有所了解，评价企业的品质，弄清委托的真正目的，以选择正直、诚信的被审计单位作为自己的审计对象，在执行特殊目的审计业务时更应如此。经营失败容易导致审计失败，因此，在选择被审计单位时，对于那些已经陷入财务困境的被审计单位应特别加以注意。

2.与委托人签订业务约定书

《注册会计师法》第十六条规定，注册会计师承办业务，会计师事务所应与委托人签订委托合同（即业务约定书）。业务约定书具有法律效力，它是确定审计人员和委托人责任的一个重要文件。会计师事务所不论承办何种业务,都要按照准则的要求与委托人签订业务约定书,这样才能在发生法律诉讼时将一切口舌争辩降低到最低限度。同时,审计人员在与客户签订业务委托书时,应特别重视免责条款的规定。

3.深入了解被审计单位的业务

在很多案件中,审计人员之所以未能发现错误,一个重要的原因就是他们不了解被审计单位所在行业的情况及被审计单位的业务,对一些影响较大的技术问题缺乏专家咨询。会计是经济活动的综合反映,不熟悉被审计单位的经济业务和生产经营实务,仅局限于有关的会计资料,就可能发现不了某些错误。

4.取得管理层声明书和律师声明函

管理层声明书和律师声明函是确定审计人员和委托单位责任的重要文件。因此,审计人员在执行审计业务或其他业务时,应要求从被审计单位管理层和律师处获得声明书(函)。被审计单位管理层声明书和律师声明函是一种有力的书面证据,虽然其本身不足以对审计人员审计意见提供基本理由,但它能明确提醒被审计单位管理层应负的会计责任。尤其值得一提的是,一旦发生法律诉讼,被审计单位管理层声明书和律师声明函可作为重要的证据,有利于保护审计人员的权益不受侵害。

5.遵循职业道德和执业标准

审计人员只要严格遵守各项职业道德和执业标准,执业时保持必要的谨慎,一般不会发生过失,至少不会发生重大过失。审计人员是否应承担法律责任,关键在于审计人员是否有过失或欺诈行为,而判别审计人员是否具有过失的关键在于审计人员是否遵循了职业道德规范,是否按照执业标准的要求执业。因此,保持良好的职业道德,严格按照执业标准的要求执业,对于避免法律诉讼具有重大的意义。

6.建立健全会计师事务所质量控制制度

会计师事务所不同于一般的公司、企业,质量管理是会计师事务所各项管理工作的关键。如果一个会计师事务所质量管理不严,很有可能因某一个人或一个部门的原因导致整个会计师事务所遭受灭顶之灾。因此,会计师事务所必须建立健全一套严密、科学的内部质量控制制度,并把这套制度推行到每一个人、每一个部门和每一项业务,使审计人员按照专业标准的要求执业,从而保证整个会计师事务所的质量。

7.提取风险基金或购买责任保险

在西方国家,投保充分的责任保险是会计师事务所一项极为重要的保护措施,尽管保险不能免除可能受到的法律诉讼,但能在一定程度上减少会计师事务所因诉讼失败而发生的财务损失。我国《注册会计师法》也规定了会计师事务所应当按规定建立职业风险基金,办理职业保险,但实施的力度还不够大,因此,应加大这方面的实施力度。

8.聘请或培养熟悉审计法律责任的律师

会计师事务所如果有条件的话，尽可能聘请熟悉相关法规及审计法律责任的律师。在执业过程中如遇重大法律问题，审计人员不仅应从专业角度考虑，也应多请教相关律师，同本所的律师或外聘律师详细讨论所有潜在的危险情况，以防止重大法律诉讼的产生。另外，一旦发生法律诉讼，也应请有经验的律师参与诉讼，充分听取律师的意见和建议，力争把可能的法律责任降到最低。

实务操作练习

业务题1

一、目的

认识合理保证并区分会计责任和审计责任。

二、资料

李琛为一家鞋业公司的经营负责人，公司聘请A会计师事务所对其2018年度财务报表进行审计。A会计师事务所经过审计，出具了无保留意见的审计报告，即认为该公司2018年度的财务报表已在所有重大方面公允地反映了其财务状况。不久，检察机关接到举报，有人反映李琛在该年度内有勾结财务经理收受回扣侵吞国家财产的行为。为此，检察机关传讯了李琛。李琛到检察机关后，手持会计师事务所的审计报告，振振有词地说："会计师事务所已出具了审计报告，证明我没有经济问题。如果不信，你们可以去问注册会计师。"

三、要求

判断李琛的话是否正确并解释原因。

业务题2

一、目的

区分普通过失和重大过失。

二、资料

A公司是一家商业企业，在销售环节采用订货与核准购货方信用职务相分离的内部控制制度，目的是防止在销售过程中吃回扣或不能及时收回销货款的情形发生。由于执行者没有认真执行订货与批准销售的职务分离的内部控制制度，导致公司年度内销货交易款的50%不能按时回收，给公司造成了巨大的财务损失。A公司委托B会计师事务所对其年度报表进行审计。B会计师事务所的审计人员王华在实施审计的过程中，根据以往的经验认为A公司在订货和销货方面不存在问题，没有进行相关的内部控制测试，因此未能发现财务报表中存在的重大错报。

三、要求

1.简述普通过失和重大过失的概念。

2.判断王华在对A公司的审计过程中存在何种过失并解释原因。

第五章 审计证据

本章学习提示

■本章重点：审计依据，审计证据的特征及证明力，审计证据的选择标准，审计证据与审计依据的关系，审计工作底稿的含义、性质、编制要求、格式、要素和范围、归档及复核，审计记录的含义，审计记录的类型与内容。

■本章难点：审计评价标准及其运用，审计证据证明力，工作底稿的格式、要素和范围。

第一节 审计依据和审计评价标准

一、审计依据

（一）审计依据的含义

从汉语的词义方面分析，依据是指事物的根据；标准是指衡量、评价事物的准绳和尺度。运用到审计方面，审计依据就是指审计主体之所以能够实施和如何实施审计行为的法律、法规和制度的根据，简单地说，就是为什么可以审、审什么以及如何审的规定。

（二）审计依据的种类

通过上述审计依据的定义不难看出，审计依据是审计人员开展审计项目的依据，即依据什么开展对被审计单位的审计。这种依据一般涉及如下几个方面：

1.法律法规

《中华人民共和国审计法》第二条规定："国务院各部门和地方各级人民政府及其各部门的财政收支，国有的金融机构和企业事业组织的财务收支，以及其他依照本法规定应当接受审计的财政收支、财务收支，依照本法规定接受审计监督。"审计机关对财政收支或财务收支的真实、合法和效益，依法进行审计监督。该规定构成了政府审计机关开展审计的依据。

《审计署关于内部审计工作的规定》第三条规定："国家机关、金融机构、企业事业组织、社会团体以及其他单位，应当按照国家有关规定建立健全内部审计制度。"这就为相关组织和单位设立内部审计机构提供了制度保证。

《中华人民共和国注册会计师法》第二条规定："注册会计师是依法取得注册会计师证书并接受委托从事审计和会计咨询、会计服务等业务的执业人员。"该项规定成为独立审计人员开展审计业务的依据，从而更好地发挥独立审计人员在社会经济活动中的鉴证和服务作用，维护社会公共利益和投资者的合法权益，促进社会主义市场经济的健康发展。

2.审计基本准则

《国家审计准则》第六条规定："审计机关的主要工作目标是通过监督被审计单位财政收支、财务收支以及有关经济活动的真实性、合法性、效益性，维护国家经济安全，推进民主法治，促进廉政建设，保障国家经济和社会健康发展。"第七条规定："审计机关对依法属于审计机关审计监督对象的单位、项目、资金进行审计。审计机关按照国家有关规定，对依法属于审计机关审计监督对象的单位的主要负责人经济责任进行审计。"第八条规定："审计机关依法对预算管理或者国有资产管理使用等与国家财政收支有关的特定事项向有关地方、部门、单位进行专项审计调查。审计机关进行专项审计调查时，也应当适用本准则。"这些准则的规定成为政府审计的依据。

《内部审计基本准则》规定，内部审计是一种独立、客观的确认和咨询活动，它通过运用系统、规范的方法，审查和评价组织的业务活动、内部控制和风险管理的适当性和有效性，以促进组织完善治理、增加价值和实现目标。这为内部审计的工作指明了方向，构成了内部审计的依据。

《中国注册会计师鉴证业务基本准则》第二条规定："注册会计师执行历史财务信息审计业务、历史财务信息审阅业务和其他鉴证业务时，应当遵守本准则以及依据本准则制定的审计准则、审阅准则和其他鉴证业务准则。"这为注册会计师开展相关业务指明了方向。

3.委托人的委托

没有委托就没有审计，任何一项审计业务事先都要得到委托才会得以实施。当然，委托人的委托并不是根据自己的主观臆断，而是在法律法规规定范围内进行的。尽管法律法规没有规定，但是委托人有特殊需求的也可以委托审计业务。

首先，政府审计也是先得到委托才开展业务的，审计机关的委托人通常是某一级政府，而不一定是被审计单位。

其次，内部审计同样要有委托关系的存在，内部审计业务通常是一个单位或组织内部的事情，倘若没有委托受托关系，内部审计人员根本无法开展审计业务，只不过在内部审计业务中，委托方通常是指公司总部。

最后，独立审计的存在一定是基于委托人的委托才开展审计业务的，独立审计人员并不代表国家履行相应的行政职能，他们能不能开展业务，则要视是否存在委托而定。

4.政府、公司的工作计划

审计业务的实施依据还可能基于政府、公司的相应工作计划。政府机关根据在履行日常行政业务的过程中可能会产生哪些问题，先制订工作计划，然后按部就班地开展审计工作。例如，审计署在全国范围内开展的社保资金审计、地方债务审计等。内部审计人员开展的大部分审计业务也是基于内部工作计划进行的，是在开展内部审计业务之前都已做好规划的。这种情形对独立审计而言则是不适合的。

5.其他情形

除了相关法律法规、审计准则、委托人的委托以及工作计划构成了审计的依据外，可能还存在其他情形，也会成为审计的依据。比如2008年汶川地震后，全国上下一盘棋，在"一方有难、八方支援"的民族精神感召下，社会各界、各行业纷纷伸出援助之手，针对各种救灾物资如何使用、有没有存在个人发难民财、牟取私利的情形，审计署临危受命，果断采取措施实施灾后物资的跟踪审计，为保证灾后物资的合理使用发挥了重要的监督作用。

二、审计评价标准

（一）审计评价标准的含义

审计评价标准是查明审计客体的行为规范，据以作出审计结论、提出处理意见和建议的客观尺度。有些人认为审计评价标准就是审计准则。这种理解是不全面的，因为审计评价标准包含了审计准则，而审计准则只是审计评价标准的重要组成部分。审计除了依据审计准则外，还应当依据国家相关的法律法规以及单位内部的规章制度等。

（二）审计评价标准的种类

审计评价标准可按不同的标准进行分类，不同种类的评价标准具有不同的功能和用途。对审计评价标准进行适当的分类一方面能使审计人员明白有哪些审计评价标准可供选择，另一方面可使其根据需要选用恰当的审计评价标准。

1.按审计评价标准来源渠道分类

（1）外部制定的审计评价标准：如国家制定的有关法律、法规、条例、政策、制度；地方政府、上级主管部门颁发的规章制度和下达的通知、指示文件等；涉外被审事项所引国际惯例的条约等。

（2）内部制定的审计评价标准：如被审计单位内部制定的经营方针、任务目标、计划预算、各种定额、经济合同、各项指标和各项规章制度等。

2.按审计评价标准性质内容分类

（1）法律法规。法律是国家立法机关依照立法程序制定和颁布，由国家强制保证执行的行为规范的总称，如宪法、刑法、民法、会计法、审计法、预算法、税收征管法、海关法、税法、企业法、公司法、经济合同法等。法规是由国家行政机关制定的各种法令、条例、规定等，如《企业会计准则》《企业财务通则》《中华人民共和国审计法实施条例》等。

（2）规章制度。规章制度主要有：国务院各部委根据法律和国务院的行政法规制定的规章制度；省、自治区、直辖市根据法律和国务院的行政法规制定的规章制度；被审计单位上级主管部门和被审计单位内部制定的各种规章制度等。例如，国家主管部门制定的各项财务会计制度、单位内部制定的各项内部控制制度等。

（3）预算、计划、合同：如国家机关事业单位编制的经费预算、企业单位制订的各种经济计划、被审计单位与其他单位签订的各种经济合同等。

（4）业务规范、技术经济标准：如人员配备定额、工作质量标准、原材料消耗定额、工时定额、能源消耗定额、设备利用定额等，此外，还有国家制定的等级企业标准、优秀企业的管理条例等。

3.按审计评价标准衡量对象分类

（1）财务审计评价标准。财务审计的主要目标是对被审计单位经济活动的真实性和合法性作出审计和评价。因此，财务审计的主要依据有：国家的法律、法规；国家主要部门或地方各级政府制定的规章制度；单位自己制定的会计控制制度、计划、预算、合同等。

（2）经济效益审计评价标准。经济效益审计的主要目标是对被审计单位经济活动的有效性作出审计和评价。因此，经济效益审计的主要依据有：单位的管理控制制度、预算、计划、经济技术规范、经济技术指标；可比较的各种历史数据；同行业的先进水平、优良企业的标准和管理规范等。

（三）审计评价标准的特点

审计评价标准就是审计主体在实施审计的过程中，用于衡量和评价审计客体是非优劣的准绳和尺度，即判断被审计单位或被审计事项的合法性、真实性和效益性的对比尺度。

无论是政府审计、内部审计抑或独立审计，其根本目的并不只是监督，监督仅仅是手段，监督是为了更好地评价和服务。但由于在我国现行的审计体系中存在的这三种情形的审计，其审计对象涉及面广，不仅涉及财务审计，还涉及效益审计、管理审计以及特殊项目审计，评价标准自然不应该单一，同时也不能单一，否则会造成审计评价标准不适合评价对象而导致审计失去魅力，最终会给审计行业带来灭顶之灾。

审计评价标准应包括基本标准和卓越标准。基本标准是对多个评价对象而言期望达到的水平。这种标准是每个评价对象经过努力都能够达到的水平。而卓越标准并非每个评价对象都可以达到，而且卓越标准不像基本标准那样可以有限度地描述出来，有的卓越标准甚至是无边界的。

卓越标准可以促使评价对象朝着更高、更优秀的目标而努力。如政府审计评价标准中关于传统的财政财务收支审计，其评价标准按照国家相关规定基本可以描述出来，而对于政府审计过程中的经济责任和绩效审计，由于审计对象涉及面广、范围大，同时很多现象也无法具体界定，那么此时的评价标准就不能十分准确地界定，其评价标准具有一定的模糊性和可变性。内部审计评价标准视内部审计工作涉及对象的不同也存在很大的差异，对于内部财务审计，其评价标准基本上可以描述出来。但内部审计更多的是进行管理审计，为组织增加价值提供相关的服务，管理审计评价标准基于管理的复杂性和多变性，必然也呈现一定的变异性，甚至有时候对管理质量的高低与效益的优劣可能会很难评价。相对于政府审计、内部审计而言，独立审计更多的是进行财务审计，其评价标准通常比较容易描述和具体量化。

（四）审计评价标准的运用原则

不同的被审计事项需要不同的衡量、评价标准，审计人员应根据不同的审计目标、不同的实际需要，选用适当的审计评价标准进行审计判断，提出审计意见，作出审计决定。审计评价标准的选择应符合被审计单位的实际，兼顾基本指标和卓越指标，尽量采用高标准、严要求来进行。对于比较难以准确界定的评价标准，应通过广泛的论证，并考虑到具体环境的变化，在征得有关权威部门意见后方可确定评价标准。

第二节　　审计证据

一、审计证据的概念

有关审计证据的概念，可谓仁者见仁、智者见智，众说纷纭。有代表性的观点如下：

美国会计学会（AAA）基本审计概念委员会于1973发布的《基本审计概念说明》（A Statement of Basic Auditing Concept，ASOBAC）中对审计证据的描述：美国注册会计师会计协会（AICPA）颁布的《审计准则第32号说明书》把审计证据分为所依据的会计资料和佐证信息两大类，并且规定佐证信息又包括以下七种形式：实物证据、文书证据、声明书、函证、口头证据、数学性证据和分析性证据。

《国家审计准则》规定："审计证据是指审计人员获取的能够为审计结论提供合理基础的全部事实，包括审计人员调查了解被审计单位及其相关情况和对确定的审计事项进行审查所获取的证据。"

《第2103号内部审计具体准则——审计证据》规定："审计证据，是指内部审计人员在实施内部审计业务中，通过实施审计程序所获取的，用以证实审计事项，支持审计结论、意见和建议的各种事实依据。"

《中国注册会计师审计准则第1301号——审计证据》第三条将审计证据定义为："审计证据，是指注册会计师为了得出审计结论、形成审计意见而使用的所有信息，包括财务报表依据的会计记录中含有的信息和其他信息。"

从中国的三个不同职能机构关于审计证据的定义不难看出：

（1）三个定义均强调审计证据是审计事项的事实状态，也就是说，审计证据不是凭空产生的，也不是审计人员的主观臆断，而是证明被审计事项某些特征的事实，是客观存在的。

（2）三个定义均认同审计证据是需要经过实施审计程序、进行审计判断而获取的信息资料，都认为审计人员需要实施诸如检查、询问、函证、计算、分析程序等审计程序，在获取审计证据的过程中不可避免地要融入审计人员的职业判断。

（3）三个定义均明确提出审计证据是形成审计结论、得出审计意见的依据。审计人员从事审计工作，其最终目的并不单是获取审计证据，更重要的是以审计证据为基础得出审计结论、形成意见。

二、审计证据的作用

审计证据是审计人员在审计过程中，围绕审计目标、依照法定程序和方法而获得的经过核实用以证明被审计事项真相并保证审计意见和审计决定正确所依据的资料。审计证据既是审计人员正确认定被审计事项真相的根据，也是审计人员进行正确判断、表示审计意见、作出审计决定的基础。审计证据不仅是审计理论的一个重要组成部分，而且是审计工作的核心问题。审计工作的成败关键在于取证成功与否，审计证据的质量决定审计工作的质量。具体来说，审计证据在审计过程中的作用表现如下：

（一）审计证据是制订与修订审计方案的依据之一

通过初步调查，根据证实审计目标的需要，确定所需审计证据的类型、数量及取证渠道和方法，这就为确定审计的范围、重点及主要方法提供了依据。审计人员在取证过程中，往往发现实际情况与原定方案有很大差异，需要重新确定取证的范围和方法，这又为修订审计方案提供了依据。

（二）审计证据是表示审计意见的根据

全面公正、准确恰当的审计意见必须由充分的审计证据来支持，必须和客观事实相吻合，否则难以令人信服，容易被人否定。根据估计和推测提出的审计意见，不会被他人所接受。

（三）审计证据是确定或解除被审计人员应负经济责任的根据

审计人员可以根据在审计过程中所收集到的大量的审计证据，证明被审计单位和被审计人员应负经济责任或解除所应负的经济责任。

（四）审计证据是证明审计质量的重要依据

以质量求生存，自然也是审计行业孜孜追求的目标。那么怎样来证明审计工作质量的高低呢？这主要取决于审计人员能否获取数量充分、质量适当的审计证据。

审计证据的作用不仅在于能够取信于他人，审计主管人员可以根据取证进度来控制审计进度，可以通过审计证据来控制全部审计工作的质量。如审计主管人员审阅审计工作底稿及所记载的审计证据，借以发现和纠正工作过程中的问题，给具体工作人员以必要的指导，并据以考核具体工作人员的工作能力、工作效率和工作责任心。

三、审计证据的特性

审计人员应当保持职业怀疑态度，运用职业判断，评价审计证据的充分性和适当性。

（一）审计证据的充分性

审计证据的充分性考虑的是对于一个审计项目来说合适的审计证据应该有多少才是足够的。对于审计证据的充分性，审计职业界没有正式的标准，这就给审计人员的专业判断提出了要求。审计证据的充分性是对审计证据数量的衡量，主要与审计人员确定的样本量有关。体现审计证据是否充分并不是简单地以数量来衡量，同时还要复核下列要求：

其一，确定审计证据的充分性就是确定需要有多少证据来为审计人员的意见提供必要的合理保证，是审计人员为形成审计意见所需要审计证据的最低数量要求。

其二，审计证据的充分性不仅取决于审计人员寻找的审计证据是否彻底，而且取决于审计人员对证据进行客观评价的能力。对审计证据充分性的判断可视审计人员的知识与实践经验、直觉推理和职业判断而定。对于重要性较高的项目，所需获取的审计证据就越多；对于存在重大错报风险的项目，审计人员从实施的实质性程序中获取的审计证据也应该越多。

其三，评价审计证据的充分性还必须考虑获取审计证据的经济性。通常情况下，审计人员在开展审计业务过程中，应当考虑成本效益问题。在不影响审计质量的前提下，可以通过其他途径或采用其他的审计程序来获取一定数量的审计证据。

审计人员需要获取的审计证据的数量受错报风险的影响，并受到错报发生的可能性以及记录金额的重要性的影响。错报风险越大，需要的审计证据可能越多。具体来说，在可接受的审计风险水平一定的情况下，重大错报风险越大，审计人员就应实施越多的测试工作，将检查风险降至可接受水平，以将审计风险控制在可接受的低水平范围内。

（二）审计证据的适当性

审计证据的适当性是对审计证据质量的衡量，即审计证据在支持各类交易、账户余额、列报（包括披露，下同）的相关认定或发现其中存在错报方面具有相关性和可靠性。相关性和可靠性是审计证据适当性的核心内容。只有相关且可靠的审计证据才是高质量的。

1.审计证据的相关性

审计证据要有证明力，必须与审计人员的审计目标相关。例如，审计人员在审计过程中怀疑被审计单位发出存货却没有给顾客开票，则需要确认销售是否完整。审计人员应当从发货单中选取样本，追查与每张发货单相对应的销售发票副本，以确定是否每张发货单均已开具发票。如果审计人员从销售发票副本中选取样本，并追查至与每张发票相对应的发货单，由此所获得的证据与完整性目标就不相关。

审计证据是否相关必须结合具体审计目标来考虑。在确定审计证据的相关性时，审计人员应当考虑：

（1）特定的审计程序可能只为某些认定提供相关的审计证据，而与其他认定无关。例如，检查期后应收账款收回的记录和文件，可以提供有关存在和计价的审计证据，但是不一定与期末截止是否适当相关。

（2）针对同一项认定可以从不同来源获取审计证据或获取不同性质的审计证据。例如，审计人员可以分析应收账款的账龄和应收账款的期后收款情况，以获取与坏账准备计价有关的审计证据。

（3）只与特定认定相关的审计证据并不能替代与其他认定相关的审计证据。例如，有关存货实物存在的审计证据并不能够替代与存货计价相关的审计证据。

2.审计证据的可靠性

审计证据的可靠性是指审计证据的可信程度。例如，审计人员亲自检查存货所获得的证据，就比被审计单位管理层提供给审计人员的存货数据更可靠。

审计证据的可靠性受其来源和性质的影响，并取决于获取审计证据的具体环境。审计人员在判断审计证据的可靠性时，通常会考虑下列原则：

（1）从外部独立来源获取的审计证据比从其他来源获取的审计证据更可靠。从外部独立来源获取的审计证据由完全独立于被审计单位的机构或人士编制并提供，未经被审计单位有关职员之手，从而降低了伪造、更改凭证或业务记录的可能性，因而其证明力最强。此类证据包括银行询证函回函、应收账款询证函回函、保险公司等机构出具的证明等。相反，从其他来源获取的审计证据，由于证据提供者与被审计单位存在经济或行政关系等，其可靠性应受到质疑。此类证据包括被审计单位内部的会计记录、会议记录等。

（2）内部控制有效时内部生成的审计证据比内部控制薄弱时内部生成的审计证据更可靠。如果被审计单位有着健全的内部控制且在日常管理中得到一贯执行，会计记录的可信赖程度将会增加。如果被审计单位的内部控制薄弱，甚至不存在任何内部控制，被审计单位内部凭证记录的可靠性就大为降低。例如，如果与销售业务相关的内部控制有效，审计人员就能从销售发票和发货单中取得比内部控制不健全时更加可靠的审计证据。

（3）直接获取的审计证据比间接获取或推论得出的审计证据更可靠。例如，审计人员观察被审计单位某项内部控制的运行得到的证据比询问某项内部控制的运行得到的证据更可靠。间接获取的证据有被涂改及伪造的可能性，降低了可信赖程度。推论得出的审计证据，其主观性较强，人为因素较多，可信赖程度也受到影响。

（4）以文件、记录形式（无论是纸质、电子或其他介质）存在的审计证据比口头形式的审计证据更可靠。例如，会议的同步书面记录比对讨论事项事后的口头表述更可靠。口头证据本身并不足以证明事实的真相，仅仅提供一些重要线索，为进一步调查确认所用。如审计人员在对应收账款进行账龄分析后，可以向应收账款负责人询问逾期应收账款收回的可能性。如果该负责人的意见与审计人员自行估计的坏账损失基本一致，则这一口头证据就可成为证实审计人员对有关坏账损失的判断的重要证据。但在一般情况下，口头证据往往需要得到其他相应证据的支持。

（5）从原件获取的审计证据比从传真件或复印件获取的审计证据更可靠。审计人员可审查原件是否有被涂改或伪造的迹象，排除伪证，提高证据的可信赖程度，而传真件或复印件可能是变造或伪造的结果，可靠性较低。

（三）充分性和适当性之间的关系

充分性和适当性是审计证据的两个重要特征，两者缺一不可，只有充分且适当的审计证据才是有证明力的。

审计人员需要获取的审计证据的数量也受审计证据质量的影响。审计证据质量越高，需要的审计证据数量可能越少。也就是说，审计证据的适当性会影响审计证据的充分性。例如，被审计单位内部控制健全时生成的审计证据更可靠，审计人员只需获取适量的审计证据，就可以为发表审计意见提供合理的基础。

　　需要注意的是，尽管审计证据的充分性和适当性相关，但如果审计证据的质量存在缺陷，那么审计人员仅靠获取更多的审计证据可能无法弥补其质量上的缺陷。例如，审计人员应当获取与销售收入完整性相关的证据，实际获取的却是有关销售收入真实性的证据，审计证据与完整性目标不相关，即使获取的证据再多，也证明不了收入的完整性。同样，如果审计人员获取的证据不可靠，那么证据的数量再多也难以起到证明作用。

（四）评价充分性和适当性时的特殊考虑

1.对文件记录可靠性的考虑

　　审计工作通常不涉及鉴定文件记录的真伪，审计人员也不是鉴定文件记录真伪的专家，但应当考虑用作审计证据的信息的可靠性，并考虑与这些信息生成与维护相关的控制的有效性。

　　如果在审计过程中识别出的情况使其认为文件记录可能是伪造的，或文件记录中的某些条款已发生变动，审计人员应当作出进一步调查，包括直接向第三方询证，或考虑利用专家的工作以评价文件记录的真伪。例如，如发现某银行询证函回函有伪造或篡改的迹象，审计人员应当作进一步的调查，并考虑是否存在舞弊的可能性。必要时，应当通过适当方式聘请专家予以鉴定。

2.使用被审计单位生成信息时的考虑

　　如果在实施审计程序时使用被审计单位生成的信息，审计人员应当就这些信息的准确性和完整性获取审计证据。例如，通过用标准价格乘以销售量来对收入进行审计时，其有效性受到价格信息准确性和销售量数据完整性和准确性的影响。类似地，如果注册会计师打算测算总体（如付款）是否具备某一特性（如授权），若选取测试项目的总体不完整，则测试结果可能不太可靠。

3.证据相互矛盾时的考虑

　　如果针对某项认定从不同来源获取的审计证据或获取的不同性质的审计证据能够相互印证，与该项认定相关的审计证据则具有更强的说服力。例如，审计人员通过检查委托加工协议发现被审计单位有委托加工材料，且委托加工材料占存货比重较大，经发函询证后证实委托加工材料确实存在。委托加工协议和询证函回函这两个不同来源的审计证据互相印证，证明委托加工材料真实存在。

　　如果从不同来源获取的审计证据或获取的不同性质的审计证据不一致，表明某项审计证据可能不可靠，审计人员应当追加必要的审计程序。上例中，如果审计人员发函询证后证实委托加工材料已加工完成并返回被审计单位。委托加工协议和询证函回函这两个不同来源的证据不一致，委托加工材料是否真实存在受到质疑。这时，审计人员应追加审计程序，确认委托加工材料收回后是否未入库或被审计单位收回后是否已销售但未入账。

4.获取审计证据时对成本的考虑

　　审计人员可以考虑获取审计证据的成本与所获取信息的有用性之间的关系，但不应以获取审计证据的困难大、成本高为由减少不可替代的审计程序。

在保证获取充分、适当的审计证据的前提下，控制审计成本也是会计师事务所增强竞争能力和获利能力所必需的。但为了保证得出的审计结论、形成的审计意见是恰当的，审计人员不应将获取审计证据的成本高或难度大作为减少不可替代的审计程序的理由。例如，在某些情况下，存货监盘是证实存货存在认定的不可替代的审计程序，审计人员在审计中不得以检查成本高或难以实施为由而不执行该程序。

（五）审计证据的选择标准

审计工作的最终结果是提出审计意见，审计意见的表达离不开审计证据的收集和评价，任何审计无不把收集和评价证据放在中心地位。那么，在选择审计证据时怎样选，采用什么样的标准来选，才能为提出合理的审计意见打下坚实的基础？在选择审计证据时尽可能考虑审计证据是否同时具备相关性、可靠性、充分性、时效性以及有关的成本等因素，如果审计证据不能同时具备这些特征，审计证据就没有充分的证明力。显而易见，这样的证据是不能支持审计意见的。

1.相关性标准

审计证据的相关性是指审计证据与审计目标相关的程度。在选择审计证据时，审计人员应当以审计目标为导向，尽可能选择那些与审计目标高度相关的证据发表审计意见，审计证据与审计目标的相关度越高，审计证据的证明力就越强。

2.可靠性标准

审计证据的可靠性是指审计证据的可信度。审计人员在选择审计证据时，务必考虑审计证据的可信度。如果审计证据值得信赖，审计人员就会选择并为发表审计意见提供基础；反之，审计证据不值得信赖，审计人员一定不会采信这些证据。

【同步思考5-1】如何判断审计证据的可靠性？

理解要点：审计证据的可靠性取决于：

1.审计证据的提供者是否独立。审计证据的提供者地位越独立，其提供的证据则越可信。

2.内部控制是否有效。企业的内部控制越有效，所产生的审计证据的可靠程度也越高。

3.审计人员是否直接获取审计证据。审计人员通过盘点、观察、计算和检查等方法直接取得的审计证据要优于从被审计单位间接获取的证据。

4.证据提供者是否具备相应资质。只有当审计证据的提供者具备相应的资质、知识背景、经验时，其所提供的证据才具有可靠性。例如，从律师、银行处获取的函证回函比从不熟悉商业的个人处获得的函证回函的可靠性要高。

5.证据是否客观。客观程度较高的审计证据的可靠性优于主观程度较高的审计证据。因为客观的审计证据不掺杂个人的主观判断，比如对现金和有价证券的检查、应收账款函证回函、银行存款函证回函等所形成的审计证据，就属于客观证据；而询问信用部经理有关应收账款的回收情况等所形成的证据则属于主观证据。通常情况下，外部证据比内部证据可靠；书面证据比口头证据可靠；不同来源或不同性质的审计证据相互印证时，审计证据比较可靠。

3.充分性标准

审计人员发表审计意见一定要立足于足够数量的审计证据。充分的审计证据是发表审计意见的基础。究竟影响审计证据数量的因素有哪些？它们是如何影响审计证据数量的？这些问题不得不引起我们的高度重视。可接受的检查风险水平越高，需要的审计证据就越少，反之，就越多；审计重要性水平越高，需要的审计证据就越少，反之，则越多；审计项目越重要，需要的审计证据就越多；审计人员的经验越丰富，相对以较少数量的审计证据就可以作出相关的职业判断；当存在舞弊行为时，被审计单位财务报表层次重大错报风险偏高，此时需要的审计证据也就越多；审计证据的类型和来源同样会影响到审计证据的数量，当取得的证据为外部证据时，需要的审计证据就相对少一些。

4.时效性标准

审计证据的时效性越强，其证明力也就越强。一般而言，对资产负债表项目审计，取得证据时间越接近资产负债表日，时效性就越强。对于利润表项目审计，如果审计证据涉及整个会计期间，其时效性好于只集中于该会计期间中的某一时间段的证据。

5.成本标准

通常情况下，审计人员获取审计证据要符合成本效益原则，尽可能以较低的成本获得具有一定证明力的审计证据。由于受成本的制约，审计人员在取证过程中不一定要选取证明力最强的证据，往往采用替代的审计程序，但替代程序获取的证据必须足以支持审计人员作出合理的判断。对于重要的审计项目，在获取审计证据时不应以审计成本高或获取审计证据难作为减少必要审计程序的理由。

审计证据的成本因取证方式的不同而不同。

（1）成本最高的两类证据是监盘和函证。监盘的成本高是因为客户在盘点资产时（通常在资产负债表日）一般需要审计人员在场。例如，为了监盘存货，几个审计人员需要赶到非常分散的多个地点。函证的成本高是因为审计人员在填制、寄送、收回询证函以及对未回函账户和例外事项执行后续程序时需要严格遵循有关程序。

（2）成本较高的证据类型是检查和分析程序。如果客户的职员为审计人员查找有关凭证并按照便于使用的方式摆放，通常检查程序的成本较低。如果审计人员必须自己查找所需凭证，检查的成本就非常高。即使在理想的情况下，凭证上的信息和数据有时也会相当复杂，需要有关人员予以解释和分析。例如，阅读和评价客户的合同、租赁协议和董事会会议纪要，通常需要花费审计师大量的时间。分析程序的成本大大低于函证和监盘，因此，在可能的情况下审计人员更倾向于用分析程序替代详细测试。例如，计算和复核与销售收入、应收账款有关的比率比函证应收账款的成本要低得多。如果执行分析程序可以减少或替代函证，就可以节省大量的成本。但是，在执行分析程序时，审计人员要确定采用哪个分析程序进行计算并评价结果，这些工作同样需要花费大量的时间。

（3）成本较低的三种证据类型是观察、询问和重新执行。观察程序通常与其他审计程序同时执行。审计人员在盘点一定数量的存货（监盘）的同时可以很容易地观察客户的职员是否遵循了恰当的存货盘点程序。在每个审计业务中，审计人员都需要询问客户很多问题，该程序通常成本较低。某些询问程序的成本较高，如从客户处取得有关审计过程中客户与审计师讨论过的问题的书面声明。新执行程序通常执行成本较低，如审计人员在时间充裕的情况下进行所谓的简单计算和核对。审计人员往往利用计算机软件来执行这类测试。

总之，在选择审计证据时，必须考虑审计证据的相关性标准、可靠性标准、充分性标准、时效性标准以及成本标准，缺少其中任何一个要素都会导致选取的审计证据的证明力欠佳，无法为发表审计意见奠定坚实的基础。

四、审计证据的种类及证明力

审计证据分类的目的在于找出更合理、更有效、更具有证明力的证据，以达到较好的证明效果，从而有利于审计工作的顺利完成。审计证据可按不同划分标准进行分类。

（一）审计证据按外在表现形式分类

审计证据按外在表现形式分类，可分为实物证据、书面证据、口头证据、环境证据、视听证据和电子证据。前四类属于传统的审计证据的分类，在详细审计时期和资产负债表审计时期，对实物证据和书面证据较为重视，对口头证据和环境证据并不十分关注；到了财务报表审计时期，为提高审计效率和质量，需要对内部控制系统进行测试，以确定审计程序的性质、时间和范围，口头证据、环境证据的作用才得以重视。随着信息技术的发展，证据存在方式发生了较大的变化，这时又出现了视听证据和电子证据。

1.实物证据

实物证据是指审计人员通过实际观察、实地盘点等方法确定某些实物资产存在的证据。最好的实物证据是审计人员进行的实物资产检查，其典型的形式是各类实物盘点表。实物证据适用的资产有：现金、有价证券、存货、固定资产。

实物证据主要用于证明实物资产存在的认定，是一种最有用、证明力最强、最可靠的证据。但实物证据无法确定实物的归属、质量以及财务报表中相应项目的计价是否合理、适当，即对权利与义务、计价和分摊的认定没有证明力。因此，在使用实物证据的同时，通常还应配合其他证据。

2.书面证据

书面证据是审计人员获取的各种以书面文件为形式的证据。书面证据是审计证据的主要组成部分，又叫基本证据，既包括会计方面的证据，如原始凭证、记账凭证、会计账簿等，也包括非会计方面的证据，如各种管理制度、各种会议记录、各种合同、函件等。

书面证据是适用范围最广的审计证据，并具有较强的证明力，对发生认定、权利与义务认定、完整性认定、准确性认定等都有较强的证明力，但比实物证据的证明力要差一些。书面证据价值的大小取决于其获取的途径以及证据本身是否容易被涂改或伪造。一般来说，从被审计单位外部获取的证据，其可靠性要大于从被审计单位内部获取的证据。

3. 口头证据

口头证据是由被审计单位职员或其他人员对审计人员的提问作口头答复所形成的审计证据。一般而言，口头证据本身并不足以证明事实的真相，但审计人员往往可以通过口头证据发掘出一些重要的线索，从而有利于对某些需审核的情况作进一步的调查，以收集到更为可靠的证据。由于被询问者在答复时的主观性和随意性，口头证据的证明力较弱，为了提高口头证据的证明力，审计人员一方面应把各种重要的口头证据尽快生成记录，并要求被询问者签名确认，另一方面应尽可能地从不同渠道取得其他相应证据的支持。相对而言，不同人员对同一问题所作的口头陈述相同时，口头证据具有较高的可靠性。

鉴于口头证据的特点，通常情况下，审计人员只能以口头证据为切入点，通过搜集其他证据来实现对相关认定的审计，而不能仅获取口头证据并以此为依据发表审计意见。

4. 环境证据

环境证据是指对被审计单位产生影响的各种环境事实。环境证据一般不属于基本证据，但它可帮助审计人员了解被审计单位及其经济活动所处的环境，是审计人员进行判断所必须掌握的资源。具体而言，环境往往包括被审计单位经营条件和发展趋势、被审计单位经营方针、被审计单位组织结构、被审计单位内部控制、被审计单位的各种管理条件和管理水平、被审计单位管理人员的素质等。环境证据的作用通过对被审计单位产生影响的各种事实予以证实，以进一步分析被审计项目的性质。环境证据反映的情况好，审计人员需要收集的其他类型的审计证据可以适当减少；反之，审计人员必须获取大量的其他审计证据。

环境证据只能在风险评估程序中采用。通过对被审计单位所处环境进行分析，可以在某种程度上对财务报表层次的重大错报风险进行界定，一般情况下，与具体认定无直接联系。

5. 视听证据和电子证据

视听证据是以录音、录像等形式存储的视听资料，包括会议录像、讲话录音等。作为审计证据的视听资料，应调取原始载体或复制件，注明制作方法、制作时间、证明对象、制作人等，声音资料应附有该声音内容的文字记录。

电子证据是伴随现代电子技术发展而出现的证据形式，是指以物理形式存储于计算机系统内部及其存储器当中的指令和资料，包括计算机程序和程序运行过程中所处理的信息资料（如文本资料、运算数据、图形表格等）。与传统的证据种类相比，电子证据的载体具有特殊性，它脱离了传统的载体而以新的载体形式表现。就电子证据的证明力而言，在相当多的情况下，电子证据可以单独证明主要事实，无须其他证据的辅助。但是，由于电子证据可以轻易地被输出、复制和更改，而且其原件与复制件很难区分，因此在采集和使用电子证据的过程中应注意保存和认证证据的方式、方法。审计人员采集的电子数据，能够转化为纸质文件的应尽量转化，同时应注明该证据的制作程序、存储方法，并取得相关单位的认可。

视听证据和电子证据可以在一定程度上与存在或发生认定、权利与义务认定、计价和分摊认定、准确性认定、列报与披露认定相关。

（二）审计证据按来源分类

1.亲历证据

亲历证据是指审计人员通过运用自己的各种感官取得反映被审计项目真相的证据。亲历证据主要有：审计人员亲自参与盘点或监督盘点编制的盘点表；审计人员重新计算的被审计单位的成本；审计人员观察取得的关于被审计单位内部控制执行情况的证据，以及通过询问得到的口头证据等。亲历证据的可靠性取决于其所依赖的基本资料的可靠性、所采用方法的科学合理性及职业判断的准确性等因素。

2.外部证据

外部证据是从被审计单位以外的第三方取得的证据，一般具有较强的证明力。外部证据可进一步分为未经过被审计单位之手直接寄至审计人员的证据和经过被审计单位之手并提交审计人员的证据。

（1）未经过被审计单位之手直接寄至审计人员的证据，如应收账款函证回函、被审计单位的律师或其他独立的专家关于被审计单位或有负债、或有资产所有权等的证明函，保险公司、寄售公司、证券经纪人的证明等。由于该种证据不仅完全由独立于被审计单位的第三方提供，而且未经过被审计单位有关人员之手，排除了伪造、更改记录的可能性，因此，这类证据具有较强的可靠性。

（2）经过被审计单位之手并提交审计人员的证据，如银行对账单、购货发票、应收票据等。对于此类外部证据，审计人员在评价其可靠性时，应关注被审计单位对其进行伪造、编造的可能性和难易程度及证据被涂改的可能性。

3.内部证据

内部证据是由被审计单位内部产生并保存的各种审计证据。内部证据包括：各类会计凭证、会计账簿、被审计单位编制的各种试算平衡表和汇总表；管理层声明书；重要的计划、重要的合同等。一般来说，内部证据的可靠性不如外部证据。内部证据可进一步分为经过外部流转的内部证据和不经过外部流转的内部证据。

（1）经过外部流转的内部证据是指由被审计单位内部编制后，要流转到外部，并获得其他单位或个人的承认，如已付款支票、销售发票等，其可靠性较强。

（2）不经过外部流转的内部证据是指由被审计单位内部编制，并只在被审计单位内部流转的证据，如发料单、记账凭证、会计账簿等，其可靠程度取决于内部控制的强弱，同时还受制于该证据单独存在还是同其他资料相互印证，得到相互印证的证据的可靠性较好。

(三) 审计证据按取得方法分类

审计证据取得方法可分为以下八类：

1.检查记录或文件证据

检查记录或文件证据是指审计人员对被审计单位内部或外部生成的，以纸质、电子或其他介质形式存在的记录或文件进行审查获得的证据。例如，通过审阅记账凭证获取的会计分录编制是否恰当的证据。

2.检查有形资产证据

检查有形资产证据是指审计人员对实物资产进行审查获得的证据。

3.观察证据

观察证据是指审计人员察看相关人员正在从事的活动或执行的程序所获得的证据，如观察仓库保管情况、职责分工情况等。

4.询问证据

询问证据是指审计人员以书面或口头方式，向被审计单位内部或外部知情人员获取财务信息和非财务信息，从而获取的证据。

5.函证证据

函证证据是指审计人员为了获取影响财务报表或相关披露认定的项目的信息，通过来自第三方的对有关信息和现存情况的声明获取的审计证据。

6.重新计算证据

重新计算证据是指审计人员以人工方式或使用计算机辅助审计技术，对记录或文件中的数据计算的准确性进行核对获得的证据。

7.重新执行证据

重新执行证据是指审计人员以人工方式或使用计算机辅助审计技术，重新独立执行作为被审计单位内部控制组成部分的程序和控制所获得的证据。

8.分析程序证据

分析程序证据是指审计人员通过研究不同财务数据之间以及财务数据与非财务数据之间的内在关系所获得的证据。例如，审计人员通过对被审计单位的财务报表中的重要比率及其变动趋势进行分析发现的异常变动项目。

【例5-1】注册会计师在对某客户实施审计的过程中，收集到下列四组审计证据：

（1）销货发票副本与购货发票；

（2）审计助理人员监盘存货的记录与客户自编的存货盘点表；

（3）审计人员收回的应收账款函证回函与询问客户应收账款负责人的记录；

（4）银行存款余额调节表与银行存款函证的回函。

要求：每组审计证据中的哪项审计证据更为可靠？为什么？

分析：

（1）购货发票比销货发票副本可靠。因为购货发票是来自于被审计单位外部的，销货发票副本是被审计单位自己填写的，所以购货发票比销货发票副本更可靠。

（2）审计助理人员监盘存货的记录比客户自编的存货盘点表可靠。这是因为注册会计师自行获得的证据比由被审计单位提供的证据可靠。

（3）审计人员收回的应收账款函证回函比询问客户应收账款负责人的记录可靠。函证回函是注册会计师从独立于被审计单位的外部获得的，所以比直接从被审计单位人员处得到的记录更可靠。

（4）银行存款函证的回函比银行存款余额调节表可靠。这是因为银行存款函证的回函是从被审计单位外部得到的，银行存款余额调节表是被审计单位自己编制的，所以银行存款函证的回函更可靠。

五、审计评价标准与审计证据的关系

审计评价标准和审计证据之间的关系实际上就是一个理想状态和实时状态之间的关系，可以通过两者对比发现被审计事项存在的问题和差异。

审计最终目的是要出具符合实际情况的审计报告，要出具审计报告就要形成审计意见，而审计意见的形成是建立在充分适当的审计证据的基础之上的。有了审计证据，才能将审计证据和审计评价标准进行对比，才能得出被审计事项的问题、差异。反之，如果仅有审计证据而没有审计评价标准，那么审计证据就失去了比对的标杆，证据也就失去了生命力；如果只有审计评价标准而没有审计证据的存在，则审计评价标准只能是一种摆设。因此，审计证据和审计评价标准是得出审计意见的依据。

两者之间的关系如图5-1所示。

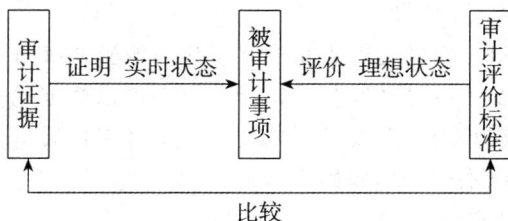

图5-1　审计评价标准与审计证据的关系

第三节　　　　审计工作底稿

一、审计工作底稿的含义

审计人员实施一系列审计程序的最终目的是形成恰当的审计意见、出具审计报告。在形成审计意见和出具审计报告的时候，一定要依据审计人员通过实施审计程序获取的审计证据，所以审计人员对于在审计过程中究竟实施了何种审计程序，获取了哪些审计证据，以及形成了何种审计判断，都要形成书面的记录。审计人员对整个审计过程的记录，其实就形成了审计工作底稿。它既是审计过程的再现，又是

审计人员形成审计意见、得出审计结论的书面凭据。有关审计工作底稿的含义的描述，在我国具体表现如下：

《国家审计准则》第一百零五条规定，审计工作底稿主要记录审计人员依据审计实施方案执行审计措施的活动。审计人员对审计实施方案确定的每一审计事项，均应当编制审计工作底稿。一个审计事项可以根据需要编制多份审计工作底稿。

《第2104号内部审计具体准则——审计工作底稿》第二条指出，审计工作底稿是指内部审计人员在审计过程中形成的工作记录。

《中国注册会计师审计准则第1131号——审计工作底稿》第三条和第四条出：审计工作底稿，是指注册会计师对制订的审计计划、实施的审计程序、获取的相关审计证据，以及得出的审计结论作出的记录。

通过上述关于审计工作底稿的规定，不难看出：虽然三个定义表面措辞不一样，但其实质并无二致。不管何种类型的审计工作底稿，都是对相关审计人员的工作过程进行记录。审计工作底稿是连接审计证据与审计结论的桥梁和纽带。

二、审计工作底稿的编制意义

（一）审计工作底稿编制的一般目的

在我国，无论审计监督体系中的何种类型的审计工作底稿，其编制目的不外乎有以下几个方面：

1.记录审计过程及所收集的审计证据

审计人员在审计过程中所采用的各种审计程序，收集到的各种审计证据，都要在审计工作底稿中予以记录。它们既是审计过程的反映，又是发表审计意见的依据。

2.便于检查审计人员的工作

在审计的各个阶段，审计负责人将许多工作委派给初级审计人员执行，审计负责人应对他们的工作给予指导和监督。审计负责人可以根据他们所编制的审计工作底稿来检查他们的工作是否达到要求，以便控制审计工作质量。审计机构负责人在审定审计报告时，可以根据工作底稿来审定。

3.便于编制审计报告

由于审计工作底稿汇集了所有的审计证据，可以在此基础上对审计证据进行分析和综合，撰写审计报告。而且，当审计人员需要说明和解释审计结论和建议时，可以从工作底稿中找到依据进行说明和解释。

4.在连续审计时，可以节约审计成本，确定审计工作的重点

由于审计工作底稿中记录了审计的步骤和方法、被审计单位的基本情况以及审计重点和存在的薄弱环节，审计人员在今后对该被审计单位进行审计时，只要查阅审计工作底稿，就可以了解这些基本情况，减少有关审计证据的收集工作，并可揭示审计的重点。审计工作底稿有利于提高审计工作效率。

5.便于进行审计工作的复核

由于审计工作底稿是对审计人员采取的审计计划、实施的审计程序、获取的审

计证据、得出的审计结论进行记录的载体。也就是说，审计人员在审计过程中做了哪些工作、做得怎么样，通过复核审计工作底稿自然就不难看出。

（二）审计工作底稿编制的具体目的

1.政府审计工作底稿编制目的

根据《国家审计准则》第一百零一条的规定，审计人员应当真实、完整地记录实施审计的过程、得出的结论和与审计项目有关的重要管理事项，以实现下列目标：

（1）支持审计人员编制审计实施方案和审计报告；

（2）证明审计人员遵循相关法律法规和本准则；

（3）便于对审计人员的工作实施指导、监督和检查。

2.内部审计工作底稿编制目的

《第2104号内部审计具体准则——审计工作底稿》第四条规定，内部审计人员在审计工作中应当编制审计工作底稿，以达到下列目的：

（1）为编制审计报告提供依据；

（2）证明审计目标的实现程度；

（3）为检查和评价内部审计工作质量提供依据；

（4）证明内部审计机构和内部审计人员是否遵循内部审计准则；

（5）为以后的审计工作提供参考。

3.独立审计工作底稿编制目的

根据《中国注册会计师审计准则第1131号——审计工作底稿》的规定，审计工作底稿能够实现下列目的：

（1）提供证据，作为注册会计师得出实现总体目标结论的基础；

（2）提供证据，证明注册会计师按照审计准则和相关法律法规的规定计划和执行了审计工作；

（3）有助于项目组计划和执行审计工作；

（4）有助于负责督导的项目组成员按照《中国注册会计师审计准则第1121号——对财务报表审计实施的质量控制》的规定，履行指导、监督与复核审计工作的责任；

（5）便于项目组说明其执行审计工作的情况；

（6）保留对未来审计工作持续产生重大影响的事项的记录；

（7）便于会计师事务所按照《质量控制准则第5101号——会计师事务所对执行财务报表审计和审阅、其他鉴证和相关服务业务实施的质量控制》的规定，实施质量控制复核与检查；

（8）便于监管机构和注册会计师协会根据相关法律法规或其他相关要求，对会计师事务所实施执业质量检查。

不管是注册会计师审计准则还是内部审计具体准则关于审计工作底稿编制目的的规定，其共同点都在于编制审计工作底稿是为审计报告提供依据、证明相关审计人员按照相应审计准则实施审计程序等。但注册会计师审计准则关于审计工作底稿编制目的的规定包含面更广泛，还体现审计工作的计划性以及相应的质量控制及监督，这恰恰说明内部审计和注册会计师审计的服务侧重点不同。

三、审计工作底稿的性质

（一）审计工作底稿的存在形式

审计工作底稿可以以纸质、电子或其他介质形式存在。相关机构应当针对审计工作底稿设计和实施适当的控制，以实现下列目的：

（1）使审计工作底稿清晰地显示其生成、修改及复核的时间和人员；

（2）在审计业务的所有阶段，尤其是在项目组共享信息或通过互联网将信息传递给其他人员时，保护信息的完整性和安全性；

（3）防止未经授权改动审计工作底稿；

（4）允许项目组和其他经授权的人员为适当履行职责而接触审计工作底稿。

为便于会计师事务所内部进行质量控制和外部执业质量检查或调查，以电子或其他介质形式存在的审计工作底稿，应与其他纸质形式的审计工作底稿一并归档，并应能通过打印等方式，转换成纸质形式的审计工作底稿。

在实务中，为便于复核，审计人员可以将电子或其他介质形式存在的审计工作底稿通过打印等方式，转换为纸质形式的审计工作底稿，并与其他纸质形式的审计工作底稿一并归档。同时，单独保存这些以电子或其他介质形式存在的审计工作底稿。

（二）审计工作底稿通常包括的内容

审计工作底稿通常包括总体审计策略、具体审计计划、分析表、问题备忘录、重大事项概要、询证函回函、管理层声明书核对表、有关重大事项的往来信件（包括电子邮件），以及对被审计单位文件记录的摘要或复印件等。

此外，审计工作底稿通常还包括业务约定书、管理建议书、项目组内部或项目组与被审计单位举行的会议记录、与其他人士（如其他注册会计师、律师、专家等）的沟通文件及错报汇总表等。但是，审计工作底稿并不能代替被审计单位的会计记录。

分析表主要是对被审计单位财务信息执行分析程序的记录。例如，记录对被审计单位本年各月收入与上一年度的同期数据进行比较的情况，记录对差异的分析等。

问题备忘录一般是指对某一事项或问题的概要的汇总记录。在问题备忘录中，注册会计师通常记录该事项或问题的基本情况、执行的审计程序或具体审计步骤，以及得出的审计结论，如有关存货监盘审计程序或审计过程中发现问题的备忘录。

核对表一般是指会计师事务所内部使用的、为便于核对某些特定审计工作或程序的完成情况的表格，如特定项目（如财务报表列报）审计程序核对表、审计工作完成情况核对表等。它通常以列举的方式列出审计过程中注册会计师应当进行的审计工作或程序以及特别需要提醒注意的问题，并在适当情况下索引至其他审计工作底稿，便于注册会计师核对是否已按照审计准则的规定进行审计。

（三）审计工作底稿通常不包括的内容

审计工作底稿通常不包括已被取代的审计工作底稿的草稿或财务报表的草稿、

反映不全面或初步思考的记录、存在印刷错误或其他错误而作废的文本，以及重复的文件记录等。由于这些草稿、错误的文本或重复的文件记录不直接构成审计结论或审计意见的支持性证据，因此，注册会计师通常无须保留这些记录。

四、编制审计工作底稿的要求

审计人员编制的审计工作底稿，应当使未曾接触该项审计工作的有经验的专业人士清楚地了解按照审计准则实施的审计程序的性质、时间和范围，实施审计程序的结果和获取的审计证据，以及就重大事项得出的结论，并要求将审计过程中考虑的所有重要事项记录于工作底稿。

有经验的专业人士，是指审计机构内部或外部的具有审计实务经验，并且对审计过程、审计准则和相关法律法规的规定、被审计单位所处的经营环境、与被审计单位所处行业相关的会计和审计问题等方面有合理了解的人士。

从更具体的层面来说，编制审计工作底稿的要求如下：

（一）内容完整

不管是国家审计准则、内部审计准则还是独立审计准则，都规定了在编制审计工作底稿的时候，记录的内容应当完整，也就是说，对审计人员在审计过程中实施了哪些审计程序，是采用询问、检查、观察、函证、重新执行还是采用分析程序，这些审计程序的实施与特定认定之间的关系如何，是否恰当，要进行记录；对获取了哪些审计证据，是环境证据、实物证据、书面证据还是口头证据，这些证据的证明力如何，也要进行记录；由于风险导向审计理念在审计实务中的运用，审计人员在审计过程中会遇到各种情况需要进行职业判断，因此对审计人员作出的职业判断和得出的审计结论，即审计人员是基于何种情况，如何判断，以及根据职业判断得出了什么样的审计结论，更需要在审计工作底稿中进行充分的记录。

（二）记录清晰

审计工作底稿是审计过程的载体，同时也是审计过程的再现，理所当然地要将审计过程实施的审计程序、获取的审计证据、出现重大异常情况时审计人员进行判断所形成的意见以及审计标识、交叉索引等内容清晰地记录在审计工作底稿中。若记录内容含糊其辞、模棱两可，那么审计人员在形成意见时，可能就会得出偏离实际的结论，导致审计失败行为的发生。

（三）结论明确

既然审计工作底稿的重要作用之一是为出具恰当的审计报告奠定坚实的基础，审计人员通过实施审计程序、获取审计证据而对相关认定发表的审计意见、形成的审计结论就应当是清晰明了的。

五、审计工作底稿的格式、要素和范围

一般地说，审计工作底稿的结构和内容是由审计活动过程中具体的审计目标决定的。在具体的审计项目中，由于经济活动千差万别，审计目标也不尽相同，因此应根据具体情况确定审计工作底稿的结构和内容。

（一）政府审计工作底稿的格式和要素

《国家审计准则》第一百零六条规定，政府审计工作底稿的内容主要包括：审计项目名称；审计事项名称；审计过程和结论；审计人员姓名及审计工作底稿编制日期并签名；审核人员姓名、审核意见及审核日期并签名；索引号及页码；附件数量。

第一百零七条规定，审计工作底稿记录的审计过程和结论主要包括：实施审计的主要步骤和方法；取得的审计证据的名称和来源；审计认定的事实摘要；得出的审计结论及其相关标准。

政府审计工作底稿主要包括：（1）调查了解记录（见表5-1）；（2）汇总审计工作底稿（见表5-2）；（3）被审计单位承诺书（见表5-3）；（4）审计组会议纪要（见表5-4）；（5）审计对象对审计报告的意见；（6）审计组对审计对象反馈意见的说明（见表5-5）；（7）业务部门复核意见书（见表5-6）；（8）审计项目审理意见书（见表5-7）；（9）审理意见采纳情况说明；（10）审计业务会议纪要；（11）重要管理事项记录。

表5-1 　　　　　　　　　　　　　　**调查了解记录**

索引号：
审计项目：
调查了解事项：
一、调查工作情况
（注：记录调查了解工作的开展情况，可以包括：调查的时间、人员和方法；调查的单位、部门和人员；查阅资料的名称和数量等）

二、调查事项情况
（注：审计人员可以根据《国家审计准则》第六十条，从被审计单位的基本情况、相关内部控制及其执行情况、信息系统控制情况等方面开展调查。可以根据实际情况增减具体调查事项）

调查人员：
编制人员：

年　月　日

表5-2 　　　　　　　　　　　　　**汇总审计工作底稿**

被审计单位					
审计项目名称			审计时间		
序号	审计证实问题类别	分项审计工作底稿主要内容	分项目索引号	与审计报告对应关系	处理处罚意见

审核意见：

审核人员		审核时间		年　月　日

编制人： 　　　　　　　　　年　月　日

表5-3　　　　　　　　　　　被审计单位承诺书

被审计单位承诺书

（注：审计机关名称）

　　根据《中华人民共和国审计法》第三十一条和《中华人民共和国会计法》第四条、第二十一条的规定，我单位积极配合审计，提供会计资料，并承诺如下：

　　一、我们的财务会计报告是按照《中华人民共和国会计法》和国家统一的会计制度要求编制的；

　　二、我们已提供了所有的会计资料、银行账户、有关证明文件和会议记录；

　　三、所有交易事项均已记录在会计资料中，没有账外资产和账外资金等情况；

　　四、我们有内部控制制度，没有发现有关人员涉嫌经济违法的行为；

　　五、我们对所提供的会计资料的真实性和完整性负责，并承担由此引起的一切法律责任。

法定代表人签字：

　　　　　　　　　　　　　　　被审计单位盖章：

财务负责人签字：

　　　　　　　　　　　　　　　　　　　　　　　　年　　月　　日

表5-4　　　　　　　　　　　审计组会议纪要

审计项目名称			
主持人		记录人	
参加人			
时间	年　月　日	地点	

会议内容摘要：

审计组成员签字：

审计组会议纪要填写说明：

一、参加会议人员

列明会议主持人、记录人和参加人员姓名。

审计组全体成员均应当参加会议。审计组成员缺席的，应当说明原因。

外聘人员是否参加会议，由审计组按照保密等要求确定并说明。

二、讨论内容和过程

摘要记载会议议程、重点研究事项、审计组成员意见等内容。

三、讨论结果

全体参加会议人员应当明确表态是否同意，或者提出修改建议，并且手工签名。

表 5-5   **审计组对审计对象反馈意见的说明**

共　　页　　第　　页

审计对象名称			
审计种类		实施审计的起讫日期	
审计报告征求意见时间		审计对象反馈意见时间	

采纳的意见及说明：

不采纳的意见及说明：

    审计组组长：   年　　月　　日

表 5-6   **业务部门复核意见书**

复核的内容或事项	复核意见
1.对审计组组长的审核内容已作检查	
2.审计实施方案确定审计目标已实现	
3.审计实施方案及调整方案确定的事项审计组已实施完毕	
4.审计工作底稿要素齐全，证据适当、充分	
5.审计事实清楚、数据准确	
6.审计评价、定性、处理处罚和移送处理意见恰当	
7.使用的法律法规和标准适当	
8.被审计单位提出的合理意见已采纳	
9.修改了审计组审计报告，代拟了审计机关的审计报告	
10.经业务会议审议的，已按审议决议修改审计报告代拟稿	
11.在规定的日期内提出审计报告代拟稿	
12.审计发现的主要违纪违规行为在审计结果类文书中已充分反映	
13.应作处理处罚事项代拟了审计决定书	
14.应当移送处理事项代拟了审计移送处理书	

业务部门意见：

复核人：   业务部门负责人：

年　　月　　日

表5-7

审计项目审理意见书

××××年第××号

被审计单位		
审计项目		
审理内容	审理发现的问题	审理意见
审计实施方案确定的审计事项是否完成		
审计证据的适当性和充分性		
审计工作底稿是否表述清楚、定性准确、结论恰当、法规依据正确		
审计结果类文书是否表述清楚，适用法规正确，评价、定性、处理、处罚、移送恰当、编制规范		

项目审理人：　　　　　　　　　　　法制机构负责人：

年　　　月　　　日

（二）内部审计工作底稿的格式和要素

《第2104号内部审计基本准则——审计工作底稿》规定，内部审计工作底稿主要包括下列要素：被审计单位的名称；审计事项及其期间或者截止日期；审计程序的执行过程及结果记录；审计结论、意见及建议；审计人员姓名和审计日期；复核人员姓名、复核日期和复核意见；索引号及页次；审计标识与其他符号及其说明等。

内部审计工作底稿主要包括：（1）被审计单位基本情况表（见表5-8）；（2）编制审计计划其他资料一览表（见表5-9）；（3）会计制度评估表（见表5-10）；（4）会计资料承诺书；（5）审计报告征求意见书；（6）审计进点会议记录；（7）审计进点会议通知书；（8）审计决议（见表5-11）；（9）审计实施方案（见表5-12）；（10）审计通知书；（11）审计文书送达回函；（12）审计业务约定书；（13）重要事项承诺书；（14）企业账外情况表等。

表5-8   **被审计单位基本情况表**

填制人：   索引号：

被审计单位名称				资产总额	
经济性质及所属行业				营业收入	
主管部门				净资产	
注册资本		实收资本		利润	
经营范围					
审计目的、范围					

主要投资者(或股东)名称	出资者	出资比例	变更情况

批准机关及文号		营业执照号码		
注册日期		主管税务机关		

主要负责人	董事长	总经理	财务主管	法人代表	联系人
姓名					
电话					
办公地址					
内部组织机构	（另附）				
以前年度审计情况					
管理制度情况	（另附）				
重大不确定事项					

初步洽谈记录：

表5-9   **编制审计计划其他资料一览表**

审计项目：

被审计单位名称		编制人		日期		索引号	
会计期间		复核人		日期		页次	

资料名称	重要事项说明
会计政策及变更情况	
审计策略	
关联交易(往来)情况	
持续经营能力	
内部初步评估	
重要性标准初步评估	

表 5-10
会计制度评估表

被审计 单位名称	
会计期间	
会计基础	权责发生制□ 收付实现制□
账簿数量	库存现金日记账（ ）本 银行存款日记账（ ）本 明细账（ ）本 总账（ ）本
会计核算 组织方式	记账凭证式□ 记账凭证汇总表式□ 汇总记账凭证式□ 多栏式日记账式□ 日记总账式□ 普通日记账式□ 通用日记账式□
记账复核 制度	有□ 无□
预算制度	有□ 无□
短期投资	采用的计价方法:成本法□ 市价法□ 成本与市价孰低法□
坏账政策	采用的核算方法:直接转销法□ 备抵法□ 计提坏账准备的方法:账龄分析法□ 期末余额百分比法(比例:)□ 销货百分比法(比例:)□
存 货	核算方法:实际成本法□ 计划成本法□ 发出材料的核算方法:先进先出法□ 加权平均法□ 移动平均法□ 定额成本法□ 售价法□ 成本与市价孰低法□
长期投资	核算方法:成本法□ 权益法□ 确定核算方法的依据:投资额占被投资者资本总额(比例:)以下者用成本法核算,在(比例:)之间者按权益法核算,超过(比例:)者用权益法核算,并编制合并报表
固定资产 及累计折 旧	固定资产按实际成本计价□ 采用的计提折旧方法:直线法□ 工作量法□ 双倍余额递减法□ 年数总和法□ 在直线折旧法下具体采用:综合折旧法□ 分类折旧法□ 单项折旧法□
无形资产	无形资产按实际成本计价□ 摊销年限依据法律、法规规定来确定□
递延资产	递延资产按实际成本计价,摊销方法按不同项目分别确定□
外币交易 处理方法	外币业务发生时,选择的折算汇率:当月1日的市场汇率□ 发生当日的市场汇率□ 外币报表折算方法:现行汇率法□ 流动非流动项目法□ 货币非货币项目法□ 时态法□
所得税	当年税率( ) 会计利润和税法利润之间差异的处理方法:永久性差异□ 时间性差异□
利润分配 政策	遵循企业合同、协议、章程的规定,采用一贯的分配政策□ 执行每年的董事会利润分配方案□
与上年相 比会计政 策变更项 目及变更 原因	
评估结论	符合财政部《××企业会计制度》有关规定,与上年会计政策一致

表5-11　　　　　　　　　　　　审计决议

　　　根据　　审计通知书,自　年　月　日至　　年　月　日对你单位进行了　　　　审计,现依据　　号审计意见书中所列被认定的你单位违反财经法规和财务制度行为的事实,作出如下审计决定:

　　　(具体内容包括:一、被审计单位违反财经法规和财务制度的行为;二、定性、处理、处罚决定及其依据)

　　　本审计决议自送达之日起生效。如果对审计决议不服,请在收到审计决议之日起十五日内,向(审计机构所在部门或单位)申请复审。复审期间本审计决议照常执行。现出具如下审计意见:

　　　(具体内容为审计结果和审计评价意见及其评价依据)

　　　根据上述情况,现提出下列意见和建议:

　　　(内容包括:一、责令被审计单位自行纠正的事项;二、改进被审计单位财经管理和提高效益的意见和建议)

审计组组长:
年　月　日

表5-12　　　　　　　　　　　　审计实施方案

被审计单位		审计方式	
编制依据:			
审计内容与范围:			
计划工作时间　　　天(自　月　日至　月　日)			
审计组	组长:		
	成员:		
审　批	(单位)		
	负责人:		
具体实施步骤:			
人员分工:			

　　编制人:　　　　　　　　　　　审计组组长:

(三)独立审计工作底稿的格式和要素

　　《中国注册会计师审计准则第1131号——审计工作底稿》规定,独立审计工作底稿包括下列全部或部分要素:被审计单位名称;审计项目名称;审计项目时点或期间;审计过程记录;审计结论;审计标识及其说明;索引号及编号;编制者姓名及编制日期;复核者姓名及复核日期;其他应说明事项。

　　独立审计工作底稿主要包括:(1)被审计单位基本情况表(见表5-13);(2)审计标识(见表5-14);(3)审计工作底稿基本格式(见表5-15);(4)业务类工作底稿基本格式(见表5-16)等。

表5-13 被审计单位基本情况表

审计项目名称： 编号：

被审计单位名称		法定代表人	
经济性质		主管部门（单位）	
法定地址		联系电话	

基本情况：
    注册资金
    其中：1.国家资本金
          2.法人资本金
          3.个人资本金

生产经营情况：

财务状况：
（主要经济指标）

其他情况：

审计评估：

审计主管：×××　　　　编制人：×××　　　　编制日期：××××年××月××日
审核人：×××　　　　　　　　　　　　　　　审核日期：××××年××月××日

表5-14 审计标识

审计标识示例

    注册会计师在编制审计工作底稿时，可采用审计标识代表某种审计含义，但需对审计标识所表示的含义予以明确说明。为提高审计效率，该说明可以采用审计标识表统一列示，也可以在每张审计工作底稿中单独列示。每张审计工作底稿中采用的审计标识应当含义清楚，并保持一致。

∧　　纵加核对

＜　　横加核对

B　　与上年结转数核对一致

T　　与原始凭证核对一致

G　　与总分类账核对一致

S　　与明细分类账核对一致

T/B　与试算平衡表核对一致

C　　已发询证函

C\　　已收回询证函

*　　备注

审计工作底稿索引示例

Z-综合类工作底稿　　　　　　　Y-业务类工作底稿

CT-符合性测试工作底稿　　　　　A-流动资产类工作底稿

B-长期投资类工作底稿　　　　　C-固定资产工作底稿

D-无形资产工作底稿　　　　　　E-递延资产工作底稿

F-流动负债类工作底稿　　　　　G-长期负债类工作底稿

表 5-15 **审计工作底稿基本格式**

索引号： 金额单位： 共 页 第 页

被审计单位名称				
审计事项				
实施审计期间或者截止日期				
审计过程记录				
审计结论或者审计查出问题摘要及其依据				
	审计人员		编制日期	
复核意见				
	复核人员		复核日期	

表 5-16 **业务类工作底稿基本格式**

被审计单位名称＿＿＿＿＿＿＿＿＿
审计项目名称＿＿＿＿＿＿＿＿＿
会计期间或截止日＿＿＿＿＿＿＿

	签名	日期	索引号
编制人			
复核人			页次

索引号	审计内容及说明	金额
	审计程序实施记录	*** * ***（交叉索引号）
	审计标识说明 资料来源说明	

审计结论：

编制说明：

1.列明该审计项目的未审计金额，即被审计单位的账簿记录或财务报表数。

2.列明需调整或重分类金额及原因。

3.计算审定后金额。

4.按《年度会计报表审计规范指南》的要求实施审计程序，在底稿中列明抽查验证、计算确认、专业判断等审计过程，并应注明资料来源。

5.列明本审计工作底稿与其他工作底稿相互交叉索引关系。

6.列明各种审计标识意义。

7.明确表述审计结论。

六、审计工作底稿的归档

注册会计师应当在审计报告日后及时将审计工作底稿归整为审计档案，并完成归整最终审计档案过程中的事务性工作。审计工作底稿的归档期限为审计报告日后60天内。如果注册会计师未能完成审计业务，审计工作底稿的归档期限为审计业务终止后的60天内。

（一）审计档案的分类

审计档案按照使用期限的长短和作用的大小，可以分为永久性档案和当期档案。

1.永久性档案

永久性档案是指那些记录内容相对稳定，具有长期使用价值，并对以后审计工作具有重要影响和直接作用的审计档案，如被审计单位的组织结构、批准证书、营业执照、章程、重要资产的所有权或使用权的证明文件复印件等。若永久性档案中的某些内容已发生变化，注册会计师应当及时予以更新。为保持资料的完整性以便满足日后查阅历史资料的需要，永久性档案中被替换下的资料一般也需要保留。例如，被审计单位因增加注册资本而变更了营业执照等法律文件，被替换的旧营业执照等文件可以汇总在一起，与其他有效的资料分开，作为单独部分归整在永久性档案中。

2.当期档案

当期档案是指那些记录内容经常变化，主要供当期审计使用的审计档案，如总体审计策略和具体审计计划等。

（二）审计档案的结构

对每项具体审计业务，注册会计师应当将审计工作底稿归整为审计档案。以下是典型的审计档案结构。

1.与沟通和报告相关的工作底稿

（1）审计报告和经审计的财务报表；

（2）与主审注册会计师的沟通和报告；

（3）与治理层的沟通和报告；

（4）与管理层的沟通和报告；

（5）管理建议书。

2.审计完成阶段的工作底稿

（1）审计工作完成情况核对表；

（2）管理层声明书原件；

（3）重大事项概要；

（4）错报汇总表；

（5）被审计单位财务报表和试算平衡表；

（6）有关列报的工作底稿（如现金流量表、关联方和关联方交易的披露等）；

（7）财务报表所属期间的董事会会议纪要；

（8）总结会会议纪要。

3.审计计划阶段的工作底稿

（1）总体审计策略和具体审计计划；

（2）对内部审计职能的评价；

（3）对外部专家的评价；

（4）对服务机构的评价；

（5）被审计单位提交资料清单；

（6）主审注册会计师的指示；

（7）前期审计报告和经审计的财务报表；

（8）预备会会议纪要。

4.特定项目审计程序表

（1）舞弊；

（2）持续经营；

（3）对法律法规的考虑；

（4）关联方。

5.进一步审计程序的工作底稿

（1）有关控制测试的工作底稿；

（2）有关实质性程序的工作底稿（包括实质性分析程序和细节测试）。

（三）审计档案的所有权和保管

由于我国注册会计师不能独立于会计师事务所之外承揽审计业务，而必须以会计师事务所的名义统一承接审计业务，所以审计工作底稿虽是由审计人员完成的，但所有权却属于承接该项业务的会计师事务所。

会计师事务所应当自审计报告日起，对审计工作底稿至少保存10年。如果注册会计师未能完成审计业务，会计师事务所应当自审计业务终止日起，对审计工作底稿至少保存10年。

对于连续审计的情况，当期归整的永久性档案可能包括以前年度获取的资料（有可能是10年以前的）。这些资料虽然是以前年度获取的，但由于其作为本期档案的一部分，并作为支持审计结论的基础，因此，注册会计师对于这些当期有效的档案，应视为当期取得并保存10年。如果这些资料在某一个审计期间被替换，被替换资料可以从被替换年度起至少保存10年。

（四）审计档案的保密与调阅

由于审计工作底稿中涉及被审计单位的商业秘密，因此会计师事务所应建立工作底稿的保密制度。除下列情况外，会计师事务所不得对外泄露审计档案中涉及的商业秘密：

（1）法院及检察院等部门因工作需要，并按规定办理了必要手续。

（2）注册会计师协会对执业情况进行检查。

（3）不同会计师事务所的注册会计师因审计工作的需要，并经委托人同意，在下列情况下，可以要求查阅审计档案：①被审计单位更换了会计师事务所；②审计合并财务报表；③联合审计；④会计师事务所认为合理的其他情况。

【例5-2】根据下列事件分析安达信会计师事务所在销毁审计工作底稿过程中的行为有何错误的做法。

美国第七大公司、能源巨头安然公司（以下简称"安然"）于2001年12月2日申请破产保护，成为美国历史上最大的破产案。安达信会计师事务所（以下简称安达信）多年来为安然公司实施审计业务。安然通过安达信虚报了将近6亿美元的盈余、10亿多美元的巨额债务。安然破产后，安达信也成为各方的调查重点。安达信的休斯敦办事处有人将安然的审计文件送进了碎纸机，这是在走投无路情况下的愚蠢举动。伪造、变造或销毁审计工作底稿，在任何国家都是构成犯罪的行为。安达信的此种做法使事情的性质发生了变化。2002年6月15日，美国联邦大陪审团裁定，安达信在销毁安然公司文件一案中的妨碍司法罪名成立。安达信由此将面临5年的察看期和50万美元的罚款。法院甚至还会判决安达信不得从事审计业务。安达信会计师事务所终因销毁审计证据尝到了苦果。

分析：

1.违反审计档案的保管期限的规定。按照审计档案管理办法的规定，会计师事务所应当自审计报告日起，对审计工作底稿至少保存10年。只有当期限届满时，履行相关手续后方可销毁。该题中当安然公司破产案公之于众时，安达信会计师事务所为了掩盖自己审计工作中的纰漏，销毁了相关的审计工作底稿。

2.违反了司法解释相关规定。2007年6月11日发布的《最高人民法院关于审理涉及会计师事务所在审计业务活动中民事侵权赔偿案件中的若干规定》（以下简称《司法解释》）第四条第一款规定："会计师事务所因在审计业务活动中对外出具不实报告给利害关系人造成损失的，应当承担侵权赔偿责任，但其能够证明自己没有过错的除外。"根据这一规定，事务所只有存在过错时才承担侵权赔偿责任，无过错不承担责任，但是事务所是否存在过错需要由事务所自己来提出证明。根据《司法解释》第四条第二款的规定，事务所可以通过提交相关执业准则、规则以及审计工作底稿等证明自己没有过错，即自证清白。该规定说明事务所一旦发生法律诉讼，需事务所自己提供有关证据，但安达信会计师事务所却擅自销毁审计工作底稿，违背了举证的相关规定。

第四节　　　　　　　　　审计记录

一、审计记录的含义

审计记录是政府审计人员在实施审计程序、得出审计结论及管理其他与审计项目有关的重要事项时所产生的一项特有的重要审计文书。真实、完整的审计记录不仅直接影响审计工作的质量和效果，同时也能够充分体现审计人员的综合素质，在具体审计项目中起着至关重要的作用。审计记录的目标包括以下三个方面：

（1）支持审计人员编制审计实施方案和审计报告；

（2）证明审计人员遵循相关法律法规和审计准则；

（3）便于对审计人员的工作实施指导、监督和检查。

二、审计记录的类型和内容

审计记录应当使未参与该项业务的有经验的其他审计人员能够理解其执行的审计措施、获取的审计证据、作出的职业判断和得出的审计结论。审计记录包括调查了解记录、审计工作底稿和重要管理事项记录三种。

（一）调查了解记录

调查了解记录是审计记录的一种，是审计实施阶段审计人员了解被审计单位基本情况的最重要载体，也是编制审计实施方案的重要基础。调查了解记录主要包括：调查了解的事项；对重要问题的可能性评估并根据评估结果进一步确定审计事项和审计应对措施。

（二）审计工作底稿

审计工作底稿主要记录审计人员依据审计实施方案执行审计措施的活动。审计工作底稿主要包括实施审计的步骤和方法、取得审计证据的名称和来源、审计认定的主要事实和得出的审计结论及其相关标准，并经审计组组长审核，以支持审计人员编制审计报告。审计人员对审计实施方案确定的每一审计事项均应当编制审计工作底稿，而不是仅对审计发现的问题编制审计工作底稿。一个审计事项也可以根据需要编制多份审计工作底稿。

（三）重要管理事项记录

为了加强对审计过程的监督，便于对审计人员的工作实施指导，确保审计人员遵循相关的法律法规，需要将分散在审计过程中与审计项目相关并对审计结论有重要影响的一系列管理事项进行综合整理，统一归并为重要管理事项记录。重要管理事项主要包括：可能损害审计独立性的情形及采取的措施；所聘请外部人员的相关情况；被审计单位承诺情况；征求审计对象或者相关单位及人员意见的情况、审计对象或者相关单位及人员反馈的意见及审计组的采纳情况；审计组对审计发现的重大问题和审计报告讨论的过程及结论；审计机关业务部门对审计报告、审计决定书等审计项目材料的复核情况和意见；审理机构对审计项目的审理情况和意见；审计机关对审计报告的审定过程和结论；审计人员未能遵守准则规定的约束性条款及其原因；因外部因素使审计任务无法完成的原因及影响等事项。

重要管理事项记录可以使用被审计单位承诺书、审计机关内部审批文稿、会议记录、会议纪要、审理意见书，或者其他书面形式。

三、审计记录与审计证据之间的关系

审计证据材料应当作为调查了解记录和审计工作底稿的附件。一份审计证据材料对应多个审计记录时，审计人员可以将审计证据材料附在与其关系最密切的审计记录后面，并在其他审计记录中予以注明。

实务操作练习

业务题1

一、目的

复习审计证据的种类与审计目标之间的关系。

二、资料

1.从固定资产明细账追查至固定资产实物；

2.向有关人员询问如何计提存货跌价准备，是否有已无使用价值和转让价值的存货转销；

3.计算期末结存材料成本差异率，并与前后各期进行比较分析，判断材料成本差异账户有无异常变动；

4.函证应收账款；

5.审查专利证书、商标注册证等产权证明，验证相关资产的产权是否归出资者所有；

6.从销货账记录追查至销货发票等原始交易单据，审查所记录交易是否发生；

7.监盘库存现金。

三、要求

根据上述实施的实质性审计程序，请判断其获取的是何种类型的审计证据以及实质性程序的种类，进而说明其实施的审计程序要实现何种具体的审计目标。

业务题2

一、目的

审核审计工作底稿。

二、资料

某注册会计师接受委托对A公司2018年财务报表进行审计，A公司2016年7月设立登记，验资报告由B会计师事务所审验。下面是关于实收资本审计的工作底稿（见表5-17）。

表5-17　　　　　　　　　　　**实收资本审计工作底稿**

被审计单位：A公司　　　　　　　　　索引号：

项目：实收资本　　　　　　　　　　　财务报表截止日/期间：2018年度

编制：　　　　　　　　　　　　　　　复核：

日期：　　　　　　　　　　　　　　　日期：

出资方	出资比例	认缴出资额	实际出资额 2013.12.31	实际出资额 2012.12.31	备注
甲公司	30%	60 000	60 000 S	60 000 B	
乙公司	30%	60 000	60 000 S	60 000 B	
丙公司	40%	80 000	80 000 S	80 000 B	
合计	100%	200 000 ∧	200 000 ∧	200 000 ∧	

三、要求

请指出工作底稿中有何缺陷。

第六章　审计过程

■本章重点：审计重要性的内涵，重要性水平分配，审计重要性与审计风险的关系，审计风险的概念和特征，审计风险的构成要素，审计准备，审计实施，审计完成，审计沟通。

■本章难点：审计重要性的内涵，审计重要性与审计风险的关系，审计风险构成要素，审计策略，审计方案，沟通的时间与方式。

审计是一个复杂而系统的过程，审计工作从准备到结束的整个过程称为审计过程，通过审计过程的安排可以使审计监督活动有条不紊地顺利进行，符合依法审计和独立审计的基本要求。审计过程一般来说包括三个阶段，即审计准备阶段、审计实施阶段、审计完成阶段。审计过程具有逻辑性和持续性特征，通常，上一阶段的工作是下一阶段工作的前提和基础，审计准备阶段和审计实施阶段为审计完成后最终形成审计意见提供支持与保障。审计过程中的每一审计阶段均有其主要的审计工作内容，审计人员在从事审计工作时应对各阶段的每项工作有一个清醒的认识。当然，审计过程的三个阶段并没有截然的分界线，审计过程也不是机械地完成三个阶段可能涉及的各项工作，具体审计实务中可能存在这样的情况，由于未预期事项、条件的变化或在实施审计程序中获取的审计证据不足等原因，导致下阶段工作中要反复上阶段的工作。同时，在审计过程中，还存在大量的审计判断与沟通工作，很多关键决策往往是在审计过程中作出的，如审计重要性的确定、可接受的审计风险等，所以，在这一章中还涉及审计过程中的两个重要概念，即审计重要性和审计风险。另外，在整个审计过程的不同阶段都会涉及与被审计单位的沟通，沟通的对象、沟通的内容、沟通的形式和时间也是应关注的重要内容。

按照审计主体的不同，审计过程中三个阶段涉及的具体内容也有所不同。政府审计的审计过程主要按照《中华人民共和国国家审计法》、《中华人民共和国审计法实施条例》及《中华人民共和国国家审计准则》等法律、规章中的规定执行。独立审计的审计过程主要按照《中华人民共和国注册会计师法》及中国注册会计师审计准则中的规定执行。内部审计的规章也对内部审计过程作出规定，可参照内部审计准则执行。本教材勾勒出一般的审计过程，让初学者对审计过程各个阶段要做的工作有一个整体的认识，同时，突出不同审计主体审计过程中各个阶段的特点。

第一节　　审计过程中的两个重要概念

一、审计重要性

审计重要性是审计中一个非常重要的概念。由于审计时间和审计成本的限制，详细审计已经变得不可能，抽样审计应运而生。在抽样审计下，为保证审计的效率和质量，审计人员在计划审计工作和实际执行审计工作时会运用到审计重要性原则。

（一）审计重要性的内涵

根据《中国注册会计师审计准则第1101号——注册会计师的总体目标和审计工作的基本要求》，如果审计人员合理预期某一错报（包括漏报）单独或连同其他错报可能影响财务报表使用者依据财务报表作出的经济决策，则通常认为该项错报是重大的。由此可以看出，审计重要性是审计人员合理预计的被审计单位财务报表错报的严重程度。如果审计人员预计被审计单位财务报表中的错报足以影响报表使用者的决策，那么该错报就达到了重要性水平。重要性水平是重要性的具体标准，是量化的审计重要性。对于重要性这个概念，可以从以下几方面理解：

首先，重要性概念必须从财务报表使用者的角度来考虑。因为财务报表是为了满足财务报表使用者的信息需要而编制的，他们需要利用财务报表提供的信息作出各种经济决策。因此，判断一项业务重要与否，应视其在财务报表中的错报或漏报对财务报表使用者所作决策的影响程度而定。若一项业务在报表中的错报或漏报足以改变或影响报表使用者的判断，则该项错报或漏报就是重要的，否则就是不重要的。

其次，重要性需要审计人员运用职业判断。对重要性水平的初步判断，是审计人员所作的重要决策之一。重要性水平的确定不能过高也不能过低。重要性水平确定过高，可能导致不当地减少必要的审计程序，加大审计风险，从而可能得出错误的审计结论。相反，重要性水平确定过低则会导致审计人员不当地扩大审计范围或追加不必要的审计程序，造成过高的审计成本和不必要的浪费。因此，审计人员应恰当运用职业判断，合理确定重要性水平。

最后，重要性的判断离不开特定的环境。重要性的判断是根据具体环境作出的，并受错报的金额或性质的影响，或受两者共同作用的影响，即重要性的判断是在考虑数量和质量的基础上结合企业面临的具体环境来确定的。数量也即从金额上考虑错报，一般来说，金额大的错报或漏报比金额小的错报或漏报更重要。质量也即从性质上考虑错报，某项错报或漏报从量的方面看并不重要，从其性质方面考虑，却可能是重要的。主要表现在以下几个方面：（1）涉及舞弊与违法行为的错报或漏报；（2）可能引起履行合同义务的错报或漏报；（3）影响收益趋势的错报或漏报；（4）特殊账户出现的错报或漏报。例如，如果发现现金和实收资本账户存在错报或漏报，就应当引起高度重视。而小金额错报或漏报的累积，也可能会对财务报表产生重大影响，审计人员对此应当予以关注。同时值得一提的是，不同企业面临不同的环境，因而判断重要性的标准也不相同。例如，某一金额对某个企业的财务报表来说是重要的，而对另一个企业的财务报表可能是不重要的。对某一特定企业而言，重要性也会因时间的不同而改变。因此，重要性的判断应在考虑数量和质量的基础上结合企业面临的具体环境来确定。

（二）审计重要性水平的两个层次

在审计过程中，审计人员应当考虑两个层次的重要性水平，即财务报表整体的重要性水平和特定类别的交易、账户余额或披露的重要性水平。

1.财务报表整体的重要性水平

财务报表整体的重要性水平即被审计单位总的可容忍错报。由于独立审计的目的是审计人员针对财务报表是否在所有重大方面按照财务报告编制基础编制并实现公允反映发表审计意见。因此，审计人员必须考虑财务报表整体的重要性水平。

2.特定类别的交易、账户余额或披露的重要性水平

特定类别的交易、账户余额或披露的重要性水平称为"可容忍错报"。可容忍错报的确定以审计人员对财务报表整体重要性水平的初步评估为基础。它是在不导致财务报表存在重大错报的情况下，审计人员对特定类别的交易、账户余额或披露确定的可接受的最大错报。

由于财务报表所提供的信息来源于各特定类别的交易或账户，审计人员只有通过验证各特定类别的交易或账户，才能得出财务报表是否在所有重大方面按照财务报告编制基础编制并实现公允反映的整体性结论，因此，审计人员还必须考虑特定类别的交易、账户余额或披露的重要性水平。

（三）计划审计工作时确定的重要性和实际执行的重要性

关于审计重要性，审计人员的目标是，在计划和执行审计工作时恰当地运用重要性概念。

1.计划审计工作时确定的重要性

在制定总体审计策略时，审计人员应当确定财务报表整体的重要性。根据被审计单位的特定情况，如果存在一个或多个特定类别的交易、账户余额或披露，其发生的错报金额虽然低于财务报表整体的重要性，但合理预期可能影响财务报表使用者依据财务报表作出的经济决策，审计人员还应当确定适用于这些交易、账户余额或披露的一个或多个重要性水平。在计划审计工作时确定重要性，需考虑如下几个方面：

（1）对公共部门实体的特殊考虑

就公共部门实体而言，财务报表的主要使用者通常是立法机构和监管机构。此外，财务报表还可能用于经济决策以外的其他决策。因此，在审计公共部门实体的财务报表时，确定财务报表整体的重要性水平和特定类别的交易、账户余额或披露的重要性水平，可能受到法律法规或其他监管要求的影响，并受到立法机构和与公共部门项目相关的公众对信息需求的影响。

（2）恰当运用基准以合理确定财务报表整体的重要性

确定重要性需要运用职业判断。通常先选定一个基准，再乘以某一百分比作为财务报表整体的重要性。即：财务报表整体的重要性水平＝基准×百分比

首先，应恰当选择基准。适当的基准取决于被审计单位的具体情况，包括各类报告收益（如税前利润、营业收入、毛利和费用总额），以及所有者权益或净资产。对于以营利为目的的实体，通常以经常性业务的税前利润作为基准。如果经常性业务的税前利润不稳定，选用其他基准可能更加合适，如毛利或营业收入。在选择基准时，需考虑的因素包括：①财务报表要求；②是否存在特定会计主体的财务报表使用者特别关注的项目；③被审计单位的性质、所处的生命周期阶段以及所处行业和经济环境；④被审计单位的所有权结构和融资方式；⑤基准的相对波动性。

值得一提的是，对于小型被审计单位，如果由所有者进行管理，所有者以薪酬的形式拿走了大部分的税前利润，其经常性业务的税前利润可能一直很低。在这种情况下，将扣除薪酬和税金之前的利润作为选定的基准可能更加相关。而对公共部门实体的审计而言，总成本或净成本（费用减收入或支出减收入）可能是适当的基准。如果公共部门实体保管公共资产，则资产可能是适当的基准。

审计人员通常选择一个相对稳定、可预测且能够反映被审计单位正常规模的基准。由于销售收入和总资产具有相对稳定性，审计人员经常将其用作确定计划重要性水平的基准。

其次，应合理选择百分比。选定基准后，就要为选定的基准确定百分比，据以确定重要性水平，这需要运用审计人员的职业判断。百分比和选定的基准之间存在一定的联系。如经常性业务的税前利润对应的百分比通常比营业收入对应的百分比要高。一般而言，对以营利为目的的制造业实体，审计人员可能认为总收入或费用总额的1%是适当的；对于按收付实现制核算的预算单位和非营利性的事业单位，按收入或支出总额的0.5%～2%确定；对于按权责发生制核算的企事业单位，可按资产总额的0.5%～1%确定，或者按流动资产或净资产的1%～2%确定，也可按营业收入的0.5%～1%确定，还可按净利润的5%～10%确定。总之，百分比无论高一些还是低一些，只要符合具体情况，都是适当的。

前已述及，对重要性的评估需要职业判断。审计人员在执行具体审计业务时，可能认为采用比上述百分比更高或更低的比例是适当的。当根据不同的基准计算出不同的重要性水平时，审计人员应当根据实际情况决定采用何种计算方法更为恰当。一般而言，当资产负债表和利润表的重要性水平不一样时，应选取重要性水平的较低者。

同时，应该注意，规模越大的企业，允许的错报或漏报的金额比率越小；而规模越小的企业，相对而言，其允许的错报或漏报的金额比率越大。此外，审计人员在确定重要性时，通常考虑以前期间的经营成果和财务状况、本期的经营成果和财务状况、本期的预算和预测结果、被审计单位情况的重大变化（如重大的企业购并）以及宏观经济环境和所处行业环境发生的相关变化。例如，审计人员在将净利

润作为确定某被审计单位重要性水平的基准时，因情况变化使该被审计单位本年度净利润出现意外的增加或减少，审计人员可能认为选择近几年的平均净利润作为确定重要性水平的基准更加合适。

（3）确定特定类别的交易、账户余额或披露的重要性水平

在计划审计工作时，审计人员不仅应确定财务报表整体的重要性水平，还应确定特定类别的交易、账户余额或披露的重要性水平。

确定特定类别的交易、账户余额或披露的重要性水平时应考虑的因素：①法律法规或适用的财务报告编制基础是否影响财务报表使用者对特定项目（如关联方交易、管理层和治理层的薪酬）计量或披露的预期；②与被审计单位所处行业相关的关键性披露（如制药企业的研发成本）；③财务报表使用者是否特别关注财务报表中单独披露的业务的特定方面（如新收购的业务）。由于为各类交易、账户余额或披露确定的重要性水平即可容忍错报对审计证据数量有直接的影响，因此审计人员应当合理确定可容忍错报。

特定类别的交易、账户余额或披露的重要性水平的确定方法，有如下两种：

一种是不分配的方法。采用不分配的方法确定特定类别的交易、账户余额或披露的重要性水平实际上是根据事务所的以往经验统一确定特定类别的交易、账户余额或披露的重要性水平与财务报表整体重要性水平的比例关系，供审计人员在执行审计业务时直接运用（王磊等，2009）。例如，事务所将应收账款的重要性水平统一确定为财务报表整体重要性水平的 30%，审计人员在对某单位进行审计时，确定财务报表整体重要性水平为 500 万元，那么应收账款的重要性水平为：500×30%=150 万元。

另一种是分配的方法。采用分配的方法时，分配的对象一般是资产负债表账户。基本原理是按照资产的一定百分比确定各账户的重要性水平，在此基础上根据审计人员的职业判断对各账户的重要性水平再加以调整。

假设某公司的资产的构成见表 6-1，审计人员初步判断的财务报表整体的重要性水平是资产总额的 1%，为 200 万元，即资产账户可容忍的错报或漏报为 200 万元。现审计人员按这一重要性水平分配给各资产账户，见表 6-1。

表 6-1　　　　　　　　　某公司的资产构成及重要性水平的分配　　　　　　　　　单位：万元

账户	金额	甲方案	乙方案
货币资金	500	5	5
应收账款	2 100	21	28
存货	4 200	42	80
固定资产	7 000	70	47
无形资产	6 200	62	40
总计	20 000	200	200

在表6-1中，甲方案按1%进行同比例分配，一般来说，这并不可行，审计人员应根据其职业判断，对方案甲进行修正。由于应收账款和存货错报或漏报的可能性较大，故应分配较高的重要性水平，以节省审计成本。其他资产项目如固定资产、无形资产错漏报的可能性相对较小，因此可以分配较低的重要性水平，由此形成乙方案。假定审计存货后，仅发现错报和漏报55万元，且审计人员认为所执行的审计程序已经足够，则可将剩下的25万元再分配给应收账款。

2.实际执行的重要性

实际执行的重要性，包括与确定财务报表整体相关的实际执行的重要性以及与确定特定类别的交易、账户余额或披露相关的实际执行的重要性两个方面。前者旨在将未更正和未发现错报的汇总数超过财务报表整体的重要性的可能性降至适当的低水平，后者则旨在将交易、账户余额或披露中未更正与未发现错报的汇总数超过这些交易、账户余额或披露的重要性水平的可能性降低至适当的低水平。

审计人员应当确定实际执行的重要性，以评估重大错报风险并确定进一步审计程序的性质、时间安排和范围。仅为发现单项重大错报而计划审计工作将忽视这样一个事实，即单项非重大错报的汇总数可能导致财务报表出现重大错报，更毋论还未考虑可能存在的未发现错报。

确定实际执行的重要性并非简单机械地计算，需要审计人员运用职业判断，并考虑下列因素的影响：①对被审计单位的了解（这些了解在实施风险评估程序的过程中得到更新）；②前期审计工作中识别出的错报的性质和范围；③根据前期识别出的错报对本期错报作出的预期。

（四）审计过程中对重要性的修改

审计人员如果在审计过程中获知了某项信息，而该信息可能导致其确定财务报表整体的重要性或者特定类别的交易、账户余额或披露的一个或多个重要性水平（如适用）与原来不同，则审计人员应当对原来确定的重要性水平予以修改。导致审计人员修改财务报表整体的重要性水平或者特定类别的交易、账户余额或披露的重要性水平的可能原因有：①审计过程中情况发生重大变化；②获取新信息；③通过实施进一步审计程序，审计人员对被审计单位及其经营情况的了解发生变化。

需要指出的是，审计人员在审计工作底稿中应记录下列金额：财务报表整体的重要性；特定类别的交易、账户余额或披露的重要性（如适用）；实际执行的重要性；随审计过程的推进对上述三项内容所作出的任何修改。同时，审计人员还应在工作底稿中记录确定上述三项金额时考虑的因素，以备后查。

（五）审计重要性的运用

《中国注册会计师审计准则第1221号——计划和执行审计工作时的重要性》第六条指出："在计划和执行审计工作，评价识别出的错报对审计的影响，以及未更正错报对财务报表和审计意见的影响时，注册会计师需要运用重要性概念。"由此可见，审计重要性的运用贯穿于审计的整个过程。

1.审计计划阶段对重要性水平的运用

在审计计划阶段，审计人员应当对重要性水平作出初步判断，确定计划的重要性水平，进而确定所需审计证据的数量。重要性水平与审计证据之间呈反向关系。重要性水平越低，应获取的审计证据越多。因此，审计人员在编制审计计划时，应当根据所确定的审计重要性水平，合理确定所需的审计证据，并据此决定审计程序的性质、时间和范围。

2.审计执行阶段对重要性水平的运用

在审计执行阶段，随着审计过程的推进，审计人员应当及时评价计划阶段确定的重要性水平是否仍然合理，并根据具体环境的变化或者根据审计执行过程中获取的信息，调整计划的重要性水平，进而修订进一步审计程序的性质、时间和范围。

在确定审计程序后，如果审计人员决定接受更低的重要性水平，审计风险将提高。如有可能，审计人员可通过扩大控制测试范围或实施追加的控制测试以及修改计划实施的实质性程序的性质、时间和范围来相应降低评估的重大错报风险和检查风险。

3.审计报告阶段对重要性水平的运用

在审计报告阶段运用重要性，要求审计人员根据前两阶段的审计结果和职业经验，判断财务报表中是否存在重大错报，以便据此确定出具审计报告的类型。审计报告阶段对重要性水平的运用主要通过评价识别出的错报以及未更正错报对财务报表和审计意见的影响来进行。

（1）尚未更正错报的汇总数

尚未更正错报的汇总数包括已经识别的具体错报和推断误差。

①已经识别的具体错报，是指审计人员在审计过程中发现的，能够准确计量的错报。其包括下列两类：一是对事实的错报。这类错报产生于被审计单位收集和处理数据的错误，对事实的忽略、误解或故意舞弊行为。二是对涉及主观决策的错报。这类错报产生于管理层和审计人员对会计评估值的判断差异以及管理层和审计人员对选择与运用会计政策的判断的差异（曲绍明，2008）。

②推断误差，也称"可能误差"，是审计人员对不能明确、具体地识别的其他错报的最佳估计数。其通常包括两类：一是通过样本测试估计出的推断误差，它是预计总体错报与已经识别的具体错报的差额。例如，应收账款年末余额为3 000万元，审计人员抽查10%的样本发现金额有400万元的高估，高估部分为账面金额的20%，据此审计人员推断总体的错报金额为600万元（即3 000×20%），那么上述400万元就是已识别的具体错报，其余200万元（600-400）即推断误差。二是通过实质性程序推断出的估计错报。例如，审计人员根据客户的预算资料及行业趋势等因素，对年度销售费用独立作出估计，并与客户账面金额比较，发现两者间有40%的差异。考虑到估计的精确性有限，审计人员根据经验认为10%的差异通常是可接受的，而剩余30%的差异需要合理解释并取得佐证性证据，假定审计人员对其

中5%的差异无法得到合理解释或不能取得佐证性证据，则该部分差异金额即为推断误差。

（2）评价尚未更正错报的汇总数的影响

审计人员需要在出具审计报告之前，评价尚未更正错报单独或汇总起来对财务报表的影响是否重大，主要通过比较尚未更正错报的汇总数与财务报表层次的重要性水平来进行。尚未更正错报的汇总数与财务报表层次的重要性水平相比会出现以下三种情况：

①尚未更正错报的汇总数超过重要性水平。如果审计人员认为尚未更正错报的汇总数超过重要性水平，审计人员应当考虑通过扩大审计程序的范围或者要求管理层调整财务报表来降低审计风险。如果管理层拒绝调整财务报表，并且扩大审计程序范围的结果并不能使审计人员认为尚未更正错报的汇总数降到重要性水平以下，那么审计人员应考虑出具非无保留意见的审计报告。

②尚未更正错报的汇总数接近重要性水平。如果已识别但尚未更正错报的汇总数接近重要性水平，审计人员应考虑该汇总数连同尚未发现的错报是否可能超过重要性水平，并考虑通过实施追加的审计程序或者要求管理层就已经确定的错报调整财务报表以降低审计风险。

③尚未更正错报的汇总数远低于重要性水平。如果已识别但尚未更正错报的汇总数远低于重要性水平，则该错报是不重要的。在这种情况下，审计人员可以出具无保留意见的审计报告。

需要指出的是，审计人员在评价尚未更正错报是否重大时，不仅需要考虑每项错报对财务报表的单独影响，而且需要考虑所有错报汇总数对财务报表的影响及其形成原因。

二、审计风险

审计风险是审计中的一个重要概念，一直是审计理论界和实务界关注的焦点。在审计工作中，审计人员必须时刻注意审计风险，关注可能导致审计风险的重要事项，通过计划和实施审计工作，获取充分、适当的审计证据，将审计风险降低至可接受的低水平。

（一）审计风险的概念及特征

对于审计风险，国内外并无完全统一的定义。《国际审计准则》认为审计风险是"审计人员对实质上误报的财务资料可能提供不适当意见的风险"。而《美国审计准则说明》则认为审计风险是"审计人员对含有重大错报的财务报表没有适当修正审计意见的风险"。2010年我国新修订的审计准则《中国注册会计师审计准则第1101号——注册会计师的总体目标和审计工作的基本要求》中则将审计风险定义为"当财务报表存在重大错报时，注册会计师发表不恰当审计意见的可能性"。虽然对审计风险的定义不尽相同，但其实质却并无太大差别。定义都反映出审计风险不仅包含了财务报表本身所带来的风险，还有审计人员发表错误审计意见可能带来的风险。

审计风险具有一定的特征，了解其特征，有助于降低或控制审计风险。审计风险的特征具有如下几个方面：

1.客观性

审计风险的客观性也可以称为审计风险的普遍性，它取决于自身形成原因的必然性。风险总是存在于一切审计活动之中，是一种必然存在，是不可避免的审计现象。通过对审计风险的研究，人们只能认识和控制审计风险，只能在有限的空间和时间内改变风险存在和发生的条件，降低其发生的频率和减少损失的程度，而不能也不可能完全消除风险（罗申军，2008）。

2.不确定性

所谓不确定性是指一种损失的可能性。新审计准则中明确把审计风险定义为"财务报表存在重大错报而注册会计师发表了不恰当审计意见的可能性"，这种可能性即造成损失的不确定性。其主要体现在两个方面：审计风险给会计师事务所或审计人员造成的损失的不确定性；财务报表中的错报与漏报给财务报表使用者造成损失的不确定性进而使得审计人员承担审计风险并受到追究具有不确定性。

3.危害性

审计风险可能造成的危害并不只是针对作为审计主体的会计师事务所或审计人员，同时还涉及其他利益相关群体。审计风险可能造成危害主要是因为审计风险可能导致最终的审计失败。这种情况一旦发生，就会造成严重的经济后果。就会计师事务所而言，必然会降低其可信度，影响审计人员的形象，严重者还会招惹官司。就被审计单位而言，企业某些重大的经济事项信息必然会被披露，这就可能严重影响企业的形象、企业的资信度，尤其是上市公司，其股票价格必然会产生剧烈的震荡。就社会公众、广大投资者而言，他们是最直接的受害者，他们在不恰当的审计报告的误导下，可能会作出错误的投资决策，使自己的经济利益受损。

4.可控性

由前可知，审计风险是一种客观存在，它不以人的意志为转移。同时，在错综复杂的经济活动中，审计人员不可能洞察一切，也不可能无止境地设计和实施审计程序以发现所有的重大错报和漏报。因此，审计风险无法完全消除。但这并不意味着审计人员对审计风险的发生无能为力。审计人员可以运用专业技能和丰富的经验，对审计风险进行恰当的预测和评估，并采取相应的审计程序和方法，使其得到有效的控制。

（二）审计重要性与审计风险的关系

审计重要性与审计风险之间存在反向关系。重要性水平越高，审计范围越小，审计风险也越低；重要性水平越低，审计范围越大，审计风险则越高。这里所说的重要性水平高低指的是金额的大小。审计风险越高，越要求审计人员有效扩大审计程序，收集更多更有效的审计证据，以将审计风险降低至可接受的水平。审计人员不能通过不合理的人为调高重要性水平，来降低审计风险，审计风险的降低只能通过有效扩大审计程序收集更多更有效的审计证据来达成。

（三）审计风险的构成要素

《中国注册会计师审计准则第1101号——注册会计师的总体目标和审计工作的基本要求》第十三条指出："审计风险取决于重大错报风险和检查风险。"无疑，重大错报风险和检查风险为审计风险的构成要素。

1.重大错报风险

《中国注册会计师审计准则第1101号——注册会计师的总体目标和审计工作的基本要求》第十四条明确指出："重大错报风险是指财务报表在审计前存在重大错报的可能性。"该定义表明：重大错报风险是财务报表审计前其报表本身固有的风险；错报（包括漏报，下同）的金额或性质应该是重大的，是其单独或连同其他错报一起足以影响报表使用者的判断或决策的错报，否则，则属于非重大错报；重大错报风险仅仅是一种可能，本身并不能绝对确定重大错报的存在；错报应包括财务报表金额的错误或舞弊以及报表附注披露内容的错误或舞弊。

审计人员在设计审计程序以确定财务报表整体是否存在重大错报时，应当从财务报表整体层次和特定交易、账户余额或披露认定层次（以下简称认定层次）考虑重大错报风险。即，重大错报风险包括两个层次：财务报表层次的重大错报风险和认定层次的重大错报风险。

（1）财务报表层次的重大错报风险

财务报表层次重大错报风险通常与控制环境有关，并与财务报表整体存在广泛联系，可能影响多项认定。与控制环境有关的此类风险如管理层缺乏诚信、监督层不能对管理层进行有效监督等，但也可能与其他因素有关，如金融危机、企业所处行业处于衰退期。此类风险难以被界定于某类交易、账户余额、列报的具体认定。相反，此类风险增大了一个或多个不同认定发生重大错报的可能性，与舞弊引起的风险特别相关。

（2）认定层次的重大错报风险

认定层次的重大错报风险包括固有风险和控制风险。

认定层次的固有风险是假设不存在相关的内部控制，某一认定发生重大错报的可能性，无论该错报单独考虑，还是连同其他错报构成重大错报。导致此风险的因素多种多样，范围已不再仅仅局限于企业的账户、财务报表本身，甚至扩展到了整个企业的经营管理系统及其所处客观环境。一般来说，影响固有风险的因素主要有以下几个方面：被审计单位所处的外部环境、竞争能力；被审计单位经营管理人员的品行和能力；容易产生错误和舞弊的账户或交易；要利用专家工作结果予以佐证的重要交易或事项的复杂程度；确定账户金额时，需要运用估计和判断的程度；在正常的会计处理程序中容易被漏记的交易或事项等。

认定层次的控制风险是指某项认定发生了重大错报，无论该错报单独考虑，还是连同其他错报一并考虑构成重大错报，而该错报没有被企业的内部控制及时防止、发现和纠正的可能性。控制风险取决于财务报表编制单位内部控制的设计和运行的有效性。由于内部控制的固有局限性，某种程序的控制风险始终存在。控制风险的影响因素主要包括被审计单位内部控制制度的健全和有效程度、管理人员的诚信度以及被审计单位的经济情况等。

由于固有风险和控制风险不可分割地交织在一起，有时无法单独进行评估，审计准则通常不再单独提到固有风险和控制风险，而只是将这两者合并称为"重大错报风险"。但这并不意味着审计人员不可以单独对固有风险和控制风险进行评估。相反，审计人员既可以对两者进行单独评估，也可以对两者进行合并评估。具体方法取决于会计师事务所偏好的审计技术和方法。

2.检查风险

检查风险是指如果存在错报，该错报单独或连同其他错报是重大的，审计人员为将审计风险降至可接受的低水平而实施程序后未能发现这种错报的风险。检查风险受限于审计程序的设计合理与否、审计程序的执行是否有效以及审计人员执业素质的高低。由于审计时间、审计成本等的限制，审计人员通常并不对所有的交易、账户余额和列报进行检查，因此，检查风险不可能为零。

3.重大错报风险与检查风险的关系

认定层次的重大错报风险与检查风险之间关系密切，可以用公式表述如下：

审计风险＝重大错报风险×检查风险

由该公式可以看出，当审计风险既定时，评估的重大错报风险越高，可接受的检查风险水平越低，需要的审计证据数量就越多；评估的重大错报风险越低，可接受的检查风险水平越高，需要的审计证据数量也越少。也即：在既定的审计风险水平下，可接受的检查风险水平与认定层次重大错报风险的评估结果呈反向变化关系。假设针对某一认定，审计人员将可接受的审计风险水平设定为5%，审计人员实施风险评估程序后将某一认定的重大错报风险评估为20%，则根据上述公式，可接受的检查风险水平为25%（5%÷20%）。

总之，审计人员应当合理设计审计程序的性质、时间和范围，并有效执行审计程序，获取认定层次充分适当的审计证据，以便在审计工作完成时，能够以可接受的审计风险对财务报表整体发表意见。

第二节　　审计准备阶段

审计准备阶段是指审计人员从安排审计业务，审计与被审计双方达成意向，到审计人员初步了解被审计单位，实施风险评估后制订出审计方案的全过程。

由于审计主体不同，审计准备阶段的内容也有所差异，例如，政府审计主要采用下达审计通知书的方式告知被审计单位，而独立审计是以审计业务约定书的形式达成审计意向。由于审计主体的不同，审计中的一些术语也有所不同，例如，独立审计一般将接受审计工作以"审计方案"的形式呈现出来。

一、安排审计业务

（一）政府审计、内部审计业务的安排

政府审计业务是通过"年度审计项目计划"编制过程而最终形成的。政府审计业务的安排带有强制性色彩，一般根据法定的审计职责和审计管辖范围，编制年度审计项目计划而形成。年度审计项目计划的编制要求、编制步骤、审计项目配置等均有相关规定。

审计机关编制年度审计项目计划应当服务大局，围绕政府工作中心，突出审计工作重点，合理安排审计资源，防止不必要的重复审计。审计机关按照下列步骤编制年度审计项目计划：调查审计需求，初步选择审计项目；对初选审计项目进行可行性研究，确定备选审计项目及其优先顺序；评估审计机关可用审计资源，确定审计项目，编制年度审计项目计划。审计机关应当对确定的审计项目配置必要的审计人力资源、审计时间、审计技术装备、审计经费等审计资源。审计机关应当将年度审计项目计划下达审计项目组织和实施单位执行。年度审计项目计划一经下达，审计项目组织和实施单位应当确保完成，一般不得擅自变更。

内部审计计划一般包括年度审计计划、项目审计计划和审计方案三个层次。内部审计业务通过编制部门单位内部审计"年度审计计划"而形成，内部审计"年度审计计划"的形成与政府审计"年度审计项目计划"的形成相似，下面主要介绍政府审计年度审计项目计划的编制步骤。

1.调查审计需求，初步选择审计项目

审计机关从下列方面调查审计需求，初步选择审计项目：（1）国家和地区财政收支、财务收支以及有关经济活动情况；（2）政府工作中心；（3）本级政府行政首长和相关领导机关对审计工作的要求；（4）上级审计机关安排或者授权审计的事项；（5）有关部门委托或者提请审计机关审计的事项；（6）群众举报、公众关注的事项；（7）经分析相关数据认为应当列入审计的事项；（8）其他方面的需求。

2.对初选审计项目进行可行性研究，确定备选审计项目及其优先顺序

审计机关对初选审计项目进行可行性研究，确定初选审计项目的审计目标、审计范围、审计重点和其他重要事项。

（1）进行可行性研究时，应重点调查研究下列内容：①与确定和实施审计项目相关的法律法规和政策；②管理体制、组织结构、主要业务及其开展情况；③财政收支、财务收支状况及结果；④相关的信息系统及其电子数据情况；⑤管理和监督机构的监督检查情况及结果；⑥以前年度审计情况；⑦其他相关内容。

下列项目应当作为必选审计项目，审计机关对必选审计项目，可以不进行可行性研究。①法律法规规定每年应当审计的项目；②本级政府行政首长和相关领导机关要求审计的项目；③上级审计机关安排或者授权的审计项目。

（2）审计机关在调查审计需求和可行性研究过程中，从下列方面对初选审计项目进行评估，以确定备选审计项目及其优先顺序：①项目重要程度，评估在国家经济和社会发展中的重要性、政府行政首长和相关领导机关及公众关注程度、资金和

资产规模等；②项目风险水平，评估项目规模、管理和控制状况等；③审计预期效果；④审计频率和覆盖面；⑤项目对审计资源的要求。

3.评估审计机关可用审计资源，确定审计项目，编制年度审计项目计划

根据规定，年度审计项目计划应当按照审计机关规定的程序审定。审计机关在审定年度审计项目计划前，根据需要，可以组织专家进行论证。

4.纳入年度审计项目计划的其他情况

（1）上级审计机关直接审计下级审计机关审计管辖范围内的重大审计事项，应当列入上级审计机关年度审计项目计划，并及时通知下级审计机关。

（2）上级审计机关可以依法将其审计管辖范围内的审计事项，授权下级审计机关进行审计。对于上级审计机关审计管辖范围内的审计事项，下级审计机关也可以提出授权申请，报有管辖权的上级审计机关审批。获得授权的审计机关应当将授权的审计事项列入年度审计项目计划。

（3）根据中国政府及其机构与国际组织、外国政府及其机构签订的协议和上级审计机关的要求，审计机关确定对国际组织、外国政府及其机构援助、贷款项目进行审计的，应当纳入年度审计项目计划。

（4）对于预算管理或者国有资产管理使用等与国家财政收支有关的特定事项，符合下列情形的，可以进行专项审计调查：涉及宏观性、普遍性、政策性或者体制、机制问题的；事项跨行业、跨地区、跨单位的；事项涉及大量非财务数据的；其他适宜进行专项审计调查的。

审计机关根据项目评估结果，确定年度审计项目计划，将年度审计项目计划报经本级政府行政首长批准并向上一级审计机关报告。

（二）独立审计业务的接受与保持

独立审计具有委托与受托的特点，由委托与受托双方签约决定，所以，一旦接受或保持客户，独立审计业务就形成了。接受与保持客户是审计人员需要作出的最重要的决策之一。一项低质量的决策会导致审计费用得不到支付，增加审计人员额外的压力，导致会计师事务所声誉遭受损失或者涉及潜在的诉讼等。因此，在接受业务委托前应谨慎决策是否接受或保持某客户和具体审计业务，这涉及独立审计质量控制中的一个具体领域。客户的诚信是审核新老客户的重要依据，审计人员在同意承接一项审计业务或者继续执行现有业务之前，希望能多了解客户。同时，作为审计方还要考虑能否对客户保持独立性，是否具有必要的素质、专业胜任能力、时间和资源；能够遵守相关职业道德要求等①。

审计人员在确定是否接受或保持客户时，应采取一些步骤，主要包括：了解客户的基本情况，评价与客户相关的风险因素或风险因素的变化；确定是否接受或保持客户作为整个会计师事务所考虑风险组合的一部分内容；签订业务约定书。

---

① 审计人员在审计业务开始时应当开展的活动，也称为"初步业务活动"。

1.审计人员必须了解基本情况，评价影响接受或保持客户的因素

例如，潜在客户正面临的财务困难，是否有虚假的陈述；公司管理层是否诚实以至于可以合理保证管理层并非明知故犯地从事重大舞弊或不法行为；公司的声誉与形象的状况；公司对遵循专业会计准则持有的态度是否积极肯定，以至于在财务报告中全面而准确地陈述公司的财务业绩和状况。审计人员获取信息的途径很多，既可以通过大众媒体、经济信息媒体、与客户交往的经验获取，也可通过与管理层进行讨论获取，还可以通过与客户的开户银行和律师联系了解客户的经济业务信息。当然，也可与前任审计人员进行沟通。沟通前应征求客户的同意，可与前任审计人员就诸如以下问题进行讨论：更换审计人员的原因；前任审计人员与管理层的分歧的性质；重要的风险领域；是否曾有过舞弊或不法行为。

2.审计人员确定是否接受或保持客户，作为整个会计师事务所考虑风险组合的一部分内容

在了解评价客户的基础上，如果预期在完成整个业务后获得的收入能超过可能承受的风险和可预见的成本，在大多数情况下，审计人员可得出接受未来客户或决定保留现有客户的决定。但如果经过初步分析后发现存在严重的问题并且问题无法得到解决的极个别情况下，审计人员应当放弃该项业务。

3.签订业务约定书

签订审计业务约定书是独立审计业务是否形成的重要标志。一旦决定接受业务委托，审计人员与客户就审计约定条款达成一致意见，独立审计业务就形成了。

二、成立审计组

审计组是为了实施审计项目，完成审计业务临时形成的基本工作单位。审计业务形成后，审计主体应当在实施项目审计前组成审计组，审计组应具备与其从事的审计工作相适应的专业知识和业务能力，具有一定数量和执业水平的审计人员，必要时可考虑聘请专家。审计组由审计组组长和其他成员组成，审计组实行审计组组长负责制，其他组员在审计组组长的领导和协调下开展工作，并对分担的工作各负其责，审计组组长对审计组工作全面负责，包括制订审计方案和具体实施审计、组织撰写审计报告等。在审计准备阶段审计组可以作的准备工作包括：组织学习完成审计任务可能的财经法规，准确掌握审计法规的标准；初步调查了解被审计单位基本情况；拟订审计工作方案等。

三、告知审计

告知审计是根据审计业务安排计划或在前期与被审计单位协议的基础上，告知被审计单位即将正式开展审计工作。告知审计通常采用书面告知形式，政府审计和内部审计采用签发审计通知书的形式告知，独立审计以签订业务约定书的形式告知。

（一）签发审计通知书

审计机关应当依照法律法规的规定，向被审计单位送达审计通知书。审计机关签发的审计通知书是审计指令，不仅是对被审计单位进行审计的书面通知，而且也

是审计组进驻被审计单位执行审计任务、行使国家审计监督的凭据和证件。根据《审计法》第三十八条的规定：审计机关在实施审计三日前，向被审计单位送达审计通知书；遇有特殊情况[①]，经本级人民政府批准，审计机关可以直接持审计通知书实施审计。

　　审计通知书的内容主要包括被审计单位名称、审计依据、审计范围、审计起始时间、审计组组长及其他成员名单和被审计单位配合审计工作的要求。同时，还应当向被审计单位告知审计组的审计纪律要求。

　　采取跟踪审计方式实施审计的，审计通知书应当列明跟踪审计的具体方式和要求。

　　专项审计调查项目的审计通知书应当列明专项审计调查的要求。审计通知书在发送被审计单位的同时，还应抄送被审计单位的上级主管部门和有关部门。

　　审计通知书的格式见表6-2。

表6-2　　　　　　　　　　　　　　审计通知书

××××××××（审计机关全称）

审计通知书

×审×通[××××]×号

关于对××××的审计通知

××单位：

　　根据××××，决定派出审计组，自××××年××月××日起，对你单位××进行审计。请予积极配合，提供有关资料和必要的工作条件。

　　审计组组长：＿＿＿＿＿＿＿＿＿＿

　　审计组组员：＿＿＿＿＿＿＿＿＿＿

（审计机关印章）

××××年××月××日

主题词：××

抄　送：××

　　另外，审计机关发送审计通知书时附的审计文书送达回证，是为了符合审计程序中有关时限的规定以及满足行政复议的要求而专设的。它主要适用于审计机关在发送审计通知书、审计报告征求意见和复议决定等审计文书时使用。审计文书送达回证是审计机关依法行使审计职权的必要程序，也是认定被审计单位是否在法定期限内履行其法定义务、形成其法定权利的重要证据。审计文书送达回证应写明受送人、送达文书名称、送达时间、送达方式。被审计单位在接到审计通知书后，应当积极配合审计机关工作，并提供必要的工作条件；审计机关应重视填制审计文书送

---

　　① 《中华人民共和国审计法实施条例》第三十六条：审计法第三十八条所称特殊情况，包括：（1）办理紧急事项的；（2）被审计单位涉嫌严重违法违规的；（3）其他特殊情况。

达回证工作，这既是依法行政的需要，也是避免审计风险的需要。

（二）签订业务约定书

会计师事务所决定可接受或保留某一客户时，双方应就相关业务条款达成协议。此时，由事务所编写的业务约定书，须经事务所与客户双方签署。业务约定书作为一项合约应明确说明有关业务条款，避免客户与事务所产生不必要的误解，增进理解与合作。

《中国注册会计师审计准则第1111号——就审计业务约定条款达成一致意见》要求，注册会计师应当就审计业务约定条款与管理层或治理层（如适用）达成一致意见，并应当将达成一致意见的审计业务约定条款记录于审计业务约定书或其他适当形式的书面协议中。审计业务约定书应包括下列主要内容：（1）财务报表审计的目标与范围；（2）注册会计师的责任；（3）管理层的责任；（4）指出用于编制财务报表所适用的财务报告编制基础；（5）提及注册会计师拟出具的审计报告的预期形式和内容，以及对在特定情况下出具的审计报告可能不同于预期形式和内容的说明。

除上述应说明的事项外，审计业务约定书还可能包括下列主要方面：（1）详细说明审计工作的范围，包括提及适用的法律法规、审计准则以及注册会计师协会发布的职业道德守则和其他公告；（2）对审计业务结果的其他沟通形式；（3）说明由于审计和内部控制的固有限制，即使审计工作按照审计准则的规定得到恰当的计划和执行，仍不可避免地存在某些重大错报未被发现的风险；（4）计划和执行审计工作的安排，包括审计项目组的构成；（5）管理层确认将提供书面声明；（6）管理层同意向注册会计师及时提供财务报表草稿和其他所有附带信息，以使注册会计师能够按照预定的时间表完成审计工作；（7）管理层同意告知注册会计师在审计报告日至财务报表报出日之间注意到的可能影响财务报表的事实；（8）收费的计算基础和收费安排；（9）管理层确认收到审计业务约定书并同意其中的条款。

需要指出的是，如果法律法规足够详细地规定了审计业务约定条款，审计人员除了记录适用的法律法规以及管理层认可并理解其责任的事实外，不必将上述规定的主要内容记录于审计业务约定书或其他书面协议中。

审计业务约定书的内容和格式可因每一个被审计单位而有所不同，但作为其必备条款的基本内容应相同。

审计业务约定书

甲方：ABC股份有限公司

乙方：××会计师事务所

兹由甲方委托乙方对20××年度财务报表进行审计，经双方协商，达成以下约定：

一、审计的目标与范围

1.乙方接受甲方委托，对甲方按照企业会计准则编制的20××年12月31日的资产负债表，20××年度的利润表、股东权益变动表和现金流量表以及财务报表附注

（以下统称财务报表）进行审计。

2.乙方通过执行审计工作，对财务报表的下列方面发表审计意见：

（1）财务报表是否在所有重大方面按照企业会计准则的规定编制；

（2）财务报表是否在所有重大方面公允反映了甲方20××年12月31日的财务状况以及20××年度的经营成果和现金流量。

二、甲方的责任

1.根据《中华人民共和国会计法》及《企业财务会计报告条例》，甲方及甲方负责人有责任保证会计资料的真实性和完整性。因此，甲方管理层有责任妥善保存和提供会计记录（包括但不限于会计凭证、会计账簿及其他会计资料），这些记录必须真实、完整地反映甲方的财务状况、经营成果和现金流量。

2.按照企业会计准则的规定编制和公允列报财务报表是甲方管理层的责任，这种责任包括：（1）按照企业会计准则的规定编制财务报表，并使其实现公允反映；（2）设计、实施和维护必要的内部控制，以使财务报表不存在由于舞弊或错误而导致的重大错报。

3.及时为乙方的审计工作提供与审计有关的所有记录、文件和所需的其他信息（在20××年×月×日之前提供审计所需的全部资料，如果在审计过程中需要补充资料，亦应及时提供），并保证所提供资料的真实性和完整性。

4.确保乙方不受限制地接触其认为必要的甲方内部人员和其他相关人员。

5.甲方管理层对其作出的与审计有关的声明予以书面确认。

6.为乙方派出的有关工作人员提供必要的工作条件和协助，主要事项将由乙方于外勤工作开始前提供主要事项清单。

7.按本约定书的约定及时足额支付审计费用以及乙方人员在审计期间的交通、食宿和其他相关费用。

8.乙方的审计不能减轻甲方管理层的责任。

三、乙方的责任

1.乙方的责任是在执行审计工作的基础上对甲方财务报表发表审计意见。乙方按照中国注册会计师审计准则（以下简称审计准则）的规定进行审计。审计准则要求注册会计师遵守职业道德规范，计划和执行审计工作，以对财务报表是否不存在重大错报获取合理保证。

2.审计工作涉及实施审计程序，以获取有关财务报表金额和披露的审计证据。选择的审计程序取决于乙方的判断，包括对由于舞弊或错误导致的财务报表重大错报风险的评估。在进行风险评估时，乙方考虑与财务报表编制相关的内部控制，以设计恰当的审计程序，但目的并非对内部控制的有效性发表意见。审计工作还包括评价管理层选用会计政策的恰当性和作出会计估计的合理性，以及评价财务报表的总体列报。

3.由于审计和内部控制的固有限制，即使按照审计准则的规定适当地计划和执行审计工作，仍不可避免地存在财务报表的某些重大错报可能未被乙方发现的风险。

4.在审计过程中,乙方若发现甲方存在乙方认为的内部控制缺陷,应以书面形式向甲方治理层或管理层通报。但乙方通报的事项,并不代表已全面说明所有可能存在的缺陷或已提出所有可行的改进建议。甲方在实施乙方提出的改进建议前应全面评估其影响。未经乙方书面许可,甲方不得向任何第三方提供乙方出具的沟通文件。

5.按照约定时间完成审计工作,出具审计报告。乙方应于20××年×月×日前出具审计报告。

6.除下列情况外,乙方应当对执行业务过程中知悉的甲方信息予以保密:(1)法律法规允许披露,并取得甲方的授权;(2)根据法律法规的要求,为法律诉讼、仲裁准备文件或提供证据,以及向监管机构报告发现的违法行为;(3)在法律法规允许的情况下,在法律诉讼、仲裁中维护自己的合法权益;(4)接受注册会计师协会或监管机构的执业质量检查,答复其询问和调查;(5)法律法规、执业准则和职业道德规范规定的其他情形。

四、审计收费

1.本次审计服务的收费是以乙方各级别工作人员在本次工作中所耗费的时间为基础计算的。乙方预计本次审计服务的费用总额为人民币×万元。

2.甲方应于本约定书签署之日起×日内支付×%的审计费用,剩余款项于审计报告草稿完成日结清。

3.如果由于无法预见的原因,致使乙方从事本约定书所涉及的审计服务实际时间较本约定书签订时预计的时间有明显的增加或减少时,甲乙双方应通过协商,相应调整本约定书第四项第1条下所述的审计费用。

4.如果由于无法预见的原因,致使乙方人员抵达甲方的工作现场后,本约定书所涉及的审计服务终止,甲方不得要求退还预付的审计费用;如上述情况发生于乙方人员完成现场审计工作,并离开甲方的工作现场之后,甲方应另行向乙方支付人民币×元的补偿费,该补偿费应于甲方收到乙方的收款通知之日起×日内支付。

5.与本次审计有关的其他费用(包括交通费、食宿费等)由甲方承担。

五、审计报告和审计报告的使用

1.乙方按照中国注册会计师审计准则规定的格式和类型出具审计报告。

2.乙方向甲方致送审计报告一式×份。

3.甲方在提交或对外公布审计报告时,不得修改乙方出具的审计报告及其后附的已审计财务报表。当甲方认为有必要修改会计数据、报表附注和所作的说明时,应当事先通知乙方,乙方将考虑有关的修改对审计报告的影响,必要时,将重新出具审计报告。

六、本约定书的有效期间

本约定书自签署之日起生效,并在双方履行完毕本约定书约定的所有义务后终止。但其中第三项第6条、第四、五、七、八、九、十项并不因本约定书终止而失效。

七、约定事项的变更

如果出现不可预见的情况，影响审计工作如期完成，或需要提前出具审计报告时，甲、乙双方均可要求变更约定事项，但应及时通知对方，并由双方协商解决。

八、终止条款

1.如果根据乙方的职业道德及其他有关专业职责、适用的法律法规或其他任何法定的要求，乙方认为已不适宜继续为甲方提供本约定书约定的审计服务时，乙方可以采取向甲方提出合理通知的方式终止履行本约定书。

2.在终止业务约定的情况下，乙方有权就其于本约定书终止之日前对约定的审计服务项目所作的工作收取合理的审计费用。

九、违约责任

甲乙双方按照《中华人民共和国合同法》的规定承担违约责任。

十、适用法律和争议解决

本约定书的所有方面均应适用中华人民共和国法律进行解释并受其约束。本约定书履行地为乙方出具审计报告所在地，因本约定书所引起的或与本约定书有关的任何纠纷或争议（包括关于本约定书条款的存在、效力或终止，或无效之后果），双方选择第　种解决方式：

（1）向有管辖权的人民法院提起诉讼；

（2）提交××仲裁委员会仲裁。

十一、双方对其他有关事项的约定

本约定书一式两份，甲、乙方各执一份，具有同等法律效力。

甲方：ABC股份有限公司（盖章）　　　　乙方：××会计师事务所（盖章）

授权代表：（签名并签章）　　　　　　　授权代表：（签名并签章）

二〇××年××月××日　　　　　　　　二〇××年××月××日

四、了解被审计单位及其环境

审计组应调查了解被审计单位及其相关情况，为作出下列职业判断提供基础：（1）确定职业判断适用的标准；（2）判断可能存在的问题；（3）判断问题的重要性；（4）确定审计应对措施。审计人员至少可以从下列十个方面调查了解被审计单位及其相关情况。当然，根据不同审计业务的特点，了解内容不必面面俱到。

（一）被审计单位的性质

了解被审计单位的性质有助于审计人员理解预期在财务报表中反映的各类交易、账户余额、列报。审计人员应当主要从下列方面了解被审计单位的性质：（1）所有权结构；（2）治理结构；（3）组织结构；（4）经营活动；（5）投资活动；（6）筹资活动。实务中，审计人员可以查阅被审计单位的组织结构图，关联方清单，公司章程，对外签订的主要销售、采购、投资、债务合同以及单位内部的管理报告，财务报告，生产经营情况分析，高层会议记录等；实地察看被审计单位的主要生产经营场所、询问管理层和相关人员、实施分析程序获取重要财务指标等程序，了解被审计单位的性质。

1. 了解所有权结构

审计人员应当了解所有权结构以及所有者与其他人员或单位之间的关系，考虑关联方关系是否已经得到识别，以及关联方交易是否得到恰当核算。例如，应考虑直接控股公司、间接控股公司和其他股东的构成及其关系；应当根据相关规定，了解被审计单位识别关联方的程序，获取被审计单位提供的所有关联方信息，并考虑关联方关系是否已经得到识别，关联方交易是否得到恰当记录和充分披露。

2. 了解治理结构

审计人员应当了解被审计单位的治理结构，考虑治理层是否能够在独立于管理层的情况下对被审计单位事务（包括财务报告）作出客观判断。例如，董事会成员的构成，是否有独立董事，是否设立审计委员会等监督机构，良好的治理结构可以对被审计单位的经营和财务运作实施有效的监督。

3. 了解组织结构

审计人员应当了解被审计单位的组织结构，考虑复杂组织结构可能导致的重大错报风险，包括财务报表合并、商誉摊销和减值、长期股权投资核算以及特殊目的实体核算等问题。例如，是否拥有众多的子公司、合营企业、联营企业以及涉及的股权投资类别的判断及会计处理。

4. 了解经营活动

审计人员应当了解被审计单位的经营活动，主要包括：（1）主营业务的性质，如主营业务是产品制造还是商品批发与零售；金融服务业务的类别等。（2）与生产产品或提供劳务相关的市场信息，包括：主要客户和合同、市场份额、定价政策、产品声誉、营销策略等。（3）业务的开展情况。（4）联盟、合营与外包情况。（5）从事电子商务的情况。（6）地区与行业分布。（7）生产设施、仓库的地理位置及办公地点。（8）关键客户，如被审计单位是否有高度依赖的特定客户、客户的还款情况如何。（9）重要供应商，如主要的原材料供应商是否稳定、付款条件优惠、价格变化的影响等。（10）劳动用工情况。（11）研究与开发活动及其支出。（12）关联方交易。

5. 了解投资活动

审计人员应当了解被审计单位的投资活动，主要包括：（1）近期拟实施或已实施的并购活动与资产处置情况；（2）证券投资、委托贷款的发生与处置；（3）资本性投资活动，包括固定资产和无形资产投资，以及近期或计划发生的变动；（4）不纳入合并范围的投资。

6. 了解筹资活动

审计人员应当了解被审计单位的筹资活动，有助于评估被审计单位在融资方面的压力，并进一步考虑被审计单位在可预见的未来的持续经营能力，主要包括：（1）债务结构和相关条款，包括担保情况及表外融资；（2）固定资产的租赁；

（3）关联方融资；（4）实际受益股东；（5）衍生金融工具的运用，如衍生金融工具是用于交易目的还是套期目的，以及运用的种类、范围和交易对手等。

（二）目标、战略以及相关经营风险

目标是企业经营活动的指针。公司管理层或治理层一般会根据企业经营面临的外部环境和内部各种因素，制定合理可行的经营目标。战略是公司管理层为实现经营目标采用的总体层面的策略和方法。为了实现某一既定的经营目标，公司可能准备多个应对战略。随着外部环境变化，公司会对目标和战略作出相应的调整。经营风险源于对被审计单位实现目标和战略产生不利影响的重大情况、事项、环境和行动，或源于不恰当的目标和战略。审计人员应当了解被审计单位是否存在与下列方面有关的目标和战略，并考虑相应的经营风险：（1）行业发展，及其可能导致的被审计单位不具备足以应对行业变化的人力资源和业务专长等风险；（2）开发新产品或提供新服务，及其可能导致的被审计单位产品责任增加等风险；（3）业务扩张，及其可能导致的被审计单位对市场需求的估计不准确等风险；（4）新颁布的会计法规，及其可能导致的被审计单位执行法规不当或不完整，或会计处理成本增加等风险；（5）监管要求，及其可能导致的被审计单位法律责任增加等风险；（6）本期及未来的融资条件，及其可能导致的被审计单位由于无法满足融资条件而失去融资机会等风险；（7）信息技术的运用，及其可能导致的被审计单位信息系统与业务流程难以融合等风险。

（三）相关法律法规、政策及其执行情况

审计人员应当了解被审计单位所处的法律环境及监管环境，主要包括：（1）适用的会计准则、会计制度和行业特定惯例；（2）对经营活动产生重大影响的法律法规及监管活动；（3）对开展业务产生重大影响的政府政策，包括货币、财政、税收和贸易等政策；（4）与被审计单位所处行业和所从事经营活动相关的环保要求。

实务中，审计人员可能采用查阅内、外部资料、询问、检查等程序和多种信息来源实施风险评估程序，了解以下内容：（1）国家对某一行业是否有特殊的监管要求，如对银行、保险等行业的特殊监管要求；（2）是否存在新出台的法律法规，如有关产品责任、劳动安全或环境保护的法律法规等，对被审计单位有何影响；（3）国家财政、货币、税收和贸易等方面政策的变化是否会对被审计单位的经营活动产生影响；（4）与被审计单位相关的税务法规是否发生变化。

（四）被审计单位对会计政策的选择和运用

审计人员应当了解被审计单位对会计政策的选择和运用，是否符合适用的会计准则和相关会计制度，是否符合被审计单位的具体情况。在了解被审计单位对会计政策的选择和运用是否适当，实施风险评估程序时审计人员应当重点关注被审计单位本期会计政策的选择与运用与前期相比发生的重大变化，包括对本期新发生的交易或事项选用的会计政策，对前期不重大而本期重大的交易或事项选用的会计政策，重要的会计政策变更及新会计准则发布施行的影响等。审计人员应当分别关注下列重要事项：

1.重要项目的会计政策和行业惯例

重要项目的会计政策包括收入确认方法，存货的计价方法，投资核算方法，固定资产的折旧方法，坏账准备、存货跌价准备和其他资产减值准备的确定，借款费用资本化方法，合并财务报表的编制方法等。另外，审计人员应当熟悉行业惯例。当被审计单位采用与行业惯例不同的会计处理方法时，应了解其原因，并考虑会计处理方法的恰当性。

2.重大和异常交易的会计处理方法

审计人员应当考虑对重大和异常交易的会计处理方法是否恰当，如与被审计单位行业相关的重大交易，银行向客户发放贷款、证券公司对外投资、高科技公司的研发投资活动等的会计处理方法的恰当性。

3.在新领域和缺乏权威性标准或共识的领域，采用重要会计政策产生的影响

在新领域和缺乏权威性标准或共识的领域，审计人员应当关注被审计单位选用了哪些会计政策，选用这些会计政策的原因，选用这些会计政策产生了什么影响。

4.会计政策的变更

在被审计单位变更会计政策时，审计人员应当考虑变更的原因及其适当性，并考虑是否符合适用的会计准则和相关会计制度的规定；确定会计政策的变更能否提供更可靠、更相关的会计信息；会计政策的变更是否得到了恰当的披露。

5.被审计单位何时采用以及如何采用新颁布的会计准则和相关会计制度

审计人员应考虑被审计单位是否已按照新会计准则的要求编制财务报表，做好相关衔接调整工作。除此之外，审计人员还应对被审计单位下列与会计政策运用相关的情况予以关注：是否采用激进的会计政策、方法、估计和判断；是否拥有足够的资源支持会计政策的运用，如财务人员的知识与能力、信息技术的运用、数据及相关信息的采集与分类等。

审计人员应当考虑，被审计单位是否按照适用的会计准则和相关会计制度的规定恰当地进行了列报，并披露了重要事项。列报和披露的主要内容包括：财务报表及其附注的内容、结构、格式，财务报表使用的术语，项目在财务报表中的分类及列报信息的来源等。

（五）适用的财务业绩指标体系以及业绩评价情况

被审计单位内部或外部对财务业绩的衡量和评价可能对管理层产生压力，促使其采取行动改善财务业绩或歪曲财务报表。审计人员应当了解被审计单位财务业绩的衡量和评价情况，考虑这种压力是否可能导致管理层采取行动，以致增加财务报表发生重大错报的风险。例如，企业过度依赖银行借款，财务业绩可能达不到借款合同对财务指标的要求；基于纳税的考虑管理层有意采取不适当的方法降低盈利水平；管理层希望维持或增加股价或盈利走势采用过度激进的会计核算方法；企业采用过度激励性报酬政策使管理层及员工有可能铤而走险等。

在了解被审计单位财务业绩衡量和评价情况时，审计人员应当关注下列信息：（1）关键业绩指标；（2）业绩趋势；（3）预测、预算和差异分析；（4）管理层和员

工业绩考核与激励性报酬政策；（5）分部信息与不同层次部门的业绩报告；（6）与竞争对手的业绩比较；（7）外部机构提出的报告。

（六）相关内部控制及其执行情况

内部控制包括：控制环境；风险评估过程；信息系统与沟通；控制活动；对控制的监督等五要素。小型被审计单位通常采用非正式和简单的内部控制实现其目标，参与日常经营管理的业主（以下简称业主）可能承担多项职能，内部控制要素没有得到清晰区分，审计人员应当综合考虑小型被审计单位内部控制要素能否实现其目标。

1.控制环境

控制环境是指对建立、加强或削弱特定政策、程序及其效率产生影响的各种因素，包括治理职能和管理职能，以及治理层和管理层对内部控制及其重要性的态度、认识和措施。良好的控制环境是实施有效内部控制的基础。

2.风险评估

风险评估过程是企业确认和分析与其目标实现相关的风险过程，它形成了风险管理的基础。

3.信息系统与沟通

信息系统与沟通主要指用以生成、记录、处理和报告交易、事项和情况，对相关资产、负债和所有者权益履行经营管理责任的程序和记录等，与财务报告相关的信息系统，以及使员工了解各自在与财务报告有关的内部控制方面的角色和职责，员工之间的工作联系，以及向适当级别的管理层报告例外事项的方式等与财务报告相关的沟通。

4.控制活动

控制活动是指有助于确保管理层的指令得以执行的政策和程序，包括与授权、业绩评价、信息处理、实物控制和职责分离等相关的活动。

5.对控制的监督

对控制的监督是指被审计单位评价内部控制在一段时间内运行有效性的过程，该过程包括及时评价控制的设计和运行，以及根据情况的变化采取必要的纠正措施。

了解被审计单位环境时对内部控制了解的程序，包括评价控制的设计和评价控制设计和执行的风险评估程序，确定控制是否得到执行，但不包括对控制是否得到一贯执行的测试。

评价控制的设计。审计人员在了解内部控制时，应当评价控制的设计，并确定其是否得到执行。评价控制的设计是指考虑一项控制单独或连同其他控制是否能够有效防止或发现并纠正重大错报。控制得到执行是指某项控制存在且被审计单位正在使用。设计不当的控制可能表明内部控制存在重大缺陷，审计人员在确定是否考虑控制得到执行时，应当首先考虑控制的设计。

评价控制设计和执行的风险评估程序。审计人员通常实施下列风险评估程序，以获取有关控制设计和执行的审计证据：（1）询问被审计单位的人员；（2）观察特定控制的运用；（3）检查文件和报告；（4）追踪交易在财务报告信息系统中的处理过程（穿行测试）。

（七）相关信息系统及其电子数据情况

审计人员可以从下列方面调查了解被审计单位信息系统控制情况：一般控制，即保障信息系统正常运行的稳定性、有效性、安全性等方面的控制；应用控制，即保障信息系统产生的数据的真实性、完整性、可靠性等方面的控制。

（八）经济环境、行业状况及其他外部因素

1.经济环境

审计人员应当了解影响被审计单位经营的经济环境，主要包括：（1）宏观经济的景气度；（2）利率和资金供求状况；（3）通货膨胀水平及币值变动；（4）国际经济环境和汇率变动。

2.行业状况

了解行业状况有助于审计人员识别与被审计单位所处行业有关的重大错报风险。审计人员应当了解被审计单位的行业状况，主要包括：（1）所在行业的市场供求与竞争；（2）生产经营的季节性和周期性；（3）产品生产技术的变化；（4）能源供应与成本；（5）行业的关键指标和统计数据。

实务中，审计人员可以采用查阅内、外部资料（包括中期财务报告、管理报告、特殊目的报告以及股东大会、董事会会议、高级管理层会议的会议记录；政府或民间组织发布的行业报告、宏观经济统计数据、行业统计数据以及贸易和商业杂志等信息资料）；询问被审计单位管理层及员工；观察和检查相关业务流程及原始财务凭证；实施分析程序等多种审计程序和多种信息来源对被审计单位的行业状况进行了解。

（九）以往接受审计和监管及其整改情况

（十）需要了解的其他情况

五、实施风险评估

为了解被审计单位及其环境，以识别和评估财务报表层次和认定层次的重大错报（无论该错报是否由于舞弊或错误导致）而实施的一系列程序称为"风险评估程序"。审计人员可采取以下方法：询问被审计单位管理层其他相关人员；执行分析程序；观察和检查等程序进行风险评估。

实施风险评估的目的有二：一是发现重大错误、舞弊，所以要了解被审计单位的环境、业务流程等因素，分析被审计单位可能发生的错误或舞弊领域；二是提高审计效率，对高风险审计领域实施相应充分的审计程序，对低风险审计领域可以更加依赖审计抽样。审计人员应在了解被审计单位及其环境的基础上评估风险，以识别和评估财务报表层次以及各类交易、账户余额、列报认定层次的重大错报风险。风险评估程序是必要程序，是审计人员进行各项职业判断的重要基础，同时，风险评估程序也是动态的，自始至终都要收集、更新、比对各类相关信息，以作出科学

的判断。

风险评估程序主要包括：了解被审计单位及其环境；识别和评估财务报表层次以及各类交易、账户余额和披露认定层次的重大错报风险，包括确定需要特别考虑的重大错报风险（即特别风险）以及仅通过实施实质性程序无法应对的重大错报风险等。

审计人员在评估风险的基础上可初步制订审计方案。

六、制订审计方案

审计方案是实施项目审计的总体安排，是保证项目审计工作取得预期效果的有效措施，也是审计负责人据以检查、控制审计工作质量、进度的依据。政府审计、内部审计和独立审计制订审计方案的思想和程序大致相同，但在专业术语上有所差异。

在年度审计项目计划的指导下，政府审计中将审计方案分为：审计工作方案和审计实施方案。审计工作方案由审计机关业务部门负责编制，业务部门根据年度审计项目计划形成过程中调查审计需求、进行可行性研究的情况，开展进一步调查，对审计目标、范围、重点和项目组织实施等进行确定。审计实施方案由审计组编制。审计组应当在调查了解被审计单位及其相关情况，评估被审计单位存在重要问题的可能性，确定审计应对措施的基础上编制审计实施方案。对于审计机关已经下达审计工作方案的，审计组应当按照审计工作方案的要求编制审计实施方案。审计实施方案的内容主要包括：（1）审计目标；（2）审计范围；（3）审计内容、重点及审计措施，包括审计事项和确定的审计应对措施；（4）审计工作要求，包括项目审计进度安排、审计组内部重要管理事项及职责分工等。采取跟踪审计方式实施审计的，审计实施方案应当对整个跟踪审计工作作出统筹安排。专项审计调查项目的审计实施方案应当列明专项审计调查的要求。

内部审计机构应根据年度审计计划确定审计项目，在具体实施审计项目前，审计项目负责人应根据项目审计计划制订审计方案。项目审计计划是对具体审计项目实施的全过程所作的综合安排，应当包括：审计目的和范围；重要性和审计风险评估；审计人员构成与审计时间分配；对专家和外部审计工作结果的利用等内容。审计方案是对具体审计项目的审计程序及其时间等所作出的详细安排，应当包括：具体审计目的；具体审计方法和程序；预定的执行人及执行日期等内容。审计方案是项目审计计划的具体化，它们紧密相连，界限难以区分清楚，审计项目负责人可以根据被审计单位的性质、经营规模、审计业务复杂程度及审计工作的复杂程度确定项目审计计划和审计方案的繁简程度。

由于独立审计的业务特点决定其不存在"年度审计项目计划"的编制过程，故独立审计中把审计方案称为审计计划。《中国注册会计师审计准则第1201号——计划审计工作》规定："计划审计工作包括针对审计业务制定总体审计策略和具体审计计划。"

（一）总体审计策略

总体审计策略是对审计的预期范围和实施所作的规划，是审计人员从接受委托到出具审计报告整个过程基本工作内容的综合计划。总体审计策略用以确定审计范围、时间和方向，并指导制订具体审计计划。

1.制定总体审计策略时考虑的事项

在制定总体审计策略时，审计人员应当考虑以下主要事项，同时这些事项也会影响具体审计计划。

（1）审计范围。审计人员应当确定审计业务的特征，包括采用的会计准则和相关会计制度、特定行业的报告要求以及被审计单位组成部分的分布等，以界定审计范围。具体来说，在确定审计范围时，审计人员需要考虑下列事项：编制财务报表适用的会计准则和相关会计制度；特定行业的报告要求；预期的审计工作涵盖范围；内部审计工作的可利用性及对内部审计工作的拟依赖程度；被审计单位使用服务机构的情况，及审计人员如何取得有关服务机构内部控制设计、执行和运行有效性的证据；被审计单位的人员和相关数据可利用性等方面。

（2）报告目标、时间安排及所需沟通。总体审计策略的制定应当包括明确审计业务的报告目标，以计划审计的时间安排和所需沟通的性质，包括提交审计报告的时间要求，预期与管理层和治理层沟通的重要日期等。为计划报告目标、时间安排和所需沟通，审计人员需要考虑：被审计单位的财务报告时间表，就审计工作的性质、范围和时间与管理层和治理层所举行的会议的组织工作以及项目组成员之间预期沟通的性质和时间安排等。

（3）审计方向。总体审计策略的制定应当包括考虑影响审计业务的重要因素，以确定项目组工作方向，包括确定适当的重要性水平，初步识别可能存在较高的重大错报风险的领域，初步识别重要的组成部分和账户余额，评价是否需要针对内部控制的有效性获取审计证据，识别被审计单位、所处行业、财务报告要求及其他相关方面最近发生的重大变化等。

（4）初步业务活动的结果及项目合伙人经验。在制定总体审计战略时，除考虑上述三个方面事项以外，还应考虑初步业务活动的结果，并考虑项目合伙人对被审计单位执行其他业务时获得的经验是否与审计业务相关（如适用），以对拟实施的审计工作作出更有效的规划。

注册会计师应当在审计业务开始时进行初步业务活动。针对保持客户关系和具体审计业务实施相应的质量控制程序，以确认不存在因管理层诚信问题而影响注册会计师保持该项业务意愿的情况；评价遵守职业道德规范的情况，包括评价独立性，以确认注册会计师已具备执行业务所需要的独立性和专业胜任能力；就业务约定条款与被审计单位达成一致理解，以确定与被审计单位不存在对业务约定条款的误解。

2.总体审计策略的内容

总体审计策略应能恰当地反映审计人员对审计范围、报告目标和审计方向考虑的结果。审计人员应当在总体审计策略中清楚地说明下列内容：（1）向具体审计领域调配的资源，包括向高风险领域分派有适当经验的项目组成员，就复杂的问题利用专家工作等；（2）向具体审计领域分配资源的数量，包括安排到重要存货存放地观察存货盘点的项目组成员的数量，对其他审计人员工作的复核范围，对高风险领域安排的审计时间预算等；（3）何时调配这些资源，包括是在期中审计阶段还是在关键的截止日期调配资源等；（4）如何管理、指导、监督这些资源的利用，包括预期何时召开项目组预备会和总结会，预期项目负责人和经理如何进行复核，是否需要实施项目质量控制复核等。

总体审计策略的详略程度应当随被审计单位的规模及该项审计业务的复杂程度的不同而变化。在小型被审计单位审计中，全部审计工作可能由一个很小的审计项目组执行，项目组成员间容易沟通和协调，总体审计策略可以相对简单。

（二）具体审计计划

1.具体审计计划与总体审计策略的关系

制定总体审计策略和具体审计计划的过程紧密相连，并且两者的内容也紧密相关。总体审计策略一经制定，审计人员应当针对总体审计策略中所识别的不同事项，制订具体审计计划，并考虑通过有效利用审计资源以实现审计目标。值得注意的是，虽然编制总体审计策略的过程通常在具体审计计划之前，但是两项计划活动并不是孤立的、不连续的过程，而是内在紧密联系的，对其中一项的决定可能会影响甚至改变对另外一项的决定。在实务中，审计人员将制定总体审计策略和具体审计计划相结合进行，可能会使计划审计工作更有效率及效果，并且审计人员也可以采用将总体审计策略和具体审计计划合并为一份审计计划文件的方式，以提高编制及复核工作的效率，增强其效果。

2.具体审计计划的内容

具体审计计划是根据总体审计策略，对为了实现审计目标而采取的各项审计程序的性质、时间、范围作出的详细说明。审计人员应当为审计工作制订具体审计计划。具体审计计划比总体审计策略更加详细，其内容包括为获取充分、适当的审计证据以将审计风险降至可接受的低水平，项目组成员拟实施的审计程序的性质、时间和范围。具体审计计划应当包括：

（1）风险评估程序。《中国注册会计师审计准则第1211号——通过了解被审计单位及其环境识别和评估重大错报风险》规定，为了足够识别和评估财务报表重大错报风险，审计人员应计划实施的风险评估程序的性质、时间和范围。同时应兼顾其他准则中规定的、针对特定项目在审计计划阶段应执行的程序及记录要求。

（2）计划实施的进一步审计程序。随着审计工作的推进，对审计程序的计划会一步步深入，并贯穿于整个审计过程。通常，审计人员计划的进一步审计程序可以分为进一步审计程序的总体方案和拟实施的具体审计程序（包括进一步审计程序的具体性质、时间和范围）两个层次。《中国注册会计师审计准则第1231号——针对评估的重大错报风险采取的应对措施》规定，针对评估的认定层次的重大错报风险，审计人员计划实施的进一步审计程序的性质、时间和范围。

（3）其他审计程序。具体审计计划应当包括根据中国注册会计师审计准则的规定，审计人员针对审计业务需要实施的其他审计程序。计划的其他审计程序可以包括上述进一步程序的计划中没有涵盖的、根据其他审计准则的要求审计人员应当执行的既定程序。例如，阅读含有已审计财务报表的文件中的其他信息，寻求与被审计单位律师直接沟通等。

（三）审计计划的更改与记录

审计人员应严格按照制订的审计计划实施审计工作，但这并不意味着审计计划一成不变。计划审计工作并非审计业务的一个孤立阶段，而是一个持续的、不断修正的过程，贯穿于整个审计业务的始终。由于未预期事项、条件的变化或在实施审计程序中获取的审计证据等原因，审计人员应当在审计过程中对总体审计策略和具体审计计划作出必要的更新和修改。审计人员应根据更新和修改后的总体审计策略和具体审计计划，相应调整实施审计工作。

审计人员应当记录审计计划，既包括记录总体审计策略和具体审计计划，也包括在审计工作过程中作出的任何重大更改。审计人员对总体审计策略的记录，应当包括为恰当计划审计工作和向项目组传达重大事项而作出的关键决策。审计人员对具体审计计划的记录，则应能够反映计划实施的风险评估程序的性质、时间和范围，以及针对评估的重大错报风险计划实施的进一步审计程序的性质、时间和范围。在记录过程中，审计人员对计划审计工作记录的形式和范围，取决于被审计单位的规模和复杂程度、重要性、具体审计业务的情况以及对其他审计工作记录的范围等事项。审计人员可以使用标准的审计程序表或审计工作完成核对表，但应当根据具体审计业务的情况作出适当修改。值得一提的是，审计人员应当记录对总体审计策略和具体审计计划作出的重大更改及其理由，以及对导致此类更改的事项、条件或审计程序结果采取的应对措施。不论采用何种方法，审计人员均要注意对计划更改的记录应当符合准则的要求。

审计准备工作由于审计主体的不同存在一些差异，政府审计、独立审计在审计准备阶段主要工作对比表（见表6-3）比较了政府审计与独立审计在审计准备阶段的主要工作，便于学习区分。

表6-3　　　　政府审计和独立审计在审计准备阶段主要工作对比表

政府审计准备阶段		独立审计准备阶段	
编制年度审计项目计划	审计规划	客户的接受与保持（了解）	初步业务活动
成立审计组	审前准备	评价遵守职业道德要求	
下达审计通知书		签订审计业务约定书	
初步调查了解被审计单位	审计方案形成	总体审计策略	计划审计工作
编制审计工作方案		具体审计计划	

第三节　　审计实施阶段

一、选择评价标准

审计人员在调查了解被审计单位及其相关情况的过程中，可以选择下列标准作为职业判断的依据：

（1）法律、法规、规章和其他规范性文件；

（2）国家有关方针和政策；

（3）会计准则和会计制度；

（4）国家和行业的技术标准；

（5）预算、计划和合同；

（6）被审计单位的管理制度和绩效目标；

（7）被审计单位的历史数据和历史业绩；

（8）公认的业务惯例或者良好实务；

（9）专业机构或者专家的意见；

（10）其他标准。

需要说明的是，审计人员在审计实施过程中需要持续关注标准的适用性。审计人员应当结合适用的标准，分析调查了解的被审计单位及其相关情况，判断被审计单位可能存在的问题。职业判断所选择的标准应当具有客观性、适用性、相关性、公认性。选择评价标准时，对于强制性的法规和行业标准可以直接选择，标准不一致时，审计人员应当采用权威的和公认程度高的标准。而对于业务目标、业绩水平、定额计划等标准的选择应该和被审计单位共同讨论，得到被审计单位的认可。

二、实施审计测试

实施审计测试是审计实施阶段的核心工作，审计人员获取的审计证据主要通过实施审计测试取得。审计人员在实施风险评估程序评估财务报表层次的重大错报风险后，应当运用职业判断，针对评估的财务报表层次的重大错报确定总体应对措施，并针对评估的认定层次重大错报风险设计和实施进一步审计程序，以将审计风险降至可接受的低水平。进一步程序包括：控制测试和实质性程序。

控制测试的主要目的之一在于提高审计效率，即对各业务过程的关键控制环节进行测试，以确定被审计单位的内部控制系统能够防止出现错误或舞弊从而影响财务报表的合法性和公允性的可靠程度。如果相关过程控制非常严密、有效，说明出现错误或舞弊的可能性很小，则可以更多地依赖审计抽样，从而提高审计效率。当然，是否需要进行控制测试取决于注册会计师的职业判断，如果不打算信赖被审计单位的内部控制系统则无须进行控制测试（仅通过实施实质性程序无法应对的重大错报风险情况除外）。

只有存在下列情况之一，控制测试才是必要的：（1）在评估认定层次重大错报风险时，预期控制的运行是有效的，审计人员应当实施控制测试以支持评估结果；（2）仅实施实质性程序不足以提供认定层次适当、充分的审计证据，审计人员应实施控制测试，以获取内部控制运行有效性的审计证据。

实质性程序是对具体的交易、余额和列报采取有效的方法获取充分、适当的证据的过程，无论被审计单位内部控制系统多么有效，都必须实施实质性程序才能作为对财务报表发表意见的基础。实质性程序包括实质性分析程序和对各类交易、账户余额、列报的细节测试。

有关控制测试和实质性程序的具体内容，将在本教材第七章审计测试介绍。

三、调整审计方案

审计人员在实施审计时，应当持续关注已作出的重要性判断和对存在重要问题可能性的评估是否恰当，及时作出修正，并调整审计应对措施。当遇有下列情形之一时，审计组应当及时调整审计方案：（1）年度审计项目计划、审计工作方案发生变化的；（2）审计目标发生重大变化的；（3）重要审计事项发生变化的；（4）被审计单位及其相关情况发生重大变化的；（5）审计组人员及其分工发生重大变化的；（6）需要调整的其他情形。

政府审计中一般审计项目的审计实施方案应当经审计组组长审定，并及时报审计机关业务部门备案。重要审计项目的审计实施方案应当报经审计机关负责人审定。审计组调整审计实施方案中的审计目标、审计组组长、审计重点、现场审计结束时间等事项时，应当报经审计机关主要负责人批准。

四、补充或扩大取证范围

审计取证是一个连续和动态地收集、更新与分析信息的过程，贯穿于整个审计过程的始终。如果审计重要事项发生变化，调整了审计方案，获取的审计证据不能满足审计证据的充分性或适当性特征，就需要补充或扩大取证范围。例如，审计人员对重大错报的评估可能基于预期控制运行有效这一判断，即相关控制可以防止或发现并纠正认定层次的重大错报。但在测试控制运行的有效性时，审计人员获取的证据可能表明相关控制在被审计期间并未有效运行。同样，在实施实质性程序后，审计人员可能发现错报的金额和频率比在风险评估时预计的金额和频率要高。因此，如果通过实施控制测试和实质性程序获取的审计证据与初始评估获取的审计证据相矛盾或者审计证据不充分、不够适当，审计人员应当修正风险评估结果，并相应修改原方案，补充或扩大取证范围。

五、评价审计证据

审计人员应当对所获取的审计证据进行分析和评价，对审计过程中发现的、尚有疑虑的重要事项，应进一步获取审计证据，以证实或消除疑虑。

审计人员在选择审计程序时主要考虑与该项认定相关的风险评估结论以及该项认定相对于整个财务报表的重要性。明确这一点对于审计人员确定用怎样的审计证据来达到审计目标非常重要。如果期望的检查风险低，审计人员就需要大量有效的实质性证据；如果期望的检查风险较高，则实施便于操作或者使用较小样本规模的一般有效的程序即可。因此，审计人员应该知道源自相关程序的审计证据的证明力及效果如何，在评价审计证据的证明力及效果时可以考虑以下几点：（1）相关性程度，即审计证据是否从与所检查的认定相关的某一程序中获得；（2）提供方的独立性，即证据的来源是否独立于被审计单位或者可能被被审计单位操纵；（3）审计人员直接获知的程度，即审计证据是否是审计人员亲自从源头观察或获取的；（4）提供方的资质，即证据来源的合格性和准确性；（5）审计证据的客观性程度，审计证据是客观的还是模棱两可、具有多种解释的；（6）内部簿记的质量，即被审计单位会计系统生成的证据的可靠性。

在完成审计工作前对审计测试所获取审计证据的评价，主要体现在根据发现的错报或控制执行偏差考虑修正重大错报风险的评估结果。通过实施审计测试，审计人员首先需要考虑获取的审计证据是否可能影响此前对认定层次的重大错报风险的评估结果。因此，审计人员应当根据实施的审计程序和获取的审计证据，评价对认定层次重大错报风险的评估是否仍然适当。

在实施控制测试时，如果发现被审计单位控制运行出现偏差，审计人员应当了解这些偏差及其潜在的后果，并确定已经实施的控制测试是否为信赖提供了充分、适当的审计证据，是否需要实施进一步的控制测试或实质性程序以应对潜在的错报风险。

审计人员在评价审计证据时，不应将审计中发现的舞弊或错误视为孤立发生的事项，而应当考虑其对评估的重大错报风险的影响。在完成审计工作前，审计人员应当评价是否已经将审计风险降至可接受的低水平，是否需要重新考虑已经实施审计程序的性质、时间和范围进而重新获取、补充审计证据。

六、确认审计证据

在形成审计意见时，审计人员应当从总体上确认是否已经获取了充分、适当的审计证据，以将审计风险降至可接受的低水平。审计人员应当考虑所有相关的审计证据，包括能够印证财务报表认定的审计证据和与之矛盾的审计证据。对于整个审计过程中作出的各项审计结论，审计人员均应当运用职业判断评价相关审计证据的充分性和适当性以确认审计证据足以为审计意见的发表提供支持。例如，审计人员应当考虑可能发生潜在错报的重要程度（判断重要性），以及潜在错报单独或连同其他潜在错报对财务报告产生重大影响的可能性；管理层应对和控制风险的有效性；以前审计中获取的关于类似潜在错报的经验；可获得信息的来源和可靠性；审计证据的说服力。如果对重大的财务报表认定没有获取充分、适当的审计证据，审计人员应当尽可能获取进一步的审计证据，否则，审计人员应当考虑出具审计意见的类型及措辞。

第四节　　审计完成阶段

审计完成阶段是审计过程的最后一个阶段，其核心工作是围绕审计目标实现情况，发表审计意见和撰写审计报告。这一阶段主要包括：复核审计证据、与被审计单位沟通、形成审计意见并撰写审计报告、审议并出具审计报告、报送审计报告和公告审计结果、审计归档等环节。另外，这一阶段还包括政府审计和内部审计在出具报告后的一些特殊程序，如审计的处理和处罚、审计行政复议、后续审计等。

一、复核审计证据

审计意见的正确与否，是以审计证据作为支撑的，因此，复核审计证据成为审计完成阶段一项十分重要的工作。复核审计证据可对审计工作目标完成情况进行评价，又是对审计质量进行控制的重要环节，复核审计证据一般包括以下四个方面：

1.所采用审计程序的适当性

审计报告是根据审计工作底稿中所收集的审计证据为依据形成的，而这些审计证据又是根据拟订的审计程序获取的，审计人员执行的审计程序应在审计工作底稿中进行详细记录。审计负责人应全面复核在执行审计工作时所使用的审计程序是否适当，以及所执行的审计程序在审计工作底稿中的记录是否充分、完整。

2.获取审计工作底稿的充分性

多数审计证据直接记录于审计工作底稿中，外界人员所能见到的是根据这些工作底稿形成的结论——审计意见。审计工作底稿是否充分直接影响审计报告的可靠性，因此复核审计工作底稿的充分性就成为复核审计证据的最主要工作，审计负责人应全面复核已获取的审计工作底稿是否足以支持审计意见；对已经收集的被审计单位的概况资料、经营业务活动情况、内部控制制度及会计记录等，连同审计人员的审计方案、审计程序、审计步骤、方法等是否都编入审计工作底稿；每一份审计工作底稿的各项要素是否齐全，即是否有审计工作底稿的标题、编制日期、编制人、资料的来源及性质、执行审计程序的结果及结论等；相关审计工作底稿是否有清晰的相互索引编号及记录等。

3.审计过程中是否存在重大遗漏

审计负责人应复核以下事项：复核并研究是否存在会导致进一步查询和追加审计程序的事项；是否存在涉及未遵循审计准则或未遵循有关管理机构要求的重大事项；所有例外事项是否已经查清并予以记录；是否存在审计步骤不完善或存在未解决的问题；是否存在前期审计中注明的至今未解决的重大事项；是否存在与被审计单位未达成一致意见的未解决的会计和审计问题等。

4.审计工作是否符合相关质量要求的规定

比如，审计工作是否遵守了独立性原则；审计负责人是否对助理人员进行了督导；对超越审计人员知识范围的事项是否向有关专家进行了咨询；审计人员的知识和专业技能是否符合要求等。

二、与被审计单位沟通

与被审计单位的沟通贯穿整个审计过程，但在审计完成阶段的沟通更为重要。

结果沟通的目的是保证审计结果的客观、公正，并取得被审计单位、组织适当管理层的理解，也给被审计单位一个解释或合理分辩的机会，避免不必要的误解，增进理解与合作。有效的审计沟通还可为管理决策提供依据，也能够促进与被审计单位良好人际关系的构建。

结果沟通是指审计人员与被审计单位适当管理层就审计概况、依据、结论、决定或建议进行讨论和交流的过程。在正式提交报告前，审计人员需要与被审计单位适当管理层进行沟通，以及时发现审计中的重大问题。审计人员与被审计单位进行沟通时，可与对方交流看法，听取对方意见，从不同角度检验审计结论和建议的客观性与公正性，对可能存在的错误或不当之处进行修正。如果审计人员在听取被审计单位对审计发现问题的解释，并了解他们对审计结论和建议的意见后，确认是由于自己的疏忽和失误导致审计结论和建议存在错误的，应当及时进行更正。与此同时，在交流过程中，审计人员可以向被审计单位解释自己的立场，得出审计结论的依据，以及所提审计建议的看法，争取被审计单位的理解和支持，这将有助于审计结论和建议的最终落实与贯彻。

有关审计沟通的对象、沟通内容、沟通的形式与时间将在下一节详细描述。

三、形成审计意见并撰写审计报告

审计组完成审计实施工作，在整理复核审计工作底稿的基础上，形成审计意见，并撰写审计报告。如何形成审计意见并撰写审计报告，一般应遵循以下工作步骤：

（1）编制审计差异调整表，包括：调整分录汇总表、重分类分录汇总表、未调整不符事项汇总表等。

（2）判断和运用重要性水平，主要是将被审计单位未调整不符事项汇总表与财务报表层次或认定层次的重要性水平进行比较，据以确定未调整不符合事项对财务报表的影响程度。

（3）解决重要差异。就被审计单位未调整的重大差异，审计人员必须考虑改变审计意见和在审计报告中如何反映的问题。

（4）审计小结，编制审计工作完成情况表，评价和说明审计计划的执行情况以及审计目标是否实现。

（5）编制试算平衡表。

（6）提请被审计单位调整财务报表，审核财务报表及其附注。

（7）确定审计意见。审计人员应根据对所取得的各种证据的分析和评价结果，结合重要性水平，确定应在审计报告中发表何种审计意见或如何措辞。

（8）起草审计报告。审计组在起草审计报告前，应当讨论确定下列事项：评价审计目标的实现情况；审计实施方案确定的审计事项完成情况；评价审计证据的适当性和充分性；提出审计评价意见；评估审计发现问题的重要性；提出对审计发现问题的处理处罚意见；其他有关事项。审计组应当对讨论前款事项的情况及其结果作出记录。审计组组长应当确认审计工作底稿和审计证据已经审核，并从总体上评价审计证据的适当性和充分性。

（9）复核审计工作底稿。如果复核中发现存在重大遗漏问题，应返回审计实施阶段补充审计，如果复核中发现问题处理不当，应返回至编制审计差异调整表这一步骤，对不正确的处理意见作出适当的修订。

（10）撰写审计报告。按照审计报告的基本要素撰写形成审计报告。经复核确认，审计人员应将审计报告草拟稿（征求意见稿）送到被审计单位经确认后，再正式签发并出具审计报告。

《国家审计准则》第一百三十七条规定，审计组实施审计或专项审计调查后，应当提出审计报告，按照审计机关规定的程序审批后，以审计机关的名义征求被审计单位、被调查单位和拟处罚的有关责任人员的意见。《国家审计准则》第一百三十八条规定，对征求意见的审计报告有异议的，审计组应当进一步核实，并根据核实情况对审计报告作出必要的修改。

四、审议审计报告

审计机关按照审计署规定的程序对审计组的审计报告进行审议，并对审计对象针对审计组的审计报告提出的意见一并研究后，提出审计机关的审计报告。

审议审计报告是审计组将定稿的审计报告提交给所在的审计机构进行审议的过程。其中，政府审计报告由审计组提交给所在的审计机关审议、内部审计报告由审计组提交给所在审计部门审议、独立审计报告由审计组提交给所在的会计师事务所审议。审议审计报告是正式出具审计报告前的重要程序，其程序较多、内容较细，但是审议审计报告可极大地避免审计结论的片面性、随意性，体现审计工作的严谨、严肃，降低审计风险。下面以政府审计报告审议为例进行说明。

《国家审计准则》规定了如何审议政府审计报告，包括审计机关业务部门的复核和审理机构审理。

1. 审计机关业务部门的复核

审计组将审计报告等材料报送审计机关业务部门后，审计机关业务部门应当对下列事项进行复核，并提出书面复核意见：

（1）审计目标是否实现；

（2）审计实施方案确定的审计事项是否完成；

（3）审计发现的重要问题是否在审计报告中反映；

（4）事实是否清楚、数据是否正确；

（5）审计证据是否适当、充分；

（6）审计评价、定性、处理处罚和移送处理意见是否恰当，适用法律法规和标准是否适当；

（7）被审计单位、被调查单位、被审计人员或者有关责任人员提出的合理意见是否采纳；

（8）需要复核的其他事项。

2.审理机构审理

审计机关业务部门应当将复核修改后的审计报告、审计决定书等审计项目材料连同书面复核意见，报送审理机构审理。审理机构以审计实施方案为基础，重点关注审计实施的过程及结果，主要审理下列内容：

（1）审计实施方案确定的审计事项是否完成；

（2）审计发现的重要问题是否在审计报告中反映；

（3）主要事实是否清楚，相关证据是否适当、充分；

（4）适用的法律法规和标准是否适当；

（5）评价、定性、处理处罚意见是否恰当；

（6）审计程序是否符合规定。

审理机构审理时，应当就有关事项与审计组及相关业务部门进行沟通。必要时，审理机构可以参加审计组与被审计单位交换意见的会议，或者向被审计单位和有关人员了解相关情况。

审理机构审理后，可以根据情况采取下列措施：（1）要求审计组补充重要审计证据；（2）对审计报告、审计决定书进行修改。审理过程中遇有复杂问题的，经审计机关负责人同意后，审理机构可以组织专家进行论证。审理机构审理后，应当出具审理意见书。

审理机构将审理后的审计报告、审计决定书连同审理意见书报送审计机关负责人。审计报告、审计决定书原则上应当由审计机关审计业务会议审定；在特殊情况下，经审计机关主要负责人授权，可以由审计机关其他负责人审定。

五、报送审计报告和公告审计结果

（一）政府审计报告的报送和审计结果公告

1.政府审计报告的报送

《中华人民共和国审计法实施条例》第四十条规定，审计机关有关业务机构和专门机构或者人员对审计组的审计报告以及相关审计事项进行复核、审理后，由审计机关提出审计机关的审计报告，内容包括：对审计事项的审计评价，对违反国家规定的财政收支、财务收支行为提出的处理、处罚意见，移送有关主管机关、单位的意见，改进财政收支、财务收支管理工作的意见等。审计机关应当将审计机关的审计报告和审计决定书送达被审计单位和有关主管机关、单位。审计决定书自送达之日起生效。

《国家审计准则》第一百五十条规定，审计报告、审计决定书经审计机关负责人签发后，按照下列要求办理：（1）审计报告送达被审计单位、被调查单位；（2）经济责任审计报告送达被审计单位和被审计人员；（3）审计决定书送达被审计单位、被调查单位、被处罚的有关责任人员。

2.审计结果公告

审计机关依法实行公告制度，审计结果、审计调查结果依法向社会公布。审计机关公布审计结果和审计调查结果按照国家有关规定需要报批的，未经批准不得公布。

审计机关公布审计结果和审计调查结果应当客观公正。主要包括下列信息：（1）被审计（调查）单位的基本情况；（2）审计（调查）评价意见；（3）审计（调查）发现的主要问题；（4）处理处罚决定及审计（调查）建议；（5）被审计（调查）单位的整改情况。

在公布审计结果和审计调查结果时，审计机关不得公布下列信息：涉及国家秘密、商业秘密的信息；正在调查、处理过程中的事项；依照法律法规的规定不予公开的其他信息。涉及商业秘密的信息，经权利人同意或者审计机关认为不公布可能对公共利益造成重大影响的，可以予以公布。

审计机关公布审计结果和审计调查结果，应当指定专门机构统一办理，履行规定的保密审查和审核手续，报经审计机关主要负责人批准。审计机关内设机构、派出机构和个人，未经授权不得向社会公布审计结果和审计调查结果。

（二）内部审计报告的报送或发布

在审计报告完成之后，内审人员应将审计报告送交相关人员，《第2106号内部审计具体准则——审计报告》第十三条规定："内部审计机构应将审计报告提交被审计单位和组织适当管理层，并要求被审计单位在规定的期限内落实纠正措施。"所谓组织适当管理层，主要是指主管内部审计机构的管理层、主管被审计机构的管理层以及有权对审计发现问题采取纠正措施或能对采取纠正措施作出指示的管理层。必要时，也可以将报告呈送给董事、监事等相关人员。

另外，可能对审计报告有需求的则是国家审计机关或独立审计组织，它们出于利用内部审计成果的目的，也可能会向组织的内部审计机构提出要求。此时，内部审计机构应根据具体情况，决定是否将内部审计报告送交组织以外的机构和人员，或者是以审计报告的部分内容呈送组织外部的相关机构和人员。在作出决定时，应考虑的因素主要有：外部使用者需要内部审计报告的用途是否合法、合理，是否会危及组织的相关利益；外部使用者是否承诺对组织信息和资料负有保密责任；应对外部使用者进一步扩散内部审计报告所含信息进行限制。

内部审计报告属于公司机密，一般不对外发布，在决定对外报送内部审计报告时，须经内部审计机构负责人或组织适当管理层的批准后才能送出，但是法院、检察院或其他有权部门依照法律进行查阅的除外。

（三）独立审计报告对外报送或发布

独立审计报告对外报送或发布属于信息公开与对外披露的相关问题，一般由委托人按照规定报送相关机构或部门，在指定的媒介发布等。例如，上市公司的年度财务报表经注册会计师审计后形成的审计报告将根据证券监督管理委员会的规定在指定的网站上发布。上海证券交易所网站、深圳证券交易所网站、财经类网站、上市公司自己的网站都是独立审计报告对外发布的媒介。

六、审计归档

在完成审计报告审定、公布、发送工作后，就要对各种资料进行处理和审计归档。政府审计、内部审计和独立审计的相关法规和审计准则对审计归档均有详细的规定。

审计机关应当按照国家的有关规定，建立健全审计项目档案管理制度，明确审计项目的归档要求、保存期限、保存措施、档案利用审批程序等。审计项目归档工作实行审计组组长负责制，审计组组长应当确定立卷责任人。立卷责任人应当收集审计项目的文件材料，并在审计项目终结后及时立卷归档，由审计组组长审查验收。

内部审计机构应当及时地将审计报告归入审计档案，妥善保存。审计报告是重要的审计资料，应当按照内部审计机构制定的审计档案管理制度加以妥善保存，限制未经批准的人员随便接近审计报告。可以考虑对审计报告进行编号存档，以便于管理与查找。应建立审计报告的借用登记制度，防止借出的审计报告遗失。

独立审计准则规定注册会计师应当按照会计师事务所质量控制政策和程序的规定，及时将审计工作底稿归整为最终审计档案。审计工作底稿的归档期限为审计报告日后六十天内。如果注册会计师未能完成审计业务，审计工作底稿的归档期限为审计业务终止后的六十天内。在审计报告日后将审计工作底稿归整为最终审计档案是一项事务性的工作，不涉及实施新的审计程序或得出新的结论。

在完成最终审计档案的归整工作后，注册会计师不得在规定的保存期限届满前删除或废弃审计工作底稿。会计师事务所应当自审计报告日起，对审计工作底稿至少保存十年。如果注册会计师未能完成审计业务，会计师事务所应当自审计业务终止日起，对审计工作底稿至少保存十年。

在审计报告日后，如果发现例外情况要求注册会计师实施新的或追加的审计程序，或导致注册会计师得出新的结论，注册会计师应当记录：遇到的例外情况；实施的新的或追加的审计程序，获取的审计证据以及得出的结论；对审计工作底稿作出相应变动的时间和人员以及复核的时间和人员。

在完成最终审计档案归整工作后，如果注册会计师发现有必要修改现在审计工作底稿或增加新的审计工作底稿，无论修改或增加的性质如何，均应当记录修改或增加审计工作底稿的理由、时间和人员，以及复核的时间和人员。

七、政府审计和内部审计在出具报告后的特殊程序

（一）审计处理处罚

下文审计处理处罚的内容既是针对政府审计的，也适用于内部审计，但以政府审计更为常见。

《审计法实施条例》第四十条规定，审计机关有关业务机构和专门机构或者人员对审计组的审计报告以及相关审计事项进行复核、审理后，由审计机关按照下列规定办理：（1）提出审计机关的审计报告，内容包括：对审计事项的审计评价，对违反国家规定的财政收支、财务收支行为提出的处理、处罚意见，移送有关主管机关、单位的意见，改进财政收支、财务收支管理工作的意见。（2）对违反国家规定的财政收支、财务收支行为，依法应当给予处理、处罚的，在法定职权范围内作出处理、处罚的审计决定，出具审计决定书（审计决定书格式见表6-4）。（3）对依

法应当追究有关人员责任的，向有关主管机关、单位提出给予处分的建议；对依法应当由有关主管机关处理、处罚的，移送有关主管机关；涉嫌犯罪的，移送司法机关。《审计法实施条例》第四十一条规定，审计机关在审计中发现损害国家利益和社会公共利益的事项，但处理、处罚依据又不明确的，应当向本级人民政府和上一级审计机关报告。

表6-4　　　　　　　　　　　　　审计决定书格式

××(审计机关全称)

审计决定书

审×决[××]×号

××关于××的审计决定

××××:

自××年××月××日至××年××月××日,我××(署、厅、局、办)对你单位×××进行了审计。现根据《中华人民共和国审计法》第四十条和其他有关法律法规,作出如下审计决定:

本决定自送达之日起生效。如果对本决定不服,可以在收到本决定之日起60日内,向××申请复议。复议期间本决定照常执行。

本决定在××年××月××日前执行完毕。

××(审计机关全称印章)

××年××月××日

主题词:××

抄　送:××

审计机关对违反国家规定的预算行为和财政、财务收支行为应当进行处理、处罚。

审计处理是指审计机关对违反国家规定的预算行为和财政、财务收支行为采取的纠正措施。《审计法》第四十五条规定:"对本级各部门(含直属单位)和下级政府违反预算的行为或者其他违反国家规定的财政收支行为,审计机关、人民政府或者有关主管部门在法定职权范围内,依照法律、行政法规的规定,区别情况采取下列处理措施:(1)责令限期缴纳应当上缴的款项;(2)责令限期退还被侵占的国有资产;(3)责令限期退还违法所得;(4)责令按照国家统一的会计制度的有关规定进行处理;(5)其他处理措施。"

审计处罚是指审计机关依法对违反国家规定的财政、财务收支行为和违反《审计法》的行为采取的处罚措施。例如,《审计法》规定被审计单位提供预算或者财务收支计划、预算执行情况、决算、财务会计报告等审计资料,被审计单位负责人对本单位提供的财务会计资料的真实性和完整性负责。同时,《审计法实施条例》第四十七条规定:"被审计单位违反审计法和本条例的规定,拒绝、拖延提供与审计事项有关的资料，或者提供的资料不真实、不完整，或者拒绝、阻碍检查的，由审计机关责令改正，可以通报批评，给予警告；拒不改正的，对被审计单位可以处5万元以下的罚款，对直接负责的主管人员和其他直接责任人员，可以处2万元以下的罚款，审计机关认为应当给予处分的，向有关主管机关、单位提出给予处分的建议；构成犯罪的，依法追究刑事责任。"

根据《审计法》第四十六条："对被审计单位违反国家规定的财务收支行为，审计机关、人民政府或者有关主管部门在法定职权范围内，依照法律、行政法规的规定，区别情况采取前条规定的处理措施，并可以依法给予处罚。"具体的处罚方式包括：（1）通报批评，给予警告；（2）有违法所得的，没收违法所得，并处违法所得1倍以上5倍以下的罚款；（3）没有违法所得的，可以处5万元以下的罚款；（4）对直接负责的主管人员和其他直接责任人员，可以处2万元以下的罚款，审计机关认为应当给予处分的，向有关主管机关、单位提出给予处分的建议；（5）构成犯罪的，依法追究刑事责任。法律、行政法规对被审计单位违反国家规定的财务收支行为处理、处罚另有规定的，从其规定。

审计机关在作出较大数额罚款的处罚决定前，应当告知被审计单位和有关人员有要求举行听证的权利。较大数额罚款的具体标准由审计署规定。

审计机关提出的对被审计单位给予处理、处罚的建议以及对直接负责的主管人员和其他直接责任人员给予处分的建议，有关主管机关、单位应当依法及时作出决定，并将结果书面通知审计机关。

（二）审计行政复议和听证

审计行政复议和听证仅仅为政府审计所具有的特殊程序。《审计法》第四十八条规定："被审计单位对审计机关作出的有关财务收支的审计决定不服的，可以依法申请行政复议或者提起行政诉讼。

被审计单位对审计机关作出的有关财政收支的审计决定不服的，可以提请审计机关的本级人民政府裁决，本级人民政府的裁决为最终决定。"

1.申请审计行政复议或者提起行政诉讼

被审计单位对审计机关作出的有关财政收支的审计决定不服的，可以依法申请行政复议或者提起行政诉讼。审计机关应当在审计决定中告知被审计单位申请行政复议或者提起行政诉讼的途径和期限。

如果被审计单位认为审计机关的具体行政行为侵犯其合法权益，可以依照有关法律法规，向审计复议机关申请复议。审计复议机关，是指有权受理复议申请，依法对审计具体行政行为进行审查并作出决定的审计机关。

向审计机关申请复议的审计具体行政行为包括：审计机关作出的责令限期缴纳、上缴应当缴纳或者上缴的收入，限期退还违法所得，限期退还被侵占的国有资产等审计处理行为；审计机关作出的罚款、没收违法所得等审计处罚行为；审计机关采取的通知有关部门暂停拨付有关款项、责令暂停使用有关款项等强制措施行为；以及法律、法规规定可以申请复议的其他具体行政行为。

被审计单位可以自审计具体行政行为之日起60日内提出审计复议申请。申请人应提供书面申请，其内容应写明申请人的基本情况、复议请求、申请复议的主要事实和理由、申请时间等事项。

对审计署及其派出机构的具体行政行为不服的，向审计署申请审计复议；对地方审计机关的具体行政行为不服的，可以向上一级审计机关或者本级人民政府申请审计复议；对审计机关与其他行政机关以共同名义作出的具体行政行为不服的，应向其共同的上一级行政机关申请复议。

审计复议机关收到审计复议申请后，应当进行审查，对不符合法定条件的，决定不予受理，并书面告知被审计单位；对符合法定条件，但不属于本机关受理范围的，应当告知被审计单位向有关单位提出申请。

审计复议期间审计具体行政行为一般不会停止执行，如被申请人认为需要停止执行或审计复议机关认为需要停止执行，或审计复议机关认为申请人申请停止执行的要求合理，可决定停止执行。

审计复议机关应履行复议职责，遵守法律法规、公平、公正的原则，坚持依法行政、有错必纠的思想，保障法律、法规的正确实施。具体复议机构应当自复议受理之日起7日内，将复议申请书副本发送被申请人。被申请人应当自收到申请书副本之日起10日内，提出复议答辩书，并提交作出审计具体行政行为的证据。申请人及其委托人可以查阅被申请人提出的答辩书、作出审计具体行政行为的证据、依据和其他有关材料，除涉及国家秘密、商业秘密或者个人隐私外，审计复议机关、被申请人不得拒绝。

审计复议机构应当对被申请人作出的具体行政行为进行审查，拟订审计复议决定稿，经复议机关负责人同意或集体讨论后，制作复议决定书，分别作出下列审计复议决定：（1）审计具体行政行为认定事实清楚、证据确凿、适用依据正确、程序合法、内容适当的，决定维持。（2）审计具体行政行为有下列情况之一的，决定撤销、变更或者确认该行为违法，同时可以责令被申请人重新作出审计具体行政行为：主要事实不清、证据不足；依据错误；违反法定程序；滥用职权；审计具体行政行为明显不当。（3）被申请人不按照规定提出书面答复、提交当初确定行政行为的证据、依据和其他有关材料的，视为该行政行为没有证据、依据决定撤销该行政行为。

审计复议机关应当自受理审计复议申请之日起60日内作出审计复议决定；如情况复杂，可经批准适当延长，但最多不超过30日。

2.申请人民政府裁决

被审计单位对审计机关作出的有关财政收支的审计决定不服的，可以提请审计机关的本级人民政府裁决，本级人民政府的裁决为最终决定。

《审计法实施条例》第五十二条规定：被审计单位对审计机关依照审计法第十六条、第十七条和本条例第十五条规定进行审计监督作出的审计决定不服的，可以自审计决定送达之日起60日内，提请审计机关的本级人民政府裁决，本级人民政府的裁决为最终决定。

审计机关应当在审计决定中告知被审计单位提请裁决的途径和期限。裁决期间，审计决定不停止执行。但是，有下列情形之一的，可以停止执行：（1）审计机关认为需要停止执行的；（2）受理裁决的人民政府认为需要停止执行的；（3）被审计单位申请停止执行，受理裁决的人民政府认为其要求合理，决定停止执行的。

裁决由本级人民政府法制机构办理。裁决决定应当自接到提请之日起60日内作出；有特殊情况需要延长的，经法制机构负责人批准，可以适当延长，并告知审计机关和提请裁决的被审计单位，但延长的期限不得超过30日。

3.审计听证

审计机关在进行审计处理、处罚时应当充分听取被审计单位和有关责任人员的陈述和申辩，不得因被审计单位和有关责任人员的申辩而加重处罚。审计机关在进行审计处罚前，对符合审计听证条件的，应当告知被审计单位和有关责任人员。被审计单位和有关责任人员有要求审计听证的权利。被审计单位或者有关责任人要求审计听证的，审计机关应当组织审计听证。

对被审计单位处以违反国家规定的财务收支金额5%以上，且金额在10万元以上罚款；对违反国家规定的财务收支行为负有直接责任的有关责任人员处以2 000元以上罚款的，应当向当事人送达审计听证告知书，告知当事人在收到告知书之后3日内有权要求举行审计听证会。举行审计听证会，应向审计机关提出书面申请，列明听证要求，并由申请人签名盖章。逾期不提出审计听证要求的，视为放弃审计听证权利。

审计机关收到审计听证申请后，应当进行审核。对符合审计听证条件的，应当组织审计听证，并在举行听证会7日前向当事人送达审计听证会通知书，告知当事人举行审计听证会的时间、地点。对不符合条件的，裁定不予审计听证，并作出不予审计听证裁定书，载明理由告知当事人。

除涉及国家秘密、商业秘密或者个人隐私外，审计听证会应当公开举行。审计听证会应当由审计机关指定非本案审计人员主持。主持人及书记员均由审计机关确定。当事人认为主持人或者书记员与本案有直接利害关系的，有权申请其回避并说明理由。

主持人在审计听证会主持过程中，有权对听证会参加人的不当辩论或者其他违反审计听证会纪律的行为予以制止、警告；对违反审计听证会纪律的旁听人员予以制止、警告、责令退席；对违反审计听证会纪律的人员制止无效的，移交公安机关依法处置。

审计听证会依照相关程序进行，审计听证会结束后，听证会主持人应当根据审计听证情况和有关法律、法规的规定，向审计机关提交审计听证报告。审计听证报告连同听证笔录、案卷材料一并报送审计机关。审计机关作出处理后，归入审计档案。

（三）后续审计

后续审计，是指政府审计机关或内部审计机构为检查被审计单位对审计发现的问题所采取的纠正措施及其效果而实施的审计。后续审计是政府审计机关或内部审计机构有别于独立审计的特征之一。下面以内部审计为例说明后续审计的意义和重点审计内容。

内部审计是为组织服务的，内部审计是为了促进组织目标实现而进行的一种独立客观的监督和评价活动，其监督和评价的最终目的是解决问题、改善经营活动和内部控制。因此，在审计报告出具后，还必须关注被审计单位对所发现问题的纠正及其效果，只有这样才能实现内部审计的价值。后续审计对于保护内部审计的权威性、有效性具有重要的意义。

在后续审计中，审计人员重点关注的应当是问题是否得以解决以及对于组织的影响，而不在于审计报告中所提出的具体建议是否严格执行。因此，被审计单位所采取的纠正措施及其效果是后续审计的主要内容。内部审计机构负责人应适时安排后续审计工作，并把它作为年度审计计划的一部分。如果能初步认定被审计单位管理层对审计发现问题已经采取了有效的纠正措施，后续审计可以作为下次审计工作的一部分。当被审计单位基于成本或者其他方面考虑，决定对审计发现问题不采取纠正措施，并作出书面承诺时，内部审计机构负责人应向组织的适当管理层报告。《第2107号内部审计具体准则——后续审计》规定：被审计单位管理层的责任是对审计中发现的问题采取纠正措施。内部审计人员的责任是评价被审计单位管理层采取的纠正措施是否及时、合理、有效。同时，准则还就后续审计的实施时间、后续审计方案、原有审计建议的修订、是否还需执行单独的后续审计的考虑、报告后续审计结果等问题作出了具体规定。

第五节　审计过程中的沟通

在审计过程中，需要与被审计单位进行沟通。审计人员应当根据自己的职业判断就与财务报表审计相关的重大事项，以适当的方式及时与被审计单位相关人员进行沟通。沟通的主要目的是，就审计人员与被审计单位治理层和管理层各方在财务报表审计中的相关责任以及审计范围和时间安排，取得相互了解；获取与审计相关的信息；及时向治理层告知审计中发现的与治理层责任相关的事项；推动审计人员和治理层之间有效的双向沟通。

一、沟通的对象

沟通的对象因不同的事项而有所不同。审计人员应当考虑在业务约定条款中明确与治理层所有人员直接沟通的权利。如果无法清楚地识别需要与哪些人员沟通，审计人员应当与委托人商定。如果被审计单位设有审计委员会或监事会，审计人员应当着重与审计委员会或监事会沟通。在审计中，审计人员应当就财务报表审计相关事项与管理层讨论，在与治理层沟通特定事项前，审计人员通常先与管理层讨论，除非这些事项不适合与管理层讨论。不适合与管理层讨论的事项包括管理层的胜任能力和诚信问题等。如果被审计单位设有内部审计职能，审计人员可以在与治理层沟通特定事项前，先与内部审计人员讨论有关事项。

治理层，是指对被审计单位战略方向以及管理层履行经营管理责任负有监督责任的人员或组织。治理层的责任包括监督财务报告过程；管理层，是指对被审计单位经营活动的执行负有管理责任的人员。在某些被审计单位，治理层和管理层可能存在交叉。

二、沟通的内容

（一）与财务报表审计相关的责任

审计人员应当就其责任直接与治理层沟通，审计人员的责任一般应在审计业务约定书中约定清楚。审计人员应当向治理层说明，审计人员的责任是对管理层在治理层监督下编制的财务报表发表审计意见，对财务报表的审计并不能减轻管理层和治理层的责任。

（二）与审计范围和时间相关的事项

审计人员应当就计划的审计范围和时间安排直接与治理层作简要沟通。沟通时，审计人员应当保持职业谨慎，以防止由于具体审计程序易于被治理层，尤其是承担管理责任的治理层所预见等原因而损害审计工作的有效性。

1.审计人员拟如何应对由于舞弊或错误导致的重大错报风险；

2.审计人员对与审计相关的内部控制采取的方案；

3.重要性的概念，但不宜涉及重要性的具体底线或金额；

4.审计业务受到的限制或法律法规对审计业务的特定要求；

5.审计人员与治理层商定的沟通事项的性质；

6.当被审计单位设有内部审计职能时，审计人员拟利用内部审计工作的范围，以及双方如何更好地协调和配合工作；

7.治理层对内部控制和舞弊的态度、认识和措施；

8.与拟实施的审计程序相关的事项，这些程序是在法律法规和审计准则的规定之外，应治理层或管理层要求而实施的；

9.治理层对会计准则和相关会计制度，以及与财务报表相关的法律法规和其他事项等方面的变化作出的反应；

10.治理层对以前的沟通如何作出反应；

11.其他相关事项。

（三）需就审计工作中发现的问题与治理层直接沟通的事项

1.审计人员对被审计单位会计实务（包括会计政策、会计估计和财务报表披露）重大方面的质量的看法。在适当的情况下，审计人员应当向治理层解释为何某项在适用的财务报告编制基础下可以接受的重大会计实务，并不一定最适合被审计单位的具体情况。

2.审计工作中遇到的重大困难。

3.已与管理层讨论或需要书面沟通的审计中出现的重大事项，以及审计人员要求提供的书面声明，除非治理层全部成员参与管理被审计单位；

4.审计中出现的、根据职业判断认为对监督财务报告过程重大的其他事项。

审计人员在审计中遇到的重大困难可能有：管理层在提供审计所需信息时出现严重拖延；不合理地要求缩短完成审计工作的时间；为获取充分、适当的审计证据需要付出的努力远远超过预期；无法获取预期的证据；管理层对注册会计师施加的限制；管理层不愿按照注册会计师的要求对持续经营能力作出评估，或拒绝将评估期间延伸至自资产负债表日起的十二个月。

审计人员应当要求管理层更正所有已知错报，除非认为错报明显不重大。如果错报未予更正，审计人员应当就此与治理层沟通，并再次提请予以更正。对未更正的重大错报，审计人员应当逐笔与治理层沟通。对未更正的大量小额错报，审计人员可以向治理层提供列明这些错报的笔数和累计影响额的汇总表，而不必沟通每笔错报的细节。此外，还应考虑与治理层讨论未能更正错报的原因及其影响，包括对未来财务报表可能产生的影响。

（四）若被审计单位是上市公司，审计人员应当与治理层直接沟通的事项

1.就审计项目组成员、会计师事务所其他相关人员以及会计师事务所和网络事务所按照相关职业道德要求保持了独立性作出声明。

2.根据职业判断，审计人员认为会计师事务所、网络事务所与被审计单位之间存在的可能影响独立性的所有关系和其他事项，包括会计师事务所和网络事务所在财务报表涵盖期间为被审计单位和受被审计单位控制的组成部分提供审计、非审计服务的收费总额。这些收费应当分配到适当的业务类型中，以帮助治理层评估这些服务对注册会计师独立性的影响。

3.为消除对独立性的不利影响或将其降至可接受的水平，已经采取的相关防范措施。

如果被审计单位是非上市公司，但可能涉及重大的公众利益，审计人员也可以考虑上述内容是否适用。

如果出现了违反与注册会计师独立性有关的职业道德规范的情形，审计人员应当尽早就该情形及已经或拟采取的补救措施与治理层直接沟通。

三、沟通的形式和时间

沟通的形式涉及口头或书面沟通、详细或简略沟通、正式或非正式沟通。审计人员就审计工作中发现的重大问题和注册会计师的独立性与治理层沟通时，应当采取书面形式，其他事项的沟通，既可以采用书面形式，也可以采用口头形式。

审计人员应当评价其与治理层之间的双向沟通对实现审计目标是否充分。如果认为双向沟通不充分，审计人员应当评价其对重大错报风险评估以及获取充分、适当的审计证据的能力的影响，并采取适当措施。

审计人员应当在书面文件中约定沟通文件仅供治理层使用，未经注册会计师事先书面同意，沟通文件不得被引用、提及或向其他人披露。

对于需要沟通的事项，审计人员应当及时与被审计单位进行沟通。具体而言，沟通的时间又因沟通事项的重大程度和性质，以及治理层拟采取的措施等业务环境的不同而不同。对于计划事项的沟通，通常在审计业务的早期进行，如系首次接受委托，沟通可以随同对业务约定条款的协商一并进行；对于审计中遇到的重大困难，如果治理层能够协助注册会计师克服这些困难，或者这些困难可能导致出具保留意见或无法表示意见的审计报告，应尽快予以沟通；对于审计人员注意到的内部控制设计或实施中的重大缺陷，应尽快与管理层或治理层沟通；对于审计中发现的与财务报表或审计报告相关的事项，包括审计人员对被审计单位会计处理质量的看法，应在最终完成财务报表前进行沟通；对于审计人员的独立性，应在最终完成财务报表前或在对独立性威胁及其防护措施作出重大判断时进行沟通；如果同时审计特殊目的财务报表或其他历史财务信息，沟通时间应与通用目的财务报表审计的沟通时间相协调。审计人员应当记录与治理层沟通的重大事项。如果以被审计单位编制的纪要作为沟通的记录，审计人员应当确定这些纪要恰当地记录了沟通的内容，并将其副本形成审计工作底稿。

实务操作练习

业务题1

一、目的

掌握审计重要性水平的确定和分配。

二、资料

某注册会计师对A公司2018年度财务报表进行审计，确定资产负债表的重要性水平为15万元，利润表的重要性水平为22万元。A公司的总资产构成见表6-5（假设A公司仅存在下面列示的资产，不存在除此之外的其他资产种类）。

表6-5　　　　　　　　　　　A公司总资产构成情况

账户	金额（万元）
货币资金	20
应收账款	200
存货	600
固定资产	500
无形资产	80
总计	1 400

三、要求

1.确定A公司2018年度财务报表层次的计划重要性水平；

2.如果按每项资产所占总资产的比例分配财务报表层次重要性到各账户，说明该分配方式是否存在缺陷并解释后作出自己认为较好的方案。

业务题2

一、目的

掌握审计风险构成要素之间的关系。

二、资料

甲注册会计师在评估A公司的审计风险时，分别设计了以下两种情况（见表6-6）以帮助决定可接受的检查风险水平。

表6-6　　　　　　　　　　　　　审计风险设计情况表

风险类别	情况一	情况二
可接受的审计风险	3%	3%
重大错报风险	30%	60%

三、要求

1.如果你是甲注册会计师，分析上述两种情况下的检查风险水平；

2.确定哪种情况下需要获得更多的审计证据。

第七章 审计测试

→ **本章学习提示**

■本章重点：审计测试的含义，审计测试的发展，审计测试方案的选择，控制测试的设计，实质性程序的设计。

■本章难点：审计测试的发展，控制测试的设计，实质性程序的设计。

第一节 审计测试概述

一、审计测试的含义

审计测试是审计人员为了实现审计目标，在一定审计模式的指引下，采用审计方法对被审计项目的部分内容进行验证，以获取审计证据，得出审计结论的工作模式、方法、程序的总称。审计测试是降低和控制审计风险的过程。

审计测试的目的是评价内部控制或账户余额的某一特征。按测试的目的和对象不同，审计测试可分为控制测试与实质性程序两大类。在财务报表审计中，控制测试是指用于评价内部控制在防止、发现并纠正认定层次重大错报方面的运行有效性的审计程序；而对于评估的重大错报风险实施的直接用以发现认定层次重大错报的审计程序被称为实质性程序。前者主要关注信息处理的过程；后者主要关注信息处理的结果。

二、审计测试的发展

（一）账项基础审计模式下的审计测试

账项基础审计是以交易业务、会计事项和账目记录为基础，直接从会计资料的审查入手收集有关审计证据，从而形成审计结论的一种审计取证模式。在规划和实施审计时，审计人员将工作重心直接放在会计账簿上。这种审计取证方式直接取得具有实质性意义的审计证据，审计质量较高，但审计成本也非常高。账项基础审计发展到今天，许多审计方法已臻于成熟，并形成了体系。在审计取证过程中运用的具体方法主要有以下六类：书面文件检查、实物检查、观察、查询、计算和分析。这些方法是审计中最基础、最常用的方法。

（二）制度基础审计模式下的审计测试

当审计目标由查错纠弊向证明财务报表的真实性、公允性转变后，账项基础审计的详细检查便无法满足社会上对财务报表验证的大量需求。制度基础审计是以内部控制制度评审为基础进行的审计，通过对内部控制制度的调查、测试和评价来确定账表余额检查的深度与广度，最终达到检查证、账、表余额真实性的目的。制度基础审计模式将会计资料之外的内部控制制度因素纳入了审计程序。制度基础审计的工作步骤是：首先通过符合性测试（内部控制的遵循性测试）了解和掌握被审计单位的内部控制制度，确定实质性测试的范围和重点，进而对财务报表项目展开实质性测试，最后根据两种测试所收集到的证据形成审计结论、发表审计意见。

（三）传统风险基础审计模式下的审计测试

传统风险基础审计是指审计人员在审计过程中将风险控制融入传统审计方法之中，进而获取审计证据、形成审计结论的一种审计取证模式。为了将审计风险水平降至可以接受的水平，传统风险基础审计模式在制度基础审计模式的基础上，更加注重风险评估和风险管理。该模式下，审计人员以审计风险的综合分析和评价为基础，依据量化的风险水平，确定审计程序和重点，收集审计证据。审计人员在整个审计过程中，应十分注重测试和控制审计风险。在审计过程中，审计人员不仅要评估控制风险，而且要对各个审计环节的风险进行评估，并在风险评估的基础上运用相应的方法对账户余额进行实质性测试。

（四）现代风险导向审计模式下的审计测试

现代风险导向审计是在传统风险基础审计的基础上发展而来的。现代风险导向审计模式从企业经营战略角度入手，通过"经营环境–经营产品–经营模式–剩余风险分析"的基本思路，将财务报表错误风险从战略上与企业的经营环境、经营模式紧密联系起来，从而在源头上和宏观上分析和发现财务报表错误，把握审计风险。现代风险导向审计大大加强了风险评估程序，不再直接对审计风险进行测评，而是从经营风险评估入手；现代风险导向审计以分析为中心，使得分析性复核成为最重要的程序，为了适应分析性复核功能扩大的要求，分析性复核开始走向多样化，不再只对财务数据进行分析，也对非财务数据进行分析，分析工具充分借鉴现代管理方法，将管理方法运用到分析程序中去；现代风险导向审计针对风险不同的被审计单位、不同的风险领域，采用不同的个性化审计程序，并且审计证据向外部证据转移。

三、审计测试总体方案的选择

审计测试是审计人员在长期的审计工作中形成的，已经被实践证明了的、行之有效的审计方式、手段和措施。科学地使用审计测试，对于实现审计目标、保证审计质量、节约审计资源、提高审计效率具有重要意义。

在现代风险导向审计模式下的财务报表审计中，审计人员应当针对评估的财务报表层次重大错报风险确定总体应对措施，并针对评估的认定层次重大错报风险设计和实施进一步审计程序，以将审计风险降至可接受的低水平。进一步审计程序是指审计人员针对评估的各类交易、账户余额、列报认定层次重大错报风险实施的审计程序，包括控制测试和实质性程序。

拟实施进一步审计程序的总体方案包括实质性方案和综合性方案。实质性方案是指审计人员实施的进一步审计程序，以实质性程序为主；综合性方案是指审计人员在实施进一步审计程序时，将控制测试与实质性程序结合使用。

当评估的财务报表层次重大错报风险属于高风险水平时，拟实施进一步审计程序的总体方案更倾向于实质性方案。反之，则采用综合性方案。

另外，审计人员对认定层次的重大错报风险的评估为确定进一步审计程序的总体方案奠定了基础，审计人员应当根据对认定层次重大错报风险的评估结果，恰当选用实质性方案或综合性方案。通常情况下，出于成本效益的考虑，可以采用综合性方案设计进一步审计程序，即将控制测试与实质性程序结合使用。但在某些情况下，如仅通过实质性程序无法应对重大错报风险，则必须通过实施控制测试，才能有效应对评估出的某一认定的重大错报风险；而在另一些情况下，审计人员可能认为仅实施实质性程序是适当的。无论选择何种方案，审计人员都应当对所有重大的交易、账户余额、列报设计和实施实质性程序。

此外，小型被审计单位可能不存在能够被审计人员识别的控制活动，审计人员实施的进一步审计程序可能主要是实质性程序。在缺乏控制的情况下，审计人员应当考虑仅通过实施实质性程序是否能够获取充分、适当的审计证据。

四、进一步审计程序的设计

审计测试（现代风险导向审计模式下的进一步审计程序）是获取审计证据的重要手段，审计人员应当考虑审计测试的性质、时间和范围，有效地获取充分、适当的审计证据。

（一）进一步审计程序的设计原则

审计人员设计和实施的进一步审计程序的性质、时间和范围，应当与评估的认定层次重大错报风险具备明确的对应关系，使得审计程序更具有目的性和针对性，有的放矢地配备审计资源，提高审计的效率和效果。

在设计和实施进一步审计程序的性质、时间和范围时，保证审计程序的性质对风险具有高度针对性是最重要的。在设计进一步审计程序时，审计人员应当考虑下列因素：

1.风险的重要性。预计风险造成的后果越严重，越需要精心设计有针对性的进一步审计程序。

2.重大错报发生的可能性。重大错报发生的可能性越大，越需要精心设计进一步审计程序。

3.涉及的各类交易、账户余额、列报的特征。审计人员需要针对不同的交易、账户余额、列报的特征及其产生的不同的认定层次重大错报风险设计有针对性的进一步审计程序。

4.被审计单位采用的特定控制的性质。不同的控制，特别是自动化控制，对审计人员设计进一步审计程序具有重要影响。

5.审计人员是否拟获取审计证据，以确定内部控制在防止或发现并纠正重大错报方面的有效性。如果审计人员在风险评估时预期内部控制运行有效，随后拟实施的进一步审计程序就必须包括控制测试，且实质性程序自然会受到之前控制测试结果的影响。

（二）进一步审计程序的要素设计

设计和实施进一步审计程序，包括审计程序的性质、时间和范围的选择。

1.进一步审计程序性质的选择

进一步审计程序的性质是指进一步审计程序的目的和类型。进一步审计程序的目的包括通过实施控制测试以确定内部控制运行的有效性，通过实施实质性程序以发现认定层次的重大错报。进一步审计程序的类型包括：检查、观察、询问、函证、重新计算、重新执行和分析程序。不同的审计程序应对特定认定错报风险的效力不同。例如，控制测试对于与成本完整性认定相关的重大错报风险更有效力；而实质性分析程序对于与成本估价相关的重大错报风险更有效力。所以，在应对评估的风险时，合理确定审计程序的性质是非常重要的。

审计人员应当根据认定层次重大错报风险的评估结果选择审计程序。评估的认定层次重大错报风险越高，对通过实质性程序获取的审计证据的相关性和可靠性的要求越高，从而可能影响进一步审计程序的类型及其综合运用。例如，审计人员判断某类交易协议的完整性存在更大的重大错报风险时，除了查阅相关文件、协议外，还应向第三方询问或发函询证协议条款的完整性。

在确定拟实施的审计程序时，审计人员应当考虑评估的认定层次重大错报风险产生的原因，包括考虑各类交易、账户余额、列报的具体特征以及内部控制。如果在实施进一步审计程序时拟利用被审计单位信息系统生成的信息，审计人员应当就信息的准确性和完整性获取审计证据。

2.进一步审计程序时间的选择

进一步审计程序的时间是指审计人员何时实施进一步审计程序，或审计证据适用的期间或时点。

审计人员可以在期中或期末实施控制测试或实质性程序。当重大错报风险较高时，审计人员应当考虑在期末或接近期末实施实质性程序；或采用不通知的方式，或在管理层不能预见的时间实施审计程序。在期中实施进一步审计程序，可能有助于审计人员在审计工作初期识别重大事项，并在管理层的协助下及时解决这些事项，或针对这些事项制订有效的实质性方案或综合性方案。如果在期中实施了进一步审计程序，审计人员还应当针对剩余期间获取审计证据，以应对被审计单位管理层在审计人员于期中实施了进一步审计程序后对期中以后的相关会计记录调整甚至篡改的情况。在确定何时实施审计程序时，审计人员应当考虑下列因素：

（1）控制环境。良好的控制环境可以抵消在期中实施进一步审计程序的局限性，使审计人员在确定实施进一步审计程序的时间时有更大的灵活度。

（2）何时能得到相关信息。需要考虑某些控制活动发生的时间以便能够获取信息。

（3）错报风险的性质。被审计单位某些粉饰财务报表相关数据的行为往往发生在期末等特定的时间，此时审计人员只能在这一特定的时间实施审计程序。

（4）审计证据适用的期间或时点。审计人员应该根据需要获取的特定审计证据确定何时实施进一步审计程序。

还有一些特殊情况限制进一步审计程序时间的选择，如某些审计程序只能在期末或期末以后实施，包括将财务报表与会计记录相核对，检查财务报表编制过程中所作的会计调整等。另外，如果被审计单位在期末或接近期末发生了重大交易，或重大交易在期末尚未完成，审计人员应当考虑交易的发生或截止等认定可能存在的重大错报风险，并在期末或期末以后检查此类交易。

3.进一步审计程序范围的选择

进一步审计程序的范围是指实施进一步审计程序的数量，包括抽取的样本量，对某项控制活动的观察次数等。在确定审计程序的范围时，审计人员应当考虑下列因素：

（1）确定的重要性水平。确定的重要性水平越低，进一步审计程序的范围越大。

（2）评估的重大错报风险。评估的重大错报风险越高，对拟获取的审计证据的相关性、可靠性的要求越高，进一步审计程序的范围越大。

（3）计划获取的保证程度。计划获取的保证程度越高，对测试结果可靠性的要求越高，进一步审计程序的范围越大。

一般地，随着重大错报风险的增加，审计人员应当考虑扩大审计程序的范围。但是，只有当审计程序本身与特定风险相关时，扩大审计程序的范围才是有效的。

为了提高进一步审计程序的效率，审计人员可以使用计算机辅助审计技术对电子化的交易和账户文档进行更广泛的测试，包括从主要电子文档中选取交易样本，或按照某一特征对交易进行分类，或对总体而非样本进行测试。审计人员使用恰当的抽样方法通常可以得出有效结论。如果存在下列情形，审计人员依据样本得出的结论可能与对总体实施同样的审计程序得出的结论不同，出现不可接受的风险：（1）从总体中选择的样本量过小；（2）选择的抽样方法对实现特定目标不适当；（3）未对发现的例外事项进行恰当的追查。因此，需要慎重考虑抽样过程对审计程序范围的影响是否能够有效实现审计目标。

此外，审计人员在综合运用不同审计程序时，不仅应当考虑各类审计程序的性质，还应当考虑测试的范围是否适当。

第二节　　　　　　控制测试

一、控制测试的内涵和要求

（一）控制测试的内涵

控制测试是指测试控制运行的有效性。测试控制运行的有效性与确定控制是否得到执行所需获取的审计证据是不同的。在实施风险评估程序以获取控制是否得到执行的审计证据时，审计人员应当确定某项控制是否存在，被审计单位是否正在使用。

在测试控制运行的有效性时，审计人员应当从下列方面获取关于控制是否有效运行的审计证据：（1）控制在所审计期间的不同时点是如何运行的；（2）控制是否得到一贯执行；（3）控制由谁执行；（4）控制以何种方式运行。如果被审计单位在所审计期间内的不同时期使用了不同的控制，审计人员应当考虑不同时期控制运行的有效性。

因此，控制运行有效性强调的是控制能够在各个不同时点按照既定设计得以一贯执行。在测试控制运行的有效性时，审计人员需要抽取足够数量的交易进行检查或对多个不同时点进行观察。而在了解控制是否得到执行实施风险评估程序时只需抽取少量的交易或观察某几个时点。

需要注意的是，审计人员可以考虑在评价控制设计和获取其得到执行的审计证据的同时测试控制运行的有效性，以提高审计效率。尽管为评价控制设计和确定控制是否得到执行而实施的某些风险评估程序并非专为控制测试而设计，但可能提供有关控制运行有效性的审计证据，此时，审计人员应当考虑这些审计证据是否足以实现控制测试的目的。例如，审计人员在了解被审计单位费用预算管理制度（执行风险评估程序）存在并执行的同时，也获得了其运行有效的审计证据，当然，此时审计人员还应考虑审计证据是否充分、适当地反映了被审计单位费用预算管理制度在各个不同时点按照既定设计得到一贯执行。

（二）控制测试的要求

控制测试并非在任何情况下都需要实施。当存在下列情形之一时，审计人员应当实施控制测试：

1.在评估认定层次重大错报风险时，预期控制的运行是有效的

如果在评估认定层次重大错报风险时预期控制的运行是有效的，审计人员应当实施控制测试，就控制在相关期间或时点的运行有效性获取充分、适当的审计证据。

这项控制测试的假设前提是审计人员在了解内部控制时认为某项控制存在并预期有效，如果这项控制在不同时点都得到了一贯执行，与该项控制有关的财务报表认定发生重大错报的可能性就不大。出于成本效益的考虑，审计人员可以通过实施控制测试而减少实质性程序。

因此，只有认为控制设计合理、能够防止或发现并纠正认定层次的重大错报，审计人员才有必要对控制运行的有效性实施测试。

2.仅实施实质性程序不足以提供认定层次充分、适当的审计证据

如果认为仅实施实质性程序获取的审计证据无法将认定层次重大错报风险降至可接受的低水平，审计人员应当实施相关的控制测试，以获取控制运行有效性的审计证据。

二、控制测试的性质

（一）控制测试性质的含义

控制测试的性质是指控制测试所使用的审计程序的类型及其组合。审计人员应

当选择适当类型的审计程序以获取有关控制运行有效性的证据。从控制测试中获取的保证水平是决定控制测试性质的主要因素之一。计划的保证水平越高，对有关控制运行有效性的审计证据的可靠性要求越高，控制测试类型选择要越谨慎。当拟实施的进一步审计程序主要以控制测试为主，尤其是仅实施实质性程序获取的审计证据无法将认定层次重大错报风险降至可接受的低水平时，审计人员应当获取有关控制运行有效性的更高的保证水平。

虽然控制测试与了解内部控制的目的不同，但两者采用的审计程序的类型通常相同，包括询问、观察、检查和穿行测试。此外，控制测试的程序还包括重新执行。通常，只有当询问、观察、检查程序结合在一起仍无法获得充分的证据时，才会考虑采用重新执行来证实控制是否有效运行。如果需要进行大量的重新执行，审计人员就要考虑通过实施控制测试以缩小实质性程序的范围是否有效。

询问本身并不足以测试控制运行的有效性，审计人员应当将询问与其他审计程序结合使用，以获取有关控制运行有效性的审计证据。将询问与检查或重新执行结合使用，通常能够比仅实施询问和观察获取更高的保证。观察提供的证据仅限于观察发生的时点，本身不足以测试控制运行的有效性。

（二）确定控制测试的性质时的要求

1.考虑特定控制的性质

审计人员应当根据特定控制的性质选择所需实施审计程序的类型。某些控制可能存在反映控制运行有效性的文件记录，审计人员应当考虑检查这些文件记录以获取控制运行有效性的审计证据；某些控制可能不存在文件记录（如一项自动化的控制活动），或文件记录与证实控制运行有效性不相关，审计人员应当考虑实施检查以外的其他审计程序（如询问或观察），以获取有关控制运行有效性的审计证据。

2.考虑测试与认定直接相关和间接相关的控制

在设计控制测试时，审计人员不仅应当考虑与认定直接相关的控制，还应当考虑这些控制所依赖的与认定间接相关的控制，以获取支持控制运行有效性的审计证据。例如，被审计单位可能针对超出信用额度的例外赊销交易设置报告和审核制度（与认定直接相关的控制），在测试该项制度的运行有效性时，不仅应当考虑审核的有效性，还应当考虑与例外赊销报告中信息的准确性有关的控制（与认定间接相关的控制）是否有效运行。

3.应用控制的自动化

对于一项自动化的应用控制，由于信息技术处理过程的内在一贯性，审计人员可以利用该项控制得以执行的审计证据和信息技术一般控制（特别是对系统变动的控制）运行有效性的审计证据，作为支持该项控制在相关期间运行有效性的重要审计证据。

4.考虑控制测试的目的是提高审计效率

控制测试的目的是评价控制是否有效运行；细节测试的目的是发现认定层次的重大错报。尽管两者目的不同，但审计人员可以考虑针对同一交易同时实施控制测试和细节测试，以实现双重目的。如果拟实施双重目的的测试，审计人员应当仔细设计和评价测试程序。

5.考虑实施实质性程序的结果对控制测试结果的影响

实施实质性程序未发现某项认定存在错报，并不能说明与该项认定有关的控制是有效运行的；但如果实施实质性程序发现被审计单位没有识别出的重大错报，审计人员应当对相关控制运行的有效性予以考虑（通常表明内部控制存在重大缺陷，控制风险较高），审计人员应当就这些缺陷与管理层和治理层进行沟通，并采取相应措施应对，如调整实质性程序的性质、扩大审计范围等。

三、控制测试的时间

控制测试的时间直接关系到通过控制测试获取的审计证据的时间问题。涉及两个问题：一是证据什么时候获得和它可能被运用到审计期间的哪一部分；二是在本审计期间对以前期间控制设计和运行有效性的审计证据的依赖程度。所以，审计人员应当根据控制测试的目的确定控制测试的时间，并确定拟信赖的相关控制的时点或期间。

如果仅需要测试控制在特定时点的运行有效性，审计人员只需要获取该时点的审计证据。如果需要获取控制在某一期间有效运行的审计证据，仅获取与时点相关的审计证据是不充分的，审计人员应当辅以其他控制测试，包括测试被审计单位对控制的监督。

（一）对期中审计证据的考虑

对于控制测试，审计人员在期中实施此类程序具有更积极的作用。即使已经获取了有关控制在期中运行有效性的审计证据，仍然需要考虑如何能够将控制在期中运行有效性的审计证据合理延伸至期末。如果已获取有关控制在期中运行有效性的审计证据，并拟利用该证据，审计人员应当实施下列审计程序：

1.获取这些控制在剩余期间变化情况的审计证据

如果这些控制在剩余期间发生了变化，审计人员需要了解并测试控制的变化对期中审计证据的影响；如果这些控制在剩余期间没有发生变化，审计人员可能决定信赖期中获取的审计证据。

2.确定针对剩余期间还需获取的补充审计证据

在执行时，审计人员应当考虑下列因素：

（1）评估的认定层次重大错报风险的重大程度。评估的认定层次重大错报风险对财务报表的影响越大，需要获取的剩余期间的补充证据越多。

（2）在期中测试的特定控制。例如，对自动化运行的控制，审计人员更可能测试信息系统一般控制的运行有效性，以获取控制在剩余期间运行有效性的证据。

（3）在期中对有关控制运行有效性获取的审计证据的程度。期中获取的审计证据比较充分，可以考虑适当减少剩余期间的补充证据。

（4）剩余期间的长度。剩余期间越长，需要获取的剩余期间补充证据越多。

（5）在信赖控制的基础上拟减少进一步实质性程序的范围。审计人员对相关控制的信赖程度越高，拟减少的进一步实质性程序的范围就越大，此时，需要获取的剩余期间的补充证据越多。

（6）控制环境。在总体拟信赖控制的前提下，控制环境越薄弱，需要获取的剩余期间的补充证据越多。

此外，通过测试剩余期间控制的运行有效性或测试被审计单位对控制的监督，审计人员也可以获取补充审计证据。

（二）对以前审计证据的考虑

在确定利用以前审计获取的有关控制运行有效性的审计证据是否适当以及再次测试控制的时间间隔时，审计人员应当考虑：

（1）内部控制其他要素的有效性，包括控制环境、对控制的监督以及被审计单位的风险评估过程；

（2）控制特征（人工控制还是自动化控制）产生的风险；

（3）信息技术一般控制的有效性；

（4）控制设计及其运行的有效性，包括在以前审计中发现的控制运行偏差的性质和程度，以及是否发生对控制运行产生重大影响的人员变动；

（5）是否存在由于环境发生变化而特定控制缺乏相应变化导致的风险；

（6）重大错报的风险和对控制的信赖程度。

在实践中，当出现下列情况时，审计人员应当缩短再次测试控制的时间间隔或完全不信赖以前审计获取的审计证据：（1）控制环境薄弱；（2）对控制的监督薄弱；（3）相关控制中人工控制的成分较大；（4）信息技术一般控制薄弱；（5）对控制运行产生重大影响的人员变动频繁；（6）环境的变化表明需要对控制作出相应的变动；（7）重大错报的风险较大或对控制的拟信赖程度较高。

如果拟利用以前审计获取的有关控制运行有效性的审计证据，审计人员应当通过获取这些控制在以前审计后是否发生重大变化的审计证据，确定以前审计获取的审计证据是否与本期审计持续相关。审计人员应当通过实施询问并结合观察或检查程序，获取这些控制是否发生重大变化的审计证据，以确认对这些控制的了解，并根据下列情况作出不同处理：

（1）如果已发生变化，且这些变化对上期审计获取的审计证据的持续相关性产生影响，审计人员应当在本期审计中测试这些控制运行的有效性。

（2）如果未发生变化，审计人员应当在每三次审计中至少对控制测试一次，并且在每次审计中测试部分控制，以避免将所有拟信赖控制的测试集中于某一次审计，而在之后的两次审计中不进行任何测试。

如果确定评估的认定层次重大错报风险是特别风险，并拟信赖针对该风险实施的控制，审计人员应当在本期审计中测试这些控制运行的有效性。

四、控制测试的范围

控制测试的范围主要是指某项控制活动的测试次数。审计人员应当设计控制测试，以获取控制在整个拟信赖的期间有效运行的充分、适当的审计证据。在确定某项控制的测试范围时，审计人员通常考虑下列因素：

1.在整个拟信赖的期间，被审计单位执行控制的频率。执行控制的频率越高，控制测试的范围越大。

2.在所审计期间，审计人员拟信赖控制运行有效性的时间长度。拟信赖控制运行有效性的时间越长，控制测试的范围越大。

3.为证实控制能够防止或发现并纠正认定层次重大错报，所需获取审计证据的相关性和可靠性。对审计证据的相关性和可靠性要求越高，控制测试的范围越大。

4.通过测试与认定相关的其他控制获取的审计证据的质量。针对同一认定，可能存在不同的控制。当针对其他控制获取的审计证据的充分性和适当性较高时，测试该控制的范围可适当缩小。

5.在风险评估时拟信赖控制运行有效性的程度。对控制运行有效性拟信赖的程度越高，需要实施控制测试的范围越大。

6.控制的预期偏差。预期偏差可以用控制未得到执行的预期次数占控制应当得到执行次数的比率来衡量。应允许控制存在合理水平的预期偏差。一般地，控制的预期偏差率越高，需要实施控制测试的范围越大。如果控制的预期偏差率过高，审计人员应当考虑控制可能不足以将认定层次的重大错报风险降至可接受的低水平，从而针对某一认定实施的控制测试可能是无效的。

此外，就自动化控制来说，信息技术处理具有内在一贯性，除非系统发生变动，审计人员通常不需要增加自动化控制的测试范围。系统发生更改，应考虑是否存在适当的系统更改控制，确定对交易的处理是否使用授权的软件版本，以确定该项控制是否持续有效运行。

第三节　实质性程序

一、实质性程序的内涵和总体要求

（一）实质性程序的内涵

实质性程序是指审计人员针对评估的重大错报风险设计和实施的直接用以发现认定层次重大错报的审计程序。实质性程序包括对各类交易、账户余额、列报的细节测试以及实质性分析程序。

审计人员对重大错报风险的评估是一种判断，可能无法充分识别所有的重大错报风险，并且由于内部控制存在固有局限性，无论评估的重大错报风险结果如何，审计人员都应当针对所有重大的各类交易、账户余额、列报实施实质性程序。

（二）实质性程序的总体要求

审计人员实施的实质性程序应当包括下列与财务报表编制完成阶段相关的审计程序：

1.将财务报表与其所依据的会计记录相核对或调节。

2.检查财务报表编制过程中作出的重大会计分录和其他会计调整。审计人员对会计分录和其他会计调整检查的性质和范围，取决于被审计单位财务报告过程的性质和复杂程度以及由此产生的重大错报风险。

如果认为评估的认定层次重大错报风险是特别风险，审计人员应当专门针对该风险实施实质性程序。

如果针对特别风险仅实施实质性程序，审计人员应当使用细节测试，或将细节测试和实质性分析程序结合使用，以获取充分、适当的审计证据。

二、实质性程序的性质

实质性程序的性质是指实质性程序的类型及其组合。实质性程序的类型包括细节测试和实质性分析程序两种基本类型。细节测试适用于对各类交易、账户余额、列报认定的测试，尤其是对存在或发生、计价认定的测试；实质性分析程序适用于对在一段时期内存在可预期关系的大量交易的情形。审计人员应当根据各类交易、账户余额、列报的性质选择实质性程序的类型。

细节测试尤其适用于对存在或发生、计价认定的测试。审计人员应当针对评估的风险设计细节测试，获取充分、适当的审计证据，以达到认定层次所计划的保证水平。在针对存在或发生认定设计细节测试时，审计人员应当选择包含在财务报表金额中的项目，并获取相关审计证据。在针对完整性认定设计细节测试时，审计人员应当选择有证据表明应包含在财务报表金额中的项目，并调查这些项目是否确实包括在内。

【同步思考7-1】在设计实质性分析程序时，审计人员应当考虑哪些因素？

理解要点：在设计实质性分析程序时，审计人员应当考虑下列因素：

1.对特定认定使用实质性分析程序的适当性；

2.对已记录的金额或比率作出预期时，所依据的内部或外部数据的可靠性；

3.作出预期的准确程度是否足以在计划的保证水平上识别重大错报；

4.已记录金额与预期值之间可接受的差异额。

此外，当实施实质性分析程序时，如果使用被审计单位编制的信息，审计人员应当考虑测试与信息编制相关的控制，以及这些信息是否在本期或前期经过审计。

三、实质性程序的时间

（一）对期中实施实质性程序的考虑

由于在期中实施实质性程序获取的审计证据并不能直接作为期末财务报表认定的审计证据，如果在期中实施了实质性程序，审计人员还应当针对剩余期间实施进一步的实质性程序，或将实质性程序和控制测试结合使用，以将期中测试得出的结论合理延伸至期末。是否在期中实施实质性程序取决于获取期中实施实质性程序获取的审计证据加上针对剩余期间实施进一步的实质性程序所消耗的审计资源是否显著小于完全在期末实施实质性程序获取的审计证据所消耗的审计资源。

在审计资源既定的情况下，审计人员在期中实施实质性程序，增加期末存在错报而未被发现的风险，并且该风险随着剩余期间的延长而增加。在决定是否在期中实施实质性程序时，审计人员应当考虑下列因素：

1.控制环境和其他相关的控制。控制环境和其他相关的控制越薄弱，越不宜依赖期中实施的实质性程序。

2.实施审计程序所需信息在期中之后的可获得性。如果不易获得，可以考虑在期中实施实质性程序；如果可获得性不存在明显差异，该因素不应成为在期中实施实质性程序的重要影响因素。

3.实质性程序的目标。如果针对某项认定实施实质性程序的目标包括获取期中审计证据，则应在期中实施实质性程序。

4.评估的重大错报风险。如果评估的某项认定的重大错报风险越高，针对该认定所需获取的审计证据的相关性和可靠性要求越高，审计人员越应该将实质性程序集中于期末或接近期末进行。

5.各类交易或账户余额以及相关认定的性质。某些交易或账户余额以及相关认定的特殊性质，如收入截止认定、未决诉讼等决定了必须在期末或接近期末实施实质性程序。

6.针对剩余期间，能否通过实施实质性程序或将实质性程序与控制测试相结合，降低期末存在错报而未被发现的风险。

（1）如果没有把握降低期末存在错报而未被发现的风险，审计人员就不宜在期中实施实质性程序（而完全在期末实施实质性程序）；

（2）如果有把握降低期末存在错报而未被发现的风险，可以考虑在期中实施实质性程序。

（二）对期中审计证据的考虑

如果在期中实施了实质性程序，审计人员有两种选择：（1）针对剩余期间实施进一步的实质性程序；（2）将实质性程序与控制测试结合使用。

针对选择，审计人员应当考虑针对剩余期间仅实施实质性程序是否足够。如果认为仅实施实质性程序本身不充分，审计人员还应测试剩余期间相关控制运行的有效性或针对期末实施实质性程序。举例如下：

如果已在期中实施了实质性程序，或将控制测试与实质性程序相结合，并拟信赖期中测试得出的结论，审计人员应当将期末信息和期中的可比信息进行比较、调节，识别和调查出现的异常金额，并针对剩余期间实施实质性分析程序或细节测试。

在确定针对剩余期间拟实施的实质性程序时，审计人员应当考虑是否已在期中实施控制测试，并考虑与财务报告相关的信息系统能否充分提供与期末账户余额及剩余期间交易有关的信息。在针对剩余期间实施实质性程序时，审计人员应当重点关注并调查重大的异常交易或分录、重大波动以及各类交易或账户余额在构成上的重大或异常变动。

如果拟针对剩余期间实施实质性分析程序，审计人员应当考虑某类交易的期末累计发生额或账户期末余额在金额、相对重要性及构成方面能否被合理预期。

如果在期中检查出某类交易或账户余额存在错报，审计人员应当考虑修改与该类交易或账户余额相关的风险评估以及针对剩余期间拟实施实质性程序的性质、时间和范围，或考虑在期末扩大实质性程序的范围或重新实施实质性程序。

特别需要指出，如果已识别出由于舞弊导致的重大错报风险，为将期中得出的结论延伸至期末而实施的审计程序通常是无效的，审计人员应当考虑在期末或者接近期末实施实质性程序。

（三）对以前审计中获取的审计证据的考虑

在以前审计中实施实质性程序获取的审计证据，通常对本期只有很弱的证据效力或没有证据效力，不足以应对本期的重大错报风险。如果拟利用以前审计中实施实质性程序获取的审计证据，审计人员应当在本期实施审计程序，以确定这些审计证据是否具有持续相关性。

只有当以前获取的审计证据及其相关事项未发生重大变动时，以前获取的审计证据才可能用作本期的有效审计证据。例如，以前通过实质性程序测试过的某项诉讼在本期没有任何实质性进展，以前获取的审计证据才可能用作本期的有效证据。

四、实质性程序的范围

在确定实质性程序的范围时，审计人员应当考虑评估的认定层次重大错报风险和实施控制测试的结果。审计人员评估的认定层次的重大错报风险越高，需要实施实质性程序的范围越广。如果对控制测试结果不满意，审计人员应当考虑扩大实质性程序的范围。

在设计细节测试时，审计人员除了从样本量的角度考虑测试范围外，还要考虑选样方法的有效性等因素。

在设计实质性分析程序时，审计人员应当确定已记录金额与预期值之间可接受的差异额。在确定该差异额时，审计人员应当主要考虑各类交易、账户余额、列报及相关认定的重要性和计划的保证水平。实施分析程序可能发现偏差，但并非所有的偏差都值得展开进一步调查。可容忍或可接受的偏差（即预期偏差）越大，作为实质性分析程序一部分的进一步调查的范围就越小。

实务操作练习

业务题1

一、目的

复习进一步审计程序的设计与决策，培养审计测试设计等基本技能。

二、资料

某公司财务报表显示：2018年度销售收入为112 650 000元，比上一年增长21%（董事会制定的当年预算目标为增长20%）。2018年12月31日应收账款余额为39 560 000元，组成情况如下：共230个客户，其中9个客户的余额在100万元以上，占应收账款总额的40%；其余客户的余额均小于30万元。此外，余额为10万元以上且账龄超过1年的应收账款客户有15家。2018年12月31日坏账准备余额为1 870 000元。

公司采用账龄分析法和个别认定法相结合的方法计提坏账准备。其中，账龄分析法的计提标准为：账龄6个月以上且1年以下为10%；1年以上且2年以下为50%；2年以上为100%。公司应收账款与销售收入2018年与2017年纵向分析情况见表7-1。

表7-1　　　　　　应收账款与销售收入2018年与2017年纵向分析情况　　　　金额单位：元

项目	2018年	2017年
应收账款	39 560 000	27 760 000
坏账准备	（1 870 000）	（1 700 000）
销售收入	112 650 000	93 100 000
应收账款周转天数	108天	92天

该公司2018年度的税前利润为8 400 000元，总体重要性水平为420 000元（税前利润的5%）。

三、要求

考虑到销售业务的重要性及其固有风险，注册会计师认为销售收入和应收账款层次的"发生或存在"和"准确性"认定存在重大错报风险。请问：注册会计师如何对销售业务流程实施进一步审计程序？

业务题2

一、目的

练习控制测试，培养控制测试及其结果评价的基本技能。

二、资料

某事务所的A和B注册会计师负责审计甲公司（主要生产和销售电视机）2018年度财务报表。2018年11月，A和B注册会计师对甲公司的内部控制进行了初步了解和测试。他们注意到，除下列情况表明存货相关内部控制可能存在缺陷外，其他内部控制均健全、有效。

1.甲公司以前年度未对存货实施盘点，但有完整的存货会计记录和仓库记录；

2.甲公司发出电视机时未全部按顺序记录；

3.甲公司生产电视机所需的零星C材料由XYZ公司代管，但甲公司未对C材料的变动进行会计记录；

4.甲公司每年12月25日后发出的存货在仓库的明细账上记录，但未在财务部门的会计账上反映；

5.甲公司发出材料存在不按既定计价方法核算的现象；

6.甲公司财务部门的会计记录和仓库明细账均反映了代XYZ公司保管的E材料。

三、要求

A和B注册会计师通过内部控制测试所注意到的各种情况是否实际构成存货内部控制的缺陷？简要说明理由。

第八章　审计方法

本章学习提示

　　■本章重点：审计模式的发展，审计取证方法，审计抽样方法，审计评价方法，计算机技术在审计中的应用。

　　■本章难点：审计模式的发展，审计抽样方法，审计评价方法。

　　审计方法①是指审计人员为了获取审计证据、实现审计目标、完成审计工作而采取的各种方式、手段和技术的总称。审计方法是从审计实践中总结出来的，它是随着审计对象的日益复杂、社会对审计质量要求的不断提高和科学技术的不断发展而逐步改进、完善和发展起来的，目前已经形成了较完善的审计方法体系。

　　审计是一种验证经济事项和活动的认定和既定标准之间符合程度的系统过程。审计为了验证和评价经济活动和经济事项的说法和认定，其核心工作就是搜集证据和评价证据，以得出审计意见。审计方法体系主要包括审计取证方法和审计评价方法。

　　各种审计方法都有它们各自的适用范围和特定目的，但在审计实践中它们又是互相配合使用的，有时只有结合起来使用，才能充分发挥其应有的作用，也就是说，选用审计方法应该以审计目标为导向，因事、因时、因地而异，不能机械地只使用某一种审计方法。另外审计方法与审计质量关系甚为密切，它是决定审计质量的关键，审计方法如果选用不当，必然会影响到审计的质量。

第一节　　审计模式的发展

　　在审计取证中，首先要确定审计取证思路。我们一般把按照审计工作的范围、审计工作的先后顺序和详略程度及审计工作建立的基础划分方法称为审计模式。它是审计人员为了完成审计总目标而采取的审计战略方法。在审计的发展过程中，审计模式经历了账项基础审计模式、制度基础审计模式、传统风险导向审计模式和现代风险导向审计模式。

一、账项基础审计模式

　　审计产生的根本原因是财产所有权与经营管理权的分离以及由此产生的受托责任关系。在审计产生的初期，受托责任主要集中在操守清廉、不中饱私囊方面，股东非常看重经营者的忠诚度，委托或授权审计的主要目标是查错防弊。

---

　　① 审计方法有广义与狭义之分，从广义上说包括审计规划方法、审计取证方法、报告方法、处理审计文件方法、审计管理方法等；从狭义上讲，审计方法主要指收集评价审计证据与发表审计意见等与实现审计目标直接相关的各种方法。本章所阐述的审计方法是狭义上的方法。

为了实现查错防弊的审计目标，审计人员以交易为基础，对所有会计事项的来龙去脉加以审查，他们围绕会计账簿和报表的编制过程，对每一笔交易从原始凭证的记录到与交易有关的各类会计文件的形成及其在会计系统中的周转过程都要进行详细检查，即对会计凭证和账簿进行详细检查，通过详细核实账表上的数字来判断是否存在舞弊行为和技术性错误。因此，这种审计模式被称为账项基础审计模式，俗称"查账"。该审计模式没有区分审计阶段和步骤，审计的全部工作就是检查账簿。

基于查错防弊的审计目标可知，这种模式的审计思想主要是批判性、监察性的，审计方法是侦查性的详细审计。这种审计模式的运用是从审计的产生之初开始的，一直延续到20世纪初，此前的企业组织结构相对比较简单，业务性质单一，运用该模式能使审计人员很容易发现原始凭证和数据的造假及错误。但是该模式会耗费大量的人力、物力、财力和时间，审计成本较高，且不利于审计资源的分配，也不适用于现代大型企业的审计。

二、制度基础审计模式

时过境迁，随着大规模工业化的发展，少数有限的股东所提供的资本已经不足以满足企业规模化发展的需要，经营资金开始转向由银行等债权人和更为广泛的资本市场提供。到了20世纪30年代，审计目标慢慢发生了变化，为了满足银行债权人和更多利益相关者的需要，出现了资产负债表的偿债能力审计与财务报表的合法性和公允性审计，查错防弊已不再是当时的主要审计目标。审计的功能由防护性转向了公证性。此时，由于企业规模的日益扩大，经济活动的交易事项日益复杂，审计工作量迅速增加，详细审计难以展开。同时，内部控制理论已经形成，审计人员探索将审计抽样与企业内部控制结合起来，出现了以证实财务报表公允性为目标、以内部控制评价为基础的抽样审计，即制度基础审计模式。

该模式基于内部控制能合理保证财务报表可靠性的基本假设来设计审计程序。它将审计工作大体分为两个阶段——符合性测试与实质性测试，即审计人员拟信赖被审计单位的内部控制时，首先针对拟信赖的内部控制制度的遵循性进行符合性测试，然后根据符合性测试的结果，确定实质性测试的性质、时间安排和范围，并以此收集审计证据，形成审计意见。该模式将审计的重点放在对各个控制环节的审查上，发现内部控制的有效或薄弱之处，缩小或扩大检查范围。在这种模式下，是否检查凭证、检查多少凭证都不再是随意的，而是建立在对被审计单位内部控制系统认识基础上的重点审查。以大数定律和正态分布为基础的统计抽样取代了随意判断和任意抽样。从20世纪40年代起该模式就成了审计的主要方法，直到20世纪80年代。

该模式有了理论基础，使审计成本降低，审计资源得到了较为合理的分配。然而，运用该模式在实现审计目标的效率和效果方面还存在着较大的局限性。首先，该模式过分依赖内部控制测试，内部控制制度本身存在着局限性，其着眼点仍然集中在具体经济业务或账户记录上，审计风险没有得到有效的控制，很难将审计风险降至可接受的低水平；其次，该模式的审计思想是证实和鉴证，在审计过程中虽然将测试分成符合性测试和实质性测试两大阶段，但这种程序驱动的审计模式可能会发生低风险项目审计过量和高风险项目审计不足现象，从而达不到审计的最佳效果和审计资源的最合理利用；最后，该模式没有考虑被审计单位的其他风险，会部分丧失可以提高的审计效率。

三、传统风险导向审计模式

由于制度基础审计模式的缺陷凸显，一种以防范风险为基础的风险导向审计模式逐渐兴起。20世纪70年代的"诉讼爆炸"使得审计界开始研究审计风险问题。AICPA下设的审计准则委员会于1981年6月发布的《第39号审计准则公告——审计抽样》认为，审计风险由固有风险、控制风险、分析性复核风险和细节测试风险四个要素组成。1983年12月发布的《第47号审计准则公告——实施审计工作中的审计风险的重要性》，将审计风险概括为固有风险、控制风险和检查风险三要素的乘积。

依托传统审计风险模型"审计风险=固有风险×控制风险×检查风险"，以控制审计风险为导向的审计模式被称为传统风险导向审计模式。该模式立足于对审计风险进行系统的分析，从而制定与之相适应的审计策略和审计计划，将对审计风险的考虑贯穿于整个审计过程。该模式下审计工作分为这样几个步骤：首先确定可接受的审计风险；然后评估被审计单位的固有风险和控制风险；根据审计风险模型确定可接受的检查风险，据此安排审计工作，确定审计重点，设计实施实质性测试的性质、时间和范围，最终满足审计目标的要求。

这种审计模式明确了审计风险的构成要素，特别将客户置于一个行业、法律、企业经营管理、内部控制、资金、生产技术甚至企业经营哲学等环境中来考察，从各个方面研究环境对企业财务报告的影响，而不仅仅是内部控制这一因素，该模式使抽样审计更为科学，提高了审计效率和效果。然而，审计人员在运用这个模式时，通常难以对固有风险作出准确评估，往往将固有风险确定为高水平，转而将审计资源投向控制测试和实质性测试，忽略了对固有风险的评估，审计中失去一次辨识重大错报风险的机会，也就变成了制度基础审计模式，并未将风险导向审计思想真正贯彻下去。另外，从更深层次上看，该审计模式所依据的审计风险模型不能用于财务报表整体，无法满足对财务报表审计整体风险的把握和控制上。该审计模式依然是以"证实性"为主，无法将"审计应有的职业谨慎"观念落到实处。由于以上缺陷，这一时期的方法被称为"传统风险导向审计模式"。

四、现代风险导向审计模式

2000年以后，我国和一些发达国家都出现了重大财务舞弊案，社会公众纷纷质疑原有审计方法的有效性，国际领先的会计师事务所开始开展现代风险导向审计模式的研究。它的最终确定则以国际审计与鉴证准则委员会（IAASB）于2003年发布的一系列审计风险准则为标志。新审计风险准则与以前的准则相比有着重大实质性变化，在新准则中审计风险被定义为"当财务报表存在重大错报而审计人员发表不恰当审计意见的可能性"，新准则将审计风险模型修改为"审计风险=重大错报风险×检查风险"。

审计人员应当在充分了解被审计单位及其环境（包括被审计单位所处的行业、法律和监管环境，企业的性质、目标、战略和经营风险，会计政策的选择与运用，财务业绩的衡量与评价，内部控制等）的基础上，从财务报表整体和认定两个层次上评估重大错报风险，然后针对评估的重大错报风险设计进一步审计程序，通过控制检查风险，最终将剩余风险控制在预期的可接受范围之内。其核心就是建立重大错报风险识别、评估和应对的程序和方法，并让它们贯穿于审计的全过程，使审计风险理论和整个审计过程联系得更为紧密，让审计人员能够重视产生审计风险的各个重要环节，使审计过程成为一个不断降低审计风险的过程。

按照该模式的要求，审计工作主要包括三个阶段：

（1）了解被审计单位及其环境，执行风险评估程序。审计人员可以从宏观经济因素、行业因素等方面了解被审计单位及其环境。

（2）识别和评估重大错报风险。审计人员应当在了解被审计单位及其环境的基础上，从财务报表整体层次和认定层次识别和评估重大错报风险。

（3）应对重大错报风险，即针对评估的报表整体层次的重大错报风险采取总体应对措施，同时针对认定层次的重大错报风险采取进一步审计程序，合理保证财务报表不存在重大错报。

与传统风险导向审计模式相比，现代风险导向审计模式要求审计人员将主要精力转移到关注和控制管理层舞弊风险，对管理层实行"有错推定"，实施"以侦查为先导，以证实为补充"的审计战略，使"审计师应有的职业怀疑"不再是一句空话。这种模式提供了一种既能保证审计效果又能提高审计效率的新思路，它是一种循环推进、证据驱动、基于判断的风险评估过程。由于新准则按照战略管理理论和系统论将企业的整体战略经营风险等带来的重大错报风险作为审计风险的一个重要构成要素进行评估，使评估审计风险的观念得到进一步扩大和延伸，是传统风险导向审计的继承与发展，因而这种模式被称为"现代风险导向审计模式"。

第二节　审计取证技术方法

审计取证的技术方法，是指为了实现审计具体目标（真实性、完整性、所有权、估价、截止、机械准确性、分类、披露与总体合理性等），直接获取审计证据的各种技术方法。为了证实经济活动和事项的说法与认定是不是真实、可靠和有充分理由，是不是符合既定标准的要求，审计人员自然要对经济活动和事项认定形成过程的证据逐一加以验证，其中就会涉及对被审计单位的环境、记录与文件、实物资产、有关人员的单独调查与相互印证的核对，以及审计人员自己进行的各种分析等。

审计取证技术方法在注册会计师财务报表审计中被表述为"审计程序"。《中国注册会计师审计准则第1301号——审计证据》（2016年12月23日修订）第九条指出："注册会计师的目标是，通过恰当的方式设计和实施审计程序，获取充分、适当的审计证据，以得出合理的结论，作为形成审计意见的基础。"审计程序是指注册会计师在审计过程中的某个时间，对将要获取的某类审计证据如何进行收集的详细指令。

具体审计程序包括：检查、观察、询问、函证、重新计算、重新执行、分析程序等。

中国注册会计师
审计准则第 1301
号——审计证据

一、检查

检查是指审计人员对被审计单位内部或外部生成的，以纸质、电子或其他介质形式存在的记录和文件进行审查，或对资产进行实物审查。

（一）检查记录或文件

检查记录或文件的目的是对财务报表以及其他经济事项认定中所包含或应包含的信息进行验证。例如在财务报表审计中，被审计单位通常对每一笔销售交易都保留一份顾客订单、一张发货单和一份销售发票副本。这些凭证对于审计人员验证被审计单位记录的销售交易的正确性是有用的证据。检查记录与文件时按检查的方式不同，可以分为审阅法与核对法，按检查的路径不同可以分为顺查法与逆查法。

1.审阅法与核对法

（1）审阅法。审阅法是对凭证、账册、报表和其他原始资料进行仔细阅读和审查，以判断反映的经济活动是否真实、合法、公允等的方法。审阅法是最基本、最重要的技术方法。审阅时一般可以从资料的外观形式和经济内容两个方面进行。

（2）核对法。核对法是审核会计信息以及其他相关信息一致性、正确性的方法，即将两种或两种以上的资料相互对照或交叉对照，以检验其内容是否一致、计算是否正确的方法。通过核对可以证实各种会计资料之间是否衔接正确，可以发现错误和舞弊。核对法可用于以下资料间的核对：

①证证核对。它包括原始凭证间的核对、原始凭证与记账凭证间的核对。核对的主要内容是：证证之间的数字是否一致，有无计算错误；日期、业务内容是否一致、合理，记账凭证所附的原始凭证是否齐全。

②账证核对。它是指记账凭证或原始凭证与总分类账或明细分类账的账户记录相核对。核对的内容是凭证的日期、分录的会计科目、明细科目、金额和总账、明细账上过账的内容是否一致，有无漏账、重复过账或过错账户，账簿转次页、承前页的金额是否一致等。

③账表核对。它是指将财务报表的相关栏目数与其对应的会计科目数核对，以查证财务报表是否按账簿记录编制。账表之间的核对应注意账簿的记录时间、明细科目、金额等同报表是否相符。此外，还应注意被审计单位是否严格按照账簿记录编制财务报表，有无虚构数字、混淆会计期间等情况。

此外，核对法还包括账账核对、表表核对、账款核对、账卡核对等。

2.顺查法与逆查法

（1）顺查法。顺查法又名正查法，是按照经济活动发生的先后顺序依次检查的方法。顺查法按会计工作的顺序检查，从检查原始凭证着手，然后逐项核对，方法简便，一般审计人员大多能够胜任。通过审阅核对，会计工作中的错误与舞弊可以充分揭露。但是，这种审查方法只看小处，容易忽略企业存在的大问题，核对工作枯燥乏味，不易了解个别经济业务在整体中的地位和联系。审查的工作量很大，有时比重新做一次账还费时。审计人员不易按业务内容归类分工，工作效率不高。因此，顺查法一般只用于审查业务不多、凭证较少的企业和对某些专项内容的审查。审计人员在进行实质性测试，对"完整性"目标和管理层关于"完整性"认定进行再认定时常用此法，主要关注验证各账户和交易有无低估漏列错误。

（2）逆查法。逆查法又名倒查法、溯源法，是按经济活动发生先后的相反顺序审查的方法。逆查法先审阅分析财务报表，从大处着眼，容易发现重要线索，能抓住主要问题。先从面上观察分析，确定重点后再逆向溯源，使审查工作量大大减少。审计人员能够分工、分头检查某几方面的问题。审计人员在进行实质性测试，对"真实性"目标和管理层关于"存在和发生"认定进行再认定时常用此法，主要关注验证各账户和交易有无高估错误。

有时也可把逆查法与顺查法结合起来使用，一般先用逆查法，发现问题，对已确定的问题，再用顺查法详细审查其会计记录。

检查记录或文件可提供可靠程度不同的审计证据，审计证据的可靠性取决于记录或文件的来源和性质。外部记录或文件通常被认为比内部记录或文件可靠，因为外部凭证由被审计单位的客户出具，又经被审计单位认可，表明交易双方对凭证上记录的信息和条款达成一致意见。另外，某些外部凭证编制过程非常谨慎，通常由律师或其他有资格的专家进行复核，因而具有较高的可靠性，如土地使用权证、保险单、契约和合同等文件。

（二）检查有形资产

检查有形资产是指审计人员对资产实物进行审查。检查有形资产程序主要适用于存货和现金，也适用于有价证券、应收票据和固定资产等。检查有形资产是对实物进行检查，证实财物存在及其状态的方法。它可证实账面资料与有关的财产物资实存是否相符、质量是否相符。一般分为直接盘点法和监督盘点法两种。

直接盘点法，是由审计人员亲自到现场盘点实物的方法。这种方法一般适宜于对现金、有价证券以及数量较少且贵重物资的清点。其要点是：盘点时应停止收发；如有几个仓库应尽可能同时盘点，防止"拆东墙补西墙"，将已盘点过的实物拿到另一地点抵数；盘点时原实物经管人和主管人员应自始至终在场，不应离开，特别是盘点现金和贵重物品时，如经管人员经同意临时中途离开，应停止盘点，暂时封存，等经管人员回来后再继续盘点；盘点时一般要结合审查物品的质量和所有权。盘点得到的数量、质量情况应当场进行记录，并由被审计单位原经管人员、主管人员和审计人员签字盖章，以明确责任；货币资金和贵重物资一般用突击盘点方法。

监督盘点法，或称观察盘点法、共同盘点，是审计人员不亲自动手点数，而在旁边观察盘点的方法。这种方法一般适用于大宗材料、在产品、产成品、固定资产的盘点。其要点是：要求被审计单位制订盘存计划，审计人员可对盘点方法提出建议；盘点前一般事先发出通知，盘点时停止收发，审计人员要控制待盘点的物资；盘点时除了观察物资的数量外，还可结合检查物资的规格、质量、确定所有权；对大宗物资，如不便逐一过磅计量，可抽样检验；具体点数，尽可能不由原经管人点数，而由第三者点数；盘点结果应当场记入盘点清单，并由原经管人员、主管人员和审计人员共同签字。

检查有形资产可为其存在提供可靠的审计证据，但不一定能够为权利和义务或计价认定提供可靠的审计证据。

二、观察

观察法是审计人员到现场进行实地观察，察看相关人员正在从事的活动或执行的程序，从而深入了解被审计单位的环境情况以及对审阅与分析中所发现的问题或对被审计单位的活动产生重大影响的活动等，收集书面资料以外的审计证据以判断是否符合审计标准和书面资料的记载的一种方法与程序。观察是必要的，"耳闻不如目睹，百闻不如一见"，如果我们轻信被审计单位的情况介绍，而不注意亲自到现场观察，很容易得出错误的结论。

观察技术有着广泛的适用范围，任何审计类型均需要运用观察技术。比如，在财务审计中，就需要运用观察技术来获得被审计单位有关财物管理、内控制度执行情况以及业务处理程序遵循情况方面的证据；在经济效益审计中，就需要运用观察技术了解被审计单位的生产组织是否合理、职工的情绪及工作态度如何、工作效率的高低等。观察技术虽属于证实问题的技术方法之一，但不局限于证实问题，它有着广泛的用途。在审计的准备阶段、实施阶段、终结阶段都需要运用观察技术来发现线索或证实问题。

运用观察技术获取的审计证据通常是亲历证据，其证据的可信度比较高。但是，考虑到一般情况下，被审计单位总要千方百计地掩盖各种问题，审计人员在观察时要与询问技术结合运用，并应注意询问的策略与技巧。运用观察法时可由被审计单位有关部门的负责人陪同，对被观察的职工和事物一般事先不发出通知，观察的情况要做成书面记录，请有关人员签章证明，或进行录像或摄影。

三、询问

询问是指审计人员通过直接找有关人员进行面谈，以书面或口头方式，向被审计单位内部或外部的知情人员获取财务信息和非财务信息，对某一问题给予证实，并对答复进行评价的过程。

询问技术也是任何审计都必须运用的极为重要的辅助审计技术之一。这是因为，通过运用审阅、核对、盘点、分析、推理等技术，可能发现许多问题，但这些问题最终都需要找有关人员澄清，这就不得不运用询问技术。如经过审查，发现出纳确实挪用了公款，尽管有了这一事实，最终还必须找出纳本人当面核实，只有这样，最后处理问题的证据才是全面的。这就是运用询问技术最终核实问题、取得审计证据的事例。实际上，询问技术不仅可以用来核实问题，落实审计证据，在审计程序准备阶段或实施过程中，了解被审计单位一般情况（比如外部环境与内部经营管理）时，亦需要运用询问技术。从某种程度上看，审计过程实际上是审计人员同被审计单位及社会上其他有关人员进行交往的过程。如果审计人员只注重查死账，不注意运用询问技术，则很难获得良好的审计效果。

按询问对象的不同，询问技术可分为对知情人的询问和对当事人的询问；按询问地点的不同，询问技术还可分为内部询问和外部询问；按询问方式的不同，询问技术又可分为个别询问和集体询问。

询问的对象涉及被审计单位的管理层以及内部其他所有相关人员等不同层次，比如采购人员、生产人员、销售人员、财务人员等。一般而言，询问治理层，有助于了解财务报表编制的环境；询问内部审计人员，有助于了解被审计单位内部审计针对内部控制设计和运行有效性所实施的工作，也可以了解管理层对内部审计发现的问题是否采取了适当的行动；询问参与生成、处理或记录复杂或异常交易的员工，有助于评估被审计单位选择和运用某项会计政策的适当性；询问内部法律顾问，有助于了解有关诉讼、法律法规的遵循情况、影响被审计单位的舞弊或涉嫌舞弊、产品保证和售后责任、与业务合作伙伴的关系（如合营企业），以及合同条款的含义；询问营销或销售人员，有助于了解被审计单位的营销策略及其变化、销售趋势或与其客户的合同安排；询问采购人员和生产人员，有助于了解被审计单位的原材料采购和产品生产等情况；询问仓库管理人员，有助于了解原材料、产成品等存货的进出、保管和盘点等情况。

要恰当而有效地运用询问技术，则首先要选择恰当的询问方式，然后要注意询问策略。选择方式不当，不讲求策略，不仅影响询问的效果，有时甚至还会使询问无法进行。询问时要创造适宜的谈话气氛。在准备对有关人员进行询问之前，如果可以让被询问人事先了解情况的，则应预约询问的时间。在每一次询问中，审计人员应该有两人在场。询问过程中，应认真做好询问记录，并在询问完毕后交被询问人查阅签名，以明确责任。涉及多个当事人的询问，应单独同时进行，以防相互串通。在知情人非常狡猾而不愿配合的情况下，审计人员应采用攻心、先发制人、侧面暗示、迂回进攻等策略。

被询问人员对询问的答复可能为审计人员提供尚未获悉的信息或佐证证据，也可能提供与已获悉信息存在重大差异的信息，审计人员应当根据询问结果考虑修改审计程序或实施追加的审计程序。询问本身不足以发现认定层次存在的重大错报，也不足以测试内部控制运行的有效性，但是往往会为审计提供线索。审计人员还应当实施其他审计程序以获取充分、适当的审计证据。

四、函证

询问是面询，就是审计人员当面向有关人员获取有关信息、核实有关情况；而函证则是指审计人员通过向第三方发函来了解有关信息及获取和评价审计证据的过程和方法。

在验证被审计单位经济活动和事项的认定过程中，有时候仅仅通过审阅、核对被审计单位的相关资料获取的审计证据是不充分的（因为有些事项和交易涉及第三方）。在每一个审计过程中，许多审计事项的最终核实都需要依赖被审计单位以外的其他有关方面，如应收账款或应付账款是否真实，也许在被审计单位的会计记录上看不出问题，但实际上可能根本就不存在。真实情况需要债务单位及债权单位书面证明或由审计人员直接审查他们的账目，或亲自询问对方。然而，对凡需从被审计单位以外的其他方面获得证明材料的审计事项，如果一一都由审计人员亲自到他方所在地核实取证，一般是难以办到的。实际上，只要对方确实存在，且与被审计单位不存在串通舞弊的可能，双方不存在极强的依赖关系，则由他方按照审计人员的要求回答的信函，其证据效用同审计人员亲临现场获取证据材料的效用是相当的。因此，函证技术在审计过程中被经常采用，对证实某些问题极为有效，它属于证实问题的技术之一。

（一）函证的内容与范围

在财务审计中，审计人员应当确定是否有必要实施函证以获取认定层次的充分、适当的审计证据。在作出决策时，审计人员应当考虑评估的认定层次重大错报风险，以及通过实施其他审计程序获取的审计证据如何将检查风险降至可接受的水平。审计人员应当对银行存款、借款（包括零余额账户和在本期内注销的账户）及与金融机构往来的其他重要信息实施函证，并应当对应收账款实施函证，除非有充分证据表明应收账款对财务报表不重要或函证很可能无效。如果不对应收账款实施函证，审计人员应当在工作底稿中说明理由。如果认为函证很可能无效，审计人员应当实施替代审计程序，以获取充分、适当的审计证据。

函证的内容通常还涉及下列账户余额或其他信息：（1）短期投资；（2）应收票据；（3）其他应收款；（4）预付账款；（5）由其他单位代为保管、加工或销售的存货；（6）长期投资；（7）委托贷款；（8）应付账款；（9）预收账款；（10）保证、抵押或质押；（11）或有事项；（12）重大或异常的交易。

审计人员采用审计抽样或其他选取测试项目的方法选择函证样本时，样本应当足以代表总体，并包括：（1）金额较大的项目；（2）账龄较长的项目；（3）交易频繁但期末余额较小的项目；（4）重大关联方交易；（5）重大或异常的交易；（6）可能存在争议以及产生重大舞弊或错误的交易。

审计人员通常以资产负债表日为截止日，在资产负债表日后适当时间内实施函证。如果重大错报风险评估为低水平，审计人员可选择资产负债表日前适当日期为截止日实施函证，并对所函证项目自该截止日起至资产负债表日止发生的变动实施实质性程序。

（二）询证函的设计

按要求对方回答方式的不同，函证技术可分为积极函证和消极函证两种。积极函证是指不管在什么情况下，都要求对方对函证内容直接以书面文件的形式向审计人员作出答复。消极函证是指对于函证的内容，只有当对方认为存在异议时，才要求对方直接以书面文件的形式向审计人员作出答复。至于在何种情况下应使用积极函证或消极函证，一般应视函证业务事项的具体情况而定。

审计人员应当根据特定审计目标设计询证函。在设计询证函时，审计人员应当考虑所审计的认定以及可能影响函证可靠性的因素，这些因素主要包括：（1）函证的方式；（2）以往审计或类似业务的经验；（3）拟函证信息的性质；（4）选择被询证者的适当性；（5）被询证者易于回函的信息类型。

审计人员可采用积极的或消极的函证方式实施函证，也可将两种方式结合使用。如果采用积极的函证方式，审计人员应当要求被询证者在所有情况下必须回函，确认询证函所列示信息是否正确，或填列询证函要求的信息。如果采用消极的函证方式，审计人员只要求被询证者仅在不同意询证函列示信息的情况下才予以回函。

（三）函证的实施与评价

当实施函证时，审计人员应当对选择被询证者、设计询证函以及发出和收回询证函保持控制。通常应当采取下列措施对函证实施过程进行控制：（1）将被询证者的名称、地址与被审计单位有关记录核对；（2）将询证函中列示的账户余额或其他信息与被审计单位有关资料核对；（3）在询证函中指明直接向接受审计业务委托的会计师事务所回函；（4）询证函经被审计单位盖章后，由审计人员直接发出；（5）将发出询证函的情况形成审计工作记录；（6）将收到的回函形成审计工作记录，并汇总统计函证结果。

如果被询证者以传真、电子邮件等方式回函，审计人员应当直接接收，并要求被询证者寄回询证函原件。如果采用积极的函证方式实施函证而未能收到回函，审计人员应当考虑与被询证者联系。如果未能得到被询证者的回应，审计人员应当实施替代审计程序。替代审计程序应当能够提供与实施函证所能够提供的同样效果的审计证据。如果实施函证和替代审计程序都不能提供财务报表有关认定的充分、适当的审计证据，审计人员应当实施追加的审计程序。

在评价实施函证和替代审计程序获取的审计证据是否充分、适当时，审计人员应当考虑：（1）函证和替代审计程序的可靠性；（2）不符事项的原因、频率、性质和金额；（3）实施其他审计程序获取的审计证据。

在评价函证的可靠性时，审计人员应当考虑：（1）对询证函的设计、发出及收回的控制情况；（2）被询证者的胜任能力、独立性、授权回函情况、对函证项目的了解及其客观性；（3）被审计单位施加的限制或回函中的限制。

如果有迹象表明收回的询证函不可靠，审计人员应当实施适当的审计程序予以证实或消除疑虑。审计人员应当评价函证及函证以外的审计程序的实施结果是否为所审计认定提供了充分、适当的审计证据。

五、重新计算

重新计算是指审计人员以人工方式或使用计算机辅助审计技术，对记录或文件中数据计算的准确性进行核对。重新计算通常包括计算销售发票和存货的总金额、加总日记账和明细账、检查折旧费用和预付费用的计算、检查应纳税额的计算等。

审计人员在进行审计时，往往需要对被审计单位的凭证、账簿和报表中的数字进行计算，以验证其是否正确。审计人员的计算并不一定按照被审计单位原先的计算形式和顺序进行。在计算过程中，审计人员不仅要注意计算结果是否正确，而且要对某些其他可能的差错（如计算结果的过账和转账是否有误等）予以关注。

一般而言，计算不仅包括对被审计单位的凭证、账簿和报表中有关数字的验算，而且包括对会计资料中有关项目的加总或其他运算，其中又包括横向加总和纵向加总。在财务报表审计中，审计人员往往需要大量运用加总技术来获取必要的审计证据。

六、重新执行

重新执行是指审计人员以人工方式或使用计算机辅助审计技术，重新独立执行作为被审计单位内部控制组成部分的程序或控制。例如，审计人员利用被审计单位的银行存款日记账和银行对账单，重新编制银行存款余额调节表，并与被审计单位编制的银行存款余额调节表进行比较。

七、分析程序

在财务报表审计中，分析程序是指审计人员通过分析不同财务数据之间以及财务数据与非财务数据之间的内在关系，对财务信息作出评价。分析程序还包括在必要时对识别出的、与其他信息不一致或与预期值差异重大的波动或关系进行调查。比如，审计人员可以对被审计单位的财务报表和其他会计资料中的重要比率及其变动情况进行分析，以发现异常变动项目。对异常变动项目，审计人员应重新考虑其采用的审计方法是否合适，必要时应追加其他审计程序来获取更多的审计证据，比如询问管理层，并针对管理层的答复获取适当的审计证据。

分析程序主要通过分析来评价信息的合理性，分析手段包括从简单的比较到高级的统计分析。实务中常用的有比较分析法、比率分析法、趋势分析法等。

（1）比较分析法。比较分析法是通过某一财务报表项目与既定标准的比较，以获取有关审计证据的一种技术方法，包括本期实际数与计划数的比较、预算数与实际数的比较、本期实际数与同业标准之间的比较等。比较分析法可将被审计单位某几个时期的产值、成本、利润、税费等进行纵向比较，也可将生产同种产品且条件相当的不同单位的绝对数进行横向比较。

（2）比率分析法。比率分析法是通过对财务报表的某一项目和与其相关的另一项目相比所得的值进行分析，以获取有关审计证据的一种技术方法。例如，利用资产负债率、流动比率、速动比率可以分析企业负债水平和偿债能力。

（3）趋势分析法。趋势分析法是通过对连续若干期某一财务报表项目的变动金额及其百分比的计算，分析该项目的增减变动方向和幅度，以获取有关审计证据的一种技术方法。

此外，还可以通过对采集的数据信息，根据审计目标，利用审计软件编制各种审计模型，进行指标计算、图表分析、风险评估等一系列复杂的高层次分析。在现场审计中，可以通过使用一般通用软件如 Excel、Access 等，方便地制作各种表格，计算有关数据，对多个专题内容分别进行筛选分析，也可以根据分析者的要求，对一些分析项目的数据进行整理加工，生成多种特定内容的新表，为进行多角度、深层次的分析提供方便。

在实施风险评估程序、控制测试或实质性程序时，审计人员可根据需要单独或综合运用上述所列审计程序，以获取充分、适当的审计证据。在财务报表审计中，审计人员实施分析程序的目的包括：（1）用作风险评估程序，以了解被审计单位及其环境。审计人员实施风险评估程序的目的在于了解被审计单位及其环境并评估财务报表层次和认定层次的重大错报风险。（2）当使用分析程序比细节测试能更有效地将认定层次的检查风险降至可接受的水平时，分析程序可以用作实质性程序。在针对评估的重大错报风险实施进一步审计程序时，审计人员可以将分析程序作为实质性程序的一种，单独或结合其他细节测试，收集充分、适当的审计证据。（3）在审计结束或临近结束时对财务报表进行总体复核。审计人员应当运用分析程序，在已收集的审计证据的基础上，对财务报表整体的合理性作最终把握，评价报表仍然存在重大错报风险而未被发现的可能性，考虑是否需要追加审计程序，以为发表审计意见提供合理基础。

在管理绩效审计中，为了查找错弊，揭示问题，查明原因，总结经验，挖掘潜力，更多地运用审计分析技术，它是进行审计评价、提出审计结论和建议的基础。

比如，管理绩效审计运用比较分析法对不同时期和空间的同质财务指标进行对比，以确定其增减差异，用以评价财务指标的优劣，揭示客观存在的差异，利用这种差异可以考察任务完成情况，显示财务指标的变动趋势，评价企业经营管理的工作绩效。将财务指标实际数值与计划数值比较，能够检查财务指标的计划完成情况；将不同时期的指标数值比较，能够考察财务指标的变动趋势。

再比如，管理绩效审计运用比率分析法考察和衡量企业经营活动效果。比率的形式很多，按它们在分析中所起的作用不同，主要分为动态比率、相关比率和结构比率。动态比率也称为趋势比率，是将不同时期同类指标的数值比率，求出动态相对数，以反映企业某项经济活动的发展方向和发展趋势。

审计取证方法有很多种，每一种都有其特定的目的和适用范围，因此审计取证方法有选择的问题。审计方法是为审计目标和任务服务的，因此选用的审计取证方法首先应该与其特定的目的相适应。比如，要验证实物资产的真实存在，就必须要用到盘点和监盘，查账不一定能完全实现这个目标；再比如，要验证固定资产的所有权，就要审阅固定资产的所有权证，要用到检查记录与文件，而盘点则不能证明其权属关系。此外，选择的审计方法应考虑具体审计项目的性质、目的与条件，必须与审计主体与任务、被审计单位的具体环境等相适应，切不可盲目使用。审计人员不但要熟悉各种审计方法之间的联系和区别，而且要灵活掌握与应用，这样才能保证审计效果，提高审计效率。

第三节 审计抽样方法

一、审计抽样概述

(一) 审计抽样的概念

审计人员在确定实施审计程序的范围时，首先应确定选取测试项目的适当方法来选择合适的测试项目，审计人员可以使用的方法包括选取全部项目、选取特定项目和审计抽样。其中，审计抽样是指审计人员在审计过程中，对某类交易或账户余额中低于百分之百的项目实施审计程序，使所有抽样单元都有被选取的机会，并根据样本项目的特征推断总体项目特征的方法。

20世纪以来，随着企业规模的扩大和经营复杂程度的增加，再加上现代企业内部控制理论和实践的不断发展以及概率和数理统计理论向审计领域的渗透，审计人员对被审计单位全部的会计和其他资料进行审查既不可能也没必要。审计人员为了获取充分、适当的审计证据，通常会采用抽样方法，通过样本特征来推断总体特征，进而得出审计结论。抽样技术和方法应用于审计工作，统一了审计的效率和效果，是审计理论和实践的重大突破，实现了审计工作从详细审计到抽样审计的历史性飞跃。

审计抽样应当具备三个基本特征：①对某类交易或账户余额中低于百分之百的项目实施审计程序；②所有抽样单元都有被选取的机会；③审计测试的目的是评价该账户余额或交易类型的某一特征。

如果审计人员对需要测试的账户余额或交易事项缺乏特别的了解，在这种情况下，审计抽样比较有用。另外，当总体中项目数量太大而导致无法逐项审查，或者虽能逐项审查但需耗费大量成本时，审计人员也可能使用审计抽样方法。审计人员在审计中使用抽样的目的有三个：①控制审计成本；②提高审计效率；③保证审计效果。审计抽样的根本目标就是在有限的审计资源条件下，收集充分、适当的审计证据，以形成和支持审计结论。

现代审计中大量采用抽样审计的方法意味着审计人员没有可能也没有必要对被审计单位的所有经济业务、所有会计记录进行全面详细审查，而只需恰到好处地检查部分经济业务和会计记录，并以此推断审计对象的总体情况。审计人员可以根据具体情况，单独或综合使用选取测试项目的方法，但所使用的方法应当能够有效地提供充分、适当的审计证据，以实现审计程序的目标。审计抽样是选择审计测试项目的一种方法，并不影响审计程序本身。

(二) 审计抽样在审计程序中的应用

风险评估程序通常不涉及审计抽样。如果审计人员在了解控制的设计和确定控制是否得到执行的同时计划和实施控制测试，则会涉及审计抽样，但此时审计抽样是针对控制测试进行的。审计抽样对控制测试和实质性程序都适用，但并不适用于这些测试中的所有程序。比如，它可以广泛应用于检查和函证，但通常不用于询问、观察和分析程序。当控制的运行留下轨迹时，审计人员可以考虑使用审计抽样实施控制测试。对于未留下运行轨迹的控制，审计人员通常实施询问、观察等审计程序，以获取有关控制运行有效性的审计证据，此时不涉及审计抽样。实质性程序包括对各类交易、账户余额、列报的细节测试以及实质性分析程序。在实施细节测试时，审计人员可以使用审计抽样获取审计证据，以验证有关财务报表金额的一项或多项认定（如应收账款的存在），或对某些金额作出独立估计（如陈旧存货的价值）。在实施实质性分析程序时，审计人员不宜使用审计抽样。

（三）审计抽样的分类

1.统计抽样与非统计抽样

按照抽样决策依据的不同，审计抽样可以分为统计抽样与非统计抽样。

统计抽样，是指运用概率论和数理统计的方法确定样本规模、选取样本、评价样本结果的方法。统计抽样必须同时具备下列特征：①随机选取样本；②运用概率论评价样本结果，包括计量抽样风险。此方法强调运用概率论和数理统计技术。统计抽样可以科学地确定样本规模，避免出现样本过多或过少的现象，可以客观地评估审计结果，运用概率和数理统计理论对样本结果进行评价以推断总体特征，所得出的审计结论具有科学依据。

非统计抽样，是指审计人员完全凭借主观标准和个人经验确定样本规模、评价样本结果的方法。此方法特别强调运用审计人员的经验和判断。这一方法只要运用得当，则可与统计抽样方法一样提供充分、适当的证据。采用非统计抽样不能量化抽样风险，这是它与统计抽样的根本区别。

统计抽样的优点在于能够客观地计量抽样风险，并通过调整样本规模精确地控制风险，这是它与非统计抽样最重要的区别。另外，统计抽样还有助于审计人员高效地设计样本，定量评价样本结果。但统计抽样又可能发生额外的成本，比如统计抽样需要特殊的专业技能，需要增加额外的支出培训，要求单个样本项目符合统计要求，这些也可能需要支出额外的费用。审计人员在统计抽样与非统计抽样方法之间进行选择时主要考虑成本效益。不管是统计抽样还是非统计抽样，两种方法都要求审计人员在设计、实施和评价样本时运用职业判断。另外，对选取的样本项目实施的审计程序通常也与使用的抽样方法有关。

2.属性抽样与变量抽样

按审计人员所了解的总体特征的不同，统计抽样又可以分为属性抽样和变量抽样。

属性抽样，是指在精确度界限和可靠程度一定的条件下，为了评价总体特征的发生频率而采用的一种方法。要评价的审计对象总体特征表现为一种属性，即审计总体的质量特征。样本的测试结果为"是"或"否"、"对"或"错"，总体评价结果为差错率。比如，在内部控制的健全性和有效性测试中，测试"出纳与会计岗位是否分离"这一属性时，就用属性抽样的方法。在对总体进行属性评估时，要求计划的某总体属性的样本特征只有两个互不相容的结果，即是或非、存在或不存在、合规或不合规。根据样本的确定方法还可分为固定样本量抽样、停走抽样、发现抽样等。属性抽样主要用于控制测试。

变量抽样，是指用来估计总体金额的一种方法。变量抽样适用于实质性测试。比如，估计银行存款的期末余额。变量抽样的目的是获取关于未知的真实总体货币金额的证据。变量抽样有三种具体方法：单位平均估计抽样、比率估计抽样、差额估计抽样。

在审计实务中，经常存在同时进行控制测试和实质性程序的情况，这个时候所采用的审计抽样称为双重目的抽样。

（四）审计抽样中的基本要素

1.总体与样本

审计抽样中的总体是指审计人员从中选取样本并据此得出结论的整套数据，是某项审计对象的全部。总体可分为多个层或子总体。每一层或子总体可以分别检查。样本是从全部总体中随机抽取出来，代表全部总体部分单位的集合体。如果说全部总体是唯一确定的，那么，抽样样本就完全不是这样，一个总体可能抽取很多个抽样总体，全部样本的可能数目和每一样本的容量有关，它也和随机抽样的方法有关。在不同的样本容量和取样方法下，样本的可能数目也有很大的差别，抽样本身是一种手段，目的在于对总体作出判断，因此，样本容量要多大，要怎样取样，样本的数目可能有多少，它们的分布又怎样，这些都关系到对总体判断的准确程度，都需要加以认真的研究。

2.样本误差与推断总体误差

样本误差是指审计人员实施审计程序后在样本中已识别的误差。在控制测试中，样本误差可以用样本偏差率表示，样本偏差率等于样本中发现的控制偏差数量除以样本规模。在细节测试中，样本误差是指样本中发现的错报金额。推断总体误差是指审计人员在评价样本结果时，依据样本误差推断的总体误差。在控制测试中，推断总体误差是指推断的总体偏差率，样本偏差率就等于推断的总体偏差率。在细节测试中，审计人员应当根据样本中发现的错报金额推断总体错报金额。

3.抽样风险与非抽样风险

使用审计抽样时，审计风险可能受抽样风险和非抽样风险的影响。

抽样风险是指审计人员根据样本得出的结论和对总体全部项目实施与样本同样的审计程序得出的结论存在差异的可能性。抽样风险分为下列两种类型：①影响审计效果的抽样风险，包括信赖过度风险（在实施控制测试时，审计人员推断的控制有效性高于其实际有效性的风险）和误受风险（在实施细节测试时，审计人员推断某一重大错报不存在而实际上存在的风险）。②影响审计效率的抽样风险，包括信赖不足风险（在实施控制测试时，审计人员推断的控制有效性低于其实际有效性的风险）和误拒风险（在实施细节测试时，审计人员推断某一重大错报存在而实际上不存在的风险）。

只要使用了审计抽样，抽样风险总会存在。对特定样本而言，抽样风险与样本规模反方向变动，无论是控制测试还是细节测试，审计人员都可以通过扩大样本规模降低抽样风险。如果对总体中的所有项目都实施检查，就不存在抽样风险，此时审计风险完全由非抽样风险产生。

非抽样风险是指由于某些与样本规模完全无关的因素而导致审计人员得出错误结论的可能性。它包括审计风险中不是由抽样所导致的所有风险。审计人员即使对某类交易或账户余额的所有项目实施某种审计程序，也可能仍未能发现重大错报或控制失效。

在审计程序实施过程中，可能导致非抽样风险的原因包括下列情况：①审计人员选择的总体不适合于测试目标；②审计人员未能适当地定义控制偏差或错报，导致审计人员未能发现样本中存在的偏差或错报；③审计人员选择了不适合于实现特定目标的审计程序；④审计人员未能适当地评价审计发现的情况；⑤其他原因。

非抽样风险是由人为错误造成的，因而可以降低、消除或防范非抽样风险。虽然在任何一种抽样方法中审计人员都不能量化非抽样风险，但通过采取适当的质量控制政策和程序，对审计工作进行适当的指导、监督和复核，以及对审计人员实务加以适当改进，可以将非抽样风险降至可以接受的水平。审计人员也可以通过仔细设计其审计程序尽量降低非抽样风险。

二、审计抽样的一般过程

审计抽样的一般过程分为抽样设计、样本选取和样本结果评价三个阶段。

（一）抽样设计

抽样设计是审计抽样的计划工作，是审计人员围绕样本的性质、样本量、抽样组织方式及抽样工作质量要求对抽样工作进行的全面、系统的规划。其要解决的核心问题是在确定的抽样组织方式下如何确定样本量。

1.确定审计目标和定义误差

在设计样本时应当根据具体审计目标，考虑其所要获取的审计证据的性质，以及与该审计证据相关的可能误差情况或其他特征，以正确地界定误差构成条件和抽样总体，来确定采用的审计抽样方法，并据此明确样本的性质、规模等要素。如具体审计目标为验证账户余额估价的正确性，则需要采用统计抽样和概率方法，选取样本进行抽样测试。

审计人员必须事先准确定义构成误差的条件，否则执行审计程序时就没有识别误差的标准。在控制测试中，误差是指控制偏差，审计人员要仔细定义所要测试的控制及可能出现偏差的情况；在细节测试中，误差是指错报，审计人员要确定哪些情况构成错报。

审计人员定义误差构成条件时要考虑审计程序的目标。清楚地了解误差构成条件，对于确保在推断误差时将且仅将所有与审计目标相关的条件包括在内至关重要。例如，在对应收账款存在的细节测试中（如函证），客户在函证日之前支付、被审计单位在函证日之后不久收到的款项（即未达账项）不构成误差。而且，被审计单位在不同客户之间误登明细账也不构成误差，因其并不影响应收账款账户的总额。即使这种情况可能对审计的其他方面（如对舞弊的可能性或坏账准备的适当性的评估）产生重要影响，在评价该审计程序的样本结果时将其判定为误差也是不适当的。

2.定义抽样总体和抽样单元

在实施抽样之前，必须仔细定义总体，确定抽样总体的范围。总体可以包括构成某类交易或账户余额中的所有项目，也可以只包括某类交易或账户余额中的部分项目。

（1）总体的特征。审计人员所定义的总体应具备下列两个特征：①适当性。审计人员应确定总体适合于特定的审计目标。例如，在控制测试中，如果要测试"所有发运商品都已开单"的控制是否有效运行，审计人员将所有已发运的项目作为总体通常比较适当。又如，在细节测试中，如果测试应付账款是否高估，总体可以定义为应付账款清单。但在测试应付账款是否低估时，总体就不是应付账款清单，而是后来支付的证明、未付款的发票、供货商的对账单、没有销售发票对应的收货报告，或能提供低估应付账款的审计证据的其他总体。②完整性。审计人员应当从总体项目内容和设计时间等方面确定总体的完整性。例如，如果从档案中选取付款证明，除非确信所有的付款证明都已归档，否则审计人员不能对该期间的所有付款证明得出结论。

（2）抽样单元。抽样单元是指构成审计对象总体的单位项目。审计人员应根据审计目标的要求及客户实际情况确定抽样单元。例如，对客户购货业务的内部控制执行情况进行控制测试，可将每张发票作为抽样单元；对客户的应收账款账户余额正确性进行审查，作为抽样单元的既可以是每一笔应收账款，也可以是每一个应收账款账户，还可以是构成应收账款余额的每一个货币单位。

审计人员通常从代表总体的实物中选取样本项目。例如，如果审计人员将总体定义为特定日期的所有应收账款余额，代表总体的实物就是打印的该日客户应收账款余额明细表。又如，如果审计人员将总体定义为某一测试期间的销售收入，代表总体的实物就可能是记录在销售明细账中的销售交易，也可能是销售发票。

3.确定样本规模

样本规模是指从总体中选取样本项目的数量。在确定样本规模时，审计人员应当考虑能否将抽样风险降至可接受的低水平。影响样本规模的因素包括：

（1）可以接受的抽样风险。样本规模受审计人员可接受的抽样风险水平的影响。可接受的抽样风险与样本规模呈反比例关系。审计人员愿意接受的抽样风险越低，样本规模通常越大；审计人员愿意接受的抽样风险越高，样本规模越小。

（2）可容忍误差。在其他因素既定的条件下，可容忍误差越大，所需的样本规模越小。

（3）预计总体误差。预计总体误差越大，可容忍误差也应当越大。在既定的可容忍误差下，当预计总体误差增加时，所需的样本规模增大。

（4）总体规模。除非总体非常小，一般而言总体规模对样本规模的影响几乎为零。审计人员通常将抽样单元超过 5 000 个的总体视为大规模总体。对大规模总体而言，总体的实际容量对样本规模几乎没有影响。对小规模总体而言，审计抽样比其他选择测试项目的方法效率低。

（5）总体变异性。总体变异性是指总体的某一特征（如金额）在各项目之间的差异程度。在控制测试中，审计人员在确定样本规模时一般不考虑总体变异性。在细节测试中，审计人员确定适当的样本规模时要考虑总体特征的变异性。总体项目的变异性越低，通常样本规模越小。审计人员可以通过分层，将总体分为相对同质的组，以尽可能降低每一组中变异性的影响，从而减小样本规模。

（6）分层。如果总体项目存在重大的变异性，审计人员应当考虑分层。分层是指将一个总体划分为多个子总体的过程，每个子总体由一组具有相同特征（通常为货币金额）的抽样单元组成。分层可以降低每一层中项目的变异性，从而在抽样风险没有成比例增加的前提下减小样本规模。审计人员可以考虑将总体分为若干个离散的具有识别特征的子总体（层），以提高审计效率。审计人员应当仔细界定子总体，以使每一抽样单元只能属于一个层。当实施细节测试时，审计人员通常按照货币金额对某类交易或账户金额进行分层，以将更多的审计资源投入到大额项目中。例如，在对被审计单位的财务报表进行审计时，为了函证应收账款，审计人员可以将应收账款账户按其金额大小分为三层：账户金额在 10 000 元以上的；账户金额在 5 000～10 000 元的；账户金额在 5 000 元以下的。然后，根据各层的重要性分别采取不同的选样方法。对于金额在 10 000 元以上的应收账款账户，应全部函证；对于金额在 5 000～10 000 元以及 5 000 元以下的应收账款账户，则可采取适当的选样方法选取进行函证的样本。审计人员也可以按照显示较高误差风险的某一特定特征对总体进行分层。例如，在测试应收账款估价时，余额可以根据账龄分层。对某一层中的样本项目实施审计程序的结果，只能用于推断构成该层的项目。如果对总体作出结论，审计人员应当考虑与构成总体的其他层有关的重大错报风险。例如，在对某一账户余额进行测试时，占总体数量 20% 的项目，其余额可能占账户余额的 90%。审计人员只能根据该样本的结果推断至上述 90% 的金额。对于剩余 10% 的金额，审计人员可以抽取另一个样本或使用其他收集审计证据的方法，单独得出结论，或者认为其不重要而不实施审计程序。

使用统计抽样方法时，审计人员必须对影响样本规模的因素进行量化，并利用根据统计公式开发的专门的计算机程序或专门的样本量表来确定样本规模。在非统计抽样中，审计人员可以只对影响样本规模的因素进行定性估计，并运用职业判断确定样本规模。

（二）样本选取

在选取样本项目时，审计人员应当使总体中的所有抽样单元均有被选取的机会。使所有抽样单元都有被选取的机会是审计抽样的基本特征之一。因此，不管使用的是统计抽样还是非统计抽样，所有的审计抽样均要求审计人员选取的样本对总体来讲具有代表性。否则，就无法根据样本结果推断总体。选取样本的基本方法，包括使用随机数表选样、系统选样和随意选样。

1.使用随机数表选样

随机数表也称乱数表，随机生成的每个数字在表中出现的次数是大致相同的，它们出现在表上的顺序是随机的。审计人员还可以使用计算机生成随机数，如用随机函数、电子表格程序、随机数码生成程序、通用审计软件程序等产生的随机数。表8-1就是5位随机数表的一部分。

表8-1　　　　　　　　　　　　　　随机数表（部分列示）

	1	2	3	4	5	6	7	8	9	10
1	32044	69037	29655	92114	81034	40582	01584	77184	85762	46505
2	23821	96070	82592	81642	08971	07411	09037	81530	56195	98425
3	82383	94987	66441	28677	95961	78346	37916	09416	42438	48432
4	68310	21792	71635	86089	38157	95620	96718	79554	50209	17705
5	94856	76940	22165	01414	01413	37231	05509	37489	56459	52983
6	95000	61958	83430	98250	70030	05436	74814	45978	09277	13827
7	20764	64638	11359	32556	89822	02713	81293	52970	25080	33555
8	71401	17964	50940	95753	34905	93566	36318	79530	51105	26952
9	38464	75707	16750	61371	01523	69205	32122	03436	14489	02086
10	59442	59247	74955	82835	98378	83513	47870	20795	01352	89906

应用随机数表选样的步骤如下：

第一步，对总体项目进行编号，建立总体中的项目与表中数字的一一对应关系。一般情况下，编号可利用总体项目中原有的某些编号，如凭证号、支票号、发票号等。在没有事先编号的情况下，审计人员需按一定的方法进行编号。

第二步，确定选取随机数的方法。首先，确定所需使用随机数的位数，一般由总体项目数或编号位数决定。如前例中可采用4位随机数表，也可以使用5位随机数表的前4位数字或后4位数字。其次，选择一个随机起点和一个选号路线。随机起点和选号路线可以任意选择，但一经选定就不得改变。从随机数表中任何一行或任何一栏开始，按照一定的方向（上下左右均可）依次查找符合总体项目编号要求的数字，即为选中的号码，与此号码相对应的总体项目即为选取的样本项目，一直到选足所需的样本量为止。

例如，从前述应收账款明细表的300个记录中选10个样本，总体编号规则是选用随机数表后3位，从第一行第一列开始，从上到下、从左到右逐行查找，则选中的样本为编号044、037、070、247、165、114、089、250、034、157的10个记录。

随机数表选样不仅使总体中每个抽样单元被选取的概率相等，而且使相同数量的抽样单元组成的每种组合被选取的概率相等。这种方法在统计抽样和非统计抽样中均适用。

2.系统选样

系统选样也称等距选样，是指按照相同的间隔从审计对象总体中等距离地选取样本的一种方法。采用系统选样方法，首先要计算选样间距，确定选样起点，然后再根据间距顺序地选取样本。选样间距的计算公式如下：

选样间距=总体规模÷样本规模

例如，如果销售发票的总体范围是 652～3 151，设定的样本量是 125，那么选样间距为 20（（3 152-652）÷125）。审计人员必须从 0～19 中选取一个随机数作为抽样的起点。如果随机选择的数码是 9，那么第一个样本项目是发票号码为 661（652+9）的那一张，其余的 124 个项目是 681（661+20）、701（681+20）……依次类推直至第 3 141 号。

系统选样方法的主要优点是使用方便，比其他选样方法节省时间，并可用于无限总体。此外，在使用这种方法时，对总体中的项目不需要编号，审计人员只要简单数出每一个间距即可。但是，使用系统选样方法要求总体必须是随机排列的，否则容易发生较大的偏差。

3.随意选样

随意选样也叫任意选样，是指审计人员不带任何偏见地选取样本，即审计人员不考虑样本的性质、大小、外观、位置或其他特征而选取样本项目。随意选样的主要缺点在于很难完全无偏见地选取样本项目，即这种方法难以彻底排除审计人员的个人偏好对选取样本的影响，因而很可能使样本失去代表性。

（三）样本结果评价

审计人员应当针对选取的每个项目，实施适合于具体审计目标的审计程序。对选取的样本项目实施审计程序旨在发现并记录样本中存在的误差。审计测试过以后就要进行样本结果评价。

1.分析样本误差

审计人员应当考虑样本的结果、已识别的所有误差的性质和原因及其对具体审计目标和审计其他方面可能产生的影响。无论是统计抽样还是非统计抽样，对样本结果的定性评估和定量评估一样重要。即使样本的统计评价结果在可以接受的范围内，审计人员也应对样本中的所有误差（包括控制测试中的控制偏差和细节测试中的金额错报）进行定性分析。

2.推断总体误差

在实施控制测试时，审计人员将样本中发现的偏差数量除以样本规模，就计算出样本偏差率。由于样本的误差率就是整个总体的推断误差率，审计人员无须推断总体误差率。在控制测试中，无论使用统计抽样还是非统计抽样，样本偏差率都是审计人员对总体偏差率的最佳估计，但审计人员必须考虑抽样风险。当实施细节测试时，审计人员应当根据样本中发现的误差金额推断总体误差金额，并考虑推断误差对特定审计目标及审计其他方面的影响。

3.形成审计结论

审计人员应当评价样本结果，以确定对总体相关特征的评估是否得到证实或需要修正。

在控制测试中，审计人员应当将总体偏差率与可容忍偏差率比较，但必须考虑抽样风险。在统计抽样中，如果估计的总体偏差率上限低于可容忍偏差率，则总体可以接受；如果估计的总体偏差率上限大于或等于可容忍偏差率，则总体不能接受；如果估计的总体偏差率上限低于但接近可容忍偏差率，审计人员应当结合其他审计程序的结果，考虑是否接受总体，并考虑是否需要扩大测试范围，以进一步证实计划评估的控制有效性和重大错报风险水平。在非统计抽样中，抽样风险无法直接计量。审计人员通常将样本偏差率（即估计的总体偏差率）与可容忍偏差率相比较，以判断总体是否可以接受。

在细节测试中，审计人员首先必须根据样本中发现的实际错报要求被审计单位调整账面记录金额。在统计抽样中，如果计算的总体错报上限低于可容忍错报，则总体可以接受。这时审计人员对总体得出结论，所测试的交易或账户余额不存在重大错报。如果计算的总体错报上限大于或等于可容忍错报，则总体不能接受。在非统计抽样中，审计人员运用其经验和职业判断评价抽样结果。

三、审计测试中审计抽样的应用

鉴于控制测试的特性，对准备信赖的内部控制进行控制测试，一般采用属性抽样法。属性抽样法的步骤遵从审计抽样的基本步骤。控制测试的目标是评价内部控制设计和运行的有效性，在属性抽样中要按照业务循环来确定。控制测试中常用的属性抽样方法有三种：固定样本量抽样、停走抽样和发现抽样。

细节测试旨在对各类交易、账户余额、列报的相关认定进行测试，尤其是对存在或发生、计价认定的测试。变量抽样被广泛运用于细节测试中。变量抽样的步骤和审计抽样的基本步骤大致相同。审计人员在细节测试中使用的变量抽样方法主要包括均值估计抽样、差额估计抽样和比率估计抽样。

第四节　　　　　审计评价方法

一、审计评价概述

（一）审计评价的含义与意义

审计是一种社会经济现象，是为了满足监督评价某种受托经济责任的社会需求而产生的，因此审计的根本责任和使命是评价受托经济责任，这也是审计的根本目标，审计工作的最终结果是要对经营管理受托方的经济业务或经济事项进行评价并发表意见。审计最终结果是评价。审计工作主要分三部分内容：通过仔细审查被审事项，查明被审计单位事实真相，取得审计证据；将获取的审计证据与既定的审计标准对照；根据对照结果，评价被审事项的真实性、合法性和效益性，得出审计结论。可见，根据本章前述审计方法获取事实真相的审计证据只是完成了审计工作的一部分，对照标准并进行客观评价更是完成审计目标的关键。

审计评价是审计人员根据审计过程中所查明的经济业务或经济事项的事实，对照审计标准，对发现的问题以及被审计单位的全部经济活动所作的结论性评定。如评定被审计单位的经济决策、计划、方案是否先进可行，评定被审计单位的各项经济活动是否合规、合法，评定经济效益的高低优劣等。

评价是进行审计结果处理的基础，同时，也是审计发挥公证作用的客观需要。只有通过建立在审核检查基础上的客观公正的审计评价，才能确定被审计单位取得了哪些成绩，存在哪些问题，问题属于什么性质，以及有关经济责任的归属等。因此，每当审核检查终了后，审计人员应从不同的角度，对被审计单位的经济活动作出实事求是、客观公正的评价。

（二）审计评价的分类

根据审计的具体情况不同，审计评价可以分为很多种类。

1.单项评价与综合评价

单项评价，是指对某一具体经济现象，如劳动生产率的高低、企业的盈亏等所进行的评价，这种评价一般选择能反映其特征的指标进行描述。在审计实务中，有时候需要在对每一个审计事项进行单项评价的基础上进行专题评价和综合评价，综合评价是相对于单项评价而言的。综合评价是指对某些复杂现象或综合现象的评价，例如企业的经营业绩评价、地区的产业结构评价等，这些现象往往是一个复杂系统的各个子系统状况的综合反映。综合评价就是将各子系统的状况加以合成，用以描述整个系统的基本特征，使人们获得整体认识。

2.财务评价与管理绩效评价

按照审计的目标、内容与标准的不同，审计评价可以分为财务活动的真实性、合法性评价与经营管理活动的效益性评价。

真实性评价是指对被审计单位的会计处理遵守相关会计准则、会计制度的情况，以及相关会计信息与实际的财政收支、财务收支和业务经营成果相符合的程度作出的评价。真实性是财政收支、财务收支的基础，它是合法性和效益性的前提。没有真实性，会计核算和财务监督就失去了意义，也就无合法性、效益性可言。即使有暂时的效益，最终也会使被审计单位和个人遭受损失。

合法性评价是指对被审计单位的财政收支、财务收支是否符合相关法律、法规、规章和其他规范性文件，是否遵守有关财经法规。如评价基本合法，应指出存在的个别重要的违纪违规行为，可指出该行为与何种财经法规不符；如评价不合法，应指出存在的严重违法违规行为，同样指出该行为与何种财经法规不符，并举出违法违规的事例予以证明，做到有理有据。

效益性评价主要是针对被审计单位的财政收支、财务收支中资金的使用效益，以及对经济活动的经济、效率和效果的评价。经济是指被审计单位的经济是否做到了节约；效率是指经济活动的投入与产出的比例关系；效果是指经济活动达到了预期的目标。评价标准可以使用预算标准或计划标准、历史标准、同行业先进指标等，评价时应对选择评价依据的标准和具体内容作出说明。

3.定量评价与定性评价

定量评价是采用数学的方法，收集和处理数据资料，对评价对象作出定量结果的价值判断，如运用测量与统计的方法、模糊数学的方法等，对评价对象的特性用数值进行描述和判断。定性评价是不采用数学的方法，而是根据评价者对评价对象平时的表现、现实和状态或文献资料的观察和分析，直接对评价对象作出定性结论的价值判断，比如评出等级、写出评语等。定性评价是利用专家的知识、经验和判断通过记名表决进行评审和比较的评标方法。

（三）审计评价的步骤（综合评价）

在审计评价中，综合评价具有普遍性、一般性和可参考性。对国家机关、企事业单位开展综合评价，对于企业更好地适应市场、国家政府健全宏观经济管理都具有重要的意义。对企业经济效益的综合评价就是从企业经济效益的现状和发展后劲上解剖分析企业生产、经营、管理工作上的成功经验和失败教训，以增强企业的竞争优势。具体而言，以国家审计机关为主体，对企业经济效益进行综合评价，以实现国家对企业的间接管理和宏观控制，是国家审计监督微观经济运行的重要工具；以社会中介组织为主体，接受有关单位或个人的委托，对企业的生产经营管理活动提供诊断服务，其目的是帮助企业改善经营管理，降低经济活动运行风险，提高经济效益；以内部审计为主体，对企业进行自我解剖分析，以改善经营管理，增强企业的竞争优势。

综合评价的步骤一般如下：

1.对被评价对象深入进行理论分析，正确划分被评价对象所构成的各个子系统，借以划分评价的各个侧面；确定审计目标，并确定适当的评价标准，建立科学的评价指标体系，借以描述被评价对象各个侧面的特征，其中既要有定量指标，以反映被评价对象的各种数量特征，又要有定性指标，以说明各项活动侧面的影响。

2.对各项当量指标进行无量纲化，以便于合成，对各项定性指标则通过一定的方法加以量化；制定评价权数体系，以估计各项评价指标的地位和作用，选择合成方法，以反映复杂现象的综合特征。

3.收集数据，并对不同计量单位的指标数据进行同度量处理，对经过处理后的指标再进行汇总，计算出综合评价指数或综合评价分值。

4.根据评价指数或分值对参评单位进行排序，并由此得出结论。

二、审计评价方法体系

作为绩效审计所运用的分析方法，除了用到了财务报表审计中一般的审计评价方法，还借用了财务管理、企业管理、管理会计、统计学等相关学科的方法，对经济活动进行分析、审查和评价。

绩效审计评价方法体系见表8-2。

表 8-2	绩效审计评价方法体系
指标体系构建方法	文献研究方法 杜邦分析法 平衡计分卡评价法 EVA 评价法 德尔菲法（专家意见法）
指标权重确定方法	专家打分法 层次分析法（AHP）
指标数据调查方法	统计抽样法 检查、观察、询问、函证、重新计算、重新执行、数据分析 实地调查、电话调查、调查问卷（李克特量表） 专家访谈、相关人员访谈
指标分析一般方法	定性分析法 定量分析法（对比分析法、比率分析法、标杆法、数量分析方法、数据统计法（描述统计、推断统计）、线性规划法、指数平滑法等）
方案指标论证方法	线性规划法 投入产出分析法 投资分析法 成本效益分析法（CBA） 系统分析法 方案比较法
技术经济论证方法	量本利分析法、盈亏平衡分析法 雷达图分析法 价值分析法 数据包络分析法 TQC 分析法 数据矩阵法（质量管理方法）
影响因素分析方法	推断统计 数据模型 统计检验 回归分析 灰色关联分析法 因素分析（各因素影响程度）法 主成分分析法，探索因子分析法（降维）
经济预测分析方法	时间序列法（简单序时平均法、加权序时平均法、简单移动平均法、加权移动平均法、指数平滑法……） 趋势分析法
综合评价方法	专家意见法 模糊数学法 碰头会法

三、审计评价具体方法简介

(一) 指标体系构建方法 (企业绩效管理方法)

1.杜邦分析法

1903年，杜邦公司董事长皮埃尔·杜邦 (Pierre Dupont) 和财务主管唐纳森·布朗 (Donaldson Brown) 建立 "杜邦公式" 和 "杜邦系统图"，对公司或部门业绩进行评价。杜邦分析法 (Dupont analysis) 是利用几种主要的财务比率之间的关系来综合分析企业的财务状况。具体来说，它是一种用来评价公司盈利能力和股东权益回报水平，从财务角度评价企业绩效的一种经典方法。其基本思想是将企业净资产收益率逐级分解为多项财务比率的乘积，这样有助于深入分析比较企业经营业绩。由于这种分析方法最早由美国杜邦公司使用，故名杜邦分析法。采用这一方法，可使财务比率分析的层次更清晰、条理更突出，为报表分析者全面仔细地了解企业的经营和盈利状况提供方便。杜邦分析法有助于企业管理层更加清晰地看到净资产收益率的决定因素，以及销售净利润与总资产周转率、债务比率之间的相互关联关系，给管理层提供了一张明晰地考察公司资产管理效率和最大化股东投资回报的路线图。

2.EVA评价法

为了适应企业经营环境的巨大变化，美国思腾思特咨询公司 (Stern & Steward) 于1982年提出并实施了一套以经济增加值 (EVA) 理念为基础的财务管理系统、决策机制及激励报酬制度、新的财务业绩评价指标，即EVA评价法。提出经济增加值的目的在于克服传统指标的缺陷，准确反映公司为股东创造的价值。经济附加值是基于税后营业净利润和产生这些利润所需资本投入总成本的一种企业财务绩效评价方法。公司每年创造的经济增加值等于税后净营业利润与全部资本成本之间的差额。其中，资本成本包括债务资本成本，也包括股本资本成本。经济附加值改变了财务报表没有全面考虑资本成本的缺陷，它可以帮助管理者明确了解公司的运营情况，从而向管理者提出了更高的要求。目前，以可口可乐为代表的一些世界著名跨国公司大都使用EVA指标评价企业业绩。

3.平衡计分卡评价法

平衡计分卡 (balanced score card，BSC) 源自哈佛大学教授罗伯特·卡普兰 (Robert Kaplan) 与诺朗诺顿研究所 (Nolan Norton Institute) 的总裁戴维·诺顿 (David Norton) 于20世纪90年代的研究。罗伯特·卡普兰与戴维·诺顿研究的结论——《平衡计分卡：驱动绩效的量度》发表在1992年《哈佛商业评论》上。平衡计分卡强调，传统的财务会计模式只能衡量过去发生的事项，但无法评估企业前瞻性的投资，因此，必须改用一个将组织的愿景转变为一组由四项观点组成的绩效指标架构来评价组织绩效。平衡计分卡是以组织的战略为导向，以管理为核心，以各个方面相互影响、相互渗透为前提，以综合平衡为原则建立起来的一个网络式战略管理系统和业绩评价体系。平衡计分卡以战略为指引，通过财务、客户、内部流程、学习与成长四个方面的绩效指标，全面管理和评价组织的综合绩效。

平衡计分卡从组织的使命出发，运用因果关系把战略转化为可操作内容框架，囊括长短期指标、内外部指标、财务与非财务指标、现实与预测指标等，形成了综合的业绩考核评价指标体系。在财务层面，财务指标直接体现所有者的利益，综合反映组织业绩，有效评价财务预算执行和战略实施情况，判断是否对改善组织经营成果作出贡献；在客户层面，要想获得持续发展，必须以客户的利益为出发点，提高组织竞争力，创造更好的经济效益；在内部流程层面，内部流程是改善经营业绩的重点，客户满意程度、组织价值实现、所有者期望达成都要得到内部流程的支持，因此，管理者要设定有助于满足各方需求的经营价值链的各个环节，建立顺畅的内部流程；在学习与成长层面，组织要获得长期发展，就要重视员工能力和组织建设水平的提升，这是实现组织战略目标和可持续发展的基础。

平衡计分卡注重各维度之间的因果关系和相互作用，从影响组织绩效的深层次原因出发，建立预算绩效的各项评价指标，并在实施评价的过程中不断进行反馈和修正。平衡计分卡作为一个组织绩效管理工具，已经在国外的公共事业中广泛应用，基于平衡计分卡的原理构建绩效审计评价体系，可有效实施战略管理，将评估系统与控制系统相结合，防止次优化行为，形成一套综合性的绩效评价体系。

（二）指标权重确定方法——层次分析法（AHP）

层次分析法（analytic hierarchy process，AHP）是美国运筹学家萨迪（T.L.Saaty）教授于20世纪70年代初期提出的一种简便、灵活而又实用的多准则决策方法。它是把一个复杂问题中的各个指标通过划分相互之间的关系使其分解为若干个有序层次，每一层次中的元素具有大致相等的地位，并且每一层次与上一层次和同一层次有着一定联系，层次之间按隶属关系建立起一个有序的递阶层次模型，一般包括目标层、准则层和方案层等几个基本层次。在递阶层次模型中，按照对一定客观事实的判断，对每层的重要性以定量的形式加以反映，即通过两两比较判断的方式确定每个层次中元素的相对重要性，并用定量的方法表示，进而建立判断矩阵，然后利用数学方法计算每个层次的判断矩阵中各指标的相对重要性权数，最后通过在递阶层次结构内各层次相对重要性权数的组合，得到全部指标相对于目标的重要性权数。

层次分析法是一种把定性分析与定量分析有机结合起来的较好的科学决策方法。它通过两两比较标度值，把人们依靠主观经验来判断的定性问题定量化，既有效地吸收了定性分析的结果，又发挥了定量分析的优势；既包含了主观的逻辑判断和分析，又依靠客观的精确计算和推演，使决策过程具有很强的条理性和科学性，能处理许多传统的最优化技术无法着手的实际问题，应用范围比较广泛。

（三）指标评价基本方法

审计评价的基本方法是比较。审计评价的基本方法主要有比较分析评价法和评分评价法两种，前者属于定性评价方法，后者属于定量评价方法。在进行审计评价时，应在定性评价的基础上，尽量实行定量评价，以增强说服力。

层次分析法
（AHP）

1.比较分析评价法

比较分析评价法，就是根据审计所查明的结果，对照审计标准进行衡量，然后

在综合分析的基础上提出评定意见的方法。在审计过程中，定性评价是基本，每一审计项目都不可缺少。因此，审计人员必须注意比较分析评价法的运用。做好比较分析评价的关键有两点，即审计证据的综合和恰当地运用审计标准。

2. 评分评价法

评分评价法，就是根据被审计单位得分的多少来评定经济活动状况和经济资料可信性的评价方法。评分评价法能够将审计评价的结果数量化，能形象、直观地说明问题，可以增强审计结论的说服力，因此，在可能的情况下，应尽量使用评分评价法。

（四）方案分析论证方法

1. 线性规划法

线性规划法主要解决资源优化问题。人们总是希望能以最少的耗费达到预期效果，或是在一定的资源限制下取得最大的经济效果，这就要求很好地规划资源和活动。在经济效益审计中，审计人员总希望找到充分利用资源的方法与途径，这时应用线性规划技术往往是行之有效的。符合使用条件的被审问题，应根据有关资料分析确定变量及目标函数，并列出所有的约束条件，即建立规划问题的数学模型。建立模型后，运用线性规划的求解方法，求出变量值及目标函数值。通过求出的变量值与目标函数值，对被审问题作出评价，并提出改进意见与措施。

2. 投入产出法

投入产出法作为一种科学的方法来说，是研究经济体系（国民经济、地区经济、部门经济、公司或企业经济单位）中各个部分之间投入与产出的相互依存关系的数量分析方法。投入产出法，是由美国经济学家瓦西里·列昂惕夫创立的。他于1936年发表了关于投入产出的第一篇论文《美国经济制度中投入产出的数量关系》，并于1941年发表了《美国经济结构1919—1929》一书，详细地介绍了"投入产出分析"的基本内容；到1953年又出版了《美国经济结构研究》一书，进一步阐述了"投入产出分析"的基本原理和发展。列昂惕夫由于从事"投入产出分析"，于1973年获得第五届诺贝尔经济学奖。列昂惕夫的"投入产出分析"曾受到20世纪20年代苏联的计划平衡思想的影响，因为列昂惕夫曾参加了苏联20年代中央统计局编制国民经济平衡表的工作。按照列昂惕夫的说法，"投入产出分析"的理论基础和所使用的数学方法，主要来自于瓦尔拉斯的一般均衡模型（瓦尔拉斯在《纯粹政治经济学要义》一书中首次提出（1874年））。因此，列昂惕夫自称投入产出模型是"古典的一般均衡理论的简化方案"。

（五）技术经济论证方法

技术经济论证方法是指对不同技术方案的经济效果进行计算、分析、评价，并在多种备选方案中选择最优方案的分析技术，简言之，就是从经济的角度对方案进行比较，为最佳决策提供依据。

1. 量本利分析法

量本利分析法是一种重要的现代管理方法。它是通过业务量（销售量、营业额）、成本与利润之间的依存关系，评价盈利状况与经营业绩以及有关因素变动对利润的影响的一种分析技术，也称盈亏分析、保本分析等。运用量本利分析技术，可以正确地掌握盈亏界限，控制成本，预测目标利润，合理安排生产，达到提高效益的目的。量本利分析的基本原理是：将全部成本分解为固定成本与变动成本两类，然后在假设收入正好能抵补固定成本（盈亏两平）的基础上，利用公式来测定有关指标。运用量本利分析技术可为合理确定产销规模、正确选择工艺设备、进行成本控制和正确分析等提供依据。

2.价值分析法

价值分析法是指通过对系统功能与成本的对比，寻求使整体达到最优的途径采用的一种技术经济分析方法。价值是指效用与取得这种效用投入资源的比，是衡量各项活动的有效尺度；功能是指系统所具有的特定用途，如产品的性能、质量等；成本是指系统的寿命周期成本。

3.数据包络分析评价法

数据包络分析（data envelopment analysis，DEA）是一个对多投入多产出的多个决策单元的效率评价方法。它是1986年由美国著名运筹学家查尼斯（A.Charnes）和库珀（W. Cooper）等学者提出的以相对效率概念为基础的多目标评价方法，可广泛使用于业绩评价。这种方法通过明确地考虑多种投入（即资源）的运用和多种产出（即服务）的产生，可以用来比较提供相似服务的多个服务单位之间的效率。该方法主要通过保持决策单元（decision making unit，DMU）的输入或输出不变，借助于数学规划将决策单元投影到DEA的前沿上，并通过比较DMU偏离DEA前沿面的程度来评价它们的相对有效性。它避开了计算每项服务的标准成本，因为它可以把多种投入和多种产出转化为效率比率的分子和分母，而不需要转换成相同的货币单位。因此，用DEA衡量效率，可以清晰地说明投入和产出的组合，从而，它比一套经营比率或利润指标更具有综合性并且更值得信赖。

（六）影响因素分析方法

1.因素分析法

因素分析法是经济活动分析中最基本的分析技术，也称连环替代法。审计人员应用因素分析技术的目的是确定影响某一经济现象的诸因素的影响方向及其影响程度，为进一步审计提供线索，或为正确评价经济活动提供依据。影响方向是指对经济现象的影响是正还是负，是增加还是减少，是超支还是节约。影响程度是指各因素的影响数额在总体差异中所占的比重。审计人员通过运用比较分析技术，已经发现了差异所在，再运用因素分析，可以揭示相互联系的诸因素对总体差异的影响情况，既便于分清主次，抓住主要矛盾进行深层次审计，也能使最终的审计评价更为客观。在管理审计或经济效益审计中，运用因素分析法，有利于挖掘提高经济效益、提高管理水平的各种潜力。

2.指数分析法

指数分析法是指利用经济现象中某些经济指标在两个不同时期（基期、报告期）可比数值的值，揭示各影响因素的影响程度及其发展趋势的一种分析技术。指数分析与趋势分析不同，前者旨在揭示各因素的影响程度及因素之间的内在联系，后者侧重于根据历史资料揭示经济活动的发展前景，即预测未来。指数有多种形式，若按研究总体范围的大小划分，有个体指数和总体指数；若按比较基期的不同划分，有定基指数和环比指数；若按指数性质的不同划分，有数量指标指数和质量指标指数等。审计中运用指数分析技术，可以揭示经济现象之间的有关因素变动关系、各因素的影响方式及其影响程度。

3.回归分析法

回归分析法是运用数学方法揭示事物发展内部变量之间相互关系及其规律的方法。在进行回归分析时，不论变量有多少，应选择其中之一作为因变量，其余变量作为自变量。如果只有一个自变量，则为一元回归分析；若有多个自变量，则为多元回归分析。若因变量与自变量之间的关系是线性的，则为线性回归分析；若因变量与自变量之间的关系是非线性的，则为非线性回归分析。回归分析的基本原理是，依据事物内部要素变化的因果关系建立数据模型，然后运用数理统计等方法揭示内部规律。因此，这种分析技术可以广泛用于经济效益审计。

（七）综合评价方法——模糊评价法

模糊评价法是一种基于模糊数学的综合评价方法。该综合评价方法根据模糊数学的隶属度理论，把定性评价转化为定量评价，即用模糊数学对受到多种因素制约的事物或对象作出总体评价。经过多年的研究和发展，模糊评价法已经在经济管理中得到广泛应用，具有结果清晰、系统性强的特点，能较好地解决模糊的、难以量化的问题，适合于各种非确定性问题的解决。

模糊评价法的主要步骤如下：

（1）建立评价集 $V=(V_1, V_2, V_3, \cdots, V_n)$，如在开展离任审计时，调查问卷中的评价集可以是 $V=$（优，良，中，差）或者 $V=$（优秀，称职，基本称职，不称职）等。

（2）用隶属度分别描述各子因素相对于评价集 V 的隶属程度，得出单因素模糊判断矩阵，并对矩阵进行归一化处理，得出判断矩阵 D 的近似特征根 W。

（3）确定评价对象的最终评价结果 E 向量。

（4）根据最大隶属度原则，确定评价对象所属评判等级。即如果 E 中的各元素最大值出现在第 K 个分量，则根据模糊数学的最大隶属度原则，评价对象的评价结果属于第 K 个等级。

模糊评价法综合了多个评价主体的意见，将定性评价与定量评价结果有机地结合起来，通过对问卷调查统计数据进行综合运算，求解出评价结果，最终确定评价级次，该方法既能充分体现评价因素和评价过程的模糊性，又能减少个人主观臆断带来的弊端，具有较好的科学性和可靠性。该方法看似烦琐，但由于计算步骤非常明确且固定，很容易使用 Excel 等办公软件的公式计算功能实现计算步骤，极大地提高了计算的

管理科学的其他
评价方法

简便性和结果的准确性。模糊评价法应用范围广泛，既可用于确定某一评价对象的评价级次，也可用于对多个项目的优劣进行排序，具有较强的实用性。

第五节　信息技术环境下的审计技术

一、信息技术环境下的审计技术概述

20世纪，科学技术尤其是电子和信息技术（IT）的飞速发展改变了社会生活和工作的基础，改变着人类社会的发展进程。国家机关的电子政务建设稳步发展，金融、财政、海关、税务等部门以及民航、铁路、电力、石化等关系国计民生的重要行业开始广泛运用计算机、数据库、网络等现代信息技术进行管理。在会计领域，伴随会计信息电子化发展的同时出现了计算机做假和犯罪。传统的审计方式力不从心，只具有传统查账手段的审计人员，很难甚至无法揭露信息化条件下的经济犯罪和会计信息失真问题。审计效率和审计质量面临巨大挑战。审计对象的经济信息逐步实现数字化记录和管理，并依托网络技术进行了集中管理或分布控制的信息化发展，客观上要求审计作业方式必须及时作出相应的调整，要运用计算机技术，全面检查被审计单位经济活动，发挥审计监督的应有作用。

信息技术改变了审计环境，改变了审计对象，改变了审计内容，也要求我们与时俱进并改变审计方法——运用信息技术进行审计，即计算机审计。计算机审计应包含以下三方面的内容：第一，对信息系统本身进行测试和评价，也可以称为信息系统审计或IT审计，指通过搜集并评价审计证据，以判断与被审计单位信息系统有关的资源与资产的安全、资料与系统的完整性等，即审计对象的改变；第二，使用计算机技术来检查数据资料和软件程序，也可以称为计算机辅助审计，指对被审计单位经济活动和会计资料是否真实、合法和有效所进行的审计，无论审计对象是手工系统还是电算化系统，即审计手段的提升；第三，审计工作管理信息化，即建立审计信息系统，实现审计信息管理自动化和信息共享等。

二、信息系统审计

现代社会都在利用信息系统推动其经营管理活动的进步，信息系统提供的通信和分析计算能力已成为企业在全球范围内进行贸易和管理必不可少的工具。信息系统不仅能生成某个企业或地区范围内有关生产和经营的报表，而且能获得全球范围内各种有关生产经营管理的信息。信息系统确实为企业的经营管理带来了许多便利，然而，信息系统又有其脆弱的一面。在计算机信息系统环境下，大量数据存储在计算机中，同手工环境相比，存储在计算机中的数据受到的威胁更多，主要包括计算机硬件故障、计算机软件故障、人员安装不当、终端存取控制不力、数据被盗窃篡改、火灾、用户使用错误、程序改变、通信问题等。特别是通信技术和计算机软件的发展使得计算机信息系统更加脆弱，电子政务系统也不例外。

随着信息技术的快速发展及其在经营管理中广泛深入的应用，业务发展对信息系统的依赖日益增强，信息系统被视为重要资产。同其他资产一样，信息系统也需要加以严格管理与控制，并且要定期进行审计。通过审计可以发现信息系统本身及其控制环节的不足之处，以便及时改进与完善，使信息系统在经营管理中有效发挥作用。

信息系统审计与控制委员会将信息系统审计定义为："信息系统审计是一个过程，在此过程中搜集和评估证据以确定信息系统和相关资源是否充分保护资产、维持数据和系统完整性、能否提供相关和可靠信息、是否能够有效实现组织机构目标、有效使用资源、建立有效的内部控制，以提供运营和控制目标得到满足的合理保障。"信息系统审计是审计业务的新领域，在实际工作中，不同类型的单位各有不同类型的信息系统需要审计。比如对电子政务而言，要对信息技术的管理控制进行审计，对基础设施、数据中心、数据通信进行审计，对应用系统进行审计，对信息系统开发与实施进行审计，进行符合性信息系统审计等。信息系统审计的目标是对被审计单位计算机信息系统的安全性、可靠性、有效性和效率发表审计意见并提出改进建议。

我国的信息系统审计工作目前还处于探索阶段，还没有形成一套成形的专业规范，也没有形成一支能够全面开展信息系统审计业务的人才队伍。目前，我国会计审计界所进行的一些计算机审计的探索和尝试以及开发的一些计算机审计软件还大都停留在对被审计单位的电子数据进行处理的阶段。在建立信息系统审计制度、开展信息系统审计研究方面，美国走在了前面。早在计算机进入实用阶段时，美国就率先提出了系统审计（system audit）。1969年在洛杉矶成立了电子数据处理审计师协会（EDPAA），1994年该协会更名为信息系统审计与控制协会（ISACA），总部设在芝加哥。它是从事信息系统审计的专业人员唯一的国际性组织，注册信息系统审计师（Certified Information System Auditor，CISA）也是这一领域的唯一职业资格。

三、计算机辅助审计技术

计算机辅助审计技术（computer assisted audit techniques，CAATs），是利用计算机来采集和分析审计数据的技术。CAATs的应用使审计人员依靠计算机来收集充分、相关、可靠的证据成为可能。在审计实践中，CAATs主要用于程序审查和数据分析两个方面。

（一）程序审查中的CAATs

应用程序是计算机信息系统的核心部分，因此要在信息技术环境下很好地实现审计目标和控制审计风险，对应用程序的审计检查非常重要。应用程序的审计目标有审查程序控制是否健全、审查程序的合法性、审查程序编码的正确性和审查程序的有效性等。应用程序的审查有两大类方法，一种是手工方法，另一种就是计算机方法。由于传统手工审计方法在进行电算化会计信息系统审计时所具有的局限性，对存储在系统内部的各种会计信息无法直接看到，也无法直接对系统实际运行的程序进行审查，所得到的审计结论的可靠性就较差。因此，只有在传统手工审计的基础上，利用计算机对被审程序进行审查，才能有效地降低审计风险，得出准确可靠的结论。CAATs辅助程序审计主要包括以下几种方法：

1.检测数据法

检测数据法是由审计人员将预先设计好的测试数据输入被测试应用程序加以处理，并将处理结果与事先计算的结果进行对比分析，从而验证应用程序可靠性的方法。设计或选择合适的测试数据是检测数据法应用中的关键一环，测试数据可以由审计人员自行设计，也可以利用专门的软件产生测试数据。不论测试数据的来源如何，测试数据必须涉及两类业务：一类是正常、有效的业务数据，用以判断被审计程序对正常、有效的业务的处理是否正确；另一类是非正常、无效的业务数据，用以判断被审计程序能否检测出非正常或无效的业务，拒绝接受这些业务，并给出错误信息。会计信息系统中常见的不合理的业务，如编制分录时输入了不可能有借贷关系的科目；无效的业务，如录入的科目代码、部门代码等是无效代码；不完整的业务，如一笔业务只记录了一部分；处理顺序错误的业务，如凭证号不连续，漏输、重输等；溢出的业务，如输入的数据超出程序中预定的宽度等。对于有效的业务数据，必须尽量覆盖被测试程序的所有处理和控制功能；对于无效的业务数据，则应根据具体的审计目标和被审计程序的控制功能来确定测试数据的类型。

2.整体检测法

整体检测或称综合测试可以在应用系统正常处理其业务时用测试数据对系统进行检测。这种方法要在应用系统的文件中建立一个虚拟实体，并让应用系统处理该实体的审计测试数据，采用整体检测法时需要解决两个问题：一是如何建立测试数据；二是如何消除综合测试交易对应用系统的影响。建立测试数据的方法主要有两种：第一种方法是对被审计单位的现场交易做标记并输入应用系统，视带标记的交易为测试数据。采用这种方法，应用系统中必须有特定的计算机程序能够识别出带标记的交易，并且使这些交易既要更新应用系统的主文件，同时也要更新ITF虚拟实体。在应用系统中设置ITF交易会影响到应用系统的正常输出结果，因此，必须消除ITF交易的影响。可采用下列方法消除ITF交易的影响：一是修改应用程序，使其能够识别ITF交易，并自动消除ITF交易对用户的影响；二是提交额外的输入，抵消ITF交易的影响。第二种方法是自行设计测试数据，测试数据与现场交易数据一同输入应用系统。采用这种方法，审计人员应当根据所要使用的测试数据的特征来设计并创建测试数据。

3.受控处理法

受控处理法是指审计人员通过监控被审计程序对实际业务的处理，从而验证被审计程序的处理和控制功能是否恰当、有效。其具体过程为：审计人员首先对将要输入的数据进行检查，并建立审计控制（如批量控制总数等），然后监督或亲自完成数据处理过程，将处理结果与预期结果进行比较分析，以判定应用程序的处理和控制是否正确、有效。

4.平行模拟法

平行模拟法是指审计人员自己或请计算机专业人员编写具有与被审计程序相同

处理及控制功能的模拟程序，用来处理当前的实际业务数据，并对两个程序的处理结果进行比较，以评价被审计程序是否可靠的方法。

5.程序追踪法

当应用系统庞大或复杂时，追踪通过系统的不同执行路径会有一定难度，审计人员要想对交易进行审查，就会面临一定的困难。对此情况，可以采用程序追踪法（快照技术）进行审查。快照技术是指当交易通过应用系统流动时，设置一些审计程序段——快照点，让程序给交易拍"照片"。通常是在应用系统的重要处理发生点嵌入审计程序，当交易通过不同处理点时，嵌入程序可捕捉交易的映像。为证实不同快照点的处理，审计人员可使用追踪程序捕捉交易的前映像和后映像，通过检验前映像、后映像及其变换，评价交易处理的真实性、准确性和完整性。

6.嵌入审计程序法

嵌入审计程序法是指在一个应用系统中嵌入审计模块，对该系统的交易进行连续监控，以收集审计证据。审计模块置于事先确定的点，用以采集审计人员认为重要的交易或事件信息，采集到的信息存放在一个专门的审计文件——系统控制审计复核文件（system control audit review file，SCARF），审计人员通过审查该文件的信息，提取有关的审计证据。

（二）数据分析中的CAATs

1.高级程序语言的应用

第四代高级程序语言，如数据库查询语言SQL等，使审计人员十分方便地获得电算化会计信息系统内部的业务数据，并进行分析，获得审计证据。在对数据的存取方面，SQL等语言也有较大的优势。第四代语言的特点是面向应用、面向用户。它的应用可以不必更多地关心计算机系统软硬件本身，并且对一般应用数据库文件的处理都是支持的。通过语言命令可以实现电算化会计信息系统审计的所有要求。其主要优势在于数据的处理。在实际应用中，高级程序语言的不足之处在于没有其他实用工具软件更容易接受和理解，而且对审计人员的软件水平要求较高。另外，运用高级程序语言的过程缺乏一个有效的规范流程。

运用SQL数据库查询语言对电算化会计信息系统数据文件进行审计的过程如下：

（1）数据采集。数据采集的目的是按照检查的实际需求获取准确、完整的电子数据。在数据采集过程中，首先了解被审计单位所使用的数据库类型，所包含的数据库数量、名称以及字段的含义，如果字段使用的是代码，要询问被审计单位人员以便搞清楚具体的内容，然后根据实际审计目的选取需要的字段，通过库与库之间的关联构建需要的数据文件资料。

（2）电子数据转换。电子数据转换的目的是将数据整理成审查需要的形式，以提高电子数据的质量，方便审计人员进一步处理，为后续数据分析并得出有价值的线索打下基础。其转换内容主要包括代码的转换、无效数据的清理、数据类型的转换等。

（3）数据分析。运用SQL语言命令，针对不同的审计要求编制相应的命令语句，进而对所选择的数据库进行处理，得到相应的处理结果，并和有关的制度、标准进行核对比较，以供进一步的分析处理使用。

2.电子表格软件的应用

随着软件技术的发展，电子表格软件的功能也不断发展。微软Office软件包中的Excel软件具有Office软件的传统优势，即易用性、智能化和集成性。Excel是一个功能强大、技术先进、使用方便的电子表格软件。它可以进行各种数据处理、统计分析和辅助决策操作，广泛地应用于管理、统计、财政、金融等众多领域。从形式上看，电子表格软件与一般的表格类似，也是以表格方式工作，但是实质上二者有着很大的差异，即电子表格中有大量的、各种各样的甚至是十分复杂的计算公式，当在电子表格中输入数据时，它能自动完成所需的计算和分析。新型的电子表格软件更是具备了数据分析、图表制作以及Internet信息共享等众多功能。该软件除了能完成较为简单的报表处理工作，还可以进行经营分析、透视分析、敏感性分析、风险分析、统计分析、预测分析、规划分析等若干复杂处理。

另外，Excel软件可以通过数据的导入和导出处理大多数数据库数据。在进行电算化会计信息系统审计过程中使用，可以避免进一步学习高深的编程命令，更容易让审计人员接受，所提供的功能也大大简化了操作复杂程度，可以进一步提高工作效率。其缺点是执行效率较差，直接针对数据进行操作容易造成无意识的数据改动，有时处理过程较为烦琐，没有高级程序语言直接。

通过电子表格软件进行电算化会计信息系统数据文件审查的主要步骤和使用高级程序语言相类似。

（三）审计软件的应用

审计软件是指为了审查电算化系统或利用计算机辅助审计而编写的各种计算机程序。从广义上讲，审计软件是指用于帮助完成审计工作的各种软件工具。

1.审计软件的发展历程

审计软件的研发始于20世纪80年代中期。发展初期，由于审计软件的开发模型不像会计软件那样清楚，功能不明确等各种因素导致审计软件滞后于会计软件的普及，所以审计软件的发展比会计软件慢了许多。设计软件的开发经历了从辅助审计计算到提供一些法规查询、审计项目档案管理，再到大部分传统手工审计工作实现计算机自动处理。随着审计工作内容的不断转变，各软件厂商慢慢开发出以审计项目管理为核心的审计管理软件。审计管理软件以从管理的角度进行信息化的流程固定，实现了审计信息资源的合理配置和有效利用。

2.审计软件的功能分类

审计软件可分为四种类型：（1）现场作业软件；（2）法规软件；（3）专用审计软件；（4）审计管理软件。

现场作业软件是指审计人员在审计一线进行审计作业时应用的软件，它主要具有以下功能：（1）处理会计电子数据；（2）运用审计工具对会计电子数据进行审计分析，包括审计的查账、查询、图表分析等；（3）在工作底稿制作平台制作生成审计工作底稿，平台内有各种取数公式，以生成底稿。

【同步思考8-1】现场作业软件的功能应用在哪些方面？

理解要点：现场作业软件的功能应用大体上分三个方面：（1）采集并转换会计数据。审计软件必须能从会计软件中提取会计数据，并转换成审计人员可以操作的审计数据。数据转换接口应是模板式的，转换应该是单向的。（2）数据分析。审计人员可以很方便地运用审计软件提供的审计工具进行审计数据查询，双击鼠标可以实现从所关注的某一科目的总账翻阅到明细账，然后又能从明细账翻阅到其相关的凭证，实现三级跳跃式看"总账－明细账－凭证"，并且还可以很轻松地进行数据结构分析、趋势分析等，审计软件还应提供审计抽样决策功能。（3）编制底稿。审计软件内置了一些底稿模板，模板上有外观，有预埋的公式，在启动取数公式后，软件会按照各种取数公式取入工作底稿所需要的会计数据，进行各种计算，最终形成一张工作底稿。这三部分有机地联系在一起，形成一个整体。

法规软件主要是为审计人员提供一种咨询服务，帮助审计人员在各种财经法规中找出审计人员需要的法规条目及内容。成熟的软件应有上千万字的法规内容，检索速度非常快；专用审计软件是指为了完成特殊的审计目的而专门设计的审计软件，如基建审计软件；审计管理软件包含完成审计统计、审计计划、审计管理等专门工作的小软件，实际上审计管理软件可以被认为是审计作业软件的延伸。

当代的审计软件的功能主要集中在信息处理、数据查询、资源共享方面，在审计智能化比如数据分析、问题判断、查找内控弊端等方面还不能更好地提供帮助，最终还是需要审计人员靠个人对企业的环境了解情况以及个人经验进行分析把握。

目前应用比较广泛的审计软件有审易、ACL、中软AO、鼎信诺、审计之星、中普、通审、金剑、诚创易通和审计直通车等。

（四）金审工程与我国政府审计信息化系统建设

审计对象的信息化客观上要求审计机关的作业方式必须及时作出相应的调整，要运用计算机技术，全面检查被审计单位的经济活动，发挥审计监督的应有作用。1998年，审计署认真分析了信息化条件下审计工作面临的"失去审计资格"的职业风险，于当年年底向国务院汇报工作时提出建设审计信息化系统的建议，并得到了肯定。1999年12月，审计署向国务院上报了《审计信息化系统建设规划》，提出要适应国民经济飞速发展的要求和管理信息化、会计信息电子化的形势，对传统的审计方式和手段进行深刻变革，实现审计工作信息化，进行审计信息化系统建设，项目定名为"金审工程"。2002年7月28日，国家发展和改革委员会（时称国家计划委员会）批复了审计信息化建设项目——"金审工程"。同年，国家电子政务专项规划将"金审工程"列为国家电子政务12个重要业务系统之一。"金审工程"是审计信息化的主要载体，是审计信息化系统建设项目的简称。

金审工程的目标轮廓可以用"一个模式、三个转变、五个一工程"来描述。所谓"一个模式"就是用五年左右的时间，建成对财政、银行、税务、海关等部门和重点国有企事业单位的财务信息系统及相关电子数据进行密切跟踪，对财政收支或者财务收支的真实、合法和效益实施有效监督的信息化系统，建立起一个适应信息化的崭新审计模式——"预算跟踪+联网核查"。"三个转变"即逐步实现：从单一的事后审计转变为事中审计和事后审计相结合；从单一的静态审计转变为动态审计和静态审计相结合；从单一的现场审计转变为现场审计与远程审计相结合。增强审计机关在计算机环境下查错纠弊、规范管理、揭露腐败、打击犯罪的能力，维护经济秩序，促进廉洁高效政府的建设，更好地履行审计法定监督职责。"五个一工程"是指：建设一个信托政府公共网络，连通全国审计机关和重点被审计单位的高效实用的审计专用网；开发一批满足审计业务需求并在应用中不断完善的应用软件；建立一个为审计业务和决策、为政府和社会公众提供有效信息的数据库群；配置一批经济实用的计算机设备；培养一支胜任审计信息化的新型队伍。

金审工程无论从硬件上看还是从软件上看，都是一项十分复杂的系统工程。从硬件上看，金审工程网络系统是由审计内网、审计专网和审计外网组成的。该网络纵向连接中央、省、市、县四级审计机关，横向连接财政、税务、银行、海关等部门，重点国有企事业单位以及其他重点被审计单位，因此，金审工程网络系统实际上是一个规模庞大的全国性共享系统。从软件上看，金审工程应用系统主要包括以下子系统：现场审计实施系统（AO）；审计机关辅助办公系统（OA）；联网审计系统；审计支持系统。

现场审计实施系统是利用已有的审计软件进行移植、整合和二次开发建立起来的一套界面简洁统一、操作规范的审计业务系统。该系统主要包括六部分的功能模块：第一部分是数据的采集与转换。该模块提供几十种财务软件的数据接口及自定义的数据模板功能，极大地降低审计人员采集被审计单位数据的难度，为后续的审计作业奠定基础。第二部分是审计分析。该模块的主要功能是对采集的财务数据的真实性、合法性和效益性进行通用分析，软件提供图表分析、指标分析、自动审计、疑点管理以及多种分析工具，为审计证据的提供和底稿的生成作数据上的准备。第三部分是审计抽样。该模块主要运用于审计的符合性测试和实质性测试，集成固定样本量抽样、停走抽样、发现抽样等十多种成熟的统计抽样方法，着重从数学模型的角度体现系统的功能，提高审计效率，降低审计风险。第四部分是审计底稿管理。该模块具有完成审计底稿、审计证据编制和管理等方面的功能，可以减少审计实施过程中的劳动量，能够进行项目内容的追溯，辅助审计人员控制审计项目质量。另外两个部分为审计项目管理、与审计管理系统交互等功能模块。

2005年，"金审工程"一期建设项目通过国家发展和改革委员会验收，初步建成现场审计实施系统和审计管理系统（OA），初步建成审计署18个特派办的局域网，建成了审计急需的三大数据库，即被审计单位资料库、审计专家经验库、审计文献资料库。2008年，国家发展和改革委员会批复审计署"金审工程"二期初步设计。2012年，"金审工程"二期建设项目通过国家发展和改革委员会验收。目前，正在积极组织"金审工程"三期论证、申报。

审计信息化是审计领域的一场革命。审计信息化的进一步发展，必将促使审计手段发生一些重大变革。

四、计算机审计前沿

随着信息技术的发展，信息技术在审计中的应用也在不断发展。互联网、大数据、云计算等技术对审计工作产生了重大影响。互联网+大数据+云计算的审计模式出现并逐渐发展。下面简单介绍持续审计、大数据审计和互联网+审计云。

（一）持续审计

持续审计（continuous auditing，CA）是指国家审计机关、内部审计机构、社会审计组织为了提高审计质量，降低审计风险，而将审计投入到整个组织运行流程中的一种实时或适时审计。持续审计是信息化环境下审计发展的必然趋势。

持续审计是在事项发生的同时或稍后立即实施的审计，强调审计的及时性。适时性下的"需求带动"思想也体现于持续审计当中。当持续审计方法发展到更高阶段后，审计人员可以根据信息使用者的需要随时进行审计，这将是一种按需审计、个性化审计。持续审计的运作是在网络环境下进行的，要求被审计单位与审计单位都应该置身于信息化环境中。在网络环境下，完成审计证据的取得，审计计划的制订以及审计报告的发布。简单来说，持续审计的载体是电子数据，那么持续审计必须拥有数据分析工具和高度自动化的审计程序，才能保证审计工作的正常开展。

从技术途径上来看，持续审计的实现方法有多种，其中有代表性的包括嵌入式技术（EAM）和代理式技术（AT）。EAM是将审计系统嵌入被审计单位生产系统内部的一种实现技术。EAM的优点是同步性好，有利于开展实时审计，缺点是可能导致生产系统的不稳定并形成潜在的风险，并且使被审计单位担心审计人员在持续审计过程中获取过多的信息。AT是审计系统相对独立的一种实现方法。它通过网络与被审计单位的生产系统相连，通过广域网或局域网传送各类数据，并在相对独立的审计服务器（或单机）上进行数据分析。AT不像EAM方法一样必须同被审计单位的生产系统交错在一起，因而能有效地规避对生产系统造成的影响。

（二）大数据审计

随着全球的信息化不断地加快，移动互联网、社交媒体、电子商务的兴起，产生了海量的数据，我们统称为大数据。国务院印发《关于加强审计工作的意见》，第十九条明确提出：探索在审计实践中运用大数据技术的途径，加大数据综合利用力度，提高运用信息化技术查核问题、评价判断、宏观分析的能力。这是国家首次在文件中将大数据审计列入审计信息化工作重点。审计部门作为经济运行综合性监督部门，和数据有着天然的联系，每天都会产生大量的数据，这些数据都是真实可靠的，不是通过预测和推理得到的，具有非常大的价值。所以审计部门要保持对社会经济数据的灵敏触感，并深度挖掘、充分运用所拥有的数据，这是在大数据时代背景下，审计服务国家治理的内在要求和必然选择。

随着大数据将在政府公共服务、医疗服务、零售制造等各个方面得到广泛应用，各部门数据信息将实现数据共享，审计机关无须使用移动设备或者与被审计单位点对点联网进行数据采集，只需通过大数据网络即可实现多渠道、便捷、全面地获取审计数据。一方面审计不再局限于被审单位的凭证、账面、财务系统等信息，大数据时代的信息审计将极大拓展审计视角，在海量数据中挖掘出被审单位全部的业务信息，在经营活动、内部控制、管理流程等方面进行综合分析进而进行监督、评价；另一方面，审计机关利用数据、业务之间的关联性进行跨部门、跨区域、跨项目综合、系统地联合审计，对政府部门间的经济活动进行全景式审计。

（三）互联网+审计云

在2015年的政府工作报告中，首次提出了"互联网+"这个概念，未来的互联网作为一种生产工具，将给每个行业带来效率的大幅提升。所谓"互联网+"下的审计方法是将现代化高新的网络信息技术与审计方法相结合，创造出网络环境下的审计创新。审计借助云计算的"云化"方式，建立"审计云"模式或理念。充分发挥行业优势，可对行业和部门进行准确预测和判断，也可实现需求化生产与个性化服务的结合。

云计算系统的体系架构包括四层：资源层、虚拟层、应用管理层和业务表现层，其中，资源层是核心，应用管理层是关键。近年来，审计署通过开展各级审计机关"金审工程"建设，逐步建设完善了审计信息化应用系统、审计信息化数据库、国家审计数据中心等软、硬件环境和基础平台的搭建，提出了探索构建国家电子审计体系的工作目标。即以审计专网为基础，依托国家审计信息资源体系建设，将云基础设施与审计信息系统、审计数据中心、审计指挥中心、国家模拟审计实验室等软硬件资源创建在审计专网防火墙之内，以供全国各级审计机关共享和利用审计专网内的资源，从而提高资源利用率、加强审计计算能力和降低审计成本，在大数据环境下切实提高对电子数据的综合分析和利用的能力。

实务操作练习

业务题1
一、目的
复习巩固审计方法与审计目标的关系。
二、资料
注册会计师通常依据各类交易、账户余额和列报的相关认定确定审计目标，根据审计目标设计审计程序。表8-3给出了各个项目的相关认定。

表8-3　　　　　项目的相关认定对应的审计目标与审计程序

项　目	认　定	审计目标	审计程序
应收账款	存在		
主营业务收入	发生		
固定资产	权利		
存货	存在		
应付账款	完整性		

三、要求

填写对应的审计目标和审计程序。

业务题2

一、目的

复习巩固审计抽样技术在细节测试中运用的基础知识，训练审计抽样方法的基本技能。

二、资料

注册会计师张丹负责对红日公司2018年度财务报表进行审计。在审计红日公司2018年度营业收入时，为了确定公司销售业务是否真实、完整，会计处理是否正确，注册会计师拟从红日公司2018年开具的销售发票的存根中选取若干张，核对销售合同和发运单，并检查会计处理是否符合规定。红日公司2018年共开具连续编号的销售发票4 000张，销售发票号码为第2001号至第6 000号，注册会计师计划从中选取10张销售发票样本。随机数表见表8-4。

表8-4　　　　　　　　　　　随机数表（部分列示）

	1	2	3	4	5	6	7	8	9	10
1	32044	69037	29655	92114	81034	40582	01584	77184	85762	46505
2	23821	96070	82592	81642	08971	07411	09037	81530	56195	98425
3	82383	94987	66441	28677	95961	78346	37916	09416	42438	48432
4	68310	21792	71635	86089	38157	95620	96718	79554	50209	17705
5	94856	76940	22165	01414	01413	37231	05509	37489	56459	52983
6	95000	61958	83430	98250	70030	05436	74814	45978	09277	13827
7	20764	64638	11359	32556	89822	02713	81293	52970	25080	33555
8	71401	17964	50940	95753	34905	93566	36318	79530	51105	26952
9	38464	75707	16750	61371	01523	69205	32122	03436	14489	02086
10	59442	59247	74955	82835	98378	83513	47870	20795	01352	89906

三、要求

1.假定注册会计师以随机数表所列数字的后4位数与销售发票号码一一对应，确定第2列第4行为起点，选号路线为自上而下、自左而右。请代注册会计师确定选取的10张销售发票样本的发票号码。

2.如果上述10笔销售业务的账面价值为1 000 000元，审计后认定的价值为1 002 700元。假定红日公司2018年度营业收入的账面价值为150 000 000元，并假定误差与账面价值不呈比例关系，请运用差额估计抽样法推断红日公司2018年度营业收入的总体实际价值（要求列示计算过程）。

第九章 审计报告

➤ **本章学习提示**

　　■本章重点：审计报告的概念与作用，审计报告的性质，审计报告的分类，审计报告的内容，审计报告的要素，审计报告的格式，审计报告的编写要求，审计报告的使用人，审计报告的报送，审计报告公告。

　　■本章难点：审计报告的格式，审计报告的要素，审计报告的报送，审计报告公告。

第一节 审计报告概述

一、审计报告的概念与作用

（一）审计报告的概念

　　审计报告是审计人员在对审计事项实施审计后，向审计授权人或委托人提出的、反映审计结果、阐明审计意见和建议的书面文件。审计报告作为审计工作的成果，是审计活动的结晶和客观描述，是审计工作质量的主要标志。审计报告不仅是审计人员对审计经过和审计结果的全面反映，也是审计人员对审计事项作出评价，以及对违反国家规定的行为，在法定职权范围内作出审计决定或者向其他有关部门移送的依据。

　　《国际审计准则》称审计报告为审计报告书，即审计人员从取得的审计证据中归纳出各种结论，应予以检查和评价，在此基础上形成审计报告书，审计报告书应包括对财务信息的清晰明了的表达的书面评语。

　　从《国际审计准则》的规定中我们不难发现，审计报告的出具是建立在获取审计证据并评价审计证据的基础上形成的书面文件，同时该书面文件应当对审计事项作出清晰明了的表达。那么，我国关于审计报告是如何规定的呢？具体内容表现如下：

　　《中华人民共和国审计法》第四十条规定：审计组对审计事项实施审计后，应当向审计机关提出审计组的审计报告。

　　政府审计报告是指审计机关实施审计后，对被审计单位的财政收支、财务收支的真实、合法、效益发表审计意见的书面文件，是审计机关向被审计单位出具的审计意见书、作出审计决定、进行审计结果公告的基础和依据。《国家审计准则》第一百一十九条规定，审计报告包括审计机关进行审计后出具的审计报告以及专项审计调查后出具的专项审计调查报告。

《第2106号内部审计具体准则——审计报告》第二条规定，审计报告是指内部审计人员根据审计计划对被审计单位实施必要的审计程序后，就被审计事项作出审计结论，提出审计意见和审计建议的书面文件。

《中国注册会计师审计准则第1501号——对财务报表形成审计意见和出具审计报告》第八条规定，审计报告，是指注册会计师根据审计准则的规定，在执行审计工作的基础上，对财务报表发表审计意见的书面文件。

通过上述三个机构有关审计报告定义的表述，我们不难发现：三者均强调审计报告是建立在审计人员实施审计程序获取审计证据的基础上形成的书面文件。但由于三者实施主体不同、服务对象也不同，就导致了三种报告强调的内容也就存在一定程度的差异。政府审计报告更强调有关单位财政财务收支的真实性、合法性和效益性；内部审计报告侧重于强调有关单位内部经营管理的适当性、合法性和效益性；独立审计报告则更侧重于对有关单位财务报表的公允性、合法性发表审计意见。

（二）审计报告的作用

虽然各种审计报告服务的领域不同，但概括起来具有以下相同的作用：

（1）审计报告全面地总结了审计过程和结果，同时也是对审计人员完成审计任务的总结。由于审计报告的出具是通过审计人员实施审计程序、获取审计证据并对审计证据进行评价而最终形成的，因此，审计报告全面总结了审计过程和结果，只要出具了恰当的审计意见，就表明审计人员较为圆满地完成了审计任务。

（2）审计报告表明了审计人员的审计意见和建议，并最终增进审计信息的可信赖性。审计报告是具有法律效力的审计法律文书，是向社会公布的审计结果，可以起到公证或鉴证的作用，是被审计单位的利害关系人即审计报告使用者作出决策的主要依据。

（3）审计报告便于揭露审计对象的主要错弊。审计报告对被审计单位是一份指导性文件，便于被审计单位纠错防弊，改善经营管理，提高经济效益。

（4）审计报告是评价审计人员工作业绩、控制审计质量的重要依据，也是重要的审计档案，是今后查考审计工作的依据。

二、审计报告的性质

由于审计报告是审计人员依照有关法律、法规，在遵循审计准则的前提下，在实施审计工作的基础上对有关审计事项发表审计意见的书面文件。审计报告是审计人员在完成审计工作后向委托人提交的最终工作产品，具有以下特征：

1.总结性

审计人员签发的审计报告的总结性特征可以从三个方面来理解：第一，审计报告准确地总结了审计人员的意见结论，主要是准确地反映了审计人员对被审计单位或有关审计事项的评价和判断结论；第二，审计报告简明地总结审计人员的工作质量情况，是否遵循有关审计准则，是否实施必要的审计程序；第三，审计报告有效地总结了审计人员的工作完成情况，包括总括地反映审计人员的合同履行情况、责任履行情况。

2.公正性

审计人员从事审计的行为是依法实施的，其审计报告按照法律的规定既要对委托人负责，还要对其他相关的关系人负责，这种负责具有法律上的效力。审计报告本身要被审计单位或审计事项发表意见，各方面关系人以这种具有鉴证作用的意见为基础进行决策。因此，在审计报告中的审计意见必须具有公信力、公正性和严肃性。

3.公开性

审计人员签发的审计报告是经济信息报告的一种，按照规定，被审计单位作为审计报告使用者应该在规定的时间、场所向社会发布或报送审计报告，因此，审计报告不仅可以被审计委托人和被审计单位管理层按规定范围使用，而且还可以被企业债权人、金融机构、政府部门和社会公众等广泛查阅使用，从中获得对所需的审计鉴证信息。

4.增强性

审计人员通过出具不同类型意见的审计报告，表明会计信息的风险程度或组织的经营管理活动的效益性，债权人、股东、其他企业利害关系人等财务报表的使用者，可以据此提高或降低对财务报表的信赖程度，从而在一定程度上保护其合法权益或促进组织价值目标的实现。

第二节   审计报告的分类

审计报告可以按不同的标准进行分类，熟悉各类审计报告的特点，有助于我们根据审计报告的不同要求，写好、用好审计报告，使审计报告发挥更大的作用。

一、审计报告按格式和措辞的规范性，可分为无保留意见审计报告和非无保留意见审计报告

把审计报告分为无保留意见审计报告和非无保留意见审计报告是独立审计特有的分类方式，该分类标准并不适用于政府审计报告与内部审计报告。

无保留意见是指当注册会计师认为财务报表在所有重大方面按照适用的财务报告编制基础编制并实现公允反映时发表的审计意见；其审计报告为无保留意见审计报告。注册会计师出具的在格式、要素、意见上采用相对标准结构、基本一致的无保留意见审计报告，而且这种审计报告不含有说明段、强调事项段、其他事项段或其他任何修饰性用语。

如果注册会计师受托对内部控制审计，出具的标准审计报告则同时包括不带和带"非财务报告内部控制重大缺陷描述段"的无保留意见报告。

非无保留意见审计报告是指注册会计师出具的在格式、要素、意见上没有或不能采用统一或标准术语的审计报告，包括说明段、强调事项段、其他事项段或其他任何修饰性用语的无保留意见的审计报告，以及保留意见审计报告、否定意见审计报告、无法表示意见审计报告。

如果注册会计师受托对内部控制审计，出具的非标准审计报告则同时包括带强调事项段的无保留意见审计报告、否定意见审计报告、无法表示意见审计报告。

应当注意的是，由于注册会计师出具的年度财务报表审计报告有规范的格式和措辞，均属于无保留意见审计报告，无保留意见审计报告应当以"我们认为"作为意见的开头，并适用"在所有重大方面""公允反映了"等专业术语。将注册会计师出具的保留意见的审计报告、否定意见的审计报告和无法表示意见的审计报告称为"非无保留意见审计报告"；同时还包括带强调事项段或其他事项段的无保留意见的审计报告。注册会计师财务审计报告按发表审计意见的类型分类如图9-1所示，注册会计师内部控制审计报告按发表审计意见的类型分类如图9-2所示。

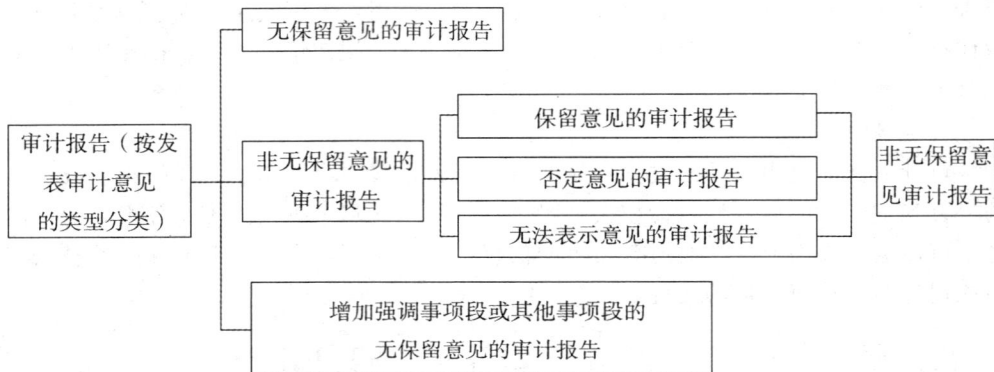

图9-1　注册会计师财务审计报告分类

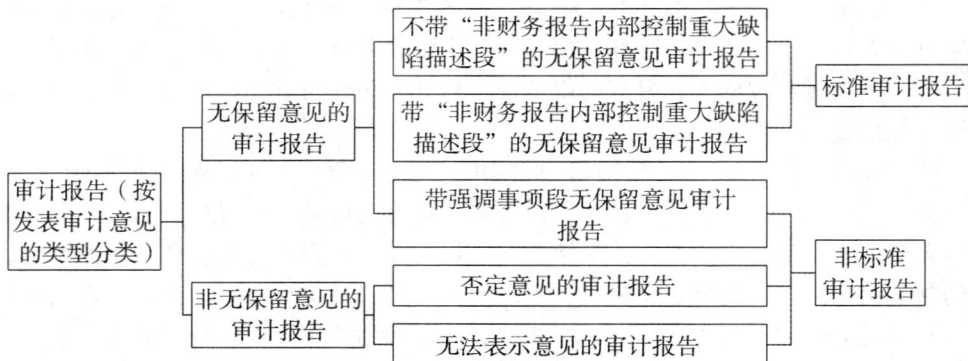

图9-2　注册会计师内部控制审计报告分类

二、审计报告按使用目的，可分为公布目的审计报告和非公布目的的审计报告

公布目的审计报告，一般是对企业股东、投资者、债权人等非特定利益关系者公布财务报表时附送的审计报告。

非公布目的审计报告，一般是为经营管理、合并或业务转让、融通资金等特定目的而实施审计的审计报告。这类审计报告是分发给特定使用者的，如经营者、合并或业务转让的关系人、提供信用的金融机构等。

三、审计报告按详略程度，可分为简式审计报告和详式审计报告

简式审计报告，又称短式审计报告，一般是指注册会计师对应公布的财务报表所出具的简明扼要的审计报告，其反映的内容是非特定多数的利害关系人共同认为必要的审计事项，且为法律或审计准则所规定，具有标准格式。它一般适用于公布目的，具有标准审计报告的特点。

详式审计报告，又称长式审计报告，一般是指对审计对象所有重要经济业务和情况都要作详细说明和分析的审计报告。它主要用于指出企业经营管理存在的问题和帮助企业改善经营管理，其内容丰富、详细，一般适用于非公布目的，具有非标准审计报告的特点。鉴于详式审计报告反映的内容，政府审计，尤其是内部审计报告通常采用详式审计报告。

四、审计报告按撰写主体不同，可分为内部审计报告和外部审计报告

内部审计报告是由内部审计机构或人员撰写的审计报告。内部审计报告的性质决定了其权威性不如外部审计，内部审计人员的地位也决定了内部审计报告具有一定的局限性，一般只供部门、单位领导人了解情况、经营决策之用，对外不起公证作用。但内部审计报告内容庞杂，深度、广度一般都超过外部审计报告，表达意见也比较直率。

外部审计报告按其撰写主体不同，又可分为政府审计机关的审计报告和社会中介审计组织的审计报告。政府审计机关的审计报告权威性较高。社会中介审计组织的审计报告多数是为了鉴证、证明，因此对审计人员独立性要求很高，而且要求审计人员提出的审计意见必须客观公正。此外，社会中介审计组织的审计报告还可以提供咨询意见，这就要求报告语气要委婉，措辞平和，态度诚恳，建议切实可行，切忌居高临下，泛泛而谈。

此外，还可以根据审计的内容和目的进行审计报告分类。如美国政府审计就按不同的业务内容，提供财务审计报告、鉴证业务报告和绩效审计报告，这些报告的形式、内容、质量要求，出具和分发都有不同的要求。

第三节　审计报告的内容、基本要素与编写要求

一、审计报告的内容

审计的种类不同，审计报告的内容也有所区别，但无论何种审计报告，其基本内容都具有许多共同之处。一般包括：审计概况、审计过程、审计结果、审计评价、审计附件等。

（一）审计概况

审计报告一般先介绍被审计单位的概况，使阅读人对审计情况有一个大概的了解。审计概况包括审计依据，即根据谁的委派（托）进行审计；审计的范围，包括时间范围和业务范围两个方面：时间范围指审查哪一段时间的业务或账目，业务范围指审查哪些业务或哪些会计资料；审计任务，即所进行的是何种审计，是财务审

计，还是财经法纪审计，或是经济效益审计等。

（二）审计过程

这部分应较具体地说明审查的是哪一段时间的账目，审查了哪些业务、凭证、账簿和报表，在审查中是如何进行核对、搜集证据、调查研究以及分析问题的。

（三）审计结果

这部分主要交代审计中发现的被审计单位的主要成绩和问题，有时也可以只写问题，并将小标题写为"审计中发现的问题"或"审计中发现的几个主要问题"。

（四）审计评价

审计评价有肯定性评价和否定性评价或两者兼而有之，即肯定其真实、合法和有效的方面，否定其不真实、不合法和无效益的方面。在独立审计中，还有保留性评价和不予评价的情况。审计报告要对发现的问题提出如何依法处理的参考意见，还要对被审计单位如何改进工作提出积极建议。

（五）审计附件

审计附件列示与审计结果和审计结论有关系的有充分证明力的审计证据和其他证明文件。

二、审计报告的基本要素

由于审计类型不同，关注的侧重点不同，服务的侧重点也不同，也就决定了其报告包含的要素也不尽相同。

（一）政府审计报告要素

根据《国家审计准则》第一百二十二条规定，审计机关的审计报告（审计组的审计报告）包括下列基本要素：

（1）标题。

（2）文号（审计组的审计报告不含此项）。

（3）被审计单位名称。

（4）审计项目名称。

（5）内容。

主要包括：审计依据，即实施审计所依据的法律法规；实施审计的基本情况，一般包括审计范围、内容、方式和实施的起止时间；被审计单位基本情况；审计评价意见，即根据不同的审计目标，以适当、充分的审计证据为基础发表的评价意见；以往审计决定执行情况和审计建议采纳情况；审计发现的被审计单位违反国家规定的财政、财务收支行为和其他重要问题的事实、定性、处理处罚意见以及依据的法律法规和标准；审计发现的移送处理事项的事实和移送处理意见，但是涉嫌犯罪等不宜让被审计单位知悉的事项除外；针对审计发现的问题，根据需要提出的改进建议。

审计期间被审计单位对审计发现的问题已经整改的，审计报告还应包括有关整改情况。经济责任审计报告还应当包括被审计人员履行经济责任的基本情况，以及被审计人员对审计发现问题承担的责任。

核查社会审计机构相关审计报告发现的问题，应当在审计报告中一并反映。

（6）审计机关名称（审计组名称及审计组组长签名）。

（7）签发日期（审计组向审计机关提交报告的日期）。

经济责任审计报告还包括审计人员姓名及所担任职务。

（二）内部审计报告要素

《第2106号内部审计具体准则——审计报告》规定，内部审计报告因审计项目的不同而存在差异，一般的内部审计报告应包括以下基本要素：

1. 标题

内部审计报告的标题应能反映审计的性质，力求言简意赅并有利于归档和索引，一般应当主要包括：被审计单位名称；审计事项（类别）；审计期间；其他。

2. 收件人

内部审计报告的收件人应当是与审计项目有管理和监督责任的机构或个人，一般应当包括：被审计单位适当管理层；董事会或其下设的审计委员会或者组织中的主要负责人；组织最高管理层；上级主管部门的机构或人员；其他相关人员。

3. 正文

审计报告的正文是审计报告的核心内容，一般应当包括：审计概况、审计依据、审计发现、审计结论、审计建议、其他方面。

4. 附件

内部审计报告的附件是对审计报告正文进行补充说明的文字和数字材料。一般应当包括：相关问题的计算机分析性复核审计程序；审计发现问题的详细说明；被审计单位及被审计责任人的反馈意见；记录审计人员修改意见、明确审计责任、体现审计报告版本的审计清单；需要提供解释和说明的其他内容。

5. 签章

内部审计报告应当由主管的内部审计机构盖章，并由以下人员签字：审计机构负责人、审计项目负责人、其他经授权的人员。

6. 报告日期

审计报告日期一般采用内部审计机构负责人批准送出日作为报告日期。以下情况使用相关的日期：因采纳组织主管负责人的某些修改意见时；内部审计人员在本机构负责人审批之后又发现被审计单位存在新的重大问题时；内部审计报告存在重要疏忽时；其他情况。

7 其他

主要是针对在1～6项之外需要在审计报告中提及的可能影响审计报告的理解及使用的一些重要事项，诸如内部审计报告主送及抄送对象、审计结果沟通等。

（三）独立审计报告要素

《中国注册会计师审计准则第1501号——对财务报表形成审计意见和出具审计报告》规范了注册会计师对财务报表形成审计意见，以及作为财务报表审计结果出具的审计报告的格式和内容。《中国注册会计师审计准则第1504号——在审计报告中沟通关键审计事项》对注册会计师在审计报告中沟通关键审计事项的责任作出规范。《中国注册会计师审计准则第1502号——在审计报告中发表非无保留意见》和《中国注册会计师审计准则第1503号——在审计报告中增加强调事项段和其他事项段》规定了注册会计师在审计报告中发表非无保留意见、增加强调事项段或其他事项段，审计报告的格式和内容如何进行相应调整。《中国注册会计师审计准则第1521号——注册会计师对其他信息的责任》和《中国注册会计师审计准则第1324号——持续经营》也包含出具审计报告时适用的报告要求。审计报告的基本要素如下：

1.标题

审计报告应当有标题，标题统一规范为"审计报告"，以突出业务性质，并与其他业务报告相区别。

2.收件人

收件人即注册会计师按照业务约定书的要求致送审计报告的对象，一般是指审计业务的委托人。审计报告应当载明收件人的全称。对于股份有限公司，审计报告收件人一般可用"××股份有限公司全体股东"；对于有限责任公司，审计报告收件人一般可用"××有限责任公司董事会"；对于合伙企业，收件人一般可用"××合伙企业全体合伙人"；对于独资企业，收件人一般可直接用"××公司（企业）（该独资企业的名称）"。

3.审计意见

审计意见部分应当说明：财务报表是否在所有重大方面按照适用的财务报告编制基础编制，是否公允反映了被审计单位的财务状况、经营成果和现金流量。

审计意见部分还应当包括下列方面：（1）指出被审计单位的名称；（2）说明财务报表已经审计；（3）指出构成整套财务报表的每一财务报表的名称；（4）提及财务报表附注，包括重大会计政策和会计估计；（5）指明构成整套财务报表的每一财务报表的日期或涵盖的期间。根据企业会计准则的规定，整套财务报表的每张财务报表的名称分别为资产负债表、利润表、所有者（股东）权益变动表和现金流量表。此外，由于附注是财务报表不可或缺的重要组成部分，因此，也应提及财务报表附注。

4.形成审计意见的基础

该部分应当紧接在审计意见部分之后，并包括下列方面：（1）说明注册会计师按照审计准则的规定执行了审计工作；（2）提及审计报告中用于描述审计准则规定的注册会计师责任的部分；（3）声明注册会计师按照与审计相关的职业道德要求独立于被审计单位，并按照这些要求履行了职业道德方面的其他责任，声明中应当指明适用的职业道德要求，如遵守中国注册会计师职业道德守则；（4）说明注册会计师是否相信获取的审计证据是充分、适当的，为发表审计意见提供了基础。

5.管理层对财务报表的责任

管理层对财务报表的责任部分应当说明管理层负责下列方面：（1）按照适用的财务报告编制基础编制财务报表，使其实现公允反映，并设计、执行和维护必要的内部控制，以使财务报表不存在由于舞弊或错误导致的重大错报。（2）评估被审计单位的持续经营能力和使用持续经营假设是否适当，并披露与持续经营相关的事项（如适用）。对管理层评估责任的说明应当包括描述在何种情况下使用持续经营假设是适当的。

当对财务报告过程负有监督责任的人员与履行上述责任的人员不同时，管理层对财务报表的责任部分还应当提及对财务报告过程负有监督责任的人员。这种情况下，该部分的标题还应当提及"治理层"或者特定国家或地区法律框架中的恰当术语。

6.注册会计师对财务报表审计的责任

注册会计师对财务报表审计的责任部分应当包括下列内容：（1）说明注册会计师的目标是对财务报表整体是否不存在由于舞弊或错误导致的重大错报获取合理保证，并出具包含审计意见的审计报告；（2）说明合理保证是高水平的保证，但并不能保证按照审计准则执行的审计在某一重大错报存在时总能发现；（3）说明错报可能由于舞弊或错误导致。

在说明错报可能由于舞弊或错误导致时，注册会计师应当从下列两种做法中选取一种：（1）描述如果合理预期错报单独或汇总起来可能影响财务报表使用者依据财务报表作出的经济决策，则通常认为错报是重大的；（2）根据适用的财务报告编制基础，提供关于重要性的定义或描述。

注册会计师对财务报表审计的责任部分还应当包括下列内容：（1）说明在按照审计准则执行审计工作的过程中，注册会计师运用职业判断，并保持职业怀疑；（2）通过说明注册会计师的责任，对审计工作进行描述。这些责任包括：①识别和评估由于舞弊或错误导致的财务报表重大错报风险，对这些风险有针对性地设计和实施审计程序，获取充分、适当的审计证据，作为发表审计意见的基础。由于舞弊可能涉及串通、伪造、故意遗漏、虚假陈述或凌驾于内部控制之上，未能发现由于舞弊导致的重大错报的风险高于未能发现由于错误导致的重大错报的风险。②了解与审计相关的内部控制，以设计恰当的审计程序，但目的并非对内部控制的有效性发表意见。当注册会计师有责任在财务报表审计的同时对内部控制的有效性发表意见时，应当略去上述"目的并非对内部控制的有效性发表意见"的表述。③评价管理层选用会计政策的恰当性和作出会计估计及相关披露的合理性。④对管理层使用持续经营假设的恰当性得出结论。同时，基于所获取的审计证据，对是否存在与特定事项或情况相关的重大不确定性，从而可能导致对被审计单位的持续经营能力产生重大疑虑得出结论。如果注册会计师得出结论认为存在重大不确定性，审计准则要求注册会计师在审计报告中提请报表使用者注意财务报表中的相关披露；如果披露不充分，注册会计师应当发表非无保留意见。注册会计师的结论基于截至审计报告日可获得的信息。然而，未来的事项或情况可能导致被审计单位不能持续经营。⑤评价财务报表的总体列报、结构和内容（包括披露），并评价财务报表是否公允反映相关交易和事项。

　　注册会计师对财务报表审计的责任部分还应当包括下列内容：（1）说明注册会计师与治理层就计划的审计范围、时间安排和重大审计发现等事项进行沟通，包括沟通注册会计师在审计中识别的值得关注的内部控制缺陷；（2）对于上市实体财务报表审计，指出注册会计师就已遵守与独立性相关的职业道德要求向治理层提供声明，并与治理层沟通可能被合理认为影响注册会计师独立性的所有关系和其他事项，以及相关的防范措施（如适用）；（3）对于上市实体财务报表审计以及决定按照《中国注册会计师审计准则第 1504 号——在审计报告中沟通关键审计事项》的规定沟通关键审计事项的其他情况，说明注册会计师从与治理层沟通过的事项中确定哪些事项对本期财务报表审计最为重要，因而构成关键审计事项。注册会计师在审计报告中描述这些事项，除非法律法规不允许公开披露这些事项，或在极其罕见的情形下，注册会计师合理预期在审计报告中沟通某事项造成的负面后果超过在公众利益方面产生的益处，因而确定不应在审计报告中沟通该事项。

　　7.按照相关法律法规的要求，履行其他报告责任（如适用）

　　除审计准则规定的注册会计师责任外，如果注册会计师在对财务报表出具的审计报告中履行其他报告责任，应当在审计报告中将其单独作为一部分，并以"按照相关法律法规的要求报告的事项"为标题，或使用适合于该部分内容的其他标题，除非其他报告责任涉及的事项与审计准则规定的报告责任涉及的事项相同。如果涉及相同的事项，其他报告责任可以在审计准则规定的同一报告要素部分列示。

　　如果将其他报告责任在审计准则要求的同一报告要素部分列示，审计报告应当清楚区分其他报告责任和审计准则要求的报告责任。

　　如果审计报告将其他报告责任单独作为一部分，应当置于"对财务报表出具的审计报告"标题下；"按照相关法律法规的要求报告的事项"部分置于"对财务报表出具的审计报告"部分之后。

　　8.注册会计师的签名并盖章

　　审计报告应当由项目合伙人和另一名负责该项目的注册会计师签名和盖章。注册会计师当在对上市实体整套通用目的财务报表出具的审计报告中注明项目合伙人。

　　9.会计师事务所的名称、地址和盖章

　　审计报告应当载明会计师事务所的名称和地址（一般只写明其注册地城市名）并加盖会计师事务所公章。

　　10.报告日期

　　审计报告标注的日期为注册会计师完成审计工作的日期。审计报告的日期不应早于注册会计师获取充分、适当的审计证据，并在此基础上对财务报表形成审计意见的日期。

　　在确定审计报告日时，注册会计师应当确信已获取下列两方面的审计证据：（1）构成整套财务报表的所有报表（包括相关附注）已编制完成；（2）被审计单位的董事会、管理层或类似机构已经认可其对财务报表负责。

在实务中，注册会计师在正式签署审计报告前，通常把审计报告草稿和已审计财务报表一同提交给管理层。如果管理层批准并签署已审计财务报表，注册会计师即可签署审计报告。注册会计师签署审计报告的日期通常与管理层签署已审计财务报表的日期为同一天，或晚于管理层签署已审计财务报表的日期。

11.在独立审计报告中沟通关键审计事项

根据《中国注册会计师审计准则第1504号——在审计报告中沟通关键审计事项》，注册会计师在对上市公司整套通用目的财务报表进行审计时，需要在审计报告中沟通关键审计事项，此外，还存在其他情形导致注册会计师决定在审计报告中沟通关键审计事项。不过，注册会计师在对财务报表发表无法表示意见时，不得沟通关键审计事项，除非法律法规要求沟通。在独立审计报告中沟通关键审计事项，并不一定是报告的具备要素之一，视具体情况而定。

关键审计事项，是指注册会计师根据职业判断认为对本期财务报表审计最为重要的事项。关键审计事项选自与治理层沟通的事项。

沟通关键审计事项，旨在通过提高已执行审计工作的透明度来增加审计报告的沟通价值。沟通关键审计事项能够为财务报表预期使用者提供额外的信息，以帮助其了解注册会计师根据职业判断认为对本期财务报表审计最为重要的事项。沟通关键审计事项还能够帮助财务报表预期使用者了解被审计单位，以及已审计财务报表中涉及重大管理层判断的领域。此外，在审计报告中沟通关键审计事项，还能够为财务报表预期使用者就与被审计单位、已审计财务报表或已执行审计工作相关的事项进一步与管理层和治理层沟通提供基础。

在审计报告中沟通关键审计事项以注册会计师已就财务报表整体形成审计意见为背景。在审计报告中沟通关键审计事项并不能代替下列事项：（1）适用的财务报告编制基础要求管理层在财务报表中作出的披露，或为使财务报表实现公允反映而作出的披露（如适用）；（2）注册会计师按照《中国注册会计师审计准则第1502号——在审计报告中发表非无保留意见》的规定，根据审计业务的具体情况发表非无保留意见；（3）当可能导致对被审计单位持续经营能力产生重大疑虑的事项或情况存在重大不确定性时，注册会计师按照《中国注册会计师审计准则第1324号——持续经营》的规定进行报告；（4）就单一事项单独发表的意见。

注册会计师应当从与治理层沟通的事项中确定在执行审计工作时重点关注过的事项。在确定时，注册会计师应当考虑下列方面：（1）按照《中国注册会计师审计准则第1211号——通过了解被审计单位及其环境识别和评估重大错报风险》的规定，评估的重大错报风险较高的领域或识别出的特别风险；（2）与财务报表中涉及重大管理层判断（包括被认为具有高度不确定性的会计估计）的领域相关的重大审计判断；（3）当期重大交易或事项对审计的影响。

注册会计师应当从根据上述考虑确定的、在执行审计工作时重点关注过的事项中，确定哪些事项对当期财务报表审计最为重要，从而构成关键审计事项。

注册会计师应当在审计报告中单设一部分，以"关键审计事项"为标题，并在该部分使用恰当的子标题逐项描述关键审计事项。关键审计事项部分的引言应当同时说明下列事项：（1）关键审计事项是注册会计师根据职业判断，认为对当期财务报表审计最为重要的事项；（2）关键审计事项的处理是以对财务报表整体进行审计为背景的，注册会计师对财务报表整体形成审计意见，而不对关键审计事项单独发表意见。

如果某些事项导致注册会计师发表非无保留意见，注册会计师不得在审计报告的关键审计事项部分沟通该事项。

在审计报告的关键审计事项部分逐项描述关键审计事项时，注册会计师应当分别索引至财务报表的相关披露（如有），并同时说明下列内容：（1）该事项被认定为审计中最为重要的事项之一，因而被确定为关键审计事项的原因；（2）该事项在审计中是如何被应对的。

除非存在下列情形之一，注册会计师应当在审计报告中逐项描述关键审计事项：（1）法律法规禁止公开披露某事项；（2）在极其罕见的情形下，如果合理预期在审计报告中沟通某事项造成的负面后果超过在公众利益方面产生的益处，注册会计师确定不应在审计报告中沟通该事项。如果被审计单位已公开披露与该事项有关的信息，则本项规定不适用。

导致非无保留意见的事项，或者导致对被审计单位持续经营能力产生重大疑虑的事项或情况存在重大不确定性，就其性质而言都属于关键审计事项。然而，这些事项不得在审计报告的关键审计事项部分进行描述。注册会计师应当按照适用的审计准则的规定报告这些事项，并在关键审计事项部分提及形成保留（否定）意见的基础部分或与持续经营有关的重大不确定性部分。

如果存在下列情况之一，注册会计师应当在审计报告的"关键审计事项"部分进行说明：（1）如果注册会计师根据被审计单位和审计业务的具体情况，确定不存在需要沟通的关键审计事项；（2）仅有的需要沟通的关键审计事项是导致非无保留意见的事项，或者导致对被审计单位持续经营能力产生重大疑虑的事项或情况存在重大不确定性。

注册会计师应当就下列事项与治理层沟通：（1）注册会计师确定的关键审计事项；（2）根据被审计单位和审计业务的具体情况，注册会计师确定不存在需要在审计报告中沟通的关键审计事项（如适用）。

通过以上三种类型的审计报告所包含的要素可以看出，政府审计报告包含7个要素，内部审计报告包含7个要素，独立审计报告包含11个要素。三种报告的要素中均包含了标题、签章、日期3个要素。其他一些要素在不同种类的审计报告中各不相同，如独立审计报告中的管理层对财务报表的责任、注册会计师对财务报表审计的责任等要素在内部审计报告和政府审计报告中均未涉及。内部审计报告要素和政府审计报告要素稍有趋同，但内部审计报告中的附件这一要素在政府审计报告中却不曾提及。从中可以看出独立审计、政府审计、内部审计由于工作的侧重点不同，各自的报告要素也存在较大的差异，不难理解其各自的报告格式也迥然不同了。

通过对三种审计报告要素的分析，可以发现：三种审计报告要素中都包括审计对象和基本情况、审计实施的技术过程，以及审计的意见。而独立审计报告特别强调委托和受托责任，政府审计报告和内部审计报告均没有要求写明这一点，这是因为独立审计的性质完全是由市场化的委托决定的，独立审计报告直接面向公众，必须界定并告诉公众委托双方的责任，而政府审计和内部审计的委托关系不受市场因素的影响，其责任可以不在审计报告中写明，而往往在政府机关和公司企业的机构管理制度中要加以规定。

三、审计报告的编写要求

不同的审计种类，由于审计目标、对象范围不同，审计报告的写法也有所不同。就其基本要求，有以下四个方面。

（一）逻辑结构方面的要求

一份好的审计报告，必须结构严谨，逻辑关系清楚。就一般审计报告而言，应有如下要求：

（1）审计报告标题必须反映被审计单位的名称和审计类型及主要目标。

（2）基本情况和审计概况要写明审计的授权人或委托人、审计具体目标和任务、审计内容和范围、审计的具体程序和方法，以及对被审计单位基本情况的概述。

（3）审计报告的具体内容中要对审计结果进行全面的陈述，并提出审计人员对被审计单位的处理意见、审计建议和其他需要说明的问题。并且应该按重要性排列反映审计的结果、审计意见、审计建议和其他问题。

（二）内容方面的要求

审计报告内容主要是指审计报告所反映的情况和提出的审计意见及建议等。审计报告反映内容的基本要求主要有：

1.事实清楚，证据确凿

审计报告中的一切事实材料，必须经过反复查证，来龙去脉清楚；用以证明被审计事项的证据，必须做到充分有力。未证实的材料不能写入审计报告，以免引起审计纠纷，影响审计的声誉和权威。

2.内容完整，反映全面

审计查实的问题，除了相关性不强的细小问题外，审计人员有责任作全面的反映，但要注意分清主次，突出重点问题，即做到全面性、重点性相结合。

3.评价公正，定性准确

审计作出的评价，一要正确、公正，二要经过审计查证。审计报告的评价不能将"据闻""据说"的情况不经过审计核实就作出审计评价，也不能将别的部门的评价不经分析查证就转引。审计评价要实事求是、客观公正，要一分为二地评价被审计单位，既要肯定成绩，又要指出存在的问题和不足。

审计人员要对评价的准确性、公正性负责。准确性是指需要用正确的标尺来衡量事实，即以法律、法规、政策的规定，以及会计准则、财务通则和其他理论为依据进行定性。在定性比较困难的情况下，可将其危害性、造成的后果用写实的方法进行表达，以助于他人正确理解其性质。

根据《中国注册会计师审计准则第1501号——对财务报表形成审计意见和出具审计报告》第二章的规定：注册会计师应当评价根据审计证据得出的结论，以作为对财务报表形成审计意见的基础；在对财务报表形成审计意见时，注册会计师应当根据已获取的审计证据，评价是否已对财务报表整体不存在重大错报获取合理保证。在评价财务报表编制合规性时应考虑：选择和运用的会计政策是否符合适用的会计准则和相关会计制度，并适合于被审计单位的具体情况；管理层作出的会计估计是否合理；财务报表反映的信息是否具有相关性、可靠性、可比性和可理解性；财务报表是否作出充分披露，使财务报表使用者能够理解重大交易和事项对被审计单位财务状况、经营成果和现金流量的影响。在评价财务报表是否作出公允反映时应考虑：经管理层调整后的财务报表，是否与注册会计师对被审计单位及其环境的了解一致；财务报表的列报、结构和内容是否合理；财务报表是否真实地反映了交易和事项的经济实质。

4.处理恰当，建议可行

审计处理要谨慎恰当，要从实际出发，实事求是，宽严适度，并对照审计标准提出恰如其分的审计意见。审计建议应明确、具体，具有针对性、可行性，便于被审计单位认真执行。

（三）行文方面的要求

审计报告的行文要力求做到规范化。根据审计报告的特点，行文方面主要有以下几个方面的规范要求：

1.文题相符，概念清楚

审计报告中组织名称、被审计单位的名称、审计内容、审计文书名称等要素一应俱全。同时，审计报告不应是简单的概念罗列，更不能偷换、混淆概念，在列举同一对象概念时，在审计报告中要保持一致。

2.措辞恰当，有理有据

对事实表达方面的措辞及对问题定性时使用的措辞要适当、确切。措辞要符合法规上的统一提法，以及一些约定俗成的习惯用法，要从实际出发，区分具体情况。对审查出来的问题，不能先入为主，不能乱扣帽子。

3.层次清楚，行文简练

审计报告要注意撰写技巧，要做到简洁明了、层次清楚、表达准确、行文简练，做到"有话则长，无话则短"。

（四）时间方面的要求

审计组应于审计终了后15日内提出审计报告；特殊情况下，经批准，提出审计报告的时间可以适当延长。

<table>
<tr><td>第四节</td><td>审计报告的格式</td></tr>
</table>

一、政府审计报告的格式

由于政府审计报告是审计机关实施审计后，对被审计单位的财政收支、财务收支的真实、合法、效益发表审计意见所形成的书面文件。政府审计报告的格式就一定要反映有关单位的财政财务收支的真实性、合法性和效益性，政府审计报告常见格式包括财务决算审计报告格式（参见【例9-1】）、专项审计报告格式（参见【例9-2】）及效益审计报告格式（参见【例9-3】）等。

【例9-1】政府审计的财务决算审计报告示例

关于×××（单位）××××年度×××的审计报告

根据《中华人民共和国审计法》第×条，我局于××××年×月×日至×月×日，对×××单位××××年度×××进行了审计（就地审计或报送审计）。与审计相关的会计资料、其他证明性材料由×××单位提供，并由该单位对这些资料的真实性和完整性负责。我局是依据提供的资料，按照国家审计准则及其他有关法律、法规、规章实施审计。在审计过程中，我局审计人员结合×××单位实际情况，（重点审计了××××，延伸审计或调查了×××、×××等单位，并）实施了（包括抽查会计记录等）必要的审计程序。

一、被审计单位（或被审计项目、事项）的基本情况

［包括被审计单位的经济性质、管理体制、财政、财务隶属关系或国有资产监督管理关系，以及财政财务收支状况等（根据提供资料反映的被审计单位组织的财政、财务收支情况或资产、负债、所有者权益及损益状况等，该审前财政、财务情况也可合并到审计结果内容中一起反映）。］

二、审计结果

（一）财政、财务收支（或资产、负债、所有者权益及损益）情况

（二）审计发现的主要问题

［写法参考：一般是将同类问题归纳在一起，这样可以使报告所反映问题条理清楚、重点突出。对每一个具体问题的写作，先叙述违纪事实，交代清楚问题产生的原因、时间、责任人、违纪金额等，然后根据国家法律法规的规定，确定违纪问题的性质。按序分类、分别排列。］

三、审计评价

［根据审计实施方案规定的审计目标，以审计结果为基础，经过分析研究，对被审计单位财政财务收支真实、合法和效益情况发表评价意见。］

评价程序：

1.审计组应当在审计报告中提出审计评价的初步意见，审计机关审定审计报告，对被审计单位提出评价意见（依据《审计机关审计事项评价准则》第十条）。

2.作出审计评价时，应首先对所审查的财政财务收支的总体情况进行说明，并

评价被审计单位取得的成绩和存在的问题（依据《审计机关审计事项评价准则》第十一条）。

四、审计处理（处罚）意见

［审计查出的被审计单位违反国家规定的财政收支、财务收支行为需要依法处理处罚的初步意见以及法律、法规、规章依据，有关移送处理的初步意见。初步意见先要严，以免正式处理处罚时被动。］

五、改进意见和建议（必要时）

［主要针对审计中发现的问题，就被审计单位如何进一步加强财政财务收支管理、内部控制制度以及相关管理制度提出改进意见和建议，以促进被审计单位完善内部控制制度，改进相关的管理工作。提出的建议必须有针对性、可操作性，要与审计发现的问题紧扣起来，切忌离题万里、泛泛而谈，让人不知所云。］

赴×××（单位）审计组

审计组组长：

（签字）

××××年××月××日

【例9-2】政府审计的专项审计报告示例

国外无偿援助项目的专项审计调查报告

审计署：

根据审计署××××年工作计划安排，按照"揭露问题、规范管理、促进改革、制约权力、提高效益"的整体工作思路，结合前期对中央部门管理和执行的国外无偿援助项目的审计调查情况，我办于××××年××月××日至××月××日对××省有关部门和单位××××年至××××年管理或执行的国外无偿援助项目进行了审计调查。在各有关部门的积极配合和支持下，审计组已完成审计调查工作，现将调查情况报告如下：

一、基本情况

（一）国外无偿援助项目总体情况

根据审计署外资司的统一部署，我办负责对×××除农业项目之外的国外无偿援助项目进行审计调查。我办对该省13个部门和单位进行了摸底调查，调查发现，×××等9个单位××××年至××××年管理或执行的国外无偿援助项目共27个，项目协议总金额合计××××万元人民币，实际使用金额为××××万元人民币。有16个项目已经执行完毕，其余11个项目正在执行。

（二）审计调查实施情况

我办采用现场审计调查的方式，对以上27个项目中的17个项目进行了重点审计调查，这些项目协议金额合计为×××万元人民币，占所有被调查项目协议总额的××%，实际使用金额为×××万元人民币，占所有被调查项目实际使用总金额的××%。

二、审计调查评价意见

×××等项目执行和管理部门的责任是严格按照项目协议的规定实施有关项目，建立完善的项目管理制度，如实编报项目财务报表。我们按照审计署《审计机关专项审计调查准则》等要求实施审计调查，并根据我们的审计调查结果，对所调查项目的管理和执行情况发表意见。

从调查情况看，×××国外无偿援助项目执行较为顺利，在不同地区、不同领域较好发挥了作用。

国外无偿援助卫生项目的实施，改善了项目地区的卫生基础设施，完善了基层医疗卫生机构的服务功能，提高了卫生技术人员的业务水平。人畜饮水项目的实施，为项目地区提供了供水设备，满足了当地人畜饮水需要，改善了居民的生产生活条件。中等专业教育院校器材装备项目的实施，提供了教学急需设备，受援学校扩大了专业规模，提高了学校教学质量。

三、审计调查发现的主要问题

（一）违反协议

1.项目配套资金不到位

全球基金×××结核病控制项目，××市应为贫困县提供的××××年度和××××年度的配套资金×××万元，截至××××年××月××日，尚未到位。不符合中国疾病预防控制中心与×××卫生厅于××××年××月签订的《全球基金中央执行机构与×××卫生厅关于利用全球艾滋病、结核病、疟疾基金实施结核病控制项目执行协议》中"省级政府要为贫困县提供55％配套经费（有关项目市为贫困县提供其余45％配套经费）"的规定。

2.项目单位未通过招标方式采购设备

联合国教科文组织龙门石窟保护修复工程项目单位以指定的方式采购了×××公司生产的防水、防尘保护器、风传感器、日射强度计、闪电保护器等保护测量仪器设备，价值合计×××万美元，设备采购未通过招投标方式进行，不符合原国家发展计划委员会《工程建设项目招标范围和规模标准规定》（国家发展计划委员会2000年第3号令）第七条关于使用外国政府援助资金的项目"重要设备、材料等货物的采购，单项合同估算价在100万元人民币以上的必须进行招标"的规定。

（二）管理失控

1.部分项目单位未编制上报项目财务报表

截至××××年××月底，联合国教科文组织赠款洛阳龙门石窟保护修复工程项目已到位资金×××万元，其中：赠款×××万美元，国内配套资金×××万元；已完成投资×××万元，资金结余×××万元。日元赠款中等专业教育学校器材装备项目已完成投资×××万元，其中日方援助设备价值×××万元，国内配套资金×××万元。但两项目均未编制财务报表反映项目收支情况，不符合财政部、外经贸部、农业部《关于接受国际无偿援助财务管理办法》（财外字〔1992〕53号）第七条关于"受援项目单位……在年度终了后一个月内报送项目财务报表"的规定。

2. 项目物资已投入使用，但未及时入账反映

全球基金××省结核病控制项目××市结核病防治所的面包车1辆××万元、计算机1台××万元、打印机1台××万元，均已投入使用，但截至××××年××月××日，均未及时入账核算，不符合财政部、外经贸部、农业部《关于接受国际无偿援助财务管理办法》（财外字〔1992〕53号）第十条关于"对利用援助购置的设备及低值易耗品，其金额按我国现行制度规定处理……行政事业单位应分别列入'固定资产'和'其他材料'科目"的规定。

3. 项目物资分发管理台账和领发登记制度不健全

××省疾病预防控制中心执行的儿童疫苗基金合作项目，由于该中心物资台账未按各省辖市分别设置，不能全面反映物资的收、发、存情况；另外，该中心保存的926支自毁型注射器（0.1ml）发生霉变。××县妇幼保健院未对乙肝疫苗、自毁型注射器的领取和使用建立台账进行核算，领到的疫苗等一次性放入药房，随用随取，没有严格的领取记录。

（三）损失浪费

利用赠款从国外购买的设备出现质量问题。×××锅炉有限公司执行的全球环境基金赠款工业锅炉项目利用赠款购买3台比利时Balteau公司的探伤机，总价值××万元，在使用不到一年的情况下，均出现问题，无法使用。其中一台机器二次返回比利时修理，至××××年××月××日，仍未修理完毕。

四、产生上述问题的主要原因

产生上述问题的主要原因：一是部分项目单位对项目管理重视不够，未将国外无偿援助项目作为独立项目进行管理，未严格执行项目赠款协议的规定；二是部分项目单位未根据项目管理需要制定具有针对性的财务管理制度及其他相关制度，有的已有制度但未严格执行；三是项目设备采购未严格执行项目招投标的有关规定。

五、审计建议

（一）××省政府各有关主管部门应严格按项目协议规定执行项目，保证配套资金的及时到位，促进项目的顺利实施。

（二）各有关部门应建立健全国外无偿援助项目财务管理制度和其他相关制度，并严格执行。

（三）国外无偿援助项目的勘察、设计、施工及设备采购等工作均应严格遵守招投标法律法规，实行招投标，规范招投标行为。

附件：国外无偿援助项目基本情况表

审计署××特派办

××××年××月××日

【例9-3】政府审计的效益审计报告示例

世界银行贷款×××项目效益审计调查报告

根据审计署××××年审计项目计划安排，我办组成10人的审计调查组，于××××年××月××日至××月××日对世界银行贷款（以下简称世行贷款）×××项目截至××××年年末效益情况进行了专项审计调查，重点调查了项目执行单位×××项目建设、经营管理情况，××省财政厅、××市财政局还贷管理情况，并延伸调查了×××等单位。被审计单位承诺已向审计调查组提供了审计调查所需的所有会计资料、证明文件和会议记录等，并对其真实性、完整性负责。在相关单位的积极支持和配合下，审计调查组已完成了审计调查工作。现将调查情况报告如下：

一、项目审计调查基本情况

（一）项目基本情况

世行贷款×××项目是国家"八五"重点建设项目，项目执行单位为×××药厂，项目主要建设内容为在××省××市建设×××药厂，设计年加工×××万吨，生产×××等产品。该项目为地方项目，属于工业类医药行业。原国家计委××××年××月以《×××》（计原外〔××××〕××号）批准项目立项，××××年××月以《×××》（计原〔××××〕××号）批复可行性研究报告，××××年××月通过世界银行评估，××××年××月中国政府与世界银行签订项目贷款协定，××××年××月贷款协定正式生效。

该项目于××××年××月正式开工建设，××××年年底基本完工，××××年××月各生产车间陆续投料试车，至××××年××月进入试生产期。由于设备工艺、技术不成熟和投料试车中存在许多问题，该项目一直达不到设计生产能力。后经厂方多次整改，但由于资金等问题，整改未能完成，于××××年××月被迫停产至今。

（二）项目概算执行及资金到位情况

××××年××月原××公司以《×××》（××计经设〔××××〕××号）批复×××药厂调整概算总投资为×××万元，其中世行贷款×××万美元（折合人民币×××万元），国内配套资金×××万元，配套资金投资比例为中央、地方（省市）各占50%。

××××年××月由×××药厂项目验收委员会确认项目竣工决算截止日为××××年××月××日。截至该时点，项目累计完成投资×××万元，其中：建筑安装工程投资×××万元、设备投资×××万元、待摊投资×××万元、其他投资×××万元。

（三）项目审计调查方式与方法

审计调查工作分为三个阶段：实施审前调查和编写审计调查实施方案；实施现场审计调查；汇总整理资料和编写审计调查报告。审计调查过程中，审计人员采用了审阅、咨询、座谈、实物核查和现场观察等一系列审计方法，并咨询了工程技术和经济管理等方面的专家。

（四）项目审计调查标准和评价依据

此次审计调查是依据《中华人民共和国审计法》、国家审计准则和《审计机关审计项目质量控制办法（试行）》进行的，目的是对世界银行贷款×××项目截至××××年年末效益情况进行审计和分析评价。审计和分析评价依据的主要标准有

《中华人民共和国环境保护法》《中华人民共和国破产法》等国家相关法律法规及项目可行性研究报告、项目贷款协定、外资设备采购指南等。

二、项目目标完成情况及效益分析评价

根据项目可行性研究报告,"项目建成后,以年加工××产品为主,结合综合利用、适当发展食品和饮料产品的医药基地"。但由于生产无法正常进行,××××年××月被迫停产至今,导致项目投资失败,未实现预定的经济、社会、环境等效益目标。

三、审计发现的问题和原因分析

(一)项目未完成经济目标

项目建成后,预计满负荷生产期正常年度的销售利润为×××万元;投资利润率为××%;贷款偿还期为××××年(不含建设期)。

项目于××××年年底基本竣工,××××年××月××素四大装置开始联动试车。但由于引进设备和工艺不配套等原因,导致生产长期处于低负荷运行状态,原材料消耗高、损失大,生产的产品质量差、合格率低。

(二)项目未完成社会目标

根据项目可行性研究报告设定的目标,项目建成后预计可提供××多人就业,同时需要大量的化工原料及包装材料,每年周转××多万吨的货物,这为相关产业的发展提供了机会;项目投产提供的××饲料××万多吨,××饲料××万多吨。

项目从××××年××月投料试车到××××年××月停产,共计生产时间不足××天。至审计期间,已停产近××年,除值班护厂的××余人外,其余职工×××余人已下岗多年。该项目不仅未能起到拉动经济发展和为社会提供就业机会的作用,反而成了国家财政的沉重包袱。

(三)项目未完成环境目标

该项目从地理位置、自然条件来说选址较为适宜。厂址区域工业污染不多,区域大气、地下水、地表水、土壤和农业生态的环境质量较好,如该项目能够按可行性报告提出的环境工程措施实施,不会对环境造成较大污染。

(四)项目拖欠国内外贷款本息×××万元

截至××××年年底,×××药厂债务本金、利息总额×××万元。其中内债总额×××万元因项目无效益全部拖欠,外债总额×××万元。

(五)项目建设超概算×××万元

全厂占地××亩,由××个单项工程组成。项目建成后,核定实际投资完成额为×××万元,超概算×××万元。

造成上述问题的原因具体表现在:

第一,引进工艺和设备严重失误,无法生产出合格产品。

第二,索赔不成功。

第三,整改资金未足额到位,整改方案未能实施。

第四,重组进展缓慢。

四、典型案例分析

世行贷款××制药项目未完成效益目标，试生产失败，目前已被迫停产近×年，同时还面临债务负担沉重、大多数职工下岗、资产闲置严重等诸多问题，目前处于资不抵债、重组无主、引资无路、维持无力的境地。

造成×××药厂现状的主要原因：一是项目引进工艺技术和设备决策严重失误，无法生产出合格产品，造成项目试生产亏损严重，被迫长期停产；二是项目整改资金未足额到位，整改方案未能全面实施，造成项目工艺技术中存在的问题未能得到解决；三是重组力度不够、债务负担过重、国家产业政策限制等因素，导致重组工作一直没有实质性进展。

详细的原因分析见"审计发现的问题和原因分析"部分。

五、审计建议

世行贷款×××项目停产已近×年，××亿元的项目建设投资未发挥效益，负债逐年增加，企业已严重资不抵债，破产重组进展缓慢。针对存在的问题，我办建议：

第一，地方政府应进一步加强项目重组工作，研究制订重组方案，加大重组力度，妥善处理债务，采取切实措施盘活项目资产，使国家投资形成的资产能尽快发挥效益。

第二，有关部门应组织对×××药厂资产负债状况进行一次全面的清理，摸清家底，核实负债，为企业下一步进行资产重组或破产清算提供参考依据。

第三，有关部门要认真总结×××药厂项目建设的教训，切实加强世行贷款项目建设管理，研究建立项目责任追究处理机制，保证国家建设项目完成目标，发挥效益。

审计署××特派办

××××年××月××日

二、内部审计报告的格式

根据《内部审计实务指南第3203号——审计报告》第二十二条规定：内部审计人员在确认有较大必要性的条件下编制规范的中期审计报告。一般中期审计报告篇幅较短，应当清楚地说明审计发现的事实、不良状况的影响，并提出审计建议。中期审计报告的格式可以根据实际需要选择以下所列格式之一：

（一）中期审计报告的基本格式

内部审计的中期审计报告包括：（1）标题，可由审计项目和"中期审计报告"两部分组成；（2）收件人；（3）审计发现；（4）审计建议；（5）附件；（6）签章；（7）报告日期。具体格式参见【例9-4】。

【例9-4】内部审计的中期审计报告示例

关于"出纳付款程序"的中期审计报告（标题）

公司总经理：（收件人）

从正在进行的公司××××年度财务收支审计中，我们发现公司财务部付款内部控制程序存在严重缺陷。出纳员××保管着公司财务专用章及财务经理私章，可随时支取公司款项，在我们的初步审核中，已经发现未经审批的付款××笔，共计××万元，如果不采取紧急措施，将可能导致更大的舞弊风险。（审计发现）

根据上述情况，我们建议财务经理收回相关印鉴，对每一笔公司款项的支付严格审核后才能签发，同时责成出纳员说清××万元款项的去向，采取各种手段追回款项，并建议临时停止出纳员的职务工作。（审计建议）

附件：1.××

2.××

3.××（附件）

审计项目负责人：××

审计小组成员：××、××

××审计机构（签章）

××××年××月××日（报告日期）

中期审计报告的备忘格式包括：（1）标题，只简单列示审计项目即可；（2）收件人；（3）审计发现；（4）审计建议；（5）审计人员签章；（6）报告日期。备忘格式具体见【例9-5】。

【例9-5】内部审计的中期审计报告备忘示例

资本性支出授权的中期报告（标题）

供销部经理：（收件人）

在审计贵单位资本性项目的过程中，我们发现目前所发生的资本性支出没有取得相应的批准文件。在××个资本性项目中，我们抽取了××个进行检查。累计支出××万元人民币。在档案资料中，均没有发现取得相应的批准文件。（审计发现的事件）

造成这种结果的原因是：最近改组重建的会计部门还没有在项目建设之前授权专门的人员负责批准；另外，采购订单的复核、批准还没有建立相应的程序。（审计发现的原因）

为了确保按照企业管理层的意图对资本性支出业务进行有效的控制，我们建议贵单位应该授权专门人员负责采购业务的批准；另外，在实施采购之前，采购订单应该与经过批准的文件进行核对验证。（审计建议）

审计员：×××

×××（签章）

××××年××月××日（报告日期）

（二）内部审计终结审计报告的格式

根据《内部审计实务指南第3号——审计报告》第二十三条的规定：内部审计人员应当编制终结审计报告。终结审计报告的基本格式（参见【例9-6】）包括：（1）标题；（2）收件人；（3）审计概况（立项依据及背景介绍，上次审计后的整改情况说明，审计目的和范围，审计重点等）；（4）审计依据；（5）审计发现；（6）审计结论；（7）审计建议；（8）附件；（9）签章；（10）报告日期。

【例9-6】内部审计的终结审计报告示例

关于××公司内部会计控制的审计报告（标题）

××公司总经理：（收件人）

为了配合今年年底公司组织的行业检查活动，我们临时调整了审计计划，组成了以王××为项目负责人的5人审计小组，对公司内部会计控制制度进行了局部审计，旨在自我评价，消除内部控制的弱点，改善公司管理水平，争取在行业评比中获得优异成绩。我们的审计目标是测试内部会计控制方面是否存在漏洞，寻找与同行业其他企业的差距。审计涉及的期间是20××年1月1日至20××年12月31日。审核的范围包括会计制度设计、会计核算程序、会计工作机构和人员职责，财务管理制度等方面。（审计概况）

我们按照内部审计准则的规定计划和实施本项内部审计工作，并采用了我们认为应当采用的必要的审计程序，根据抽查结果，我们认为，下列情况应当予以关注：

1.没有定期进行银行对账单调节。截至我们进行审计时，银行对账单的调节工作已延误了四个月，严重削弱了公司对资金安全性的控制。（见附件第××页）

2.由于没有防止投资收益账户上舞弊行为的控制程序，导致超过100,000元的股利被非法挪用。（见附件第××页）

3.……（审计发现）

除上述问题外，我们认为，组织管理层对内部会计控制的设计在整体上是符合公司的实际情况的，其运行取得了预期的效果。（审计结论）

我们认为，上述问题的发生，主要原因是相关职位人员配备不足，不相容职务未予以分离。建议财务部门健全资金控制制度，并招聘一名有经验的会计人员充实相关职位。（审计建议）

附件：1.××

　　　2.××

　　　3.××（附件）

审计项目负责人：×××
审计小组成员：×××
×××
××审计机构（签章）
××××年××月××日（报告日期）

以下所附的内部审计报告是参照某些大型企业的内部审计机构出具的真实审计报告加工整理而来的。具体包括经济责任审计报告（参见【例9-7】）、内部审计的竣工决算审计报告（参见【例9-8】）

【例9-7】经济责任审计报告示例

×××同志任期经济责任审计报告

依据《×××委员会领导干部任期经济责任审计暂行办法》和×××委员会领导干部任期经济责任审计联席会议的安排，委员会审计局组成审计组于××××年××月××日—××月××日对×××委员会××医院（以下简称：××医院）院长×××同志进行了任期经济责任审计。现将审计情况报告如下：

一、×××同志任职及被审计单位基本情况

（一）×××同志任职情况

×××同志××××年××月任××职务至今。任职期内主持××医院全面工作，分管人事劳动处（党委办公室）、计划财务科和委员会计划生育办公室的工作。

（二）被审计单位基本情况

1.职责职能情况。主要职责职能是：（1）承担××单位职工、家属及医院周边社区居民的医疗、预防、保健和卫生防疫等任务；（2）承担××防汛和地方防汛抢险医疗救护工作；（3）履行城镇职工基本医疗保险定点医院的职能，承担医疗保险合同单位职工的医疗服务；（4）承担××单位计划生育工作；（5）开展临床医疗教学、科研工作；（6）完成委员会授权与交办的其他工作。

2.机构设置及人员情况。××医院内设：办公室、医务处、人事劳动处（党委办公室）、总务处、护理部、门诊部、质量监督管理部、计划财务科、预防保健科、医保科、离退休职工管理科、保卫科、监察审计室、感染办等14个职能管理部，13个临床科室和11个医技检查科室。

3.财务管理及会计核算情况。××委员会对××医院实行差额预算拨款。

二、审计实施情况

在审计实施过程中，审计组严格执行了××委员会关于领导干部任期经济责任审计暂行办法、审计规程、审计评价暂行办法规定的程序和要求，制订了审前调查与审计实施方案，开展了审前调查工作，下达了审计通知书（××审通××号），实施了审计预告制度。

在审计过程中，审计组于××月××日、××日、××日分三次组织召开了×××同志述职报告会、离退休职工代表座谈会、中层干部及在职职工代表座谈会，广泛听取了××医院广大干部、职工对×××同志任职期间经济责任履行情况的评价意见。

在审计过程中，×××同志及××医院对其所提供的会计资料及相关资料的真实性、完整性进行了书面承诺，审计组只负责对所提供的资料发表审计意见。审计工作得到了××医院有关领导和有关部门、人员的积极支持与配合。

三、×××同志任职期间××医院财务收支及目标任务完成情况

×××同志主持××医院工作以来，积极引进新技术、新项目；强化职工队伍建设和医疗服务质量管理，使医疗环境得以明显改善。

（一）财务收支完成情况

1.全面完成基本建设投资计划。

2.部门预算收支基本平衡。

（二）主要经济指标完成情况

（三）重点专科建设成效明显

（四）技术创新和医学基础研究得到加强

（五）医疗运营规模和能力得到较大提高，医疗环境得到明显改善

1.加大了对基础设施维修、改造的力度。

2.医疗仪器设备进一步配套。

（六）积极推进由"以药养院"向"以医养院"的转变，并取得成效

（七）积极为公益事业做好服务

（八）内部控制制度建设得到加强，民主管理、政务公开逐步推进

三、×××同志廉洁自律情况

审计期间，审计组执行了审计预告制度。审计过程中，依据所提供的审计资料，没有发现×××同志在财务收支中的违法违纪和违反领导干部廉政规定的问题。

四、审计发现的问题及处理意见

（一）审计决定或意见落实不够到位

（二）财务管理方面的问题

1.未经上级批准，动用基建结余资金购置其他设备，挤占水利建设资金。

2.为缓解医疗设备购置资金紧张的问题，经院长办公会议决定，于××××年××月××日组织内部职工集资，每股××元，共集资×××万元，期限2年，年利率为7%，每满一年发放一次利息、两年后本利还清。以上筹集的资金用于购买设备，虽缓解了资金紧缺的问题，但与国家《关于禁止行政事业单位内部集资的规定》不符。

审计意见：对上述集资款严格管理，到期及时还本付息，并杜绝此类问题的再次发生。

（三）政府采购制度执行不严格

部分设备购置招标及采购程序不规范，资料不完整，且管理较乱。

审计意见：今后应严格执行政府采购制度，健全政府采购档案资料，并加强管理。

（四）部分经济合同执行不够严格

审计意见：今后应认真执行国家合同法规定，规范合同文本，加强合同签订的管理，严格按照合同条款与内容执行，提高对合同法律效力重要性的认识，避免合同纠纷，完善合同资料的归档管理。

（五）资产处置不符合规定

1.部分固定资产报废未办理报批手续。

审计意见：今后应严格国有资产资处置的审批权限和申报审批程序，不得擅自改变审批权限，加强国有资产的管理，防止国有资产流失。

2.部分资产未及时加以管理。

审计意见：今后应按会计制度的规定，对购入资产及时入账管理。建议对医院固定资产进行一次清理，依据清理结果及资产处置权限，办理相关手续，调整相关账务，完善国有资产管理，确保国有资产的安全完整。

（六）基本建设项目竣工验收滞后，项目档案资料管理不符合规定

审计意见：进一步规范基本建设程序，加强基本建设项目管理，及时编制项目竣工财务决算，开展项目竣工财务决算审计，加大项目竣工验收力度，加强工程项目建设资料整理归档工作。

五、有关责任

×××同志在主持××医院全面工作×年多的时间里，能够以身作则、率先垂范。××医院医疗环境得以明显改善，医疗技术水平得到较大提升，医疗运营能力得到了明显增强，职工办公及居住条件得到了较大改善，职工收入水平进一步提高。

但是，也由于××医院属于非营业性医疗机构事业单位，与委属其他事业单位相比在职责任务、财务管理及会计核算上有着明显的区别，从客观上讲，给医院管理带来一定的难度。目前，××医院在行业竞争中还存在很大的风险，内部控制制度需要进一步完善，在医疗设备及医疗设施更新改造方面亟待进一步加强和完善；在医疗、后勤、财务管理等方面与行业先进单位相比还存在一定差距。对此×××同志负有领导及主管责任。

六、审计意见与建议

（一）进一步加强对基本建设项目的管理，严格执行国家与上级关于基本建设程序和工程建设、投资管理的有关规定。

（二）进一步加大政府采购制度的执行力度，规范政府采购申报审批程序，加强市场调研和设备采购的招投标管理，健全和完善相关档案资料。

（三）进一步加强对财务会计工作的领导。本次审计发现，××医院会计基础工作还比较薄弱，应采取有效途径及措施，加大财会人员业务培训力度，进一步提高财务管理和会计基础工作水平。

（四）加强资产管理。对包括固定资产、流动资产在内的所有资产（如基建项目、基础设施改造项目、设备购置等）进行一次全面清查工作，并依据清查结果及资产处置的有关规定进行处理，避免存在账外资产，导致账实不符。严格执行资产处置申报审批手续，做好资产变价、残值回收工作，提高资产利用率与管理水平。

（五）进一步修改完善《××医院绩效工资实施方案（试行）》《××医院成本核算办法（试行）》等内部控制制度及内部激励、制约机制，促进医疗服务质量与水平的提高，促进医院经济效益的进一步提高。

审计组组长：

审计小组成员：

××××年××月××日

【例9-8】内部审计的竣工决算审计报告示例

××水库调水调沙期异重流调度关键技术研究项目竣工决算审计报告

根据××研究院《关于申请对〈××水库调水调沙期异重流调度关键技术研究〉项目进行竣工财务决算审计的函》（××审函〔××××〕××号），××审计局组成审计组，按照水利部《水利基本建设项目竣工决算审计暂行办法》的规定，于××××年××月××日至××月××日，对该项目进行了竣工决算审计。该项目是审计局选定的跟踪审计项目，在项目实施中间，审计局曾分别于××××年××月、××××年××月组成审计小组，对该项目进行审计，并对项目实施中间存在的问题下达审计意见，提出审计建议。

本次审计采用就地审计的方式，在审计期间，审计人员查阅了该项目的任务书、计划下达文件、技术合同、研究成果报告、竣工财务决算等相关资料，采取了询问、现场查看等方法。按照审计规程的要求已完成所有工作内容，具体审计情况报告如下：

一、项目基本情况

××水库调水调沙期异重流调度关键技术研究项目是××委员会为解决人工塑造异重流过程中潜入条件、传播时间、出库含沙量等关键技术问题，为××调水调沙提供理论支撑而开展的重点科研项目。该项目的主要研究内容包括：水沙因子及边界条件对异重流形成的影响；复杂边界条件对异重流输移的影响；××水库水沙数学模型研究；提高异重流排沙比的控制性和敏感性因素研究；异重流调度指标与塑造措施研究。

二、项目经费核定和投资计划和资金下达情况

1.项目经费核定情况

××××年××月××日，××水利委员会下发了《关于××水库调水调沙期异重流调度关键技术研究和××下游防洪工程历史险情资料收集及入库项目任务书的批复》（×计〔××××〕××号），核定××水库调水调沙期异重流调度关键技术研究经费×××万元。

2.投资计划和资金下达情况

××××年××月××日，《关于下达××××年部属水利建设投资××下游非工程措施项目计划的通知》（×规计〔××××〕××号），下达××科院××水库调水调沙期异重流调度关键技术研究项目经费×××万元。

三、合同签订执行情况和概算执行情况

1.合同签订执行情况

该项目以××科院为主，部分内容委托××水文水资源局和××大学完成。××××年××月，××科院与××水文水资源局签订《××水库异重流分流分沙量测验技术服务合同》，金额×××万；××××年××月，××科院与××大学签订技术开发合同，金额×××万元。

2.概算执行情况

该项目共完成投资×××万元，其中协作费×××万元，人工费×××万元，劳务费、

差旅费、办公费、会议费等×××万元。该项目无结余资金。

截至审计日，该项目的整体研究成果还未组织专家验收。

四、审计发现问题及建议

在水利前期工作经费中列支本单位人员工资性支出。

《关于××水库调水调沙期异重流调度关键技术研究和黄河下游防洪工程历史险情资料收集及入库项目任务书的批复》（×规计〔××××〕××号）核定××水库调水调沙期异重流调度关键技术研究项目工作经费为×××万元，其中人员经费共计×××万元。该项目实际支出协作费×××万元，××科院本级支出×××万元，其中发放职工津补贴、移动通讯费、文明奖等共×××万元。

××××年××月××日，水利部《关于〈中央水利基本建设前期工作经费财务管理办法〉有关费用开支范围的补充规定》中规定："实行财政补贴的预算单位，不得在水利基本建设前期工作经费中列支本单位人员工资。"

今后要严格按照《中央水利基本建设前期工作经费财务管理办法》规定的开支范围和标准列支，规范中央水利基本建设前期经费的使用。

五、审计结论

经审计，除上述问题外，××水库调水调沙期异重流调度关键技术研究项目竣工财务决算报表的编制符合《水利基本建设项目竣工财务决算编制规程》，该项目资金管理、使用及会计核算符合《基本建设财务管理规定》和《国有建设单位会计制度》的规定。我们认为，待该项目研究成果通过专家验收后，该项目竣工财务决算可作为工程竣工验收的依据。

审计组组长：

审计小组成员：

××××年××月××日

三、独立审计报告的格式

（一）审计报告意见类型

审计报告分为无保留意见审计报告和非无保留意见审计报告两大类。非无保留意见审计报告又包括保留意见、否定意见和无法表示意见审计报告。究竟这些类型意见的审计报告在何种情况下出具，就是我们要谈论的审计报告意见决策问题。

（二）审计意见决策

1.当满足下列条件时，审计人员应当出具无保留意见审计报告

（1）财务报表已在所有重大方面按照适用的财务报告编制基础编制，公允反映了被审计单位的财务状况、经营成果和现金流量。

（2）注册会计师按照中国注册会计师审计准则的规定计划和实施审计工作，在审计过程中未受到限制。

如果得出财务报表按照适用的财务报告编制基础编制并实现公允反映的结论，同时注册会计师的审计范围没有受到重大限制时，注册会计师应当发表无保留意见的审计意见。

2.当满足下列条件时，审计人员应当出具非无保留意见审计报告

非无保留意见，即保留意见、否定意见和无法表示意见。注册会计师确定恰当的非无保留意见类型，取决于下列事项：一是导致非无保留意见的事项的性质，是财务报表存在重大错报，还是在无法获取充分、适当的审计证据的情况下，财务报表可能存在重大错报；二是注册会计师就导致非无保留意见的事项对财务报表产生或可能产生影响的广泛性作出判断。

（1）签发保留意见的审计报告的条件

如果认为财务报表整体是公允的，但还存在下列情形之一时，注册会计师应当出具保留意见的审计报告：

①在获取充分、适当的审计证据后，注册会计师认为错报单独或累计起来对财务报表影响重大，但不具有广泛性；

②注册会计师无法获取充分、适当的审计证据以作为形成审计意见的基础，但是认为未发现的错报（如存在）对财务报表可能产生的影响重大，但不具有广泛性。

根据注册会计师的职业判断，对财务报表具有广泛性影响的情形是：

①不限于对财务报表的特定要素、账户或项目产生影响；

②虽然仅对财务报表的特定要素、账户或项目产生影响，但这些要素、账户或项目抑或可能是财务报表的主要组成部分；

③当与披露相关时，产生的影响对财务报表使用者理解财务报表至关重要。

（2）签发否定意见的审计报告的条件

否定意见是指注册会计师认为财务报表没有按照适用的财务报告编制基础的规定编制，未能在所有重大方面公允反映被审计单位的财务状况、经营成果和现金流量而发表的审计意见。否定意见说明被审计单位的财务报表不能信赖，因此，无论是注册会计师，还是被审计单位都不希望发表此类意见。在审计实务中，发表否定意见的情况极其罕见。

在获取充分、适当的审计证据后，如果认为错报单独或累计起来对财务报表的影响重大且具有广泛性，注册会计师应当发表否定意见的审计报告。

（3）签发无法表示意见的审计报告的条件

无法表示意见是注册会计师无法获取充分、适当的审计证据以作为形成审计意见的基础，但认为未发现的错报（如存在）对财务报表可能产生的影响重大且具有广泛性，不能就被审计单位财务报表整体是否公允反映其财务状况、经营成果和现金流量发表审计意见，也即对被审计单位的财务报表既不发表肯定意见或否定意见，也不发表保留意见。

注册会计师发表无法表示意见，不同于注册会计师拒绝接受委托，它是在注册会计师实施了必要的审计程序后所形成的结论。注册会计师发表无法表示意见，不是注册会计师不愿意发表无保留、保留或否定意见，而是由于一些重大限制使得注册会计师无法实施必要的审计程序，未能对一些重大事项获取充分、适当的审计证

据，从而不能对财务报表整体发表审计意见。

在极其特殊的情况下，可能存在多个不确定事项。尽管注册会计师对每个单独的不确定事项获取了充分、适当的审计证据，但由于不确定事项之间可能存在相互影响，以及可能对财务报表产生累计影响，注册会计师不可能对财务报表形成审计意见。在这种情况下，注册会计师应当发表无法表示意见。

典型的审计范围受到限制的情况有：a.未能对存货进行监盘；b.未能对应收账款进行函证；c.未能取得被投资企业的财务报表；d.内部控制极度混乱，会计记录缺乏系统性与完整性等。

在承接审计业务后，如果注意到管理层对审计范围施加了限制，且认为这些限制可能导致对财务报表发表保留意见或无法表示意见，注册会计师应当要求管理层消除这些限制。如果管理层拒绝消除这些限制，除非治理层全部成员参与管理被审计单位，注册会计师应当就此事项与治理层沟通，并确定能否实施替代程序以获取充分、适当的审计证据。

如果无法获取充分、适当的审计证据，注册会计师应当通过下列方式确定其影响：（1）如果未发现的错报（如存在）可能对财务报表产生的影响重大，但不具有广泛性，注册会计师应当发表保留意见；（2）如果未发现的错报（如存在）可能对财务报表产生的影响重大且具有广泛性，以至于发表保留意见不足以反映情况的严重性，注册会计师应当在具有可行性时解除业务约定（除非法律法规禁止）；如果在出具审计报告之前解除业务约定被禁止或不可行，应当发表无法表示意见。如果解除业务约定，注册会计师应当在解除业务约定前，与治理层沟通在审计过程中发现的、将会导致发表非无保留意见的所有错报事项。

3.当满足下列条件时，审计人员在审计报告中可增加强调事项段或其他事项段

如果认为有必要，注册会计师可以在审计报告中提供补充信息，以提醒使用者关注下列事项：

第一，尽管已在财务报表中列报或披露，但对使用者理解财务报表至关重要的事项；第二，未在财务报表中列报或披露，但与使用者理解审计工作、注册会计师的责任或审计报告相关的事项。

（1）出具带强调事项段的审计报告

审计报告的强调事项段是指审计报告中含有一个段落，该段落提及已在财务报表中恰当列报或披露的事项。根据注册会计师的职业判断，该事项对使用者理解财务报表至关重要。强调事项应当同时符合两个条件：第一，按照《中国注册会计师审计准则第1502号——在审计报告中发表非无保留意见》的规定，该事项不会导致注册会计师发表非无保留意见；第二，当《中国注册会计师审计准则第1504号——在审计报告中沟通关键审计事项》适用时，该事项为被确定为在审计报告中沟通的关键审计事项。

如果在审计报告中包含强调事项段，注册会计师应当采取下列措施：①将强调事项段作为单独的一部分置于审计报告中，并使用"强调事项段"这一术语的适当

标题；②明确提及被强调事项以及相关披露的位置，以便能够在财务报表中找到对该事项的详细描述，强调事项段应当仅提及已在财务报表中列报或披露的信息；③指出审计意见没有因该项强调事项而改变。

审计准则中要求增加强调事项段的具体情况有：

《中国注册会计师审计准则第1111号——就审计业务约定条款达成一致意见》中规定，如果相关部门要求采用的财务报告编制基础不适用于被审计单位的具体情况，管理层需要在财务报表中对此作出额外披露，以避免财务报表产生误导；在审计报告中增加强调事项段，以提醒使用者关注额外披露。

《中国注册会计师审计准则第1332号——期后事项》中规定了两种情况：

第一种情况是，在审计报告日后至财务报表报出日前，如果知悉了某事实，且若在审计报告日知悉该事实可能导致修改审计报告。在这种情况下，注册会计师应当：（1）与管理层和治理层（如适用）讨论该事项；（2）确定财务报表是否需要修改；（3）如果需要修改，询问管理层将如何在财务报表中处理该事项。如果管理层修改财务报表，注册会计师应当：（1）根据具体情况对有关修改实施必要的审计程序。（2）将规定的审计程序延伸至新的审计报告日，并针对修改后的财务报表出具新的审计报告。新的审计报告日不应早于修改后的财务报表被批准的日期。如果管理层对财务报表的修改仅限于反映导致修改的期后事项的影响，被审计单位的董事会、管理层或类似机构也仅针对有关修改进行批准，注册会计师可以仅针对有关修改将规定的审计程序延伸至新的审计报告日。根据这种情况，注册会计师应当选用下列处理方式之一：（1）出具新的或经修改的审计报告，在强调事项段或其他事项段中说明注册会计师对期后事项实施的审计程序仅限于财务报表相关附注所述的修改；（2）修改审计报告，针对财务报表修改部分增加补充报告日期，从而表明注册会计师对期后事项实施的审计程序仅限于财务报表相关附注所述的修改。

第二种情况是，在财务报表报出后，如果知悉了某事实，且若在审计报告日知悉该事实可能导致修改审计报告。在这种情况下，注册会计师应当：（1）与管理层和治理层（如适用）讨论该事项；（2）确定财务报表是否需要修改；（3）如果需要修改，询问管理层将如何在财务报表中处理该事项。如果管理层修改了财务报表，注册会计师应当：（1）根据具体情况对有关修改实施必要的审计程序。（2）复核管理层采取的措施能否确保所有收到原财务报表和审计报告的人士了解这一情况。（3）将规定的审计程序延伸至新的审计报告日，并针对修改后的财务报表修改或出具新的审计报告，新的审计报告日不应早于修改后的财务报表被批准的日期。注册会计师应当在新的或经修改的审计报告中增加强调事项段或其他事项段，提醒财务报表使用者关注财务报表附注中有关修改原财务报表的详细原因和注册会计师提供的原审计报告。如果管理层修改了财务报表，注册会计师应当在新的或经修改的审计报告中增加强调事项段或其他事项段，提醒财务报表使用者关注财务报表附注中有关修改原财务报表的详细原因和注册会计师提供的原审计报告。

《中国注册会计师审计准则第1601号——对按照特殊目的编制基础编制的财务

报表审计的特殊考虑》中规定，注册会计师对特殊目的财务报表出具的审计报告应当增加强调事项段，以提醒使用者关注财务报表按照特殊目的框架编制，因此，财务报表可能不适用于其他目的。

（2）出具带其他事项段的审计报告

其他事项段，是指审计报告中含有的一个段落，该段落提及未在财务报表中列报或披露的事项，根据注册会计师的职业判断，该事项与财务报表使用者理解审计工作、注册会计师的责任或审计报告相关。

如果认为有必要沟通虽然未在财务报表中列报或披露，但根据职业判断认为与财务报表使用者理解审计工作、注册会计师的责任或审计报告相关的事项，在同时满足下列条件时，注册会计师应当在审计报告中增加其他事项段：①未被法律法规禁止；②当《中国注册会计师审计准则第1504号——在审计报告中沟通关键审计事项》适用时，该事项未被确定为将要在审计报告中沟通的关键审计事项。

如果在审计报告中包含其他事项段，注册会计师应当将该段落作为单独的一部分，并使用"其他事项"或其他适当标题。其他事项段应置于关键审计事项部分之后。如果其他事项段的内容与其他报告责任部分相关，这一段落也可以置于审计报告的其他位置。

审计准则中要求增加其他事项段的具体情况有：

《中国注册会计师审计准则第1332号——期后事项》中规定的具体要求与强调事项段相同。

《中国注册会计师审计准则第1511号——比较信息：对应数据和比较财务报表》中规定，如果上期财务报表已由前任注册会计师审计，并且法律法规不禁止注册会计师提及前任注册会计师对对应数据出具的审计报告，当注册会计师决定提及时，应当在审计报告的其他事项段中说明：（1）上期财务报表已由前任注册会计师审计；（2）前任注册会计师发表的意见类型（如果是非无保留意见，还应当说明发表非无保留意见的理由）；（3）前任注册会计师出具的审计报告的日期。

如果上期财务报表未经审计，注册会计师应当在审计报告的其他事项段中说明对应数据未经审计。但这种说明并不减轻注册会计师获取充分、适当的审计证据，以确定期初余额不含有严重影响本期财务报表的错报的责任。

当结合本期审计对上期财务报表出具审计报告时，如果对上期财务报表发表的意见与以前发表的意见不同，注册会计师应当在其他事项段中披露导致不同意见的实质性原因。

如果上期财务报表已由前任注册会计师审计，除非前任注册会计师对上期财务报表重新出具审计报告，否则，注册会计师除对本期财务报表发表意见外，还应当在其他事项段中说明：（1）上期财务报表已由前任注册会计师审计；（2）前任注册会计师发表的意见类型（如果发表非无保留意见，还应当说明理由）；（3）前任注册会计师出具审计报告的日期。

（三）独立审计报告规范格式

在审计实务过程中，为了规范不同类型的独立审计报告，中国注册会计师协会颁布了有关独立审计报告的标准化格式，起到了很好的标准引领作用。各种意见类型的审计规范格式参见【例9-9】至【例9-14】。

【例9-9】对上市实体财务报表出具的审计报告

背景信息：

1.对上市实体整套财务报表进行审计。该审计不属于集团审计（即不适用《中国注册会计师审计准则第1401号——对集团财务报表审计的特殊考虑》）；

2.管理层按照企业会计准则编制财务报表；

3.审计业务约定条款体现了《中国注册会计师审计准则第1111号——就审计业务约定条款达成一致意见》中关于管理层对财务报表责任的描述；

4.基于获取的审计证据，注册会计师认为发表无保留意见是恰当的；

5.适用的相关职业道德要求为中国注册会计师职业道德守则；

6.基于获取的审计证据，根据《中国注册会计师审计准则第1324号——持续经营》，注册会计师认为可能导致对被审计单位持续经营能力产生重大疑虑的事项或情况不存在重大不确定性；

7.已按照《中国注册会计师审计准则第1504号——在审计报告中沟通关键审计事项》的规定沟通了关键审计事项；

8.注册会计师在审计报告日前已获取所有其他信息，且未识别出信息存在重大错报；

9.负责监督财务报表的人员与负责编制财务报表的人员不同；

10.除财务报表审计外，注册会计师还承担法律法规要求的其他报告责任，且注册会计师决定在审计报告中履行其他报告责任。

审计报告

ABC股份有限公司全体股东：

一、对财务报表出具的审计报告①

（一）审计意见

我们审计了ABC股份有限公司（以下简称ABC公司）财务报表，包括20×7年12月31日的资产负债表，20×7年度的利润表、现金流量表、所有者权益变动表以及财务报表附注（包括重大会计政策和会计估计）。

我们认为，后附的财务报表在所有重大方面按照企业会计准则的规定编制，公允反映了ABC公司20×7年12月31日的财务状况以及20×7年度的经营成果和现金流量。

（二）形成审计意见的基础

我们按照中国注册会计师审计准则的规定执行了审计工作。审计报告的"注册

---

① 如果审计报告不包含"按照相关法律法规的要求报告的事项"部分，则不需要加入此标题。

会计师对财务报表审计的责任"部分进一步阐述了我们在这些准则下的责任。按照中国注册会计师职业道德守则,我们独立于ABC公司,并履行了职业道德方面的其他责任。我们相信,我们获取的审计证据是充分的、适当的,为发表审计意见提供了基础。

(三)关键审计事项

关键审计事项是我们根据职业判断,认为对本期财务报表审计最为重要的事项。这些事项是在对财务报表整体进行审计并形成意见的背景下进行处理的,我们不对这些事项提供单独的意见。

[按照《中国注册会计师审计准则第1504号——在审计报告中沟通关键审计事项》的规定描述每一关键审计事项。]

(四)其他信息

[按照《中国注册会计师审计准则第1521号——注册会计师对其他信息的责任》的规定报告,见《〈中国注册会计师审计准则第1521号——注册会计师对其他信息的责任〉应用指南》附录2中的参考格式1。]

(五)管理层和治理层对财务报表的责任

ABC公司管理层(以下简称管理层)负责按照企业会计准则的规定编制财务报表,使其实现公允反映,并设计、执行和维护必要的内部控制,以使财务报表不存在由于舞弊或错误导致的重大错报。

在编制财务报表时,管理层负责评估ABC公司的持续经营能力,披露与持续经营相关的事项(如适用),并运用持续经营假设,除非管理层计划清算ABC公司、停止营运或别无其他现实的选择。

治理层负责监督ABC公司的财务报告过程。

(六)注册会计师对财务报表审计的责任

我们的目标是对财务报表整体是否不存在由于舞弊或错误导致的重大错报获取合理保证,并出具包含审计意见的审计报告。合理保证是高水平的保证,但并不能保证按照审计准则执行的审计在某一重大错报存在时总能发现。错报可能由舞弊或错误所导致,如果合理预期错报单独或汇总起来可能影响财务报表使用者依据财务报表作出的经济决策,则错报是重大的。

在按照审计准则执行审计工作的过程中,我们运用职业判断,,并保持了职业怀疑。同时,我们也执行以下工作:

(1)识别和评估由于舞弊或错误导致的财务报表重大错报风险,设计和实施审计程序以应对这些风险,并获取充分、适当的审计证据,作为发表审计意见的基础。由于舞弊可能涉及串通、伪造、故意遗漏、虚假陈述或凌驾于内部控制之上,未能发现由于舞弊导致的重大错报的风险高于未能发现由于错误导致的重大错报的风险。

(2)了解与审计相关的内部控制,以设计恰当的审计程序,但目的并非对内部控制的有效性发表意见。①

（3）评价管理层选用会计政策的恰当性和作出会计估计及相关披露的合理性。

（4）对管理层使用持续经营假设的恰当性得出结论。同时，根据获取的审计证据，就可能导致对 ABC 公司的持续经营能力产生重大疑虑的重大不确定性得出结论。如果我们得出结论认为存在重大不确定性，审计准则要求我们在审计报告中提请报表使用者注意财务报表中的相关披露；如果披露不充分，我们应当发表非无保留意见。我们的结论基于截至审计报告日可获得的信息。然而，未来的事项或情况可能导致 ABC 公司不能持续经营。

（5）评价财务报表的总体列报、结构和内容（包括披露），并评价财务报表是否公允反映相关交易和事项。

我们与治理层就计划的审计范围、时间安排和重大审计发现进行沟通，包括沟通我们在审计中识别的值得关注的内部控制缺陷。

我们还就已遵守与独立性相关的职业道德要求向治理层提供声明，并与治理层沟通可能被合理认为影响我们独立性的所有关系和其他事项，以及相关的防范措施（如适用）。

从与治理层沟通的事项中，我们确定哪些事项对当期财务报表审计最为重要，因而构成关键审计事项。我们在审计报告中描述这些事项，除非法律法规不允许公开披露这些事项，或在极少数情形下，如果合理预期在审计报告中沟通某事项造成的负面后果超过在公众利益方面产生的益处，我们确定不应在审计报告中沟通该事项。

二、按照相关法律法规的要求报告的事项

［本部分的格式和内容，取决于法律法规对其他报告责任性质的规定。本部分应当说明相关法律法规规定的事项（其他报告责任），除非其他报告责任涉及的事项与审计准则规定的报告责任涉及的事项相同。如果涉及相关的事项，其他报告责任可以在审计准则规定的同一报告要素部分列示。当其他报告责任和审计准则规定的报告责任涉及同一事项，并且审计报告中的措辞能够将其他报告责任与审计准则规定的责任（如存在差异）予以清楚地区分时，可以将两者合并列示（即包含在"对财务报表出具的审计报告"部分中，并使用适当的副标题）。］

×××会计师事务所	中国注册会计师：×××（项目合伙人）
（盖章）	（签名并盖章）
	中国注册会计师：×××
	（签名并盖章）
中国××市	20×8年××月××日

---

① 如果注册会计师结合财务报表审计对内部控制的有效性发表意见，应当删除"但目的并非对内部控制的有效性发表意见"的措辞。

【例9-10】保留意见审计报告规范格式

对上市实体合并财务报表出具的审计报告

背景信息：

1.对上市实体整套合并财务报表进行审计。该审计属于集团审计，被审计单位拥有多个子公司（即适用《中国注册会计师审计准则第1401号——对集团财务报表审计的特殊考虑》）；

2.管理层按照××财务报告编制基础编制合并财务报表，该编制基础允许被审计单位只列报合并财务报表；

3.审计业务约定条款体现了《中国注册会计师审计准则第1111号——就审计业务约定条款达成一致意见》中关于管理层对合并财务报表责任的描述；

4.基于获取的审计证据，注册会计师认为发表无保留意见是恰当的；

5.适用的相关职业道德要求为中国注册会计师职业道德守则；

6.基于获取的审计证据，根据《中国注册会计师审计准则第1324号——持续经营》，注册会计师认为可能导致对审计单位持续经营能力产生重大疑虑的事项或情况不存在重大不确定性；

7.已按照《中国注册会计师审计准则第1504号——在审计报告中沟通关键审计事项》的规定沟通了关键审计事项；

8.注册会计师在审计报告日前已获取所有其他信息，且未识别的信息存在重大错报；

9.负责监督合并财务报表的人员与负责编制合并财务报表的人员不同；

10.除合并财务报表审计外，注册会计师还承担法律法规要求的其他报告责任，且注册会计师决定在审计报告中履行其他报告责任。

审计报告

ABC股份有限公司全体股东：

一、对合并财务报表出具的审计报告

（一）保留意见

我们审计了ABC股份有限公司及其子公司（以下简称ABC集团）合并财务报表，包括20×7年12月31日的合并资产负债表，20×7年度的合并利润表、合并现金流量表、合并股东权益变动表以及合并财务报表附注（包括重大会计政策和会计估计）。

我们认为，后附的集团合并财务报表在所有重大方面按照××财务报告编制基础的规定编制，公允反映了ABC集团20×7年12月31日的合并财务状况以及20×7年度的合并经营成果和合并现金流量。

（二）形成保留意见的基础

我们按照中国注册会计师审计准则的规定执行了审计工作。审计报告的"注册会计师对财务报表审计的责任"部分进一步阐述了我们在这些准则下的责任。按照中国注册会计师职业道德守则，我们独立于ABC集团，并履行了职业道德方面的其他责任。我们相信，我们获取的审计证据是充分、适当的，为发表审计意见提供了基础。

（三）关键审计事项

关键审计事项是根据我们的职业判断，认为对本期财务报表审计最为重要的事项。这些事项的应对以对合并财务报表整体进行审计并形成审计意见为背景，我们不对这些事项单独发表意见。

［按照《中国注册会计师审计准则第1504号——在审计报告中沟通关键审计事项》的规定描述每一关键审计事项。］

（四）其他信息

［按照《中国注册会计师审计准则1521号——注册会计师对其他信息的责任》的规定报告，见《〈中国注册会计师审计准则第1521号——注册会计师对其他信息的责任〉应用指南》附录2中的参考格式1。］

（五）管理层和治理层对合并财务报表的责任

ABC集团管理层（以下简称管理层）负责按照××财务报告编制基础的规定编制合并财务报表，使其实现公允反映，并设计、执行和维护必要的内部控制，以使合并财务报表不存在由于舞弊或错误导致的重大错报。

在编制合并财务报表时，管理层负责评估ABC集团的持续经营能力，披露与持续经营相关的事项（如适用），并运用持续经营假设，除非管理层计划清算ABC集团、终止运营或别无其他现实的选择。

治理层负责监督ABC集团的财务报告过程。

五、注册会计师对合并财务报表审计的责任

我们的目标是对合并财务报表整体是否不存在由于舞弊或错误导致的重大错报获取合理保证，并出具包含审计意见的审计报告。合理保证是高水平的保证，但并不能保证按照审计准则执行的审计在某一重大错报存在时总能发现。错报可能由舞弊或错误所导致，如果合理预期错报单独或汇总起来可能影响财务报表使用者依据合并财务报表作出的经济决策，则通常认为错报是重大的。

在按照审计准则执行审计工作的过程中，我们运用职业判断，并保持职业怀疑。同时，我们也执行以下工作：

（1）识别和评估由于舞弊或错误导致的合并财务报表重大错报风险，设计和实施审计程序以应对这些风险，并获取充分、适当的审计证据，作为发表审计意见的基础。由于舞弊可能涉及串通、伪造、故意遗漏、虚假陈述或凌驾于内部控制之上，未能发现由于舞弊导致的重大错报的风险高于未能发现由于错误导致的重大错报的风险。

（2）了解与审计相关的内部控制，以设计恰当的审计程序，但目的并非对内部控制的有效性发表意见。

（3）评价管理层选用会计政策的恰当性和作出会计估计及相关披露的合理性。

（4）对管理层使用持续经营假设的恰当性得出结论。同时，根据获取的审计证据，就可能导致对 ABC 集团持续经营能力产生重大疑虑的事项或情况是否存在重大不确定性得出结论。如果我们得出结论认为存在重大不确定性，审计准则要求我们在审计报告中提请报表使用者注意合并财务报表中的相关披露；如果披露不充分，我们应当发表非无保留意见。我们的结论基于截至审计报告日可获得的信息。然而，未来的事项或情况可能导致 ABC 集团不能持续经营。

(5) 评价合并财务报表的总体列报、结构和内容（包括披露），并评价合并财务报表是否公允反映相关交易和事项。

(6) 就 ABC 集团中实体或业务活动的财务信息获取充分、适当的审计证据，以对合并财务报表发表审计意见。我们负责指导、监督和执行集团审计，并对审计承担全部责任。

我们与治理层就计划的审计范围、时间安排和重大审计发现等事项进行沟通，包括沟通我们在审计中识别的值得关注的内部控制缺陷。

我们还就已遵守与独立性相关的职业道德要求向治理层提供声明，并与治理层沟通可能被合理认为影响我们独立性的所有关系和其他事项，以及相关的防范措施（如适用）。

从与治理层沟通的事项中，我们确定哪些事项对本期合并财务报表审计最为重要，因而构成关键审计事项。我们在审计报告中描述这些事项，除非法律法规禁止公开披露这些事项，或在极少数情形下，如果合理预期在审计报告中沟通某事项造成的负面后果超过在公众利益方面产生的益处，我们确定不应在审计报告中沟通该事项。

二、按照相关法律法规的要求报告的事项

［本部分的格式和内容，取决于法律法规对其他报告责任性质的规定。本部分应当说明相关法律法规规定的事项（其他报告责任），除非其他报告责任涉及的事项与审计准则规定的报告责任涉及的事项相同。如果涉及相关的事项，其他报告责任可以在审计准则规定的同一报告要素部分列示。当其他报告责任和审计准则规定的报告责任涉及同一事项，并且审计报告中的措辞能够将其他报告责任与审计准则规定的责任（如存在差异）予以清楚地区分时，可以将两者合并列示（即包含在"对合并财务报表出具的审计报告"部分中，并使用适当的副标题）。］

××会计师事务所　　　　　　　　中国注册会计师：×××（项目合伙人）
（盖章）　　　　　　　　　　　　　　　　（签名并盖章）
　　　　　　　　　　　　　　　　中国注册会计师：×××
　　　　　　　　　　　　　　　　　　　　（签名并盖章）

中国××市　　　　　　　　　　　20×8年××月××日

【例 9-11】 对非上市实体财务报表出具的审计报告

背景信息：

1. 对非上市实体整套财务报表进行审计。该审计不属于集团审计（即不适用《中国注册会计师审计准则第 1401 号——对集团财务报表审计的特殊考虑》）；

2.管理层按照企业会计准则编制财务报表；

3.审计业务约定条款体现了《中国注册会计师审计准则第1111号——就审计业务约定条款达成一致意见》中关于管理层对财务报表责任的描述；

4.基于获取的审计证据，注册会计师认为发表无保留意见是恰当的；

5.适用的相关职业道德要求为中国注册会计师职业道德守则；

6.基于获取的审计证据，根据《中国注册会计师审计准则第1324号——持续经营》，注册会计师认为可能导致对被审计单位持续经营能力产生重大疑虑的事项或情况不存在重大不确定性；

7.注册会计师未被要求，并且也决定不构成关键审计事项；

8.注册会计师在审计报告日前已获取所有其他信息，且未识别出信息存在重大错报；

9.负责监督财务报表的人员与负责编制财务报表的人员不同；

10.除财务报表审计外，注册会计师不承担法律法规要求的其他报告责任。

审计报告

ABC股份有限公司全体股东：

一、审计意见

我们审计了ABC股份有限公司（以下简称ABC公司）财务报表，包括20×7年12月31日的资产负债表，20×7年度的利润表、现金流量表、股东权益变动表以及相关财务报表附注。

我们认为，后附的财务报表在所有重大方面按照企业会计准则的规定编制，公允反映了ABC公司20×7年12月31日的财务状况以及20×7年度的经营成果和现金流量。

二、形成审计意见的基础

我们按照中国注册会计师审计准则的规定执行了审计工作。审计报告的"注册会计师对财务报表审计的责任"部分进一步阐述了我们在这些准则下的责任。按照中国注册会计师职业道德守则，我们独立于ABC公司，并履行了职业道德方面的其他责任。我们相信，我们获取的审计证据是充分、适当的，为发表审计意见提供了基础。

三、其他信息

［按照《中国注册会计师审计准则第1521号——注册会计师对其他信息的责任》的规定报告，见《〈中国注册会计师审计准则第1521号——注册会计师对其他信息的责任〉应用指南》附录2中的参考格式1。］

四、管理层和治理层对财务报表的责任

ABC公司管理层（以下简称管理层）负责按照企业会计准则的规定编制财务报表，使其实现公允反映，并设计、执行和维护必要的内部控制，以使财务报表不存在由于舞弊或错误导致的重大错报。

在编制财务报表时，管理层负责评估ABC公司的持续经营能力，披露与持续

经营相关的事项（如适用），并运用持续经营假设，除非管理层计划清算公司、终止运营或别无其他现实的选择。

治理层负责监督ABC公司的财务报告过程。

五、注册会计师对财务报表审计的责任

我们的目标是对财务报表整体是否不存在由于舞弊或错误导致的重大错报获取合理保证，并出具包含审计意见的审计报告。合理保证是高水平的保证，但并不能保证按照审计准则执行的审计在某一重大错报存在时总能发现。错报可能由于舞弊或错误导致，如果合理预期错报单独或汇总起来可能影响财务报表使用者依据财务报表作出的经济决策，则通常认为错报是重大的。

在按照审计准则执行审计工作的过程中，我们运用职业判断，并保持职业怀疑。同时，我们也执行以下工作：

（1）识别和评估由于舞弊或错误导致的财务报表重大错报风险，设计和实施审计程序以应对这些风险，并获取充分、适当的审计证据，作为发表审计意见的基础。由于舞弊可能涉及串通、伪造、故意遗漏、虚假陈述或凌驾于内部控制之上，未能发现由于舞弊导致的重大错报的风险高于未能发现由于错误导致的重大错报的风险。

（2）了解与审计相关的内部控制，以设计恰当的审计程序，但目的并非对内部控制的有效性发表意见。

（3）评价管理层选用会计政策的恰当性和作出会计估计及相关披露的合理性。

（4）对管理层使用持续经营假设的恰当性得出结论。同时，根据获取的审计证据，就可能导致对ABC公司持续经营能力产生重大疑虑的事项或情况是否存在重大不确定性得出结论。如果我们得出结论认为存在重大不确定性，审计准则要求我们在审计报告中提请报表使用者注意财务报表中的相关披露；如果披露不充分，我们应当发表非无保留意见。我们的结论基于截至审计报告日可获得的信息。然而，未来的事项或情况可能导致ABC公司不能持续经营。

（5）评价财务报表的总体列报、结构和内容（包括披露），并评价财务报表是否公允反映相关交易和事项。

我们与治理层就计划的审计范围、时间安排和重大审计发现等事项进行沟通，包括沟通我们在审计中识别出的值得关注的内部控制缺陷。

××会计师事务所　　　　　　　中国注册会计师：×××（项目合伙人）
（盖章）　　　　　　　　　　　　　　　　　　（签名并盖章）

　　　　　　　　　　　　　　中国注册会计师：×××
　　　　　　　　　　　　　　　　　　　　　（签名并盖章）

中国××市　　　　　　　　　20×8年×月×日

【例9-12】否定意见的审计报告

审计报告

ABC股份有限公司全体股东：

一、否定意见

我们审计了ABC股份有限公司及其子公司（以下简称ABC集团）的合并财务报表，包括20×7年12月31日的合并资产负债表，20×7年度的合并利润表、合并现金流量表、合并股东权益变动表以及合并财务报表附注（包括重大会计政策和会计估计）。

我们认为，由于"形成否定意见的基础"部分所述事项的重要性，后附的合并财务报表没有在所有重大方面按照××财务报告编制基础的规定编制，未能公允反映ABC集团20×7年12月31日的合并财务状况以及20×7年度的合并经营成果和合并现金流量。

二、形成否定意见的基础

如财务报表附注×所述，20×7年ABC集团通过非同一控制下的企业合并获得对XYZ公司的控制权，因未能取得购买日XYZ公司某些重要资产和负债的公允价值，故未将XYZ公司纳入合并财务报表的范围。按照××财务报告编制基础，该集团应将这一子公司纳入合并范围，并以暂估金额为基础核算该项收购。如果将XYZ公司纳入合并财务报表的范围，后附的ABC集团合并财务报表的多个报表项目将受到重大影响。但我们无法确定未将XYZ公司纳入合并范围对合并财务报表产生的影响。

我们按照中国注册会计师审计准则的规定执行了审计工作。审计报告的"注册会计师对合并财务报表审计的责任"部分进一步阐述了我们在这些准则下的责任。按照中国注册会计师职业道德守则，我们独立于ABC集团，并履行了职业道德方面的其他责任。我们相信，我们获取的审计证据是充分、适当的，为发表否定意见提供了基础。

三、关键审计事项

除"形成否定意见的基础"部分所述事项外，我们认为，没有其他需要在我们的报告中沟通的关键审计事项。

四、管理层和治理层对合并财务报表的责任

ABC集团管理层（以下简称管理层），负责按照××财务报告编制基础的规定编制合并财务报表，使其实现公允反映，并设计、执行和维护必要的内部控制，以使合并财务报表不存在由于舞弊或错误导致的重大错报。

在编制合并财务报表时，管理层负责评估ABC集团的持续经营能力，披露与持续经营相关的事项（如适用），并运用持续经营假设，除非管理层计划清算ABC集团、停止运营或别无其他现实的选择。

治理层负责监督ABC集团的财务报告过程。

五、注册会计师对合并财务报表审计的责任

我们的目标是对合并财务报表整体是否不存在由于舞弊或错误导致的重大错报获取合理保证，并出具包含审计意见的审计报告。合理保证是高水平的保证，但并不能保证按照审计准则执行的审计在某一重大错报存在时总能发现。错报可能由舞弊或错误所导致，如果合理预期错报单独或汇总起来可能影响财务报表使用者依据财务报表作出的经济决策，则通常认为错报是重大的。

在按照审计准则执行审计工作的过程中，我们运用职业判断，保持职业怀疑。同时，我们也执行以下工作：

（1）识别和评估由于舞弊或错误导致的财务报表重大错报风险，设计和实施审计程序以应对这些风险，并获取充分、适当的审计证据，作为发表审计意见的基础。由于舞弊可能涉及串通、伪造、故意遗漏、虚假陈述或凌驾于内部控制之上，未能发现由于舞弊导致的重大错报的风险高于未能发现由于错误导致的重大错报的风险。

（2）了解与审计相关的内部控制，以设计恰当的审计程序，但目的并非对内部控制的有效性发表意见。

（3）评价管理层选用会计政策的恰当性和作出会计估计及相关披露的合理性。

（4）对管理层使用持续经营假设的恰当性得出结论。同时，根据获取的审计证据，就可能导致对ABC集团持续经营能力产生重大疑虑的事项或情况是否存在重大不确定性得出结论。如果我们得出结论认为存在重大不确定性，审计准则要求我们在审计报告中提请报表使用者注意合并财务报表中的相关披露；如果披露不充分，我们应当发表非无保留意见。我们的结论基于截至审计报告日可获得的信息。然而，未来的事项或情况可能导致ABC集团不能持续经营。

（5）评价合并财务报表的总体列报、结构和内容（包括披露），并评价合并财务报表是否公允反映相关交易和事项。

我们与治理层就计划的审计范围、时间安排和重大审计发现进行沟通，包括沟通我们在审计中识别出的值得关注的内部控制缺陷。

我们还就已遵守与独立性相关的职业道德要求向治理层提供声明，并与治理层沟通可能被合理认为影响我们独立性的所有关系和其他事项，以及相关的防范措施（如适用）。

从与治理层沟通的事项中，我们确定哪些事项对本期合并财务报表审计最为重要，因而构成关键审计事项。我们在审计报告中描述这些事项，除非法律法规禁止公开披露这些事项，或在极少数情形下，如果合理预期在审计报告中沟通某事项造成的负面后果超过在公众利益方面产生的益处，我们确定不应在审计报告中沟通该事项。

××会计师事务所	中国注册会计师：×××（项目合伙人）
（盖章）	（签名并盖章）
	中国注册会计师：×××
	（签名并盖章）
中国××市	20×8年××月××日

【例9-13】无法表示意见审计报告规范格式

审计报告

ABC股份有限公司全体股东：

一、无法表示意见

我们接受委托，审计ABC股份有限公司（以下简称ABC公司）财务报表，包括20×7年12月31日的资产负债表，20×7年度的利润表、现金流量表、股东权益变动表以及财务报表附注（包括重大会计政策和会计估计）。

我们不对后附的ABC公司财务报表发表审计意见。由于"形成无法表示意见的基础"部分所述事项的重要性，我们无法获取充分、适当的审计证据以作为对财务报表发表审计意见的基础。

二、形成无法表示意见的基础

我们于20×8年1月接受ABC公司的审计委托，因而未能对ABC公司20×7年年初金额为××元的存货和年末金额为××元的存货实施监盘程序。此外，我们也无法实施替代审计程序获取充分、适当的审计证据。并且，ABC公司于20×7年9月采用新的应收账款电算化系统，由于存在系统缺陷导致应收账款出现大量错误。截至报告日，ABC公司管理层仍在纠正系统缺陷并更正错误，我们也无法实施替代审计程序，以对截至20×7年12月31日的应收账款总额××元获取充分、适当的审计证据。因此，我们无法确定是否有必要对存货、应收账款以及财务报表其他项目作出调整，也无法确定应调整的金额。

三、管理层和治理层对财务报表的责任

ABC公司管理层（以下简称管理层）负责按照企业会计准则的规定编制财务报表，使其实现公允反映，并设计、执行和维护必要的内部控制，以使财务报表不存在由于舞弊或错误导致的重大错报。

在编制财务报表时，管理层负责评估ABC公司的持续经营能力，披露与持续经营相关的事项（如适用），并运用持续经营假设，除非管理层计划清算ABC公司、停止运营或别无其他现实的选择。

治理层负责监督ABC公司的财务报告过程。

四、注册会计师对财务报表审计的责任

我们的责任是按照中国注册会计师审计准则的规定，对ABC公司的财务报表执行审计工作，以出具审计报告。但由于"形成无法表示意见的基础"部分所述的事项，我们无法获取充分、适当的审计证据以作为发表审计意见的基础。

按照中国注册会计师职业道德守则，我们独立于ABC公司，并履行了职业道德方面的其他责任。

××会计师事务所	中国注册会计师：×××（项目合伙人）
（盖章）	（签名并盖章）
	中国注册会计师：×××
	（签名并盖章）
中国××市	20×8年××月××日

【例9-14】增加强调事项段或其他事项段的审计报告

审计报告

ABC股份有限公司全体股东：

一、审计意见

我们审计了ABC股份有限公司（以下简称ABC公司）财务报表，包括20×7年12月31日的产负债表，20×7年度的利润表、现金流量表、股东权益变动表以及财务报表附注（包括重大会计政策和会计估计）。

我们认为，后附的财务报表在所有重大方面按照企业会计准则的规定编制，公允反映了ABC公司20×7年12月31日的财务状况以及20×7年度的经营成果和现金流量。

二、形成审计意见的基础

我们按照中国注册会计师审计准则的规定执行了审计工作。审计报告的"注册会计师对财务报表审计的责任"部分进一步阐述了我们在这些准则下的责任。按照中国注册会计师职业道德守则，我们独立于ABC公司，并履行了职业道德方面的其他责任。我们相信，我们获取的审计证据是充分、适当的，为发表审计意见提供了基础。

三、强调事项

我们提醒财务报表使用者注意财务报表附注×，该附注描述了火灾对ABC公司的生产设备造成的影响。本段内容不影响已发表的审计意见。

四、关键审计事项

关键审计事项是我们根据职业判断，认为对本期财务报表审计最为重要的事项。这些事项的应对以对财务报表整体进行审计并形成审计意见为背景，我们不对这些事项单独发表意见。

［按照《中国注册会计师审计准则第1504号——在审计报告中沟通关键审计事项》的规定描述每一关键审计事项。］

五、其他事项

20×6年12月31日的资产负债表，20×6年度的利润表、现金流量表、股东权益变动表以及财务报表附注由其他会计师事务所审计，并于20×7年3月31日发表了无保留意见。

六、管理层和治理层对财务报表的责任

ABC公司管理层（以下简称管理层）负责按照企业会计准则的规定编制财务报表，使其实现公允反映，并设计、执行和维护必要的内部控制，以使财务报表不存在由于舞弊或错误导致的重大错报。

在编制财务报表时，管理层负责评估ABC公司的持续经营能力，披露与持续经营相关的事项（如适用），并运用持续经营假设，除非管理层计划清算ABC公司、终止运营或别无其他现实的选择。

治理层负责监督ABC公司的财务报告过程。

七、注册会计师对财务报表审计的责任

我们的目标是对财务报表整体是否不存在由于舞弊或错误导致的重大错报获取

合理保证，并出具包含审计意见的审计报告。合理保证是高水平的保证，但并不能保证按照审计准则执行的审计在某一重大错报存在时总能发现。错报可能由舞弊或错误所导致，如果合理预期错报单独或汇总起来可能影响财务报表使用者依据财务报表作出的经济决策，则通常认为错报是重大的。

在按照审计准则执行审计工作的过程中，我们运用职业判断，保持职业怀疑。同时，我们也执行以下工作：

（1）识别和评估由于舞弊或错误导致的财务报表重大错报风险，设计和实施审计程序以应对这些风险，并获取充分、适当的审计证据，作为发表审计意见的基础。由于舞弊可能涉及串通、伪造、故意遗漏、虚假陈述或凌驾于内部控制之上，未能发现由于舞弊导致的重大错报的风险高于未能发现由于错误导致的重大错报的风险。

（2）了解与审计相关的内部控制，以设计恰当的审计程序，但目的并非对内部控制的有效性发表意见。

（3）评价管理层选用会计政策的恰当性和作出会计估计及相关披露的合理性。

（4）对管理层使用持续经营假设的恰当性得出结论。同时，根据获取的审计证据，就可能导致对ABC公司持续经营能力产生重大疑虑的事项或情况是否存在重大不确定性得出结论。如果我们得出结论认为存在重大不确定性，审计准则要求我们在审计报告中提请报表使用者注意财务报表中的相关披露；如果披露不充分，我们应当发表非无保留意见。我们的结论基于截至审计报告日可获得的信息。然而，未来的事项或情况可能导致公司不能持续经营。

（5）评价财务报表的总体列报、结构和内容（包括披露），并评价财务报表是否公允反映相关交易和事项。

我们与治理层就计划的审计范围、时间安排和重大审计发现进行沟通，包括沟通我们在审计中识别出的值得关注的内部控制缺陷。

我们还就已遵守与独立性相关的职业道德要求向治理层提供声明，并与治理层沟通可能被合理认为影响我们独立性的所有关系和其他事项，以及相关的防范措施（如适用）。

从与治理层沟通的事项中，我们确定哪些事项对本期财务报表审计最为重要，因而构成关键审计事项。我们在审计报告中描述这些事项，除非法律法规禁止公开披露这些事项，或在极少数情形下，如果合理预期在审计报告中沟通某事项造成的负面后果超过在公众利益方面产生的益处，我们确定不应在审计报告中沟通该事项。

××会计师事务所　　　　　　　中国注册会计师：×××（项目合伙人）
（盖章）　　　　　　　　　　　（签名并盖章）
　　　　　　　　　　　　　　　中国注册会计师：×××
　　　　　　　　　　　　　　　（签名并盖章）

中国××市　　　　　　　　　　20×8年××月××日

通过以上对注册会计师审计报告范例的描述，我们不难看出审计人员关于审计报告的决策程序。在给定的情况下，审计人员采用既定的程序来确定应当出具何种审计报告。审计人员必须首先估计是否存在任何需要偏离无保留意见审计报告的情况。如果出现这些情况，审计人员就必须再估计问题的重要性并确定审计报告的类型。

确定是否存在任何需要偏离无保留意见审计报告的情况，表9-1列出了其中最重要的几种情况。审计人员在执行审计工作时应识别这些情况，并将与之相关的信息记录在工作底稿中，作为在出具审计报告时需要讨论的项目。如果不存在这些情况（大多数审计中都是这样的），审计人员就可以出具标准无保留意见的审计报告。

表9-1   在不同的重要性水平下，针对每一种需要偏离无保留意见出具审计报告的情况

需要修改无保留意见报告的措辞或是增加解释说明段的情况	重要性水平	
	重要	不重要
没有一贯运用会计原则*	无保留	无保留，说明段
对持续经营能力产生重大怀疑**	无保留	独立成段说明
只是偏离了公认会计原则或是其他的会计原则	无保留	无保留，说明段
强调某个问题	无保留	无保留，说明段
利用其他审计师的工作	无保留	无保留，修改措辞

需要偏离无保留意见的情况	重要性水平		
	不重要	重要，但不至于影响财务报表总体	非常重要
由客户或其他原因造成的审计范围受到限制	无保留	增加一段，保留意见（除了……之外）	无法表示意见
财务报表没有按照公认会计原则编制***	无保留	增加一段，保留意见（除了……之外）	否定
审计师不独立	无论重要性如何，无法表示意见		

注：* 审计师认为改变是不合理的，这种情况就被认为是违反了公认会计原则。

** 审计师也可以选择发表无法表示意见。

*** 如果审计师可以证明运用公认会计原则会引起误解，则带说明段的无保留意见审计报告将更适当。

确定每种情况的重要性：当出现任何需要偏离无保留意见审计报告的情况时，审计人员需要估计它对财务报表的潜在影响。对于偏离公认会计原则或是范围受到限制的情况，审计人员必须确定是不是重要、重要还是非常重要。除了审计人员缺乏独立性以外的其他所有情况，审计人员都只需区分是重要还是不重要。重要性的决策是非常困难的一项工作，它需要大量的专业判断。例如，假设在审计存货时审

计范围受到限制，估计一个未经审计账户的潜在错报将是很困难的。

根据确定的重要性水平，决定审计报告的类型：在完成了前面两个决策后，就可以很容易运用决策工具来决定审计意见类型。例如，假定审计人员认为存在偏离公认会计原则的情况并且重要，但不是非常重要的，适当的审计报告就是保留意见的审计报告。

四、注册会计师内部控制审计报告的格式

根据《企业内部控制审计指引》第二条的规定：内部控制审计是指会计师事务所接受委托，对特定基准日内部控制设计与运行的有效性进行审计。通过内部控制审计旨在评价被审计单位内部控制设计是否合理、运行是否有效。审计人员在完成内部控制审计工作后，应当出具内部控制审计报告，标准内部控制审计报告应当包括的要素如下：标题；收件人；引言段；企业对内部控制的责任段；注册会计师的责任段；内部控制固有局限性的说明段；财务报告内部控制审计意见段；非财务报告内部控制重大缺陷描述段；注册会计师的签名和盖章；会计师事务所的名称、地址和盖章；报告日期。

常见的内部控制审计报告的格式参见【例9-15】至【例9-19】。

【例9-15】无保留意见的内部控制审计报告示例

内部控制审计报告

××股份有限公司全体股东：

按照《企业内部控制审计指引》及中国注册会计师执业准则的相关要求，我们审计了××股份有限公司（以下简称××公司）××××年××月××日的财务报告内部控制的有效性。

一、企业对内部控制的责任

按照《企业内部控制基本规范》《企业内部控制应用指引》《企业内部控制评价指引》的规定，建立健全和有效实施内部控制，并评价其有效性是企业董事会的责任。

二、注册会计师的责任

我们的责任是在实施审计工作的基础上，对财务报告内部控制的有效性发表审计意见，并对注意到的非财务报告内部控制的重大缺陷进行披露。

三、内部控制的固有局限性

内部控制具有固有局限性，存在不能防止和发现错报的可能性。此外，由于情况的变化可能导致内部控制变得不恰当，或对控制政策和程序遵循的程度降低，根据内部控制审计结果推测未来内部控制的有效性具有一定风险。

四、财务报告内部控制审计意见

我们认为，××公司于××××年××月××日按照《企业内部控制基本规范》和相关规定在所有重大方面保持了有效的财务报告内部控制。

五、非财务报告内部控制重大缺陷

在内部控制审计过程中，我们注意到××公司的非财务报告内部控制存在重大

缺陷［描述该缺陷的性质及其对实现相关控制目标的影响程度］。由于存在上述重大缺陷，我们提醒本报告使用者注意相关风险。需要指出的是，我们并不对××公司的非财务报告内部控制发表意见或提供保证。本段落不影响对财务报告内部控制有效性发表的审计意见。

××会计师事务所	中国注册会计师：×××（签名并盖章）
（盖章）	中国注册会计师：×××（签名并盖章）
中国××市	××××年××月××日

【例9-16】带强调事项段的无保留意见内部控制审计报告示例

内部控制审计报告

××股份有限公司全体股东：

按照《企业内部控制审计指引》及中国注册会计师执业准则的相关要求，我们审计了××股份有限公司（以下简称××公司）××××年××月×日的财务报告内部控制的有效性。

［"一、企业对内部控制的责任"至"四、财务报告内部控制审计意见"参见无保留意见内部控制审计报告相关段落表述。］

五、强调事项

我们提醒内部控制审计报告使用者关注，（描述强调事项的性质及其对内部控制的重大影响）。本段内容不影响已对财务报告内部控制发表的审计意见。

××会计师事务所	中国注册会计师：×××（签名并盖章）
（盖章）	中国注册会计师：×××（签名并盖章）
中国××市	××××年××月××日

【例9-17】否定意见内部控制审计报告示例

内部控制审计报告

××股份有限公司全体股东：

按照《企业内部控制审计指引》及中国注册会计师执业准则的相关要求，我们审计了××股份有限公司（以下简称××公司）××××年××月××日的财务报告内部控制的有效性。

［"一、企业对内部控制的责任"至"三、内部控制的固有局限性"参见无保留意见内部控制审计报告相关段落表述。］

四、导致否定意见的事项

重大缺陷，是指一个或多个控制缺陷的组合，可能导致企业严重偏离控制目标。

［指出注册会计师已识别出的重大缺陷，并说明重大缺陷的性质及其对财务报告内部控制的影响程度。］

有效的内部控制能够为财务报告及相关信息的真实完整提供合理保证，而上述重大缺陷使××公司内部控制失去这一功能。

××公司管理层已识别出上述重大缺陷，并将其包含在企业内部控制评价报告中。上述缺陷在所有重大方面得到公允反映。

在××公司××××年财务报表审计中，我们已经考虑了上述重大缺陷对审计程序的性质、时间安排和范围的影响。本报告并未对我们在××××年××月××日对××公司××××年财务报表出具的审计报告产生影响。

五、财务报告内部控制审计意见

我们认为，由于存在上述重大缺陷及其对实现控制目标的影响，××公司未能按照《企业内部控制基本规范》和相关规定在所有重大方面保持有效的财务报告内部控制。

××会计师事务所　　　　　　　　中国注册会计师：×××

（盖章）　　　　　　　　　　　　（签名并盖章）

　　　　　　　　　　　　　　　　中国注册会计师：×××

　　　　　　　　　　　　　　　　（签名并盖章）

中国××市　　　　　　　　　　　××××年××月××日

【例9-18】无法表示意见内部控制审计报告示例

内部控制审计报告

××股份有限公司全体股东：

我们接受委托，对××股份有限公司（以下简称××公司）××××年××月××日的财务报告内部控制进行审计。

［删除注册会计师的责任段，"一、企业对内部控制的责任"和"二、内部控制的固有局限性"参见无保留意见内部控制审计报告相关段落表述。］

三、导致无法表示意见的事项

［描述审计范围受到限制的具体情况。］

四、财务报告内部控制审计意见

由于审计范围受到上述限制，我们未能实施必要的审计程序以获取发表意见所需的充分、适当证据，因此，我们无法对××公司财务报告内部控制的有效性发表意见。

五、识别的财务报告内部控制重大缺陷

（如在审计范围受到限制前，执行有限程序未能识别出重大缺陷，则应删除本段）

重大缺陷是内部控制中存在的、可能导致不能及时防止或发现并纠正财务报表出现重大错报的一项控制缺陷或多项控制缺陷的组合。尽管我们无法对××公司财务报告内部控制的有效性发表意见，但在我们实施的有限程序的过程中，发现了以下重大缺陷：

［指出注册会计师已识别出的重大缺陷，并说明重大缺陷的性质及其对财务报

告内部控制的影响程度。]

有效的内部控制能够为财务报告及相关信息的真实完整提供合理保证，而上述重大缺陷使××公司内部控制失去这一功能。

××会计师事务所	中国注册会计师：×××
（盖章）	（签名并盖章）
	中国注册会计师：×××
	（签名并盖章）
中国××市	××××年××月××日

【例9-19】非财务报告内部控制的重大缺陷审计报告示例

内部控制审计报告

××股份有限公司全体股东：

按照《企业内部控制审计指引》及中国注册会计师执业准则的相关要求，我们审计了××股份有限公司（以下简称××公司）××××年××月××日的财务报告内部控制的有效性。

［"一、企业对内部控制的责任"至"四、财务报告内部控制审计意见"参见无保留意见内部控制审计报告相关段落表述。］

五、非财务报告内部控制重大缺陷

在内部控制审计过程中，我们注意到××公司的非财务报告内部控制存在重大缺陷［描述该缺陷的性质及其对实现相关控制目标的影响程度］。由于存在上述重大缺陷，我们提醒本报告使用者注意相关风险。需要指出的是，我们并不对××公司的非财务报告内部控制发表意见或提供保证。本段落不影响对财务报告内部控制有效性发表的审计意见。

××会计师事务所	中国注册会计师：×××
（盖章）	（签名并盖章）
	中国注册会计师：×××
	（签名并盖章）
中国××市	××××年××月××日

第五节　审计报告的利用

一、审计报告的使用人

在我国，审计监督体系包括了政府审计、独立审计以及内部审计。由于审计的类型不同，其监督的对象以及作用的范围也不尽相同，这就决定了每种类型审计报告的关注对象也存在较大差别。

（一）政府审计报告的使用人

政府审计报告分为审计署出具的审计报告和地方审计机关出具的审计报告。不管是哪一级审计机关出具的审计报告，其使用人都存在一定的共性。众所周知，政府审计报告是审计组对政府审计事项实施审计后，就审计实施情况和审计结果向派出的审计机关提出的书面报告，经由审计机关按法定审计程序审议研究后，由审计机关出具的审计书面报告。

从中不难看出，政府审计报告的使用人包括审计组所在的审计部门（单位）、被审计单位、政府行政首长以及同级人民代表大会、上一级审计机关、组织、人事部门以及广大的公众。由于政府审计报告是由审计组所在的审计部门（单位）编制的，在审计报告撰写、编制过程中，审计组所在的审计部门（单位）中的审计报告复核部门要进行相关的质量控制复核，因此，其理所当然地成为审计报告的使用人；另外，政府审计报告在编制过程中要征求被审计单位的意见，同时审计报告就是以被审计单位的特定事项为对象而形成的，当然，他们也成为政府审计报告的使用人；而对于反映各级政府预算执行情况的审计报告，其使用人自然就包括了各级政府的行政首长以及相应的同级人民代表大会；如果相关审计报告涉及组织人事部门，也应当报送组织人事部门；再者，不管哪一级的审计机关出具的审计报告最终在不泄露国家机密的前提下，为了体现透明政府、民主法治的需要，都要对外公告，于是，广大公众也就成为审计报告的使用人。

（二）内部审计报告的使用人

内部审计报告是审计人员根据审计计划对被审计单位实施必要审计程序后，就被审计单位经营活动和内部控制的适当性、合法性和有效性出具的书面文件。

内部审计报告的使用人应当是组织内部中与审计项目有管理和监督责任的机构或个人。一般应当包括：被审计单位适当管理层；董事会或其下设的审计委员会或者组织中的主要负责人；组织最高管理层；上级主管部门的机构或人员；其他相关人员。由于内部审计的特殊性，决定了内部审计报告的使用人也只能在组织内部产生。组织的最高管理层和适当管理层，在不同层面上承担了相应的管理职责，凡是涉及相关内部管理、经营活动、内部控制的审计，这些不同层级的管理层一定要使用内部审计报告，探究其管理责任是否履行到位；对于董事会或其下设的审计委员会或者组织中的主要负责人，由于他们履行的是对管理层的监督职责，管理层的受托责任是否充分履行，作为监督者势必是非常关心的，因此必定关注内部审计报告中对管理层受托责任履行情况的审计评价；另外，在我国很多企业都有自己的上级主管单位，作为上级主管单位，究竟自己下属单位的经营管理是否规范、内部控制是否有效等问题也是其十分重视的，当然，作为对这些问题评价的载体——内部审计报告，其关注度通常也是很高的；其他相关人员基于特殊需要，也可以成为内部审计报告的使用人，比如董事长督办的相关内部审计事宜。

（三）独立审计报告的使用人

独立审计报告的使用人包括审计业务的委托人、债权人以及金融机构、潜在投资者、证券交易机构、财政税务机关等。众所周知，审计因受托责任的产生而产生，又因受托责任的发展而发展。委托人基于对受托方是否有效履行受托责任而委托会计师事务所对管理层的经营活动进行审计，通过中介机构出具审计报告并向委托人进行报告，因而委托人不仅是独立审计报告的使用人，而且还是最主要的使用人之一；广大的投资者（包括机构投资者）为了降低投资风险、减少投资损失，在进行投资决策前，通常情况下都利用注册会计师出具的相关单位的审计报告作为分析的依据，为正确进行投资决策奠定坚实的基础；债权人（包括银行金融机构和非银行金融机构）为了保证债权到期顺利收回，在对债务人作出贷款决策之前，往往要求债务人的相关报表必须经过注册会计师审计，贷款人根据注册会计师出具的审计报告进而决定是否提供相关的贷款策略；政府有关部门，如财政、税务以及有关综合管理部门，需要了解相关企业的财务状况、经营成果和现金流量情况，财务报表是否合法、公允，需要注册会计师对其财务报表进行审计以提供证明；根据证券法的相关规定，上市公司在年报中披露的财务报表，由上市公司自己编制，其真实性、准确性与完整性，还需要会计师事务所作为独立方进行审计，审计报告随同其他年报材料报送给证券交易机构。广大潜在的股民，由于其手中集聚较多的闲散资金，为了获取额外的经济利益，可能购买某些公司发行的股票，究竟购买哪家公司发行的股票？他们往往是借助于会计师事务所对相关单位的已审计财务报表和审计报告来进行决策的。

二、审计报告的报送

（一）审计报告报送的范围、对象

不管是政府审计报告、内部审计报告抑或是独立审计报告，在有关报告出具完成之后，都应向有关单位或人员进行报送，一方面表明审计人员已保质保量完成相关的审计工作，另一方面有利于审计报告的使用人根据审计报告反映的问题进行决策管理。前已述及，政府审计报告的报送对象包括被审计单位、政府行政首长以及同级人民代表大会、上一级审计机关、组织、人事部门以及广大公众，报送内容涉及审计机关出具的审计报告以及审计决定书、移送处理书等；内部审计报告的报送对象涵盖了被审计单位适当管理层、董事会或其下设的审计委员会或者组织中的主要负责人、组织最高管理层、上级主管部门的机构或人员、其他相关人员，报送内容涉及单位经营管理情况、内部控制的合法性和有效性等；独立审计报告的报送对象则囊括了审计业务的委托人、债权人以及金融机构、潜在投资者、证券交易机构、财政税务机关等，报送的内容包括审计报告、经审计的财务报表、公司经营过程中的重大人事及业务变动事项说明等。

（二）审计报告报送的规定

1.政府审计报告报送的规定

国家审计准则第五章第一百二十条规定，审计组实施审计或者专项审计调查后，应当向派出审计组的审计机关提交审计报告。审计机关审定审计组的审计报告后，应当出具审计机关的审计报告。第一百二十八条规定，审计或者专项审计调查发现的依法需要移送其他有关主管机关或者单位纠正、处理处罚或者追究有关人员责任的事项，审计机关应当出具审计移送处理书。第一百四十六条规定，审理机构将审理后的审计报告、审计决定书连同审理意见书报送审计机关负责人。第一百五十条规定，审计报告、审计决定书经审计机关负责人签发后，按照下列要求办理：（一）审计报告送达被审计单位、被调查单位；（二）经济责任审计报告送达被审计单位和被审计人员；（三）审计决定书送达被审计单位、被调查单位、被处罚的有关责任人员。第一百五十三条规定，审计机关统一组织审计项目的，可以根据需要汇总审计情况和结果，编制审计综合报告。必要时，审计综合报告应当征求有关主管机关的意见。审计综合报告按照审计机关规定的程序审定后，向本级政府和上一级审计机关报送，或者向有关部门通报。第一百五十五条规定，审计机关依照法律法规的规定，每年汇总对本级预算执行情况和其他财政收支情况的审计报告，形成审计结果报告，报送本级政府和上一级审计机关。

2.内部审计报告报送的规定

（1）《国际内部审计准则第2440号——通报结果》规定：内部审计主管应将结果通报给适当的对象，内部审计主管有责任向能够对其结果给予适当重视的对象报告最终结果。

（2）《第2106号内部审计具体准则——审计报告》第十条规定：审计组应当在实施必要的审计程序后，编制审计报告，并征求审计对象的意见。第十三条规定，内部审计机构应当将审计报告提交被审计单位和组织适当管理层，并要求被审计单位在规定的期限内落实纠正措施。

（3）《内部审计实务指南第3号——审计报告》第十二条规定：内部审计报告的收件人应当是与审计项目有管理和监督责任的机构或个人。考虑到各个组织的法人治理结构、管理方式差异，审计报告的送达单位或个人应当根据具体情况确定。

3.独立审计报告报送的规定

《企业财务会计报告条例》第三十七条规定，财务会计报告须经注册会计师审计的，企业应当将注册会计师及其会计师事务所出具的审计报告随同财务会计报告一并对外提供。根据证券法的相关规定，上市公司在年报中披露的财务报表，由上市公司自己编制。其真实性、准确性与完整性，还需要会计师事务所作为独立方进行审计并出具审计报告。这就要求上市公司应将审计报告随同年报材料一同报送给证券交易机构。

三、审计报告的公告

（一）政府审计报告的公告

1.政府审计报告公告原因及依据

在我国的审计监督体系中，政府审计报告和独立审计报告都应该进行公告。其中政府审计报告作为一种公共产品，其公告必须依照《中华人民共和国政府信息公开条例》的规定进行，主要是顺应了民主法治的进程，一方面公民、法人或其他组织需要了解政府的信息，另一方面可以提高政府工作的透明度，使政府权力运行在"阳光下"进行。《国家审计准则》第一百五十七条规定，审计机关依法实行公告制度。审计机关的审计结果、审计调查结果依法向社会公布。

2.政府审计报告公告的内容

政府审计报告公告的内容主要包括以下信息：被审计单位的基本情况；审计评价意见；审计发现的主要问题；处理处罚及建议；被审计单位的整改情况；其他需要公布的情况。同时遵循"公开为原则，不公开为例外"原则，凡是涉及国家秘密、商业秘密的，正在调查、讨论、处理过程中的；涉及信息系统安全控制、系统漏洞等技术细节的以及其他情况的，可以不公告。

3.政府审计报告公告的程序

政府审计报告公告要履行一定的审批程序。中央预算执行和其他财政收支的审计结果需要公告的，应在每年向总理提交的审计结果报告中说明，国务院在一定期限内无不同意见，才能公告；相应地，向国务院呈报的重要审计事项的审计结果需要公告的，应在呈送的报告中向国务院说明，国务院在一定期限内无不同意见，才能公告。涉及重要任期经济责任的审计结果的，应在报送组织、人事部门并征得被审计的领导干部本人同意后，才能公告；其他审计事项需要公告的，由审计署审批决定。关于地方政府预算执行和其他财政收支的审计结果需要公告的，可以参照中央政府的规定执行。

4.政府审计报告公告的途径

政府审计报告对外公布的途径有广播、电视、报纸、杂志等出版物；物联网；新闻发布会；公告、公报等；宣传橱窗；听证会等。审计机关向社会公布审计结果，必须经审计机关主要负责人批准；涉及重大事项的，应当经本级人民政府同意。

（二）内部审计报告的公告

由于内部审计的特殊性，决定了内部审计报告不能对外公告，若需使用，也仅限于公司内部特定范围。通常情况下，内部审计报告只需呈送本单位相应的管理层，如果存在相关的上级主管部门，可以以抄送的形式向其报送。一般地，内部审计报告属于公司的内部机密，不能对外公告。

（三）独立审计报告的公告

1.独立审计报告公告的原因及依据

国家有关机关进行宏观调控，股东、债权人及潜在的投资者等有关组织和个人基于某种需要也要进行决策，而决策必定需要关于上市公司的财务状况、经营成果和现金流量等信息。这些信息从哪儿来，只能通过上市公司公告已审计财务报表和相应的独立审计报告获取。《公司法》第一百六十五条规定，公司应当在每一会计年度终了时编制财务会计报告，并依法经会计师事务所审计。财务会计报告应当依照法律、行政法规和国务院财政部门的规定制作。

2.独立审计报告公告的内容

《上市公司信息披露管理办法》第五条规定，上市公司披露的内容包括招股说明书、募集说明书、上市公告书、定期报告和临时报告，除此之外，还包括上市公司已审的财务报表和审计报告。

3.独立审计报告公告的程序

《上市公司信息披露管理办法》第六条规定，上市公司及其他信息披露义务人依法披露信息，应当将公告文件和相关备查文件在规定时间内报送证券交易所登记，并在中国证券监督管理委员会指定的媒体上发布。信息披露义务人在公司网站及其他媒体发布信息的时间不得先于指定媒体，不得以新闻发布或者答记者问等任何形式代替应当履行的报告、公告义务，不得以定期报告形式代替应当履行的临时报告义务。

4.独立审计报告公告的途径

独立审计报告公告是在中国证券监督管理委员会指定的媒体上来公告的。中国证监会若没有指定的媒体，则不能在上面公告。

实务操作练习

业务题1

一、目的

练习审计报告意见类型的确定。

二、资料

甲注册会计师作为Z会计师事务所审计项目合伙人，在审计以下单位2018年度财务报表时分别遇到以下情况：

（1）A公司拥有一项长期股权投资，账面价值500万元，持股比例30%。2018年12月31日，A公司与K公司签署投资转让协议，拟以450万元的价格转让该项长期股权投资，已收到价款300万元，但尚未办理产权过户手续，A公司以该项长期股权投资正在转让之中为由，不再计提减值准备。注册会计师确定的重要性水平为30万元，A公司未审计的利润总额为120万元。

（2）B公司于2017年5月为L公司1年期银行借款1 000万元提供担保，因L公司不能及时偿还，银行于2018年11月向法院提起诉讼，要求B公司承担连带清偿责任。2018年12月31日，B公司在咨询律师后，根据L公司的财务状况，计提了500万元的预计负债。对上述预计负债，B公司已在财务报表附注中进行了适当披露。截至审计工作完成日，法院未对该项诉讼作出判决。

（3）C公司在2018年度向其控股股东M公司以市场价格销售产品5 000万元，以成本加成价格（公允价格）购入原材料3 000万元，上述销售和采购分别占C公司当年销货、购货的比例为30%和40%，C公司已在财务报表附注中进行了适当披露。

（4）甲注册会计师在审计时，发现D公司应在2018年6月确认的一项销售费用200万元没有进行确认。D公司在编制2018年度财务报表时，未对此项会计差错进行任何处理。D公司2018年度的利润总额为180万元。

（5）E公司于2018年年末更换了大股东，并成立了新的董事会，继任法定代表人以刚上任、不了解以前年度情况为由，拒绝签署2018年度已审计财务报表和提供管理层声明书。原法定代表人以不再继续履行职责为由，也拒绝签署2018年度已审计财务报表和提供管理层声明书。

三、要求

假定上述情况对各被审计单位2018年度财务报表的影响都是重要的（各个事项相互独立），且对于各事项被审计单位均拒绝接受甲注册会计师提出的审计处理建议（如有）。在不考虑其他因素影响的前提下，请分别针对上述5种情况，判断甲注册会计师应对2018年度财务报表出具何种类型的审计报告，并简要说明理由。

业务题2

一、目的

练习内部审计报告的撰写。

二、资料

ABC有限责任公司内部审计部门根据公司董事会的指令，派出审计组对其下属X子公司2018年12月31日的资产负债表，2018年度的利润表、股东权益变动表和现金流量表以及财务报表附注进行了审计。审计中发现如下问题：

1. X公司利用临时工工资、私卖材料等形式套取现金460万元，形成账外资金，部分被领导私分。

2. X公司负责人利用公司采购管理不严的漏洞和职权上的便利条件，通过虚假交易，致使有200万元实际落入B公司负责人公司张某的口袋。

3. X公司2018年利用出借自有的汽车、装载机等取得收入共计8万元，没有纳入账内管理。该部分资金已被张某私用。

4. X公司利用出借账号获得报酬10万元，在账外列支。

5. X公司私卖生产余料，将收入列在账外，相关的收支凭证保管不完整。

6. X公司张某通过餐饮发票套取现金80万元用于个人牟利。

7. X公司张某任职期间利用奖金套取现金60万元。

8. X公司制度不严，管理混乱，部分制度形同虚设，其结算制度基本上是张某一人说了算，致使公司资金大量被贪污。

三、要求

请根据以上资料编写内部审计报告。

第十章　审计管理

本章学习提示

■本章重点：审计管理的概念，审计管理的内容，审计计划管理，审计现场管理，审计资源管理，审计质量管理，审计信息管理。

■本章难点：审计计划管理，审计现场管理，审计质量管理。

第一节　　审计管理概述

一、审计管理的含义及基本要素

（一）审计管理的概念

审计管理是指审计主体为了履行审计职能和实现审计目标，依据相关法律法规和审计准则，采取科学的管理理论与方法，旨在提高审计工作效率和质量，对审计事务及具体审计业务进行计划、组织、指挥、协调和控制的过程。

审计管理有广义和狭义之分。广义的审计管理包括审计机构管理、政府审计机关对审计行政事务的管理以及审计机构对开展具体审计业务的管理。狭义的审计管理仅指政府审计机关及其他审计机构对开展具体审计业务的管理。

政府审计机构管理的最高权力机关是隶属于国务院的国家审计署，各级审计机关是各级政府的组成部门，履行着政府管理行政事务的行政职能，依据《中华人民共和国审计法》及其他法律法规所赋予的权力，对审计领域的行政事务进行管理是其基本工作职责。中国的审计行政事务管理采取双重管理模式，即下级审计机关不仅对上级审计机关负责，同时还要向同级人民政府负责。各级审计机关不仅管理审计行政事务，而且还要组织开展各项具体的审计业务，履行审计行政事务管理和审计业务管理的双重职能。因此，其内部机构也会适应其职能的需要而设置。

内部审计机构管理没有强制性的法律规定，一般由各单位在内部自行设立，隶属于某个层级的权力机构，在其领导下对单位内部经营活动及内部控制的适当性、合法性和有效性进行监督、鉴证和评价，以促进本单位或组织目标的实现。在业务指导方面，由中国内部审计师协会负责组织管理。

独立审计组织一般是指会计师事务所，独立审计组织采取行政指导下的行业自律管理模式。中国注册会计师协会是注册会计师行业的全国最高组织，在财政部指导下开展全国注册会计师行业的管理工作；省、自治区、直辖市设立地方注册会计师协会，负责管理各地方注册会计师行业的事务。注册会计师协会不仅管理独立审计机构的日常事务，还要负责制定行业规范、组织会员培训、开展对外宣传与交流等其他事务。

(二) 审计管理的基本要素

1.审计管理的主体

审计管理的主体是指从事审计行政事务管理及具体审计业务管理的各审计机构，包括政府审计机关、独立审计组织及企事业单位的内部审计机构。其中，政府审计机关既是审计行政事务管理的主体，也是具体审计业务管理的主体。

2.审计管理的客体

审计管理的客体是指审计管理所作用的具体对象。政府审计机关进行审计管理的客体涉及审计行政事务和具体审计业务两个方面，而独立审计组织和企事业单位的内部审计机构进行审计管理的客体主要是各项具体的审计业务。

3.审计管理的目标

审计管理的目标是指各个审计主体通过管理活动所要达到的最终目的。一般管理活动是为了实现组织的既定目标，让有限的资源产生最大的经济效益，同样，审计管理的目标就是在合理成本保证的前提下提高审计工作效率、节约审计工作成本、保证审计工作质量。

4.审计管理的原则

任何管理活动都应该在一定的原则下进行，这样才能保证目标的实现。依据现行的行政管理模式及行业发展现状，审计管理应该遵循以下原则：

（1）合法合规性原则。目前，在审计行政管理及行业发展领域存在一系列的法律、法规、规章及行业准则，审计管理活动必须遵守这些法律法规及准则的规定，依法合规进行。

（2）成本效益原则。在具体审计业务管理活动中，审计质量和审计成本是一对矛盾，在审计行政事务管理中，也存在类似的问题，因此，在审计管理中必须权衡成本与效益的关系。

（3）合理保证原则。由于审计活动属于提供合理保证的鉴证业务，不可能提供绝对保证的结果，否则将违背成本效益原则，因此，鉴于多种因素的束缚，审计管理目标的实现在合理保证的原则下进行即可。

5.审计管理的意义

不论是政府审计机关对审计行政事务的管理，还是各审计机构对具体审计业务的管理，都具有重要意义。

政府审计机关对审计行政事务进行管理，是审计机关必须履行的行政职能，科学管理可以提高工作效率、节约行政成本，进行管理创新可以更好地发挥审计监督的作用。

审计机构对具体审计业务进行管理，有利于减少或避免审计风险、保证审计工作质量、提高审计工作效率、有效利用审计资源。同时，通过对具体审计业务进行管理，也可以形成有效的管理制度，使审计管理逐渐规范化、制度化。

二、审计管理的特点

审计管理与一般管理活动一样具有决策、计划、组织、领导和控制五项职能，也具有一般管理活动的普遍特征，表现如下：

1.审计管理为完成审计工作服务

审计管理是对审计工作的管理，不管是政府审计机关管理审计行政事务，还是各审计机构管理具体审计业务，都是为了更好地履行管理职责或更好地完成工作任务，审计管理是对完成审计工作而进行的服务过程。

2.审计管理是为了提高审计工作质量和效率

管理的主要目的是提高工作效率，降低工作成本，审计管理也不例外，但前提是保证审计工作质量。因此，加强审计管理，就必须统筹安排人力、财力，科学合理地利用和分配审计资源，发挥最大的效益，达到提高审计工作质量和效率的目的。

3.审计管理的重点是对人的管理

审计管理活动主要是由审计人员独立实施的一系列行为过程，除了遵守相关的法律法规之外，审计人员完成工作任务的质量和效率在很大程度上取决于自身的素质。因此，在审计管理活动中应该重点加强对审计人员的管理，需要不断提高其职业道德水平，加强工作责任感，恪守独立性。此外，还应该不断加强业务素质培养，提升工作能力和主观能动性。

4.审计业务管理贯穿于审计业务活动的始终

审计行政事务管理属于审计机关的行政职能，管理工作主要在于创新。而审计机构对于审计业务管理则贯穿于审计业务活动的各个阶段，包括审计计划编制、审计业务约定、审计业务实施、审计现场管理、审计信息及档案管理等环节。每一个环节都需要进行过程控制，为提高审计管理的工作质量和效率服务。

三、审计管理的主要内容

审计管理的内容与审计管理的客体密切相关。随着社会及经济不断发展，审计行政事务及具体审计业务都将不断拓展，审计管理的内容也将不断充实和完善。从狭义的审计管理角度考虑，审计管理的内容主要包括审计计划管理、审计现场管理、审计资源管理、审计质量管理、审计信息管理等。

（一）审计计划管理

"凡事预则立，不预则废"，审计管理工作也需要进行周密计划，切实保证审计管理工作的效率性和规范性。审计计划管理主要是指政府审计机关、独立审计组织及内部审计机构每年进行的审计项目计划管理，包括制订审计项目计划以确定工作任务，执行审计计划并考核计划的完成情况。

只有加强审计计划管理，才能保障审计机构科学、有序和高效运行，避免审计工作盲目、随意开展，同时，也可以为考核和评估审计计划执行情况提供依据。

（二）审计现场管理

审计现场管理是指负责实施审计业务的审计组（项目团队）在实施审计方案过

程中，对审计人员、审计资料、审计时间、审计方法、审计信息及审计成本进行管理和控制的过程。审计现场管理是提高审计工作效率、保证审计工作质量、降低审计成本的重要保障，也是审计业务管理的重要环节。

审计现场管理是审计项目负责人的主要职责。与被审计单位签订审计业务约定书以后，在计划审计工作及确定总体审计策略的过程中，审计项目负责人就要考虑审计现场管理问题。因为审计计划通常由审计项目负责人于外勤工作开始之前起草，在此阶段，审计项目负责人就应该统筹规划，合理配置审计人员，准备审计资料，筹划审计时间，确定审计方法，安排审计信息传递途径，合理控制审计成本。只有做好这些工作，才能够保证现场审计开始以后，审计方案实施得以顺利进行。

（三）审计资源管理

审计资源管理是指对可用于审计业务方面的人力、物力、财力资源的有效整合和优化配置。审计资源包括审计人力资源、审计技术资源、审计时间资源和审计信息资源等，这些资源都是开展审计业务的物质基础，需要整合优化，使其充分发挥作用。因此，审计机构要勇于实践、大胆创新，通过改善组织结构、优化人力资源配置、实施审计人才储备、改进审计技术与方法、加强审计信息资源的利用与共享，来提高审计队伍整体能力，适应审计发展需求。

（四）审计质量管理

审计质量管理是指审计组织为保证和提高审计质量，建立质量管理体系，综合运用控制手段和方法，控制和影响审计质量全过程各因素，以取得反映客观情况、适应各方面需要的审计结论的审计管理活动。

审计质量是审计工作的生命。审计结论的客观性、公正性，审计工作的权威性以及审计职业的生存与发展，都要受到审计质量的影响，因此，审计质量管理至关重要。审计质量管理主要包括质量标准制定、质量状况记录、质量考核与评价等工作。

（五）审计信息管理

审计信息管理主要是指对审计信息的收集、整理、反馈、存储及利用等。审计信息管理的目的在于保证审计信息资源能够得到有效的开发和利用，更好地发挥审计信息在后续工作中的作用。

审计信息的范畴较为广泛，不仅包括审计业务实施过程中形成的审计计划、审计证据、审计工作底稿、审计报告、审计决定及建议，而且包括经过长期审计工作实务总结形成的工作流程及工作经验等有价值的信息资料。审计信息可能以纸质形式存在，也可能以电子形式存在。审计信息管理就是通过筛选、加工和整理形成共享资源，发挥最大效用。

四、审计管理的基本方法

（一）制度规范管理

管理活动，看似管事，实则管人，是通过制度建设来规范、约束人员的行为。作为一项正常的管理活动，审计管理的制度建设是基础工作，因此，审计管理主体必须建立和完善各项管理制度，首先做到"有法可依"。这些制度应该包括审计管理工作的各个方面及各个环节，涉及审计计划管理制度、审计现场管理制度、审计资源管理制度、审计质量管理制度及审计信息管理制度等。

（二）目标管理

目标管理是以目标为导向，以人为中心，以成果为标准，从而使组织和个人取得最佳业绩的现代管理方法。换言之，目标管理是在一个组织所有员工的积极参与下确定工作目标，并在工作中实行"自我控制"，自下而上地保证目标实现的一种管理办法。美国管理大师彼得·德鲁克说："目标并非命运，而是方向；目标并非命令，而是承诺；目标并不决定未来，而是动员企业的资源与能源以便塑造未来的那种手段。"

目标管理方法完全可以应用于审计管理工作当中，审计机构结合外部环境和内部条件，并综合平衡审计资源，确定在一定时期内预期达到的工作成果，确立工作目标，也可以将目标适当分解，同时对目标的实施过程进行控制，最后对目标的完成情况进行考核和奖惩，使"责、权、利"有机结合，形成全员参加、全过程管理、全面负责、全面落实的管理体系。

（三）全面质量管理

全面质量管理，就是指一个组织以质量为中心，以全员参与为基础，目的在于通过顾客满意和本组织所有成员及社会受益而达到长期成功的管理途径。在全面质量管理中，质量这个概念和全部管理目标的实现有关。全面管理就是进行全过程的管理、全企业的管理和全员的管理。

审计管理工作可以借鉴全面质量管理的思想，以提高效率为辅助，以保证质量为最终目标。在审计业务实施过程中，审计人员、审计对象、审计方法、审计环境等因素交织在一起并相互联系，都可能影响和制约审计质量，因此，审计机构在审计管理过程中，应该要求全员参与、全过程管理，为提高审计质量提供全方位的保障。

第二节　　　　　　　　　审计计划管理

一、审计计划的含义

《国家审计准则》第二十六条规定，审计机关应当根据法定的审计职责和审计管辖范围，编制年度审计项目计划。

《中国注册会计师审计准则第1201号——计划审计工作》第三条规定，计划审计工作包括针对审计业务制定总体审计策略和具体审计计划。计划审计工作有利于注册会计师执行财务报表审计工作。

《第2101号内部审计具体准则——审计计划》规定，审计计划是指内部审计机构和内部审计人员为完成审计业务，达到预期的审计目的，对审计工作或者具体审计项目作出的安排。

综上所述，审计计划是指审计机构综合考虑外部因素和内部资源条件，规划一定时期内其审计业务开展的数量和质量目标，是用于指导、组织和控制审计机构全部审计活动的纲领和行动指南。

二、审计计划的分类

（一）按审计计划的编制主体分类

按审计计划的编制主体，审计计划可以分为政府审计计划、独立审计计划和内部审计计划，分别由政府审计机关、独立审计组织和内部审计机构编制。

（二）按审计计划涉及的层次分类

按审计计划涉及的层次，审计计划可以分为宏观审计计划和微观审计计划。宏观审计计划一般由最高审计机关及行业协会拟定和编制，主要确定政府审计、独立审计及内部审计的行业发展方向、审计业务领域拓展、审计技术方法革新、审计人才储备与培训等宏观层面的问题。微观审计计划一般由地方审计机关及行业协会或者具体的审计机构编制，主要涉及某个区域或者具体审计机构审计工作发展思路、审计业务重点、审计人员配备等微观层面的问题。

（三）按审计计划的繁简程度分类

按审计计划的繁简程度，审计计划可以分为年度审计计划、项目审计计划和审计方案。年度审计计划是对年度审计任务所作的事先规划，是该组织年度工作计划的重要组成部分；项目审计计划是对具体审计项目实施的全过程所作的综合安排；审计方案是对具体审计项目的审计程序及其时间等所作的详细安排。《国家审计准则》重点规定了编制年度审计项目计划的相关要求。

三、审计计划管理的内容

审计计划管理包括审计机构制订审计计划、组织计划实施，并对计划实施情况进行检查与考核一系列循环的过程。

（一）审计计划的编制主体

一般情况下，审计计划由各审计机构负责编制。政府审计计划由各级政府审计机关负责编制；独立审计组织的审计计划由会计师事务所的管理层负责编制；企事业单位的内部审计计划由其内部审计机构负责编制。

（二）审计计划的主要内容

1.政府审计机关审计计划的主要内容

依据《国家审计准则》的规定，政府审计机关年度审计项目计划的内容主要包括：

（1）审计项目名称；

（2）审计目标，即实施审计项目预期要完成的任务和结果；

（3）审计范围，即审计项目涉及的具体单位、事项和所属期间；

（4）审计重点；

（5）审计项目组织和实施单位；

（6）审计资源。

采取跟踪审计方式实施的审计项目，年度审计项目计划应当列明跟踪的具体方式和要求。专项审计调查项目的年度审计项目计划应当列明专项审计调查的要求。

2.独立审计组织审计计划的主要内容

依据《中国注册会计师审计准则第1201号——计划审计工作》的规定，注册会计师应当制定总体审计策略，以确定审计工作的范围、时间安排和方向，并指导具体审计计划的制订。具体审计计划应当包括下列内容：（1）计划实施的风险评估程序的性质、时间安排和范围；（2）在认定层次计划实施的进一步审计程序的性质、时间安排和范围；（3）计划应当实施的其他审计程序。

3.内部审计机构审计计划的主要内容

依据《第2101号内部审计具体准则——审计计划》的规定，审计计划一般包括年度审计计划和项目审计方案。年度审计计划是对年度预期要完成的审计任务所作的工作安排，是组织年度工作计划的重要组成部分。项目审计方案是对实施具体审计项目所需要的审计内容、审计程序、人员分工、审计时间等作出的安排。

年度审计计划应当包括下列基本内容：（1）年度审计工作目标；（2）具体审计项目及实施时间；（3）各审计项目需要的审计资源；（4）后续审计安排。

项目审计方案应当包括下列基本内容：（1）被审计单位、项目的名称；（2）审计目标和范围；（3）审计内容和重点；（4）审计程序和方法；（5）审计组成员的组成及分工；（6）审计起止日期；（7）对专家和外部审计工作结果的利用；（8）其他有关内容。

审计计划的编制可以采用表格形式（见表10-1），也可以采用文字描述方式（参见【例10-1】），或将二者相结合。审计计划重点列示审计项目名称、审计内容、审计重点、审计目标等主要内容，等到审计项目实施时，再详细制订具体的审计工作方案。

表10-1   ××审计局××××年度审计项目计划表

项　　　目		常规审计项目	定期审计项目	周期审计项目	专项审计项目
法律法规规定每年应当审计的项目	属性				
	数量				
	审计次数				
本级政府行政首长和相关领导机关要求审计的项目	属性				
	数量				
	审计次数				
上级审计机关安排或者授权的审计项目	属性				
	数量				
	审计次数				
本级审计机关调查自行确定的审计项目	属性				
	数量				
	审计次数				
因工作需要随机增加的审计项目	属性				
	数量				
	审计次数				

【例 10-1】上海市审计局 2014 年度重点审计项目计划①

2014 年，上海审计工作要深入贯彻落实党的十八届三中全会、中央经济工作会议、十届市委五次全会精神和全国审计工作会议精神，深入落实总理指示精神，围绕党委、政府中心工作，突出为改革创新服务，拓展审计视野，深化审计内容，创新审计技术方法，认真履行审计法定职责，努力实现对公共资金、国有资产、国有资源的审计监督全覆盖，着力反映公共资金使用、公共权力运行、公共部门履职尽责情况，当好国家利益的捍卫者、公共资金的守护者、权力运行的"紧箍咒"、反腐败的利剑，为推动完善国家治理、促进经济社会可持续发展，作出积极贡献。

2014 年，上海审计工作的主要任务是：一是深化财政审计，促进深化财税体制改革，提高财政资金使用绩效；二是深化经济责任审计，加强和改进对领导干部权力运行的制约；三是探索和深化资源环境审计，在更高层面促进生态文明建设；四是进一步加强政府投资项目审计，促进优化投资结构和转型发展；五是加强对民生资金和民生工程的审计，促进社会公平正义、增进人民福祉；六是以审计整改"倒逼"体制机制建设，着力解决审计发现的普遍性问题。

根据上述要求，2014 年度市审计局审计项目计划安排如下：

一、公共预算审计

（一）市财政局组织市级预算执行和其他财政收支情况审计。推动健全政府预算体系、规范财政资金分配管理、盘活财政资金存量、优化财政支出结构。

（二）市地税局地方税收征收管理情况审计。促进税务部门提高税收征管质量，完善管理制度，增强政策效果。

（三）市级预算单位预算执行和其他财政收支审计。安排对上海市公安局、上海市人民政府侨务办公室、上海市人民政府发展研究中心、上海市粮食局、中共上海市委老干部局、中共上海市委台湾工作办公室、中共上海市委对外宣传办公室、上海市地方志办公室、上海市精神文明建设委员会办公室、上海国际问题研究院、上海图书馆（上海科学技术情报研究所）、上海科学院、上海科技馆、上海大学、华东政法大学、上海师范大学、上海政法学院、上海公安高等专科学校、上海电机学院、上海电子信息职业技术学院、上海市环境监察总队、上海市环境监测中心、上海市固体废物管理中心、上海市文学艺术界联合会、陈云故居暨青浦革命历史纪念馆等 25 个市级预算单位 2013 年度部门预算执行情况进行审计。通过审计，促进规范预算编报和管理、盘活财政资金存量、优化财政资金增量、提高财政资金使用绩效。

（四）决算（草案）审签。安排对上海国际问题研究院、上海市人民政府侨务办公室、上海市粮食局、上海科技馆、上海市精神文明建设委员会办公室等 5 个市级预算单位 2013 年决算（草案）进行审签。通过审计，加强和完善决算管理，促进提高部门财务核算和财务管理水平。

① 上海市审计局.上海市审计局 2014 年度重点审计项目计划［EB/OL］.［2014-03-17］. http://sjj. eastday.com/sj2014/zwgk/n387/n424/n426/u1ai20570.html.

（五）政府投资和以政府投资为主的建设项目竣工决算审计。对部分政府投资和以政府投资为主的建设项目进行竣工决算审计，促进提高政府投资项目管理水平和投资效益，提升建设项目管理水平。

（六）重点民生项目和资金专项审计（调查）。

1.2013年城镇保障性安居工程跟踪审计。根据审计署统一部署，对城镇保障性安居工程总体情况进行跟踪审计，促进落实城镇保障性安居工程政策，管好用好建设资金，促进保障性住房分配公开、公平、公正，推动保障性住房持续运行。

2.市级财力资金补贴的住宅修缮项目实施情况审计调查。促进建立健全本市住宅修缮工程项目的长效管理机制，提升本市住宅修缮工程项目管理水平。

3.本市住房公积金归集、使用和管理情况审计调查。促进公积金制度、政策的完善和执行，提高公积金制度覆盖面，最大程度维护缴存者利益，促进社会公平、公正。

4.本市社会抚养费征收、使用和管理情况审计调查。摸清本市社会抚养费征收管理体制和总体情况，推进本市社会抚养费征管工作。

（七）环境保护项目和资金专项审计调查。

1.本市环境保护信息化建设管理及应用绩效情况审计调查。促进环境保护信息化建设管理机制与制度完善，进一步提高信息化对环境保护业务管理、污染源监测与公共信息服务等方面的支撑能力。

2.本市用于大气污染防治的部分财政性资金使用管理及绩效情况审计调查。评估用于大气污染防治的财政性资金的使用绩效，促进大气环境保护管理机制和制度完善。

3.本市部分公共建筑节能情况审计调查。推进落实节能减排政策，反映建筑节能专项资金管理情况及其使用效果，提出改进建议。

二、政府性基金预算审计（调查）

（一）本市国有土地使用权出让收入审计。根据审计署统一部署，以摸清底数、分析现状、揭露问题、促进改革为目标，揭露土地领域重大违法违纪问题和重大案件线索。

（二）本市文化事业建设费使用管理情况审计调查。规范文化事业建设专项资金管理使用，保障相关政策落实到位，促进本市文化事业改革发展。

（三）本市部分旧区改造土地储备资金使用情况审计调查。加强旧区改造土地储备成本监督，规范旧区改造资金使用管理。

（四）本市大型居住社区外围市政配套设施建设项目实施情况审计调查。促进加快建设外围市政配套设施项目，不断满足入住居民的基本出行需求。

三、国有资本经营预算审计调查

通过审计，摸清本市本级国有资本经营预算编报和管理情况，推进国有资本经营预算管理体制的健全和完善。

四、社会保险基金预算审计

通过审计，规范社会保险基金预算编制，保证基金安全完整和运行效益，维护保险对象的合法权益，促进社保事业健康发展。

五、重点投资资金和项目跟踪审计

（一）本市对口支援喀什地区建设项目跟踪审计。促进中央对口支援相关政策措施落实到位，保障资金管理和项目建设规范有序、廉洁高效和公开透明。

（二）上海国际旅游度假区核心区基础设施项目跟踪审计。强化源头监控和动态监控，发现问题及时预警、及时督促整改，促进有关单位进一步完善管理制度，提高建设管理水平。

（三）"十二五"期间市级医疗机构建设项目跟踪审计。促进提高市级医疗机构建设项目管理水平和投资效益，及时反映建设过程中存在的普遍性、倾向性问题。

六、国外贷援款项目公证审计

根据审计署授权，通过对国外贷援款项目进行公证审计，促进积极合理有效利用国外贷援款，提高外资利用的质量和水平。

（三）审计计划的实施

无论是政府审计机关、独立审计组织还是内部审计机构，都应该严格按照审计计划编制的内容，开展审计活动，实施审计计划中规定的审计项目。上级审计机关应当指导下级审计机关编制年度审计项目计划，提出下级审计机关重点审计领域或者审计项目安排的指导意见。年度审计项目计划确定审计机关统一组织多个审计组共同实施一个审计项目或者分别实施同一类审计项目的，审计机关业务部门应当编制审计工作方案。审计项目负责人应根据项目审计计划制订审计方案，还可以根据被审计单位的经营规模、业务复杂程度及审计工作的复杂程度确定项目审计计划和审计方案内容的繁简程度。

在审计计划实施过程中，应该建立责任制，审计项目实施单位或项目团队应该有更详细的管理方案，包括审计现场管理、审计质量控制、审计成本控制等。保证按审计计划规定的时间完成任务，在尽可能节约审计成本的前提下提高审计质量。

（四）审计计划的调整

审计项目计划一经下达，各审计机构应当努力完成。但是，在审计计划实施过程中，如果出现了特殊情况，应该按照规定程序进行审批，调整审计计划。

依据《国家审计准则》的规定，在政府审计机关年度审计项目计划执行过程中，遇有下列情形之一的，应当按照原审批程序调整：

（1）本级政府行政首长和相关领导机关临时交办审计项目的；

（2）上级审计机关临时安排或者授权审计项目的；

（3）突发重大公共事件需要进行审计的；

（4）原定审计项目的被审计单位发生重大变化，导致原计划无法实施的；

（5）需要更换审计项目实施单位的；

（6）审计目标、审计范围等发生重大变化需要调整的；

（7）需要调整的其他情形。

独立审计组织和内部审计机构在审计计划执行过程中，应当在必要时对审计计划进行调整，具体包括调整被审计单位或被审计部门、审计目标、审计范围、审计项目组负责人、项目构成人员、审计项目实施时间等。

（五）审计计划实施的检查与考核

各审计机构的审计计划执行完毕后，为了更好地总结工作，吸取经验教训，进一步改进审计计划管理方法，可以运用抽样检查、重点检查等方法对审计计划的实施执行情况进行全面总结、检查与考核。

审计计划执行结果的检查与考核，首先应由各审计小组或审计项目组进行自我检查考核，并撰写实施情况报告；然后由审计机构内各职能部门根据自我检查报告选择若干审计项目进行验证性检查，并写出本部门总结报告；最后由审计机构根据各职能部门的报告进行归纳总结，对涉及的有关重大问题和事项进行重点检查。根据检查评价结果，对各审计项目实施单位或审计项目组进行考核，奖惩结合，对好的做法发扬光大，对存在的问题进行原因分析，找出解决的措施或方案。

第三节　　　　审计现场管理

一、审计现场的含义

顾名思义，现场一般指作业现场。审计现场有广义和狭义之分，如果把审计报告看作审计机构的"产品"，那么所有生产、加工审计报告的场所都是审计现场，即审计的全过程，包括审计前的准备、审计实施和审计终结三个阶段，这就是广义的审计现场。而狭义的审计现场仅指审计实施阶段的审计现场作业。

我们认为审计活动的各个阶段分工明晰、任务各异，共同为完成审计工作和保证审计质量服务，一般认为审计现场就是指审计项目的实施过程中在被审计单位开展的审计现场作业。

审计管理是一个有机的系统和整体，各个环节目标明确，审计现场管理就是指在审计项目实施过程中对审计现场作业管理和控制的过程。

二、审计现场管理的主要内容

1.合理配置审计现场资源

从主客体两个方面来讲，审计资源也可分为两类：一类是审计主体资源，即审计机构可以利用的全部资源，包括审计人力资源、审计技术资源、审计设备资源等；另一类是审计客体资源，即被审计单位可供审计的对象资源。

审计资源合理配置就是要求审计主体资源和客体资源合理搭配，做到人尽其才，提高审计工作效率，保证审计工作质量。因此，审计项目组组长应该根据审计项目总体目标，制订详尽的审计实施方案，把所有审计任务进行合理分解，在充分了解审计人员各自业务能力及技术特长的基础上，给其分配恰当的工作任务。另外，在对审计任务进行分解组合时，还应该考虑审计任务相互之间的关联性和逻辑性，有些业务之间存在佐证关系的不宜人为分割，例如销售收入与应收账款的审查就不宜分割。

在审计实践中，审计资源配置环节可能会被提前到审计方案制订的过程中，但其本质上属于审计现场管理的组成部分，况且在审计现场根据新出现的情况，可能还需要对审计资源配置进行必要的调整。

2.审计现场信息的沟通与反馈

在审计工作现场，审计人员的工作是相对独立的，每个人按照审计实施方案规定的程序开展工作。但是，所有人的审计工作又是一个有机整体，都是整个审计项目的组成部分，某一个审计人员发现的线索很可能就是另外一个审计人员提出审计结果的重要证据。同时，审计工作中的每一个审计事项看似独立，实则互相联系、互相印证，因此，在审计现场非常需要及时进行信息的沟通与反馈。

审计项目负责人需要发挥领导和指挥作用，定期组织召开项目组的讨论会议，除了汇报审计工作进展情况，还应该交流各自开展审计工作的体会及审计发现的重要线索和信息，以便确定下一步工作的重心和方向。如果发现有事前未曾预料的重大情况，有必要调整审计策略和具体审计方案。

3.合理掌控审计时间与进度

虽然审计项目的整体时间安排在审计方案中预先确定，但毕竟较为粗略，也可能存在考虑不周全的因素。因此，审计项目负责人在现场管理中就需要统筹安排各审计事项的具体时间进度，还要考虑因特殊原因需要追加审计程序而预留必要的审计时间，使得审计项目的总体时间和进度符合审计项目计划规定的时间进度要求。

另外，审计时间进度与审计详细程度是互相矛盾的。有了审计时间进度的限制，审计详细程度就要受到影响。一般情况下，审计时间进度应该服从于审计深度，但是，如果有特殊要求的审计项目，时间要求紧迫，如何在有限的时间内保证审计质量，审计项目负责人需要掌握平衡审计时间进度和审计深度的技巧，这其实是对审计项目负责人提出了更高的要求。

4.对审计现场例外情况及突发事件的处理

审计现场管理在很大程度上依赖于审前调查以及审计实施方案的制订[①]。但是，任何审计方案都不可能做到天衣无缝，审计方案在实施过程中总会发生未能预见的例外情况及突发事件。

如果在审计现场发生例外情况及突发事件，审计项目负责人首先需要判断其严重程度，如果这些情况不足以影响审计目标及整体工作进度，则可以采取扩大审计范围、追加审计程序的方式予以解决。如果这些例外情况及突发事件的发生导致无法实现既定的审计目标，审计项目负责人需要决定是否终止审计，并进行及时汇报和审批。如果终止审计工作，就应立即撤离审计现场；如果继续审计工作，就需要调整审计方案并重新掌控时间进度。

---

① 吉宁，许华柱.试论审计现场管理与控制［J］.审计与经济研究，2005（9）.

三、审计现场管理的作用

从系统论的角度看，审计质量控制应该是一个由各项控制机制组成的完整的质量控制体系，它涵盖审计的全过程，其核心就是对提供合格审计产品的过程进行控制[①]。在审计全过程的整体系统中，审计现场管理与控制是一个非常重要的子系统，不仅体现管理者或组织者对审计现场的驾驭管理水平，而且是保障审计项目质量的重要措施。

1.有利于保证审计现场作业的效率和效果

虽然各个审计机构对于开展审计项目的目标及侧重点有所差异，但仍然希望在较短的时间期限内以较低的审计成本达到预期的审计目标，即提高效率和提升效果是共同的追求。因此，加强审计现场管理、有效的组织协调、明确的任务分工、科学的规划、团队中审计人员的良好协作、畅通的信息反馈与沟通、审计组组长正确的指挥决策等，都可能成为提高现场审计效率及提升审计工作效果的重要因素。

2.有利于保证审计结果的可靠性

审计报告作为审计活动的最终"产品"，审计机构内部及外部决策者都极为关注，而反映在审计报告中的审计结果的可靠性来自于审计人员的现场审计作业。审计结果的可靠性就是审计结果的可信赖程度，由于审计活动本身存在局限性，只能对审计客体提供合理保证，公众对审计结果的可信赖程度主要建立在审计过程的可靠性上。审计过程可靠说明审计人员遵守了法律法规及审计准则，遵照审计项目计划及审计实施方案开展审计现场作业，获取了充分的审计证据，形成了客观的审计结果。

当然，审计结果的可靠性并不能仅仅依赖于审计人员的自觉性，这种可靠性的保障还来源于审计组织内部有效牵制而形成的控制机制。因此，通过审计现场管理，可以消除信息沟通障碍，排除外界因素干扰，增强审计组组长或指定人员的现场复核深度，加强审计人员现场作业监督等。所以，从管理与控制的角度看，建立有效机制可能比强调审计人员遵守职业道德更为重要，而且这个控制机制应该是完善和有效的。

3.有利于保证审计过程的合法性和合规性

合法、合规的审计作业流程是提供可靠审计结果的基本前提，审计作业流程贯穿于审计活动的各个阶段。在审计现场，审计作业程序的合法、合规性同样十分重要。

首先，审计取证的程序必须符合法律法规的规定，未经合法合规程序取得的审计证据是无效的，在此基础上形成的审计结果也是不可靠的；其次，对具体审计事项审计程序的设计和实施也必须是合法合规的，从而保证对具体事项的审查遵守作业规范，并能有效降低审计风险，减轻审计责任。

---

① 吉宁，许华柱.试论审计现场管理与控制［J］.审计与经济研究，2005（9）.

第四节   审计资源管理

一、审计资源的含义

审计资源是指审计机构开展审计业务可以利用的人力、物力、财力、时间及信息等方面的所有资源。审计机构开展审计业务质量的高低与其拥有审计资源数量的多少密切相关，对审计资源管理的科学有效性也直接影响审计工作效率，因此，优化审计资源管理是审计工作创新发展的基础和前提。

审计资源管理是指审计机构对开展审计业务可利用的人力、物力、财力、时间及信息等审计资源进行有效整合和优化配置，以发挥各种审计资源最大效用的活动过程。审计资源管理是审计管理的重要组成部分，对于提高审计工作效率、节约审计成本发挥着重要作用。

二、审计资源管理的必要性

1.审计资源具有稀缺性

任何资源受制于时间、空间，相对于需求而言都是有限的[①]。随着社会及经济发展，相对于审计的大量需求而言，审计资源也是有限的、稀缺的资源，这也是社会现实。无论是政府审计、独立审计还是内部审计，都存在着巨大的社会及市场需求，而政府审计机关、独立审计组织及内部审计机构提供的审计服务都是很有限的，主要原因就是审计资源不能满足社会对审计的需求。因此，有必要对有限和稀缺的审计资源进行管理整合。

2.审计资源管理是为了实现审计资源的有效利用

审计资源是审计机构开展审计活动的物质基础，各个审计机构利用审计资源开展审计业务活动都是履行法定职责、发挥审计保障国家经济和社会健康运行的"免疫系统"功能、提升组织核心竞争力、提高组织科学管理水平、实现权力制衡的有力工具。加强审计资源管理可以充分发挥审计机构的职能与作用，保障组织目标的顺利实现。因此，审计机构通过充分挖潜、有效整合、合理安排等手段实现审计资源的强化管理，能够充分提高审计资源的使用效益，更加有效地实现审计目标。

3.审计资源管理是审计管理的必然要求

审计管理的总体目标是保证审计质量，提高审计效率，防范审计风险。审计管理的各个环节都为审计管理的总体目标服务，并且每个环节的管理都不是独立的，而是相互联系、相辅相成的。只有每个环节的管理协调配合，才能实现审计管理的总体目标。

审计资源管理是一项"幕后工作"，其很多管理活动隐藏在审计管理工作的背后，不如审计计划管理、审计现场管理、审计信息管理等显而易见，其发挥的作用也是潜藏在审计业务活动的过程中，所以，审计资源管理是审计管理的必然要求。

---

①   王继.加强公司内部审计资源管理之浅见［J］.财经界，2010（2）.

三、审计资源管理的主要内容

（一）加强审计人力资源管理、储备与培训

审计人力资源是审计资源中最宝贵、最具有开发潜力的资源，是审计管理工作的重中之重，也是审计机构开展审计业务活动的基本保障。加强审计人力资源管理、储备与培训要从以下几个方面着手：

1.吸引和选拔优秀人才加入审计职业队伍

审计工作业务性强，技术要求高，对审计人员的综合素质和规格标准要求更高，同时，审计人员还应该具备崇高的职业道德水平以及高尚的个人道德情操，确保执业的独立性。因此，需要提高审计职业的社会认同度及社会价值，配合有效的薪酬机制，吸引优秀人才加入审计职业队伍，同时，以高标准进行选拔，确保审计人力资源的优越性。

2.合理配置审计人力资源的专业结构

随着社会进步和经济发展，审计人员面对的审计业务越来越复杂，审计业务的专业性也越来越多元化，过去清一色财、会、审专业背景的审计人员已经不适合社会现实的需要。工程管理、造价管理、信息管理、计算机、法学等专业背景的人才已经成为审计业务开展所需要的人才，因此，各审计机构在引进和选拔人才时，必须考虑对整个团队人员的专业结构进行合理配置。

3.合理储备审计后备人才

随着时间的推移，人总会老去。审计人力资源也会面临老化和替代，没有新的力量补充，审计事业发展将面临巨大挑战。因此，从长远考虑，审计机构应该加强人才储备，对审计人力资源进行不断补充，形成合理梯队。

4.对审计人力资源进行持续培训

审计人员的成长和发展也需要不断进行后续教育，不仅要培训专业知识，补充新的审计技术和审计方法，还要针对审计业务的发展不断补充新的审计思路和理念，更要持续培训审计人员的职业素养和职业修养，保持整个队伍过硬的业务能力。

5.合理利用外部专家的工作

利用外部专家的工作其实是审计机构人力资源的延伸，在有些审计业务中，审计机构由于缺乏人手，可能无法独立完成审计任务，这时可以考虑聘用外部专家参与审计活动，提供专业指导，共同完成审计任务。

（二）统筹使用审计财力和物力资源

必要的财力和物力投入是完成审计任务的物质基础，但是，在投入的财力和物力有限的情况下，就需要统筹使用。审计机构需要对所有审计项目团队的任务数量、任务难度、目标要求等作周密的分析，根据实际需要配备适当的财力和物力。审计机构还可以依据各项目组的工作进度，将有些设备、物资、工具等流转使用，以保证各个审计项目组的财力和物力需求。

（三）充分高效利用审计时间资源

审计时间资源利用是否有效与审计计划的编制密切相关，审计机构要在掌握自身各种可利用资源的前提下周密部署、周详安排，进而编制年度审计计划。避免出现业务繁忙时审计资源紧缺，业务惨淡时审计资源闲置，不能有效发挥审计时间资源的价值。

（四）发挥审计信息资源的优势

审计信息资源包括审计机构使用的信息技术及软件资源、审计工作规范流程、收集的被审计单位详细资料、审计工作底稿、会议纪要、审计建议、审计报告等各种信息资源。审计机构可以建立信息数据库，实现信息共享，充分发挥信息资源可以被重复利用的价值优势，避免重复工作，提高工作效率。

（五）合理控制审计成本

控制审计成本看似与审计资源管理无关，其实不然，降低了审计成本就节约了审计资源。出于保证审计质量、防范审计风险的角度，可能会使控制审计成本的考虑受限于对审计目标的要求。但是，基于成本效益原则，还是应该对审计成本进行适当的控制，当然不能以牺牲审计质量为代价而节约审计成本，这就要求审计机构合理解决审计质量与审计成本之间的矛盾。

第五节 审计质量管理

一、审计质量的含义

审计质量是指审计工作过程及其结果的优劣程度[①]。审计质量是审计工作的生命，审计质量是衡量审计工作成败的唯一标准，因此，审计质量管理是审计管理工作的核心和主线。

从严格意义上讲，审计质量包括审计结果质量和审计工作质量两个方面的内容。审计工作质量是审计结果质量的基础和保证，审计结果质量是审计工作质量的体现和反映。从社会对审计信息的需求来看，注重的是审计结果质量；而审计机构在审计管理中注重的则是审计工作质量。审计机构只有加强审计工作质量，才能够保证审计结果质量，满足社会对审计信息的期望和需求。

二、审计质量管理的意义

1.有利于确保审计监督的权威性

无论是政府审计、独立审计还是内部审计，都是依法开展的审计监督活动，具有高度的独立性。审计报告无须经过任何组织的鉴证，就具有客观性、公正性，其监督效果具有很高的权威性。因此，加强审计质量管理是确保审计监督权威性的必然要求。

2.有利于防范审计风险

提高审计质量、防范审计风险是审计工作的永恒目标，而进行审计质量管理就

---

① 李凤鸣.审计学原理［M］.上海：复旦大学出版社，2011.

是防范审计风险的主要途径。由于审计工作本身的局限性，审计风险无法全部予以规避，只能采取必要措施进行合理控制，将审计风险降到审计人员可接受的低水平。当然，审计管理的各方面内容都是为防范审计风险服务的，而审计质量管理正是防范审计风险的核心和主线。

3.有利于提供高质量的审计信息

由于审计具有高度的独立性，审计信息被社会认为是最可靠、最公正、最可信赖的信息，被政府管理机构和社会组织广泛采纳和使用，具有较强的影响力和较宽的影响面。因此，审计机构通过审计质量管理，加强审计工作的过程控制，保证审计结果的客观与公正，可以充分满足社会对高质量审计信息的需求。

4.有利于审计事业的长远发展

只有通过审计质量管理，确保审计机构一如既往地提供高质量的审计结果信息，社会公众才能够树立对审计机构的信心，坚持对审计工作给予支持，审计机构开展审计工作才能够有动力，审计事业才会不断发展。

三、审计质量管理的要求

审计质量管理实质上贯穿于审计工作的全过程，是一项系统性工作，只有对每一个环节都进行质量控制，才能够保证整体审计工作及审计结果的质量。因此，审计质量管理必须达到全面、连续、及时的要求，应该进行全要素质量管理、全方位质量管理及全过程质量管理。

（一）全要素审计质量管理

审计质量是多个因素综合影响的结果，控制审计质量就要综合考虑各个因素，全面建立审计质量控制机制。

依据国家审计准则，政府审计质量控制的要素包括：审计质量责任；审计职业道德；审计人力资源；审计业务执行；审计质量监控。

依据注册会计师审计准则，独立审计质量控制的要素包括：对业务质量承担的领导责任；相关职业道德要求；客户关系和具体业务的接受与保持；人力资源；业务执行；监控。

依据内部审计具体准则，内部审计质量控制的要素包括：内部审计机构的组织形式及授权状况；内部审计人员的素质与专业结构；内部审计业务的范围与特点；成本效益原则的要求；其他。

尽管各审计机构开展的审计业务呈现出一定的差异，进行审计质量控制的要素也略有不同，但是，都需要针对各自不同的影响因素建立全要素的质量控制机制。

（二）全方位审计质量管理

审计工作是一项专业性较强的复杂工作，不仅包括审计计划、审计组织、审计人员、审计业务、审计信息和审计研究等业务工作，还包括审计后勤保障等行政性工作，以及审计财务等经济性工作。保证和提高审计质量，必须对所有工作实施全方位的质量管理，如果每一项工作质量都有了切实保证，审计结果的质量也就有了可靠保证。因此，需要建立各项工作的质量管理责任制。

（三）全过程审计质量管理

审计业务活动过程包括审计准备阶段、审计实施阶段和审计报告阶段三个基本过程。全过程审计质量管理需要对这三个过程分别进行质量控制，把好每个环节的质量关，保证和提高整体审计工作质量，保证最终的审计结论客观、可靠。

四、审计质量管理的内容

政府审计、独立审计及内部审计的总体目标与业务特点具有一定的差异，但是，三种审计活动的业务程序基本是规范统一的。按照控制论的原理，审计质量管理是对审计工作质量全面的、系统的和连续的控制，按照各项管理措施发生的时间可分为事前管理、事中管理和事后管理三部分。

（一）审计质量事前管理

审计质量事前管理不仅仅指审计计划管理，还包括建立并完善必要的审计标准、构建审计机构、培训审计人员等内容。

1.建立并完善审计工作的制度和标准

审计工作的制度和标准包括审计法律法规、审计准则、审计规范、审计实务指南等，这些制度和标准既是审计机构和审计人员履行法定审计职责的行为规范，也是执行审计业务的职业标准，更是评价审计质量优劣的基本尺度，需要在审计业务开始前完整地建立起来，并且需要随着审计环境的发展不断进行完善和更新。

2.制订完善、合理的审计项目计划

审计机构根据年度审计计划，需要针对具体的审计项目及其审计目标，依照国家有关法律、法规和制度，依照审计准则的规范要求，结合被审计单位的基本情况，研究制订相应的审计项目计划及审计方案，确保审计质量事前准备工作充分。

3.配备合适的审计人员并进行培训

根据具体审计项目计划及审计目标的需要，结合审计项目的难易程度，选拔配备合适的审计人员，成立审计项目组，并对配备的审计人员进行必要的培训。

（二）审计质量事中管理

审计质量事中管理主要是指对审计过程的管理，应该从审计项目组进入被审计单位开始，到出具审计报告后审计项目组撤离被审计单位结束，需要做好三个方面的管理：

1.确保按审计项目计划和审计方案实施审计工作

审计人员应该严格按照预先确定的审计项目计划和审计方案开展审计现场作业，除非例外情况或特殊事项，否则不得随意改变预先确定的方案。

2.进行审计现场管理，加强信息沟通

审计项目负责人要切实履行工作职责，开展审计现场管理，确保审计人员认真进行现场作业，收集充分的审计证据，客观地进行评价，保证实事求是、客观公正。

3.以审计证据为依据出具恰当的审计报告

审计人员要以取得的审计证据为依据，提出合适的审计意见与审计结论，出具反映审计过程与结果的审计报告。同时，认真复核审计报告，形成恰当的审计意见书和审计决定。

（三）审计质量事后管理

审计质量事后管理是指对审计质量的反馈与对审计结果的利用。审计机构应该将审计质量管理的工作向后延伸，现场审计工作结束出具审计报告后，审计机构可以进行审计回访，或者进行后续审计以检查审计建议的落实情况，以及审计决定的执行情况，从而决定采取相应措施。另外，如果有必要的话，审计机构可以将审计信息公开，并与相关部门沟通对审计结果的利用，提升审计结果的使用价值。

审计质量的事前管理、事中管理和事后管理相互联系、相互制约，共同构成完整的审计质量控制体系，核心是对审计人员行为的管理。

五、审计质量管理的措施

（一）建立分层次责任制度

一般情况下，审计机构开展业务活动都需要成立项目小组，项目负责人对审计业务的总体质量负责是第一个层次的责任制度；如果审计机构规模较为庞大，可能还会根据业务属性设立多个业务部门，部门负责人对该部门开展的所有审计业务的总体质量负责就是第二个层次的责任制度；最后由审计机构负责人对该机构所有审计业务的总体质量全部负责。

建立分层次的责任制度，并且进行相应的责任考核以及业绩评价，形成良好的审计质量管理环境，树立质量至上的工作宗旨，这样才能激励所有审计人员全身心投入，为保证审计质量尽心工作。

（二）培养合格的项目负责人

在审计实务中，项目负责人应当充分发挥示范作用和领导作用，除了带头遵守法律法规、职业道德守则和审计准则，按照规范执行审计业务之外，还要组织、协调和管理好整个项目组成员的工作，因此，合格的项目负责人对于审计质量的管理和控制至关重要。一般情况下，项目负责人应该做好以下工作：

（1）审计业务实施前全面了解被分派审计项目的情况，总体评价审计风险。

（2）及时全面地制定总体审计策略和重要审计领域的具体审计计划。

（3）认真组织现场审计，合理安排审计人员，督导其他审计人员的工作。

（4）把握重点审计领域和重点审计事项。

（5）认真复核审计工作底稿。

（6）善于与被审计单位沟通，对于重大事项应与其他审计人员、质监人员沟通，并及时向部门负责人及分管项目的有关领导汇报。

（7）收集归纳审计问题，认真撰写审计总结。

（8）认真复核被审计资料及审计证据，撰写审计报告。

（9）关注审计报告出具后的期后事项。

（10）对审计项目组成员的工作作出评价。

（三）进行分阶段质量控制

审计工作具有明显的阶段性特点，每个阶段的工作内容不尽相同，但每个阶段的工作质量都会对审计工作的总体质量造成影响，因此，需要对每个阶段的工作进行事前筹划，统筹安排。尤其要发挥项目负责人的领导作用，管理好现场审计工作。项目负责人应该熟知项目组每个成员的能力和特点，安排工作时应该发挥每位成员的业务能力和特长，做到人尽其才，并及时检查和指导他们的工作。项目负责人对其他审计人员反映的问题应及时解决，对有疑虑的情况应及时追加审计程序，收集充分、适当的审计证据，能够现场解决的问题果断解决，一时难以解决的问题及时与被审计单位沟通，并向部门负责人、质监人员及主管领导汇报，在保证审计质量的前提下，确保审计工作按进度如期完成。

（四）进行关键点质量控制

所谓关键点就是指对审计质量具有重大和直接影响的业务环节[①]。进行关键点质量控制就是要求对整个审计业务过程中列为关键点的环节和要素采取强有力的措施进行管理和控制，确保关键点的审计质量达到审计业务的整体质量要求。

进行关键点质量控制的核心是确定某项审计业务的关键点。不同的审计项目，不同的审计业务范畴，以及同一审计业务的不同阶段，都有不同的关键点。因此，确定审计业务的关键点，需要经验丰富的审计人员或者项目负责人发挥职业判断能力，对审计项目进行全面评估，把需要重点控制的关键点纳入审计策略及具体审计计划，进行重点监控。

（五）进行审计质量监督检查

审计质量监督检查是指由审计机构派出专门的检查小组或人员对正在执行或已经结束的审计项目的审计质量进行有目的的检查和评价。这种监督和检查也可以建立相关制度，成为审计机构的一项例行工作。

中国注册会计师协会会计师事务所执业质量检查通告（第十五号）

审计质量监督检查可以在审计现场进行，发现问题及时纠正，时效性较高；也可以事后进行，以检查审计档案为主要形式，可以查漏补缺，为以后的审计质量管理提供借鉴和参考。

第六节　　审计信息管理

一、审计信息的含义

审计信息有狭义和广义之分。狭义的审计信息仅指审计机构在开展审计工作过程中形成的公文、审计工作底稿、审计报告等规范的档案性文件和资料；广义的审计信息是指在开展审计工作过程中，审计机构收集及产生的以各种形式存储的所有文件、资料、数据等。审计信息的概念向外延伸，有利于更好地为开展审计工作

[①]　康钟琦.现代审计学原理［M］.上海：立信会计出版社，2004.

服务。

审计信息管理就是指审计机构对各种审计信息进行收集、加工、整理、存储、反馈、利用等，用来加强指导和控制审计工作的一系列活动。

二、审计信息的分类

（一）按审计信息的来源分类

按照审计信息的来源分类，审计信息可以分为外部审计信息和内部审计信息。外部审计信息主要是指来自于审计机构外部的各种审计信息，包括来自于被审计单位的相关信息以及与其他审计机构交流的审计信息；内部审计信息是指审计机构在开展审计业务过程中产生的各种文档资料等信息。

（二）按审计信息的内容属性分类

按照审计信息的内容属性分类，审计信息可以分为审计业务信息和非审计业务信息。审计业务信息是指开展审计业务过程中在计划、实施、报告等工作阶段形成的各种审计信息；非审计业务信息是指与审计业务没有直接联系的有助于审计工作开展的其他审计信息。

（三）按审计信息的存储形式分类

按照审计信息的存储形式分类，审计信息可以分为纸质审计信息和电子审计信息。纸质审计信息是指以纸质为存储介质的审计信息；电子审计信息是指以电子数据为存储形式的审计信息。

三、审计信息管理的意义

审计信息管理的主要目的在于保证审计信息资源能得到有效的开发和利用，以利于改进审计工作方法，提高审计工作效率，保证审计工作质量。在现代社会中，获取和掌握信息既是管理活动的重要内容，又是管理活动的终极目标。作为各类审计机构，由于其工作具有连续性和重复性，收集、开发、利用、反馈各类审计信息对其进行审计管理、开展审计业务具有重要意义。

1.收集审计信息有利于掌控资源优势

在市场经济环境中，资源优势能够发挥不可替代的作用，谁掌握资源谁就占据主动位置。因此，审计机构注意收集来自各方面的审计信息，就将拥有信息资源优势，对政府审计机关来说可以做到未雨绸缪，对独立审计组织来说可以在市场竞争中处于优势地位，对内部审计机构来说可以提前掌控组织全局，做到有的放矢。

2.充分利用审计信息可以改进审计方法

对收集的审计信息进行归纳整理并分析，可以从中发现存在的问题，并改进审计方法，从而保证审计结果的准确性，最终保证审计质量。尤其是审计业务信息，审计机构应该充分发挥其应有的价值。

3.充分利用审计信息可以提高审计工作效率

对审计信息进行梳理和分类后，就可以分门别类地进行使用。比如，对于较为成熟的审计项目所适用的审计方案和审计策略，可以直接采用，节省时间和成本；对于需要继续改进完善的审计信息，进行分析和改进后也可以采用，避免重复工作，大大提高审计工作效率。

4.交流和反馈审计信息可以提高审计工作的整体水平

政府审计机关、独立审计组织、内部审计机构的业务领域有所差异，但是，审计思想、审计方法、审计技术等方面则是相通的。因此，在保护商业秘密的前提下，各个审计机构之间可以充分交流和反馈审计信息，做到资源共享，取长补短，提高审计行业的整体水平。

四、审计信息管理的内容

（一）审计信息的收集获取

审计信息的收集获取是指各个审计机构根据审计业务开展和审计管理需要，从各种信息来源渠道取得各类审计信息的过程。审计信息的收集获取可以被理解为审计信息进入审计信息管理系统的过程，处于审计信息管理循环的起点，是审计信息管理过程的开始。

【同步思考10-1】审计信息收集获取的程序和方法有哪些？

理解要点：审计信息的收集获取必须选择合理的程序和方法，具体包括：

（1）确定收集获取审计信息的目标；

（2）制订收集获取审计信息的计划；

（3）运用恰当的收集获取审计信息的方法；

（4）汇总传递收集获取的审计信息。

收集获取审计信息要及时、准确、全面，也要突出重点，同时与审计工作开展密切相关。

（二）审计信息的梳理加工

审计信息的梳理加工是一个去粗取精、去伪存真的过程，是审计信息管理工作的核心内容和重要环节。对初始收集获取的审计信息进行分析、比较、研究和梳理，实际上就是对审计信息进行全面校验，剔除不真实、不准确的信息，从而大大提高审计信息的真实性、可靠性，同时压缩去除多余审计信息，使审计信息精炼清晰。此外，通过审计信息的梳理加工，还可以派生出新的更有价值的审计信息，发挥审计信息的增值效果。

（三）审计信息的输出利用

审计信息的输出利用是指审计机构将收集获取的及经过梳理加工的审计信息，传输给审计信息使用者的过程。审计信息的输出利用是实现审计信息价值的桥梁，通过把有用的审计信息输出给使用者加以利用，才能真正发挥审计信息的作用。同时，审计信息的输出利用也是审计信息梳理加工的必然结果，因为收集加工的审计信息不及时输出利用就不能发挥其应有的价值。

（四）审计信息的反馈循环

审计信息的反馈循环是指将输出利用的审计信息产生的结果与实际情况相比较后再反馈回来，并对审计信息的再输出产生影响的循环过程。审计信息反馈时，应力求准确、可靠、及时和简单。

审计信息反馈循环的目标是评价输出利用的审计信息产生的效益和效果，进一步提高审计信息的利用价值，为下一步输出审计信息提出改进措施。因此，审计信息输出机构和审计信息使用机构应该及时沟通反馈审计信息的使用效果，分析审计信息输出利用过程中产生的需要进一步优化的相关问题，提出解决方案和措施，提高审计信息再次输出利用的适应性。

（五）审计信息管理手段升级更新

审计信息管理手段升级更新是指随着信息技术的发展和进步，审计信息管理应该充分利用信息技术的优势，在管理方式和管理手段上不断创新。在信息技术高度发达的背景下，也应该将信息技术优势应用到审计信息管理当中。目前，计算机辅助审计已经得到普遍应用，可以在此基础上开发并实施审计信息系统，融汇更多功能，既便于开展计算机辅助审计，又便于审计信息管理。这样不仅可以提高审计信息管理效率，也可以促进审计信息管理手段不断升级更新。

五、审计档案管理

（一）审计档案的含义

中华人民共和国审计署、国家档案局于 2012 年 11 月 28 日公布了《审计机关审计档案管理规定》，并自 2013 年 1 月 1 日起开始施行。其中第二条规定："审计档案，是指审计机关进行审计（含专项审计调查）活动中直接形成的对国家和社会具有保存价值的各种文字、图表等不同形式的历史记录。"

对于独立审计组织和内部审计机构而言，审计档案记载的内容可能不同，但是，审计档案的属性、形式及价值基本相同。

（二）审计档案的分类

1.按审计体系分类

按审计体系分类，审计档案可以分为国家审计档案、独立审计档案和内部审计档案。

2.按审计档案的属性分类

按审计档案的属性分类，审计档案可以分为结论类、证明类、立项类、备查类审计档案。

3.按审计档案的载体分类

按审计档案的载体分类，审计档案可以分为纸质审计档案和电子审计档案。

（三）审计档案管理的意义

审计档案管理，就是指各审计机构对审计业务活动及审计管理活动中所形成的文件资料等进行收集、整理、编制、保管、鉴定、利用、统计及移送等工作，使审计档案条理化、规范化，维护其实物形态及使用价值不受损坏的一系列活动。

审计档案是各审计机构在审计活动中积累的专业档案，是执行审计任务的真实记录，也是考察审计工作质量、研究审计历史的依据和必要条件。其中，国家审计机关的审计档案属于国家档案的重要组成部分，独立审计组织及内部审计机构的审计档案不仅是该审计机构的重要文献资料，也是其从事审计活动的真实记录及法律凭证。因此，收集、整理、保管、利用好审计档案是各审计机构的重要任务，也是审计管理工作中不可缺少的重要环节。审计档案对于提供可靠的查证资料、提高审计工作质量、促使审计管理工作规范化、促进审计理论研究等方面都具有重要意义。

（四）审计档案管理的内容

1.审计档案的收集

审计档案的收集一般从审计案卷的收集开始。审计案卷是审计档案的一个单元，审计档案就是由若干审计案卷组成的。审计案卷的收集一般以归档形式来完成。审计档案的收集应该注意以下事项：

（1）明确审计档案收集的范围，保证归档文件资料的完整性和系统性。根据《审计署审计文件材料立卷归档操作规程》的规定："审计文件材料，是指审计机关和审计人员在审计或专项审计调查活动中直接形成的各种文字、图表等形态的纸质记录材料。"

（2）坚持完整与精炼的原则，保证审计档案的质量。审计档案的收集既要确保与审计事项密切相关的文件资料必须全部收集、立卷、归档，避免遗漏，甚至予以补救，确保审计档案的完整性；又要对收集的审计档案进行鉴别和挑选，并加以取舍，对不必归档的作为资料保存，避免重复，力求精练。

2.审计档案的立卷

审计档案的立卷是指将收集完毕的具有保存价值和密切关联的审计文件资料，经过系统整理组成案卷的过程。具体工作内容包括：组卷、案卷内文件资料的排列与编号、案卷编目与装订等。

审计档案案卷质量的基本要求是：审计项目文件材料应当真实、完整、有效、规范，并做到遵循文件材料的形成规律和特点，保持文件材料之间的有机联系，区别不同价值，便于保管和利用。

审计文件材料应当按照结论类、证明类、立项类、备查类4个单元进行排列。审计文件材料按审计项目立卷，不同审计项目不得合并立卷。

审计文件材料的归档时间应当在该审计项目终结后的5个月内，不得迟于次年4月底。跟踪审计项目，按年度分别立卷归档。

3.审计档案的保管

审计机关审计档案应当实行集中统一管理。审计机关应当设立档案机构或者配备专职（兼职）档案管理人员，负责本单位的审计档案管理工作。审计档案的保管是指审计档案管理人员依据相关制度及采取有效措施保证审计档案的安全、完整，尽可能延长审计档案的使用寿命，发挥审计档案的使用价值。

审计档案应当采用"年度–组织机构–保管期限"的方法排列、编目和存放。审计案卷排列方法应当统一，前后保持一致，不可任意变动。审计机关应当按照国家有关规定配置具有防盗、防光、防高温、防火、防潮、防尘、防鼠、防虫功能的专用、坚固的审计档案库房，配备必要的设施和设备。

审计档案的保管期限应当根据审计项目涉及的金额、性质、社会影响等因素划定为永久、定期两种，定期分为30年、10年两种。

（1）永久保管的档案，是指特别重大的审计事项、列入审计工作报告、审计结果报告或第一次涉及的审计领域等具有突出代表意义的审计事项档案。

（2）保管30年的档案，是指重要审计事项、查考价值较大的档案。

（3）保管10年的档案，是指一般性审计事项的档案。

审计机关业务部门应当负责划定审计档案的保管期限。审计档案的保管期限自归档年度开始计算。

审计机关应当根据审计工作保密事项范围和有关主管部门保密事项范围的规定确定密级和保密期限。凡未标明保密期限的，按照绝密级30年、机密级20年、秘密级10年认定。

4.审计档案的利用

审计档案的利用是指审计档案管理部门为了满足社会需要，向审计档案使用者提供审计档案的服务活动。审计档案的利用既是审计档案管理工作的出发点，又是审计档案管理工作的归宿，同时也是审计档案发挥其价值的体现。

审计机关应当加强审计档案信息化管理，采用计算机等现代化管理技术编制适用的检索工具和参考材料，积极开展审计档案的利用工作。

审计机关应当建立健全审计档案利用制度。借阅审计档案，仅限定在审计机关内部。审计机关以外的单位有特殊情况需要查阅、复制审计档案或者要求出具审计档案证明的，须经审计档案所属审计机关分管领导审批，重大审计事项的档案须经审计机关主要领导审批。

5.审计档案的移交与销毁

省级以上（含省级）审计机关应当将永久保管的、省级以下审计机关应当将永久和30年保管的审计档案在本机关保管20年后，定期向同级国家综合档案馆移交。

审计机关应当按照有关规定成立鉴定小组，在审计机关办公厅（室）主要负责人的主持下定期对已超过保管期限的审计档案进行鉴定，准确地判定档案的存毁。

审计机关应当对确无保存价值的审计档案进行登记造册，经分管负责人批准后销毁。销毁审计档案，应当指定两人负责监销。

实务操作练习

业务题1

一、目的

编制审计项目计划表或计划书。

二、资料

依据国家宏观政策及当地政府决策部署，2018年东湖市审计局初步确定以下审计工作任务：

1.市财政局组织上年度市本级预算执行情况审计；

2.30个市级财政预算单位上年度财政预算执行情况审计；

3.市地方税务局上年度地方税收征管情况审计；

4.15个市级事业单位上年度财政收支情况审计；

5.全市国有资本经营预算收支管理情况的审计调查；

6.上年度本市社会保障资金的收缴及使用情况跟踪审计；

7.本市城镇保障性安居工程跟踪审计；

8.主管副市长要求的上年度科学研究专项资金使用及效益情况审计调查；

9.市长要求的上年度全市城镇居民医疗保险资金的收缴及使用情况审计调查；

10.上级审计机关安排的市政府1名副市长和市委1名副书记的经济责任审计；

11.审计局自行确定的本市污水处理项目工程建设竣工审计；

12.审计局自行确定的生活垃圾发电项目绩效审计调查；

13.对四川洪灾对口援建项目的跟踪审计。

三、要求

依据上述资料编制东湖市审计局2018年度的审计项目计划表或计划书并初步确定各项目的审计目标。

业务题2

一、目的

训练审计项目负责人对审计现场的管理能力。

二、资料

平原会计师事务所接受新亚公司委托对其2018年度的财务报表进行审计，双方已经签订审计业务约定书，平原会计师事务所决定派出审计一部的张强、王玉、刘玲、李博组成审计项目组，4人均具有注册会计师执业资格。其中，张强专业背景为审计学，注册会计师执业经历10年；王玉专业背景为金融学，注册会计师执业经历5年；刘玲专业背景为经济学，主攻投资方向，注册会计师执业经历4年；李博专业背景为会计学，注册会计师执业经历3年。事务所决定由张强担任该审计项目组的负责人，依据事务所的有关规定，开展年度财务报表审计业务一般按照业务循环进行。通过了解新亚公司的基本情况，张强决定按照销售与收款、采购与付款、存货与生产、筹资与投资、货币资金审计等5个业务循环开展具体的审计工作，初步计划在5天时间内完成此项审计任务。

三、要求

假设你是张强，请为项目组的其他人员分配工作任务，并确定初步的审计目标。

主要参考文献

[1] 中国注册会计师协会. 审计 [M]. 北京：中国财政经济出版社，2018.

[2] 中国注册会计师协会. 中国注册会计师执业准则 [M]. 北京：中国财政经济出版社，2017.

[3] 刘明辉，史德刚. 审计 [M]. 6版. 大连：东北财经大学出版社，2017.

[4] 傅胜. 审计习题与案例 [M]. 6版. 大连：东北财经大学出版社，2017.

[5] Arens，Loebbecke. 审计学：整合方法 [M]. 8版. 北京：清华大学出版社，2004.

[6] Committee on Basic Auditing Concepts. A statement of basic auditing concepts [R]. American Accounting Association，1973.

[7] 阿伦斯，等. 审计学 [M]. 王英姿，杜英，译. 上海：上海财经大学出版社，2005.

[8] 奥赖利，威诺格拉德，格尔森，等. 蒙哥马利审计学 [M]. 刘霄仑，陈关亭，译. 北京：中信出版社，2007.

[9] 蔡春. 审计理论结构研究 [M]. 大连：东北财经大学出版社，2009.

[10] 尚德尔. 审计理论 [M]. 汤云为，等，译. 北京：中国财政经济出版社，1992.

[11] 陈汉文. 审计学 [M]. 厦门：厦门大学出版社，2006.

[12] 陈力生. 审计学 [M]. 上海：立信会计出版社，2008.

[13] 陈力生，何芹. 审计学习题集与解答 [M]. 上海：立信会计出版社，2010.

[14] 丁菊敏. 全面审计质量管理：一个分析框架 [J]. 现代审计与经济，2009（10）.

[15] 冯均科，陈淑芳. 审计学 [M]. 西安：西安交通大学出版社，2004.

[16] 付明明. 基于审计职能拓展的非审计服务研究 [D]. 天津财经大学硕士论文，2009.

[17] 耿建新，宋常. 审计学 [M]. 5版. 北京：中国人民大学出版社，2017.

[18] 胡克瑾. IT审计 [M]. 北京：电子工业出版社，2004.

[19] 黄映芬. 内部审计资源管理的现状及对策 [J]. 广东轻工职业技术学院学报，2010（3）.

[20] 吉宁，许华柱. 试论审计现场管理与控制 [J]. 审计与经济研究，2005（9）.

[21] 贾宗武，冯均科. 审计现场管理研究 [J]. 现代审计与经济，2008（4）.

［22］卡迈克尔，威林翰，沙勒．审计概念与方法——现行理论与实务指南［M］．刘明辉，胡英坤，主译．大连：东北财经大学出版社，1998．

［23］康钟琦．现代审计学原理［M］．上海：立信会计出版社，2004．

［24］李凤鸣．审计技术方法［M］．北京：北京大学出版社，2001．

［25］李凤鸣．审计学原理［M］．5版．上海：复旦大学出版社，2011．

［26］李国有．审计测试［M］．北京：中国时代经济出版社，2006．

［27］李金华．中国审计史（第三卷）［M］．北京：中国时代经济出版社，2005．

［28］李若山．审计学［M］．厦门：厦门大学出版社，1995．

［29］李相志．审计学［M］．北京：清华大学出版社，2010．

［30］刘金文．审计学原理［M］．北京：解放军出版社，2009．

［31］刘明辉．审计与鉴证服务［M］．北京：高等教育出版社，2007．

［32］马西牛，杨印山．审计学原理与实务［M］．北京：中国林业出版社，2007．

［33］莫茨，夏拉夫．审计理论结构［M］．文硕，等，译．北京：中国商业出版社，1990．

［34］宋英慧，安亚人．审计基本理论研究［M］．北京：中国物价出版社，2003．

［35］孙晶．审计基础与实务［M］．北京：中国人民大学出版社，2009．

［36］王光远．管理审计理论［M］．北京：中国人民大学出版社，1996．

［37］王继．加强公司内部审计资源管理之浅见［J］．财经界，2010（2）．

［38］王生根．最新中国注册会计师执业准则重点难点解析［M］．大连：大连出版社，2011．

［39］王文彬，林钟高．审计［M］．上海：上海三联书店，1994．

［40］王泽霞．管理舞弊导向审计研究［M］．北京：电子工业出版社，2005．

［41］文硕．世界审计史［M］．北京：中国审计出版社，1990．

［42］吴琮璠．审计学［M］．3版．北京：中国人民大学出版社，2005．

［43］萧英达，张继勋，刘志远．国际比较审计［M］．上海：立信会计出版社，2000．

［44］肖文八．审计学原理［M］．北京：军事科学出版社，2005．

［45］阎亚民．审计档案管理刍议［J］．山东档案，2012（3）．

［46］杨寿疆．最高审计机关国际组织［M］．北京：中国审计出版社，1989．

［47］叶忠明，阮滢．审计学［M］．3版．北京：首都经贸大学出版社，中国农业大学出版社，2010．

［48］余玉苗．审计学［M］．2版．北京：清华大学出版社，2010．

［49］张继勋．审计学［M］．2版．北京：清华大学出版社，2015．

［50］张文杰．整合管理思想对审计资源管理的启示［J］．审计月刊，2004（12）．

［51］中华人民共和国财政部，中国证券监督管理委员会，中华人民共和国审计署，等．企业内部控制规范（2010）［M］．北京：中国财政经济出版社，2010．

［52］中华人民共和国审计署．中华人民共和国国家审计准则［M］．北京：中

国法制出版社，2010.

　　［53］中华人民共和国审计署法制司．审计法修订释义读本［M］．北京：中国时代经济出版社，2006.

　　［54］朱荣恩，王英姿．审计学［M］．4版.北京：高等教育出版社，2017.